코리아,
아직도 그대는
내 사랑!

코리아,
아직도 그대는 내 사랑!

지은이 | 손영규
펴낸이 | 원성삼
본문 및 표지디자인 | 이재희
펴낸곳 | 예영커뮤니케이션
초판 1쇄 발행 | 2019년 10월 3일
개정증보판 1쇄 발행 | 2022년 6월 9일
등록일 | 1992년 3월 1일 제2-1349호
주소 | 03128 서울시 종로구 대학로3길 29, 313호(연지동, 한국교회100주년기념관)
전화 | (02) 766-8931
팩스 | (02) 766-8934
이메일 | jeyoung@chol.com
ISBN 979-11-89887-51-3 (03230)

값 22,000원

모든 인간은 하나님의 형상을 닮은 존귀한 존재입니다. 사람은 인종, 민족, 피
부색, 문화, 언어에 관계없이 모두 다 존귀합니다. 예영커뮤니케이션은 이러한
정신에 근거해 모든 인간이 존귀한 삶을 사는 데 필요한 지식과 문화를 예수 그리스도의
사랑으로 보급함으로써 우리가 속한 사회에 기여하고자 합니다.

한국 초기 의료선교사 열전

개정증보판

코리아,
아직도 그대는
내 사랑!

I still love Korea!

손영규 지음

예영 커뮤니
케이션

복음의 문이 닫힌 지역을 열기 위한 노력은 다양합니다. 그러나 의료 기술보다 더 효율적인 방편은 없을 것입니다. 그것은 이 땅의 선교역사에서도 동일했습니다.

알렌에서 시작된 그 의료선교의 장정을 한데 모은 이 책의 기여는 과소평가하기 어려운 공헌이라고 생각합니다. 이 책의 저자는 이 책을 쓰기에 더 할 수 없이 적합한 분이십니다. 목사, 선교사 그리고 동서양의 의학을 섭렵한 의사, 손영규 목사님이 그 일을 해내셨습니다.

한국 초기 선교를 의료선교사의 시선으로 바라보는 것은 진한 감동입니다.

이 책을 읽고 누가의 발자취를 따라 21세기 선교를 책임지는 더 많은 의료선교사가 일어나기를 기대합니다.

이동원 목사
지구촌교회 창립, 원로 목사

윌슨(Dr. Wilson)은 교회로 예배하러 가는 도중 한쪽 다리가 없지만 대나무로 의족을 한 채 절룩거리는 소년을 본 다음, "그 소년이 눈에 밟혀서 예배를 드릴 수 없었습니다."라고 말했습니다.

다음 날 그 소년을 불러 치료해 주고, 의족을 해 주고, 이발사 자격을 취득하여 개업하는 것까지 지켜보는 십여 년 기간에 마땅히 해야 할 일을 하였다는 안도감이 있었습니다.

손영규 목사/의사 부부는 십여 년간 의료선교사로 사역하는 동안에, 또 다른 윌슨 부부였습니다. 물질적인 것을 포기하였지만 영적인 것으로 채워졌습니다. 손영규 목사가 엮은 이 책은 한국에서 삶을 마감하였던 선교사들에게, 특히 의료선교사들에게 진 마음의 빚을 갚으려는 표현입니다. 감사와 존경의 표현입니다.

오늘날 의사 직을 경제적 부요와 사회적 명성에 이르는 지름길로 생각하는 젊은이들이 혹시 있다면 이 책에 소개된 선배 의료선교사의 삶과 헌신을 읽고, 또 다른 홀, 윌슨, 포사이트, 쉐핑의 열정을 회복하고 그 길에 도전하게 되기를 바라는 마음입니다.

차종순 목사
광주 동성교회, 전 호남신학대학교 총장

이 책은 한국 선교 초기 의료선교사들의 선교 열정, 갈등과 기도, 눈물과 희생을 생생하게 전해 주는 선교사 열전이다. 그들의 희생과 수고를 현장감 있게 전달할 뿐 아니라, 하나님의 인도와 섭리 속에 그들의 헌신이 어떤 열매를 맺게 되었는가도 확인해 준다.

중요한 것은 그들의 헌신을 가능하게 했던 원동력인 그리스도의 복음에 대한 확증이다. 그들의 사역은 의료를 넘어 구령의 열정으로 나타났다. 초기 의료 선교사들의 의료를 넘어선 열정적인 복음 전도, 나아가 교육 선교에 이르는 총체적 협력 사역은 초기 한국 선교의 든든한 세 축을 가능하게 했다. 예수님의 3대 사역, 즉 Teaching(학교), Preaching(교회), Healing(병원)이 이들을 통해 한국 선교 초기에 완성되어 가는 과정도 잘 정리해 놓았다. 초기 의료선교사들은 한국 선교를 위한 든든한 교두보 역할을 잘 감당했다.

알렌, 스크랜턴 그리고 헤론에서 로제타 홀, 오웬에 이어 쉐핑까지 …. 이 책은 의료선교에 임하는 이들에게 초기 의료선교사들의 거룩한 열정과 영감을 공유하게 하는 특별한 기회를 줄 것이며, 선교를 사랑하는 이들 모두에게는 의료선교의 중요성을 깊이 실감하는 계기가 될 것이다. 한국 교회의 총체적 연합사역을 간절히 소망하면서 여러분들의 필독을 강력히 권한다.

이상복 목사
광주 동명교회, 국내 다민족 사역(선교) 연합체 이사장, 전 광신대학 선교학 교수

손영규 목사님은 의료선교사로 살아오신 분으로 한국 의료선교의 역사를 종합적이면서 매우 섬세하게 역사를 더듬어 한 권의 책으로 내어 놓으신 것에 깊은 감동이 있습니다.

복음을 전하는 도구로서, 특히 한국 선교의 초기에 의술로써의 섬김이 얼마나 효과적이고 큰 영향력을 미쳤는가를 알 수 있었습니다.

귀한 책이 한국 선교의 미래에도 영향을 끼치는 좋은 길라잡이가 되기를 바라며 기꺼이 추천을 하고자 합니다.

이규현 목사
수영로교회 담임

손영규 목사님의 『코리아, 아직도 그대는 내 사랑!』이 출간하게 됨은 참으로 귀한 일이며, 아름다운 일입니다. 손영규 목사님은 목사이며, 의사이며, 선교사이십니다. 또한 끊임없이 공부하고 연구하는 학자이기도 하십니다.

특별히 이번 발간된 책에는 한국 초기 의료선교사들의 헌신과 이 나라

의 의료 발전과 병원 그리고 그들을 통해 복음이 이 땅에 자리 잡게 된 배경을 잘 기록하고 있습니다.

총체적 선교의 시각에서 한국 초기 선교를 바라본 이 책은 읽는 모든 이에게 큰 감동을 줄 것이며, 특별히 선교사 지망생, 의사, 목사에게는 꼭 읽어야 할 책이기에 이에 추천하는 바입니다.

함성익 목사
창성교회 담임, 대한예수교장로회 총회 역사관 관장

의사 누가가 쓴 사도행전은 아주 생생하고 역동적이어서 늘 깊은 감동을 줍니다. 의료선교사인 손영규 목사님이 정성껏 펴낸 이 책을 저는 감히 '한국판-사도행전'이라 부르고 싶습니다. 눈물 나는 감동이 책갈피 여기저기에 많이 어려 있기 때문입니다.

우리 주 예수님께서 전하고, 가르치고, 고치셨듯이, 구한말 지구촌에서 가장 가난하고 초라했던 조선 땅에 주님의 심장을 품고 달려와서 이 땅 소자들의 양아버지, 양어머니가 되어 그들을 품고 하나님 사랑, 이웃 사랑을 말이 아닌 고단한 삶으로 몸소 보여준 분들이 있었습니다. 개인의 안락한 삶을 위한 '성공'보다 주님의 마음으로 이 땅 백성들을 밑바닥에서 목숨 걸고 '섬긴' 충성스런 종들이 있었습니다. 가난과 질병에 찌든 봉건국가 조선의 사람들을 위해, 남편을, 아내를, 어린 자식들의 생명을 기꺼이 바치고, 마침내 20대, 30대의 꽃같은 자기 목숨까지도 내어주고는 죽어서도 조선 땅에 묻히고 싶어 했던 참 고마운 분들이 있었습니다. 이 책은 눈부신 풍요 속에 어느덧 우리가 잊어가고 있는 그분들께 뒤늦게나마 우리 손으로 고이 지어 입혀드리는 감사와 영광의 채색옷입니다.

이 책에서 저자는, 알렌부터 쉐핑(서서평)까지 초기 의료선교사 한 분한 분의 이야기를 실감나게 들려주면서, 기독교인으로서, 대한민국 사람으로서 나는 무엇이며 어떻게 살아야 하는지를 끊임없이 묻고 있습니다. 아울러 오늘 우리 민족이, 조국 교회가 어떤 빚을 졌으며 앞으로 그 빚을 어떻게 갚아낼지를 고민하며 뜨거운 눈물로 헌신을 결단하게 돕고 있습니다.

'의료선교'라는 창틀로 보는 한국 교회사와 우리 근현대사를 단 한 권의 책으로 이토록 세밀하고 맛깔나게 정리하신 손영규 목사님께 경의를 표합니다. 기독교인들은 말할 것도 없고, 대한민국 사람이라면 한 번은 꼭 챙겨 읽어야만 할, 다른 역사서와는 결이 다른 아주 흥미롭고 맛깔난 책입니다. 이 책이, 힘없이 주저앉은 우리 조국 교회를 다시 힘껏 일으켜 세우는 하나님의 강한 오른손이 되고, 땅끝 선교의 소중한 마중물이 되기를 바랍니다. 시대마다 신실한 종들을 불러 이 땅에서 큰 사랑을 여전히(still) 일구어 가시는 하나님을 찬양하며 귀한 책을 온 마음으로 추천합니다.

이광우 목사
전주 열린문교회, 25년간 한국누가회(CMF)에서 의대생 양육 사역

의사이자 목사이며 선교사인 손영규 원장이 우리나라 초기 의료선교 역사에 대한 박학한 지식을 바탕으로 인물 중심의 역사를 서술하고, 개인적인 선교에 대한 열망과 고백을 이 책에 담았다. 이 책을 읽는 동안 독자들은 손 원장 특유의 혜안과 유머를 접하며 지루하지 않게 갑신정변의 알렌에서 시작하여 간호선교사 광주 제중원의 서서평에 이르기까지 초기 한국 의료선교 역사를 배운다.

초기 의료선교사의 공통적인 특징은 젊음과 복음 선교에 대한 순수한 열정이었다. 열악한 환경에서 많은 사람이 천수를 누리지 못하고 과로와 열병과 전염병으로 일찍 이 땅에 묻히기도 했다.

이 책을 한국의 의료역사를 알기 원하는 모든 의료인과 의료선교를 생각하는 모든 기독 의사, 의학도들에게 필독서로 추천한다. 시니어 의료선

교사의 한 사람으로서 감명 깊은 책을 발간한 손영규 원장에게 깊이 감사드린다.

박재형 선교사
서울의대 명예교수, 전 의료선교협회장, 현 에스와티니 의료선교사

손영규 목사님은 제가 의대예과시절인 1976년에 한국의학도클럽(KMSC) 하계 봉사에서 본과 선배님으로 만난 이후 한국누가회, 의료선교협회, 치유선교대학원, 샘병원에 이르기까지 저와 40여 년의 세월을 동고동락하였습니다. 의사 하나만 해도 힘들 텐데 목사, 장로, 선교사, 한의사, 교수, NGO 이사장 등 그 행보는 도저히 따라갈 수 없습니다. 또한 작가로서도 열정적인 사역을 감당해 오며 한국 선교 역사의 개척자로서의 사명을 완수하고 계심에 경의를 표합니다.

이번 한국 초기 의료선교사 열전인 『코리아, 아직도 그대는 내 사랑!』은 알렌에서 서서평에 이르기까지 주요 의료선교사의 핵심 사역을 축약해 저희에게 드라마틱한 역사 이야기로 들려주고 있습니다. 간간히 자신의 추억도 역사 안에 끈을 매달아 연결하니 더욱 생동감이 느껴집니다. 상동교회에서 올린 저자의 결혼식의 의미를 뒤늦게 깨닫게 된다든지, 양화진의 헤론 선교사 묘비를 두 아들에게 보여 주며 무전여행을 떠나보내 결국 아들 둘을 목사로 만든 스토리는 흥미진진합니다. 무엇보다 셔우드 홀 부부가 아버지와 어머니가 묻혀 있는 양화진을 둘러보고 광성고 채플에서 고백한 "I still love Korea!"는 클라이맥스의 사랑 고백입니다. 이 한 권의 책을 읽고, 우리 모두 이렇게 외치기를 소망합니다. "I still love Jesus!!!" 아멘.

박상은 원장
아프리카미래재단 대표, 샘병원 미션원장

손영규 목사님은 많은 기독의료인으로부터 신앙과 삶을 닮고 싶어 하는 분으로 존경을 받고 있습니다. 가장 큰 이유는 복음에 대한 열정이라고 생각합니다. 얼마나 열정이 넘쳤으면 의사를 넘어, 선교를 위해 한의학을 공부하고 한의사도 되셨으며, 목사 안수까지 받고 직접 선교사로 나가시기까지 하였습니다.

특별히, 역사에 대한 깊은 통찰과 연구를 통하여 개화 초기부터 해방되기까지의 의료선교 역사를 집필하시고 강의하여 오셨습니다. 지금까지 써 온 글이나 책을 통하여서도 이미 우리에게 많은 도전과 역사의식을 불어 넣으셨는데, 이번에 '한국 초기 의료선교사 열전'을 출간하게 된 것은 더욱 큰 일이 아닐 수 없습니다. 이 '한국 초기 의료선교사 열전'에 등장하는 인물 한 사람 한 사람에 독자들은 푹 빠져들 수밖에 없을 것입니다. 독자에게 이런 감동을 주신 필자에게 감사를 드립니다.

김효준 회장
(사)한국기독교의료선교협회 회장

'한국 초기 의료선교사 열전'을 담은 이 책은 한국 교회에 선교적 영감과 모델을 제시하는 초기 선교사님들의 예수 이야기를 담은 귀한 책이다.

선교는 현장의 Story이며, 어제와 오늘과 내일에도 진행형이다.

심재두 내과 전문의
한국누가회선교부 이사장, 알바니아 선교사(원동교회 파송)

하나님의 선교는 이 세상의 역사의 시공간을 침투해서 하나님께서 이끌고 가시는 그분의 사건들의 연속이다. 구한말 한반도의 선교의 여명과 개화기에 복음의 역사에 쓰임받은 수많은 의료선교사의 뜨거운 삶과 사역의 발자취들을 담은 이 책이 한국인 의료선교사 손영규 박사에 의해 우리에게 주어진 것은 분명 지금 이 시대에 열방으로 한국 교회의 의료선교를 부르시는 하나님의 의도된 선물이다!

박준범 선교사
전 인터서브 대표, 아랍권 의료선교사(광주기독병원 파송)

제가 누가회 선배님으로 평소 존경하는 손영규 목사님은 다양한 재능을 갖고 계신 분입니다. 그중에서도 인문학적 재능이 탁월하여 평소 역사적 관점으로 나라와 교회를 조명해 오셨는데, 이번에 이 책을 통해 한국 의료선교 역사를 다시 한번 재조명하게 되어 매우 기쁘게 생각합니다. 특히 중국 선교사로서의 선교 현장에 대한 실질적 경험이 책 내용에 함께 곁들여 있어 깊이와 감동을 더해 주는 것 같습니다.

'한국 초기 의료선교사 열전'인 이 책은 이 땅의 선교 역사를 잊지 않고 후손들에게 유산으로 물려주는 귀한 자료가 될 것이라 믿어 의심치 않아 여러분에게 적극 추천하는 바입니다.

권혁성 박사
GAMA 대표, 주작나무한의원 대표원장

선교 역사는 사랑의 역사이다. 선교는 누군가의 사랑을 먹고 펼쳐지는 속성이 있다. 우리나라는 하나님의 사랑을 가득 가슴에 안은 선교사들을 통하여 놀라운 복음의 선물을 받게 된 은총의 나라임에 틀림이 없다.

저자 손영규 목사님은 제대로 전공을 살려 복음의 통로로 쓰임 받은 존귀한 선교사님들 그러나 안타깝게도 잊혀진 선교사님의 역사를 치열하게 복원해 내었다.

깊이 있게, 현장감 있게, 가슴이 뛰도록 온몸으로 써 내려간 매 페이지마다 선교사님들의 사랑의 헌신에 대한 감사의 마음과 동시에 과거 역사

를 잊어버리고 열정을 소멸해 가는 목회자와 성도들을 일깨우기 위한 분투의 땀과 눈물이 배여 있다.

이 글을 써 내려가는 한 지역교회의 담임목사로서 손 목사님의 열정적이고 맛깔스런 강의를 들으면서 매료되었다. 그리고 당장 우리 새로남 믿음의 가족들에게 이 귀한 선교 역사의 생생한 현장을 들려주고 싶어 목사님을 초청하였다. 결과는 대만족이었다. 특히 의료계에 종사하는 교우들은 새로운 정보를 접하고 그들을 의료계로 부르신 사명을 재발견하는 계기가 되었다.

마음이 무디어지면 모든 것을 혼자 이룬 줄 안다. 어리석은 모습이다. 오늘 우리가 누리는 가치 있는 모든 것은 누군가의 땀과 수고의 열매일 뿐이다. 전 세대의 헌신을 통하여 우리 세대가 거저 누리는 것으로 만족한다면 우리 미래 세대는 복음 사랑 영혼 사랑을 어떻게 경험할 수 있겠는가.

본서는 영적 온고지신(溫故知新)의 보물이라 확신한다. 이 소중한 책자를 손에 드는 이들마다 주님의 심정으로부터 발현되는 폭포수같은 은혜가 임하기를 소원한다.

한국 교회는 이 책자를 통하여 자신의 인생을 송두리째 헌신하신 선교사님들에게는 물론 손영규 목사님께도 큰 사랑의 빚을 졌다. 은혜로우신 주님께서 친히 복 주시기를 기원한다.

오정호 목사
새로남교회 담임, 새로남기독초중고등학교 이사장

약 10년 전 우연히 듣게 된 질문의 대답을 찾아 나서기 시작한 본원(계명대학교 동산병원)의 역사 알기는 단편적이지만 전체를 아우르지 못하는 지식으로 남아 있었다.

그냥 일상이 바쁘다는 핑계로 내 손에서 내 시야에서 사라진 동산병원의 뿌리 찾기는 어느 날 참석한 의료선교대회 특강을 듣게 되면서 다시 내 마음을 움직이게 되었다. 그때 강사가 손영규 선교사님이었고 제목은 한국 의료선교의 역사로 기억한다.

개원 의사로서, 선교사로서 열정의 삶을 살아가는 손 선교사님의 강의는 믿음과 사명감의 표출 그 자체였다. 이후에 몇 번 모임에서 손 선교사님을 뵈면서 무언가 남이 모르는 그를 사로잡는 그 열정은 의료인의 후배로서 그리고 믿음의 동역자로서 나에게 큰 힘을 주시는 분임에는 틀림이 없다.

한국 초기 의료선교사 열전을 펴시고 다시 대구·경북 의료선교 역사를 더하여 개정증보판을 내시게 되어 선교 역사의 관심을 가지는 나에게는 큰 기쁨이 되며 기독 의료인뿐만 아니라 기독교 신앙인에게도 큰 의미를 가지기에 모두 같이 읽어 보기를 추천한다.

과거를 안다는 것은 누구에게나 관심이 있는 내용이다. 그러나 그 역사를 한가지로 꿰뚫고 본다는 것은 쉽지 않은 일이다. 더군다나 신앙의 역사를 안다는 것은 믿음의 눈으로 봐야 하기에 더욱 힘든 과정이다.

이러한 어려운 과정을 잘 엮어서 책을 내신 손영규 선교사님께 다시한번 감사를 드린다.

황재석 원장
계명대학교 동산병원

✝

손씨

가문에

선교사로 오셨다가

하나님 품에

안기신

사랑하는

어머니께

드립니다.

한국 의료선교 역사에 대하여 관심을 가지고, 이에 관한 책을 쓰게 된 것은 필자로서는 전혀 예상하지도 못했던 하나님의 섭리 가운데 일어난 일이라 여겨집니다.

1998년 봄, 이비인후과의원을 개업하고 있던 중, 바로 저의 병원 코앞에 이비인후과의원을 다시 하나 연다는 소식이 전해졌습니다. 정황상 그럴 경우 두 병원 모두, 경영이 어려워질 것은 불을 보듯 뻔한 일로 여겨졌습니다. 급히 수소문하여 새로 개원하려는 의사를 만났습니다. 급구 만류하며, 정 개원을 진행하겠다면 내 자리로 오면 내가 다른 지역으로 가겠다고 했으나 소용이 없었습니다. 그 병원은 예정대로 개원했고, 그 영향으로 내원 환자의 수는 절반가량 줄었습니다. 주님께 기도했습니다. 이럴 경우 어떻게 해야 하느냐고요! 그때 받은 도전은 이렇게 시간이 한가히 주어진 마당에, 그동안 '한국 의료선교 역사'에 대해 관심이 많았는데, 이참에 이 공부나 하자는 것이었습니다. 여러 자료들을 구하여 공부하다 보니 제 눈에 확하고 다가오는 것이 있었습니다. '상동교회'였습니다. 20여 년 전에 우리 부부가 결혼예식을 올렸던 '상동교회', 그 교회가 한국 의료선교 역사 속에 당당히 등장하고 있는 것이었습니다.

"어? 뭐지? 이 교회가 왜 한국 의료선교 역사에 등장하지?"

그때까지 저는 그 교회가 어떤 역사를 가진 교회인지 전혀 알지 못했습니다. 그 교회의 설립자가 의사요, 목사요, 선교사인 스크랜턴 박사였던 것을 정말 몰랐던 것입니다. 엄청난 전율이 일어났습니다. 그리고 다짐하길, 부족하지만 나도 스크랜턴 박사가 걸어간 그 길, 의사요, 목사요, 선교사가 되어 살아가는 그 길을 가야겠다고 말이지요! 그렇다면 한국 의료선교 역사를 공부만 할 것이 아니라, 책을 써야겠다는 강한 도전을 받았습니다. 그리고 6개월 동안 정신없이 자료를 찾고, 공부하고, 기록하기 시작했습니다. 병원 내원 환자의 수가 절반 이상이나 감소한 것에 도리어 감사하게 되었습니다. 차라리 당분간 병원 문을 닫을까 생각도 했습니다. 별로 글을 써보지 못한 사람이기에 책을 쓸 시간이 도리어 부족했기 때문이었습니다. 그렇게 6개월이 지났습니다. 드디어 『한국 의료선교의 어제와 오늘』이란 책이 완성되었습니다. 그리고 책이 완성된 바로 그때, 코앞에 개원했던 '그 의원'은 폐업을 하고 다른 지역으로 이전해 갔습니다. 이듬해 여름, 『한국 의료선교의 어제와 오늘』은 한국누가회출판부를 통하여 정식으로 출판되어 나왔습니다. 그 이후로 의사인 저는 목사가 되었고, 선교사가 되었습니다. 그리고 한국 의료선교 역사 속에 등장하는 선교사들을 가슴에 품고, 그분들의 이야기를 강의하고 글로 연재해 왔습니다.

2019년, 『한국 의료선교의 어제와 오늘』을 출간한지 꼭 20년이 되는 해입니다. 20년 전에는 한국 의료선교에 관한 자료들이 많이 부족했습니다. 그러나 이제는 많은 자료가 나와 있습니다. 이러한 자료들을 다시 살펴봄에, 20년 전에 발간한 저의 책의 내용이나, 그동안 강연하고 발표해 온 글들의 내용에 다소 오류가 있어서 이를 정정하고, 더 보완해야 할 것을 깨달았습니다. 따라서 내한 초기 의료선교사들을 중심으로 다시 글을 써야겠다는 도전을 받게 된 것입니다.

이 책에 등장하는 선교사들은 대부분 한국 초기 의료선교사(醫療宣教師)들입니다. '한국 초기 선교사'에 대한 일반적인 정의는 명확하게 정해져 있지는 않습니다. 따라서 '한국 초기 의료선교사'에 대해서도, 1884년 알렌 선교사의 내한에서부터 1914년까지, 한 세대에 해당하는 30년 동안의 기간을 '초기'로 나름 정했습니다. 그리고 각 직종 별(의사, 간호사 등), 교단 별(미국 남·북장로회, 미국 남·북감리회, 호주장로회, 캐나다 장로회, 독립선교회 등), 지역 별(서울, 평양, 부산, 광주 등) 대표 인물들을 주로 다루었습니다. 그리고 본인이 의료선교사가 아니더라도 의료선교사의 가족으로서 의료선교에 대한 긍정적인 영향을 강하게 받았거나, 또한 영향을 끼친 선교사들(언더우드, 마펫, 벙커 등)도 함께 다루었습니다. 그리고 '초기 선교사'가 아닐지라도, '초기 선교사의 자녀'로서 한국 의료선교 분야에 독특한 역할을 감당한 선교사(셔우드 홀, 더글라스 에비슨, 하워드 마펫, 헬렌 맥켄지, 캐서린 맥켄지 등)도 함께 다루었습니다. 훌륭한 의료선교사들이 더 있지만, 지면 상 다 다루지 못한 점을 아쉽게 생각합니다.

'한국 초기 의료선교사 열전'을 발간함에, 그 내용들이 선교사들의 기록들을 인용한 부분이 많아서, 글의 구성을 '다큐' 형식에 가깝게 취했습니다. 그래서 보다 사실에 가깝게 접근하려고 노력하였습니다. 따라서 되도록 각 선교사들의 일기, 편지, 보고서 그리고 저작물 속에 기록된 내용을 그대로 인용하기로 했습니다. 그러나 이것도 원문을 그대로 인용하는 것이 아니고, 번역된 것을 인용하는 것이라 원문과 다소 차이가 있을 수도 있습니다. 국호(國號)는 선교사들이 활동한 시기를 감안하여, '조선' 또는 '한국'을 혼용하였습니다. 또한 가능한 한 시간적 순서대로 소개하기로 했습니다. 그러나 상황에 따라서는 그렇지 못한 면도 있습니다. 이 책에서는 일시와 지명을 보다 명확히 기술하려고 노력했습니다. 또한 사역과 연관

된 일시, 장소, 인명 등에 대한 기록에 있어서, 여러 기록물들 중에는 서로 다르게 기록한 부분이 종종 있었습니다. 이에 대해서는 선교사 자신들의 일에 관한 것은, 자신이 기록한 기록물(일기, 편지, 보고서 등)의 기록을 우선시했습니다. 그러나 그런 경우에도 더러는 지난 일을 회상하고 기록함에 있어서 착각하고 잘못 기술한 부분에 대해서는 그 기록물들의 번역가나 편찬자의 견해를 따르기도 했습니다.

추천의 글을 통해 격려해 주신 귀하신 분들께 감사를 드립니다. 늘 관심을 가지고 사랑하고 지지해 주시는, 이 시대의 대표적인 복음 설교가시며, '민족을 치유하고, 세상을 변화시키는 교회'를 모토로 지구촌 땅 끝까지 복음을 전하는 선교공동체를 꿈꾸는 이동원 목사님께 감사를 드립니다.

호남신학대학교 총장을 역임하시고, 호남 선교 역사 교육에 특별한 관심을 쏟아 오신 광주 동성교회 차종순 목사님께 감사를 드립니다.

세계선교를 위해 남다른 정성을 다하시며, 하나님의 영광이 머무는 교회로 이끌고 계시는 광주 동명교회 이상복 목사님께 감사를 드립니다.

말씀 중심, 은혜 중심, 선교 중심의 교회로서 믿음의 새 역사를 만들어 가시는 부산 수영로교회 이규현 목사님께 감사를 드립니다.

부족한 사람을 형제같이 믿고 선교사로 파송하시고, 끝까지 지지해 주시는 서울 창성교회 함성익 목사님께 감사를 드립니다.

25년간 한국누가회(CMF) 학원사역부에서 기독의료인들을 양육하셨으며, 또한 민족복음화에 열심히 하시며, 전주 열린문교회를 담임하시는 이광우 목사님께 감사드립니다.

한국기독교의료선교협회장을 역임하셨고, 서울의대 명예교수이시며, 현재 에스와티니 의료선교사로 섬기시는 박재형 박사님께 감사드리며, 국가생명윤리위원장을 역임하시며, 한국 의료선교를 열방에 펼치시는 아프리카미래재단 대표 되신 박상은 박사님께 감사를 드립니다.

한국 의료선교 역사에 깊은 관심을 가지시고, 한의사로서 처음으로 한국기독교의료선교협회 대표를 맡으셨던 고(故) 김효준 회장님께 감사를 드립니다.

그리고 알바니아 의료선교사로서 섬기시고, 한국누가회선교부 이사장을 맡고 계시는 심재두 선교사님, 외과 전문의로서 광주기독병원 파송으로 아랍권 의료선교사로 활동하고 계시며 전 인터서브 대표로 섬기신 박준범 선교사님, 한의선교예배공동체인 글로벌아시안의학회(GAMA) 대표 되신 권혁성 박사님께 감사를 드립니다.

개정증보판을 발간함에 추천의 글을 주신 새로남교회 담임이자 새로남기독초중고등학교 이사장이신 오정호 목사님과 계명대학교 동산병원의 황재석 원장님께 감사를 드립니다.

이 책이 완성되기까지 저의 삶에 변함없는 믿음의 동지요, 동역자 되시는 의형(義兄) 주동기·강복희 장로님 내외분께 감사를 드립니다.

그리고 온 마음과 뜻을 다해 말씀을 전하시며, 기도해 주시는 경주 충효중앙교회 류성환 목사님 내외분과 성도님들께 감사를 드립니다.

자료 수집에 적극적으로 힘써 주시고, 조언해 주신 사랑하는 친구 내외 되신, 전(前) 숭의여자대학교 총장 이승원 박사님과 전(前) 강남세브란스병원 간호국장 남상조 교수님께 감사를 드립니다.

자료 수집과 정리에 수고해 주신 건양대학교대학원 치유선교학 박사이신 사랑하는 제자, 박영옥 선생님께 감사를 드립니다.

그리고 무엇보다 나의 사랑하는 가족들에게 감사를 드립니다. 남편과 함께 치유사역에 동역하기를 바라는 마음에, 목회상담학을 전공하여 병들고 상처 받은 이들을 섬기며, 후학을 양성하는 사역에 열심 하는 사랑하는 아내 황희숙 박사, 시카고 트리니티복음주의신학교에서 목회학과 신학을 함께 마치고, 주님 나라 위하여 목회자로 헌신한 사랑하는 두 아들! 부산 수영로교회 영어예배부 전임목사로 섬기고 있는 장남 손정욱 목사와 가족, 캐나다 토론토큰빛교회 영어예배부 전임목사로 섬기고 있는 차남 손정헌 목사와 가족에게 감사를 드립니다.

그리고 친 누님이시자 부산대학교 명예교수이시며, GMS 순회선교사로 섬기시는 손귀주 교수님을 비롯한 사랑하는 동기들께 감사를 드립니다.

이 책이 발간되기까지 온 정성을 다해 주시고, 다시 개정증보판을 출간하게 해 주신 예영커뮤니케이션 원성삼 대표님과 편집부 및 여러 담당 선생님들께 깊은 감사를 드립니다.

이 책을 통하여 주님의 말씀에 인생을 걸고, 주님 말씀대로 살아가길 원하는 모든 독자 여러분에게 감사를 드립니다. 성삼위 하나님께 한없는 감사를 돌려 드립니다!

2022년 봄
국당(菊堂) 마을에서
惠民 손영규

| 차 례 |

19세기 말 동북아시아는 서양 열국의 식민 정책 속에서 정치적 혼란기를 맞이하고 있었다. 극동(極東)의 한반도에 위치한 조선은 구미 열강들의 식민지 확장 정책에 맞서 쇄국을 부르짖으며 외국으로부터 전래되는 모든 것을 거부했다. 서양 각국의 기독교 선교부는 조선 정부의 쇄국정책의 완강함과 로마가톨릭교회 포교정책의 어려움을 교훈삼아, 간접 선교의 방법을 모색하기 시작했다. 그러나 굳게 걸어 잠긴 쇄국의 문빗장을 여는 것은 만만하지 않았다.

그런데 도무지 열릴 것 같지 않은 문이 열리게 된 것이다. 하나님께서 의료선교사로 하여금 그 굳게 닫친 문을 활짝 열게 하셨다. 의료를 통해 복음의 문이 열린 것이다. 한국 개신교 선교의 새로운 역사가 의료선교사에 의해서 시작된 것이다.

당시의 조선은 개화의 내외적 압력 가운데, 정치적 혼란을 겪고 있었으며, 백성들은 무지와 질병과 가난 속에 허덕이고 있었다. 1884년 12월 4일, 갑신정변이 일어났다. 이때에 하나님께서 '여호와 이레'로 예비해 두신, 의료선교사 알렌이 등장한 것이다. 서양의사 알렌을 통한 왕비 민비의 조카이자 조선 조정의 실세였던 민영익의 치료 회생 사건은 복음전파에 대한 쇄국의 문빗장을 활짝 열어 제치게 한 것이다.

한번 열린 문은 닫을 수가 없다. 이 문은 사람을 살리는 '생명의 문'이기 때문이다. 조선 왕실과 정부가 '의료와 교육'의 문을 스스로 열고, 전문가들을 요청했다. 선교사들이 들어왔다. 특히 의료선교사들이 앞장서서 들어왔다. 의사로서 자신들의 나라에서도 귀하게 쓰임 받으며, 안정된 미래가 보장된 자리에서, 오직 "땅 끝까지 이르러 내 증인이 되리라(행 1:8)." 하신 예수 그리스도의 명령에 따라 그 안락과 안정의 자리를 박차고 일어나서, 가난과 질병이 들끓는 어둠의 땅으로 새 생명을 안고 들어왔다. 조선 땅을 '땅 끝'으로 믿고 이 낯선 땅을 찾아서 수많은 젊은 의료선교사가 그들의 '본토 친척 아비 집'을 떠나 오직 예수 그리스도의 이름만 의지하고 이 '땅 끝'으로 달려왔다.

이 땅에 들어 온 이들에 의해 병원이 개설되었고, 이로 인하여 기독교학교 및 신학교가 세워지고, 복음의 문이 열려 교회가 세워지는 역사가 일어났다. 그 결과 오늘의 우리나라는 세계를 향해 이 복음을 전하는 나라가 되었다.

이런 맥락에서 이 책을 발간한 목적은 첫째, 한국 개신교 선교의 문을 열고, 또한 견인차 역할을 잘 담당했던, 초기 의료선교사들의 활약을 재조명하기 위함이다. 이들 중의 상당수가 의료 분야뿐만 아니라, 복음 전파 및 교회 개척과, 기독교학교를 설립하는 교육선교에도 크게 기여했던 것이다. 둘째, 한국 초기 의료선교사가 특히 자신의 가족에게 영향을 미침으로, 그 가족으로 하여금 의료선교 외의 여러 분야에 어떤 기여를 하게 만들었는지를 알아보려 함이다. 아울러 역(逆)으로 그 가족으로 하여금 의료선교 분야에 또 어떤 기여를 하게 만들었는지도 알아보기 위함이다. 셋째, 의료선교사들이 자신의 자녀들에게 어떤 영향을 주어, 그 자녀들로 하여금 다시금 한국 의료선교 분야에 재 헌신하게 되었는지를 조명하고자 함이다. 넷째, 의료선교사들은 한국인이 아닌 외국인의 몸으로 내한하였지만, 예수 그리스도의 사랑과 말씀을 좇아 살아가는 동안에, 한국을 사랑하고, 한국인을 사랑함으로써, 자신이 '새로운 한국인'이 되어 간 이야기를 알리고자 함이다. 그래서 우리도 '나라 사랑'에 대한 도전을 받고자 함이다. 마지막으로, 우리들의 앞서 간 할아버지, 할머니, 아버지, 어머니들의 몸과 마음과 영을, 이 선교사들이 자신의 몸과 자식들처럼 보살피고 살려냄으로써, 이 땅에 오늘을 살아가는 우리들이 있음을 알고, 이제는 우리가 무엇을 해야 할 것인가를 생각하고, 도전 받기 위함이다.

이제 앞서 가신 아름다운 임들의 발자취를 함께 따라가 보도록 하자!

1

의료선교의 문을 연 사람들

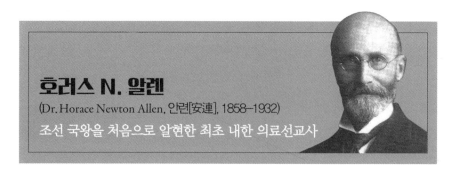

■ 최초의 개신교 한국 선교사

공식적으로 '한국(조선) 선교사'로 임명을 받고 이 땅에 최초로 들어온 선교사는 미국 북장로회 소속 의사 알렌(Dr. Horace. N. Allen, 1858-1932)이었다.

알렌은 1858년 4월 23일, 미국 오하이오(Ohio) 주 델라웨어(Delaware)에서 출생했다. 1881년 오하이오 웨슬리대학(Ohio Wesleyan University) 신학부를 졸업하였고, 1883년 오하이오 주 옥스퍼드(Oxford)에 있는 마이애미(Miami) 의과대학을 졸업하고 의학박사 학위를 취득했다.[1] 그는 학위를 받은 그해 10월에 미국 북장로회 선교사로 중국에 파송되어 상해, 남경 등지에서 의료선교 활동을 벌여왔다. 그러던 중 조선이 문호를 개방하자 그는 조선 선교사를 자청하여 주한미국공사관부 무급의사로 1884년 9

---

1 이만열, 『한국기독교의료사』(서울: 아카넷, 2003), 34.

월 20일 제물포에 도착하였고, 22일에 서울로 들어왔다.**2** 알렌 선교사 이전에도 조선 땅에 여러 선교사들이 다녀갔지만, 파송 국가의 선교 본부로부터 공식 '한국(조선) 선교사'로 임명을 받은 사람 중에서 가장 먼저 한국에 들어온 선교사가 알렌이기 때문에, 그를 한국 선교의 최초 개신교 선교사라고 부르게 되었다. 그리고 그가 내한한 1884년을 한국 개신교 선교 원년(元年)으로 정하게 된 것이다. 그의 나이 26세 때에 일어난 일이었다.

알렌이 한국 의료선교사로 맹활약을 하게 된 것은 1884년 12월 4일, 개화파에 의해 우정국 낙성식**3** 때에 일어난 '갑신정변'**4**이 계기가 되었다. 그날 밤 보수파의 거두이며, 왕후 민비의 친정 조카인 민영익이 자객에게 7군데나 칼에 맞고 쓰러지자, 묄렌도르프**5**의 집으로 옮겨져 알렌의 치료를 받게 되었다.**6** 알렌은 탁월한 의술과 정성 어린 치료로 민영익의 생명을 구하였다. 서양 의술의 효과는 왕가(王家)의 신망을 얻게 되어 알렌은 고종 황제의 시의(侍醫)로 임명되었다.**7** 조선 국왕을 공식적으로 처음으로

---

2   『알렌의 일기』, 1884년 9월20, 22, 23일자, 호러스 N. 알렌, 김원모 역(서울: 단국대학교출판부, 2017), 23-24.
3   1884년 12월4일, 한국 최초의 체신기관인 우정국이 전동(현재의 안동동)에 신설되어 열린 개국연회
4   갑신정변(甲申政變) 또는 갑신혁명(甲申革命)은 1884년 12월 4일(음력 10월 17일) 김옥균, 박영효, 서재필, 서광범, 홍영식 등 개화파(급진 개화파)이 청나라에 의존하려는 수구파(온건 개화파)을 몰아내고 개화정권을 수립하려 한 무력 정변(쿠데타)이다. 진압된 후, 갑신난, 갑신전란으로 불리다가 대한민국 임시 정부에서는 이를 '갑신혁명당의 난(甲申革命黨의 亂)'이라 불렀다(위키백과).
5   1882년 임오군란이 일어나자 조선정부는 급박한 주변정세에 대응하고 각국과의 수교 및 상업사무를 처리하기 위해 청나라에 제3국 사람 고문관 초빙을 요청했다. 이때 독일인 묄렌도르프(Paul George von Möllendorf, 목인덕, 穆麟德)는 청나라 이홍장(李鴻章)의 추천으로 한국 최초의 서양인 고문으로 부임해 통리아문의 외무협판이 되어 외교고문 역할을 담당했다. 또한 해관총세무사가 되어 해관 신설 등 통상무역 업무도 총괄했다(다음백과).
6   이만열, 『한국기독교의료사』, 36.
7   박효생, 『한국기독교 의료운동사』(서울: 기독교문사, 1993), 100.

'알현'한 한국(조선) 선교사가 바로 '알렌'이었다. 그는 일기에 기록했다.

"오늘 나는 처음으로 국왕과 왕비를 진료하기 위하여 입궐했다. 그들은 유사 천연두를 앓고 있었는데, 회복기에 접어들고 있었다. 그들은 이 병의 재발을 예방해 달라고 요청했다. 국왕은 목구멍이 부어 있었고, 왕비는 귀가 부어 있었다. 나는 아픈 부위를 잘 볼 수 없기 때문에 만족할 만한 치료를 할 수 없었다."[8]

알렌은 한국에 거류하는 최초의, 또한 유일한 서양인 의사로서 미국공사관 및 영국공사관 공의(公醫)도 겸하게 되었고, 외국 거류민 전체를 위한 공의 역할도 하게 된 것이다. 알렌은 대단한 환영을 받았던 것이다.[9]

■ 조선 선교의 교두보: 제중원(濟衆院), 제중원의학교, 제중원교회를 열다

알렌 선교사는 서양식 근대병원을 설립하기를 간절히 원했다. 이를 위해 미국 대리공사 포크(George C. Foulk, 복구〔福久〕)와 민영익의 협조를 얻었다.[10] 1885년 4월 9일, 고종으로부터 하사받은 서울 재동에 위치한 홍영식의 사택을 개조하여 광혜원(廣惠院: 널리 은혜를 베푸는 집)[11]이란 이름의 병원을 개원하게 되었다.[12] 이 병원은 미국 북장로회 해외선교부가

---

8 『알렌의 일기』, 1885년 3월 27일자.
9 이만열, 『한국기독교의료사』, 35.
10 같은 책, 38.
11 광혜원(廣惠院:널리 은혜를 베푸는 집)은 동년 4월 26일 제중원(濟衆院: 많은 사람을 구제하는 집)으로 개명되었다(『承政院日記』, 고종22년 3월 12일(高宗時代史 권2, 국사편찬위원회, 724), 이만열, 『한국기독교의료사』, 41.
12 조선 정부는 알렌의 병원건설안을 받아들여 1885년 4월 3일(음 2월 18일) 병원설치를

진료의 책임자를 제공하고, 조선 정부는 건물과 제반 설비 및 경상비 등을 부담해서 설립하게 된 일종의 왕립병원으로서 한국 최초의 서양 근대식 병원이었다. 이 병원이 개원하기까지 실로 많은 방해 공작과 반대가 있었다.[13] 그러나 특히 왕인 고종이 서양식 근대병원의 설립을 갈망하였기에, 알렌이 기독교 선교사인 것을 알면서도 병원 건립을 적극적으로 독려한 것이었다.[14] 이렇게 하여 한국 의료선교는 그 기초가 놓이게 되었다. 그리고 이 병원은 의료선교 기관으로서 뿐만 아니라, 다른 선교사역을 위해서도 훌륭한 선교 전초기지 역할을 잘 감당하였다. 즉 국왕에 의해 공인된 이 병원을 통해 다른 선교사들도 쉽게 선교 활동에 착수할 수 있었던 것이다.[15] 드디어 조선의 심장부인 수도 서울에 공개적인 선교 활동의 교두보가 마련된 것이다. 그리고 알렌은 제중원 내에 제중원교회를 설립하고, 1885년 10월 11일 공식 주일예배를 드렸다.

"오늘 우리는 조선에서 최초로 개신교 교회 연합예배를 행했다. 이 개신교 교회에는 아펜젤러 목사 부부, 스크랜턴 박사 부부, 그의 어머니와 아이들, 언더우드 목사, 우리 알렌 부부 그리고 일본 선교부 소속으로 방한 중인 루미스 목사, 역시 내한 중인 미국 마리온 승무원들과 함장 밀러, 회계주임 트레일러치, 의무관 크레이크 박사 등이 이 예배에 참석했다. (중략) 루미스 목사가 설교

인가하고, 4월 9일 광혜원(廣惠院:널리 은혜를 베푸는 집)을 개원하였다(『알렌의 일기』, 1885년 4월 10일자. 호러스 N. 알렌, 김원모 역[서울: 단국대학교출판부, 2017], 79.)
13 통리아문의 외무협판이었던 독일인 묄렌도르프(穆麟德)가 초기에 반대하였고, 주한 독일 임시 총영사 브들러(H. Budler, 卜德樂)도 알렌의 병원이 '분쟁의 온상'이 될 것이라고 반대했었다.『알렌의 일기』, 1884년 3월 31일자, 4월 6일자. 호러스 N. 알렌, 김원모 역. 75, 78.
14 이만열,『한국기독교의료사』, 41.
15 한국기독교사연구회,『한국 교회사 제1권』, 194.

했다."**16**

    1886년 3월 29일, 알렌은 또한 의료 보조요원을 양성하기 위해 '제중원부속의학교(제중원의학원)'를 설립하였다.**17** 1885년 4월 5일 한국 최초 장로교 복음 선교사로 들어온 언더우드 목사(Rev. Horace G. Underwood)가 제중원 의학원의 교사 자격으로서 이곳에 머물면서 우리말을 익히기 시작했다. 미국 북감리회 소속의 스크랜턴 박사(Dr. William B. Scranton)도 1885년 6월까지는 제중원에서 의사로 활약하였다. 그리고 1885년 여름에 들어온 헤론 박사(Dr. John. Heron)나, 1886년 7월에 미북장로회 파송의 최초 여성 의료선교사로 들어온 애니 엘러스(Dr. Miss. A. Ellers) 선교사도 이곳에서 활동의 근거를 얻었다. 이처럼 제중원과 부속의학교는 초기 내한 외국인 선교사들이 합법적으로 활동할 수 있었던 귀한 선교 전략기지였었다.

    제중원은 개원 후부터 수많은 환자를 치료했다. 알렌이 미국 해외선교 본부로 보낸 『한국 정부병원 1차년도 보고서』는 한국의 질병 상태를 서양 의학적 관점에서 처음으로 발표한 것으로 매우 중요하다. 제중원 개원 1년 동안 10,460명이 치료를 받았는데, 그중 400여 명이 외과적 치료를 받았다고 밝히고 있다.**18** 특히 외과술의 영향력이 컸다. 제중원은 초기에는 한국 의료선교와 개신교 복음 선교의 장을 여는 선교 전초기지로서 그 역

---

16 『알렌의 일기』, 1885년 10월11일자.
17 『알렌의 일기』, 1886년 3월 29일자. "조선왕실병원 제중원 부속의학교(Medical and Scientific School)가 오늘 개교 되었는데, 언더우드 목사, 헤론 박사, 그리고 나 자신 등이 의학교 교수를 담당했다."
18 이만열, 『한국기독교의료사』, 47.

할을 충분히 감당하였다.

그러나 이 병원은 의사 알렌(Dr. H. N. Allen)에 의해 설립되고 운영되었지만, 건물과 설비 및 경상비는 국가가 제공하는 병원[19]인지라 알렌도 제반 운영을 독자적으로 할 수 없는 형편이었기에, 그는 선교사로서보다는 고용인으로 일했다. 따라서 제중원의 운영은 정부 관리들과 의료선교사들과의 갈등 속에서 어려움을 겪게 되었고, 또한 의료선교사들 간에도 이 병원의 운영에 있어서 알렌 선교사와 다른 의사 선교사들 및 복음 선교사들 간에 의견 차이가 있어서 어려움이 많이 있었다.

■ 구한말 격동기 한 가운데 외교관으로 활동하다

의사 알렌은 그의 주장이 뚜렷했고, 또한 개성이 매우 강하였다. 따라서 이러한 그의 다소 고압적인 태도와 성격 때문에 때때로 동료 선교사들과의 갈등도 많이 있었던 것으로 알려져 있다.[20]

1887년 9월, 주미 조선공사관이 워싱턴에 설립되면서 박정양이 전권공사(全權公使)로, 이완용이 참찬관(參贊官)으로 임명되었다. 이때 알렌은 조선 선교사직을 사임하고, 한국 정부의 요청으로 최초 주미 조선공사관의 외무비서관으로 임명을 받아 한국을 떠나 미국 워싱턴에서 근무하게 되었다. 따라서 제중원은 혜론이 병원관리의 책임을 맡게 되었다.[21] 1889

---

19 '광혜원 규칙' 『알렌의 일기』, 1885년 4월 3일자. 참조
20 알렌은 혜론, 언더우드, 스크랜턴 등, 여러 선교사들, 특히 혜론 선교사와의 갈등이 매우 심했다('알렌의 일기'와 미북장로회 해외선교본부의 프랭크 F. 엘린우드 총무에게 보낸 선교사들 편지 곳곳에 자세히 기록되어 있다.).
21 1887년 9월경에는 알렌과 혜론의 갈등이 고조에 달해서, 알렌도, 혜론도, 심지어 언더우드도 선교본부에 사임서를 제출했었다. 이런 상황에서 알렌이 주미 조선공사관의 외무비서관으로 미국으로 가게 된 것은 그 누구도 마음 상하지 않고, 한국 선교부도 안정

년 10월, 주미 조선공사관 외무비서관직을 마치고 한국에 돌아 온 알렌은 미북장로회 선교사로 다시 임명 받았다. 그리고 1890년 7월, 알렌은 주한 미국공사관의 서기관으로 임명되었다.[22] 이때에 헤론이 과로한 가운데 이질에 걸려 사망하게 되자, 알렌은 그의 죽음을 누구보다 애통해 했다.[23] 장지(葬地)를 구하는 일에도 적극적으로 노력했다. 알렌은 1893년부터 1897년까지 미국공사관 대리공사직을 맡았고, 연이어 1897년에는 주한 미국전권공사로 임명되어 1905년에 해임될 때까지 대한제국의 격동기에 행정 관료로서 활동하였다.[24]

■ 알렌 – 한국 근대사를 품다

서양 개신교 의료선교사로서, 최초로 조선 국왕을 알현하고, 시의(侍醫)가 된 의료선교사 알렌! 그는 인생의 가장 꽃다운 시절인 20대 후반에 '은둔의 나라–조선'에 들어 와서 21년간 선교사로서, 외교관으로서 삶을 살다 갔다. 김원모 교수[25]는 그의 논문 '알렌의 한국독립보전운동(1903)'을 제출하면서, 알렌의 외교업적을 다음과 같이 유추했다. 알렌의 외교적 성향은 (1) 청의 한국 지배기간(1884-1894)에는 반청·친일정책 (2) 일

시키는 절묘한 해결책이었다.

22 알렌은 주한 미국공사관 서기관을 맡으면서, 동시에 의료선교사로서 제중원 원장도 동시에 맡으려 했는데, 순수 정치적 직책과 전인 선교사 직책을 동시에 유지하는 것은 바람직하지 않다고 언더우드, 기퍼드, 마펫 선교사는 강력히 반대했다. 마포삼열, 옥성득 편역, 『마포삼열 서한집』 제1권(서울: 두란노아카데미, 2011), 127.

23 알렌(서울)이 엘린우드(미국)에게 보낸 1890년 7월 27일자 편지. 박형우 편역, 『헤론의 자료집II』, 647.

24 H.N.알렌, 김원모 역, 『알렌의 일기』(서울: 단국대학교출판부, 2017), 5.

25 김원모, 단국대학교 명예교수, 고려대학교 사학과, 동 대학원 졸업(문학박사).

본 지배기간(1894-1896)에는 친러·반일정책 (3) 러시아 한국 지배기간 (1896-1898)에는 반러·친일정책 (4) 일본의 한국 지배기간(1898-1905)에 는 일본의 침략이 노골화되는 상황에서 미국이 적극적인 친한정책을 취하 면서 러시아를 도와 일본을 견제해야 한다는 친러·반일·친미정책을 표방 했다고 정리했다.26 즉 알렌은 한국 지배자의 실체가 바뀔 때마다, 그 자 신의 대한정책(對韓政策)이 바뀌었다는 것이다. 이를 두고 사람들은 알렌 을 줏대 없는 '변화의 화신'으로서 자신의 안위와 영달만을 추구했던 인물 로 평가해 왔다. 알렌에 대한 일반적인 평가로는, 알렌은 외교관으로 변신 한 이후부터 자신의 본국인 미국과 알렌 자기 자신의 이권을 챙기는 데 철 저히 집중했다는 것이다. 예를 들어, 알렌은 조선에서 광산채굴권, 철도부 설권, 전기전차 설치권 등의 이권에 개입하여 미국과 자신의 이득을 취하 는 데 앞장섰다는 것이다. 이에 대하여 김원모 교수는 『알렌의 일기』를 분 석 검토한 결과, '알렌의 변신'에는 그 밑바탕에 철저한 두 가지 기본정책 이 있음을 발견했다고 주장했다.

첫째, 자신의 조국인 미국의 이권수호 정신(利權守護精神)이다. 그는 미국의 외교관으로서 이 임무에 충실하고자 했다. 둘째, 한국 독립보전 정 신(獨立保全精神)이었다. 조미조약(朝美條約) 제1조에 명문화되어 있는 거 중조정공약(居中調停公約)을 준수, 한국 문제에 적극 개입, 한국을 외세의 침략으로부터 구제해야 하고, 또 구제할 수 있는 나라는 당시의 세계 정황 으로 볼 때 미국밖에 없다는 것이다. 결국 미국 이권수호 정신과 한국 독 립보전 정신은 알렌의 대한정책에 있어서 불변의 공통분모라는 것이다.27

---

26 김원모 논문 '알렌의 한국독립보전운동(1903)', H. N. 알렌, 김원모 역, 『알렌의 일기』, 388.
27 H. N. 알렌, 김원모 역, 『알렌의 일기』, 388-389.

알렌은 러·일 전쟁이 곧 발발하고, 일본이 승리할 것이며, 그 결과 일본은 대한제국을 파멸하고 식민지로 삼을 것을 예상했다. 따라서 한국을 구제하려면 한국 주재 각국 외교관들이 한국 독립보전조약 정신을 받들어 일본에 공동으로 대처해야만 하는데, 한국 독립보전을 위해 각국 외교관들이 단합하는 것은 현실적으로 어려운 일이기에, 한국을 구제할 수 있는 나라는 미국밖에 없다는 견해였다.

"러일 전쟁이 발생하자, 황제는 한국의 운명에 대하여 심히 우려하고 있었다. (중략) 나는 황제에게 미국이야말로 한국의 우방이며, 미국 국민이야말로 한국이 장차 난경에 빠질 경우 황제를 위하여 강력하고도 사심 없는 충고를 할 수 있는 국민이라는 점을 강조했다."[28]

극변하는 국제 정세 속에서 풍전등화 같은 대한제국 몰락의 위기를 바라보는 알렌은 한국을 구하는 길은 오직 일본의 야욕을 견제하는 것인데, 그러기 위해 미국이 친러·반일정책을 펼쳐줄 것을 본국 정부에 건의했던 것이다. 그것이 결국 미국을 위해서도 유익하다고 판단했던 것이다. 알렌으로서는 전적으로 자신을 신뢰하고 의지하고 있는 고종 황제를 돕는 한편, 한국 땅이 기독교 국가로 거듭나기를 소망했던 것이다. 결국 반일·친러 정책을 강력히 주장한 알렌은 친일·반러 정책을 고수하는 루즈벨트 대통령[29]과의 정책 마찰로 1905년 3월에 해임되었고, 그해 6월 9일에 미국으로 귀국하였다(미국은 극동지역에 영향력을 키우려는 러시아 세력을 견제하

---

28 『알렌의 일기』, 1903년 6월 1일자. H. N. 알렌, 김원모 역, 203.
29 테오도르 루즈벨트(Roosevelt, Theodore. 1858.10.27-1919.1.6): 미국의 제26대 대통령(재임 1901-1909).

기 위해, 친일·반러 정책의 일환으로 1905년 7월 29일, 비밀리에 가쓰라-태프트 밀약[30]을 맺어 일본의 한국 지배를 용인했다. 그 결과 1905년 11월 17일, 일본은 한국의 외교권을 박탈하기 위해 강제로 을사늑약을 체결했다).

이렇듯 호러스 N. 알렌은 의료선교사로서 뿐만 아니라 외교관으로서도 한국과 미국 정부에 큰 영향력을 끼친 인물이었다. 1905년 6월 10일, 알렌 선교사는 한국에서의 사역을 마치고 미국으로 돌아가 오하이오 주 톨레도(Toledo)에서 의사로 활동했다. 1932년 12월 11일, 그는 그곳에서 74세를 일기로 생을 마쳤다.[31]

■ 한국 개신교 선교 역사의 문을 연, 알렌 박사를 기리며

얼마 전 "미스터 선샤인"이란 드라마가 방영되어 세간에 화제가 되었다. 그 드라마의 시대 배경이 구한말이었고, 그때 미국 전권공사가 알렌으로 등장했다. 의사선교사로서, 외교관으로서, 알렌은 한국 근대사의 산증인으로서 살다 간 것임에 틀림없다. 한 편의 극적인 드라마 같은 알렌 선교사의 인생은, 그가 한국에 입국한 수개월 후인 1884년 12월 4일에 벌어진 갑신정변으로 시작된 것이다. 당시 미국 공사관 공의이자 미북장로

---

30 가쓰라-태프트 밀약(Taft - Katsura agreement)은 러일 전쟁 직후 미국의 필리핀에 대한 지배권과 일본 제국의 대한제국에 대한 지배권을 상호 승인하는 문제를 놓고 1905년 7월 29일 당시 미국 육군 장관 윌리엄 하워드 태프트(이후 미국 27대 대통령이 됨)와 일본 제국 내각총리대신 가쓰라 다로가 도쿄에서 회담한 내용을 담고 있는 대화 기록이다. 이 기록의 내용은 미·일 양국이 모두 극비에 부쳤기 때문에 1924년까지 세상에 알려지지 않았다. 이 기록에는 서명된 조약이나 협정 같은 것은 없었고, 일본-미국 관계를 다룬 대화에 대한 각서(memorandum)만 있었다(위키백과).

31 최제창, 『한미의학사』(서울: 영림카디널, 1996), 23.

회 의료선교사였던 알렌(26세), 왕후 민비의 친정 조카이자 조정의 최고 실세였던 민영익(24세) 그리고 조선 국왕인 고종(32세), 이 세 사람은 갑신정변 이후에 공동 운명체처럼 서로 얽히고 얽혀, 한 시대의 역사를 만들어 갔다. 따라서 알렌에 대한 평가도 어떤 관점에서 보느냐에 따라 엄청나게 달라진다.

홍선대원군의 기독교에 대한 엄청난 박해가 아직도 기억에 생생한 시점에서, 기독교 선교사인 것을 알고도 의료선교사들을 가까이 두기를 원했던 왕과 왕비의 모습을 통해서, 기독교가 한국에 안정적으로 정착되게 된 것은 의료선교사 알렌의 업적 때문인 것을 그 누구도 부인할 수 없을 것이다.

알렌 선교사가 한국에 대해서 큰 유산으로 남긴 것은, '제중원'으로 시작되어 오늘날 '세브란스병원'으로 존재하는 병원이 하나요, 다른 하나는 뉴욕공립도서관에 보관되어 있는 '알렌문서(The Horace Newton Allen Manuscript Collection)'32로 일컬어지는 기록물이다. 이 기록물 중에서 『알렌의 일기』는 김원모 교수를 통해서 완역되었다.33 근래 건양대학교 충남지역문화연구소 김현숙 교수는 뉴욕공립도서관이 소장하고 있는 알렌의 문서를 전량 수집해 일반 대중과 연구자가 이용할 수 있도록 정리, 해제, 데이터베이스화하는 작업을 수행하고 있다. 이 자료들이 완역되면 구한말 시대 상황을 이해하는 데 큰 도움이 될 것이고, 아울러 호러스 N. 알렌을

---

32 알렌이 1924년, 뉴욕공립도서관에 기증한 문서들이다. 그 내용은 ① 알렌의 일기 ② 외교문서 및 편지 ③ 알렌의 원고: 논설문 및 각종 연설문 보고서 ④ 한국관계 미국의 각 신문자료 ⑤ 알렌의 본국 정부 각종 보고서 ⑥ 한국관계 논저(論著) 수집 등을 포함하고 있다. 이 자료는 같은 시대에 서양인들이 남긴 자료 중에서 양적 및 질적으로, 또 주제의 다양성 면에서도 가장 우수한 것으로 평가받고 있다.

33 H. N. 알렌, 김원모 역, 『알렌의 일기』(서울: 단국대학교출판부, 2018)

보다 깊이 이해하는 데 많은 도움이 될 것이다.

　한 세기를 지나, 또다시 한반도를 중심으로 급변하고 있는 오늘의 시대 상황 속에서, 오늘을 살아가는 우리 한국인들, 특히 우리 기독인들에게 알렌 박사는 무엇을 말하고 싶어 하실까? 오늘도 그의 흉상(胸像)이 세브란스병원 한편에서 우리들을 유심히 지켜보고 있다.

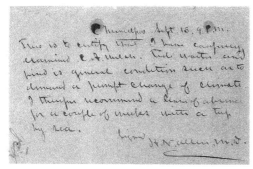

우리나라 최고의 서양의학 진단서(알렌)

최초의 제중원(1885년)

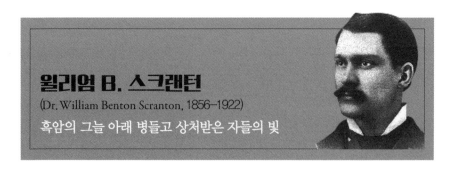

윌리엄 B. 스크랜턴
(Dr. William Benton Scranton, 1856-1922)
흑암의 그늘 아래 병들고 상처받은 자들의 빛

우리나라 역사상 어둡고 힘든 시기에, 흑암과 사망의 그늘에 앉은 자들, 병들고 상처받은 몸과 영혼을 가진 자들에게 찾아와서, 마치 밝고 멀리까지 비치는 '강력 랜턴(search-lantern)'처럼 빛을 밝힌 믿음의 사람들이 있었는데, 그중에 한 분이 바로 의료선교사 스크랜턴이다.

■ 의료선교사로 부름 받다

윌리엄 B. 스크랜턴은 1856년 5월 29일, 미국 코네티컷 주 뉴헤이븐에서 제조업을 하는 아버지 윌리엄 T. 스크랜턴(William Talcott Scranton, 1829-1872)과 어머니 메리 F. 벤턴(Mary Fletcher Benton, 1832-1909) 사이에 외아들로 태어났다.[1] 그는 어려서부터 어머니의 영향을 많이 받았는데, 그의 외할아버지 이래스터스 벤턴(Erastus Benton, 1805-1874)은 당시 유명

---

1 박형우·김신권 편역, 『미국 북감리회의 첫 한국 (의료) 선교사 윌리엄 B. 스크랜턴 자료집
   I』(서울: 공옥출판사, 2018), 82.

한 감리교회 목사였다.[2] 그는 16세 때 그의 아버지가 돌아가시면서 어머니의 경건한 신앙 아래에서 자라났다. 그는 1878년에 예일대학교를 졸업하고, 한 해 재수를 한 후, 1879년에 '뉴욕 시 의과대학(컬럼비아대학 의학과)'에 입학하였다. 윌리엄 B. 스크랜턴은 1882년 5월에 '뉴욕 시 의과대학'을 제75회로 연례 졸업을 한 실력 있는 의사였다. 그는 의과대학을 졸업하던 해인 1882년 7월에 외할아버지 이래스터스 벤턴 목사의 주례로, 학교 교사 출신의 룰리 와이어스 암스(Loulie Wyeth Arms, 1860-?)[3]와 결혼하였다. 결혼 후, 윌리엄-룰리 부부는 오하이오 주 클리블랜드 시에서 잠시 개업하여 어머니 메리와 함께 살았으며, 1883년 6월에 첫 딸 어거스타(Augusta Scranton, 1883-?)를 낳았다.[4]

1884년 여름, 스크랜턴은 심한 열병으로 쓰러졌다. 그는 투병 과정에서 하나님의 부르심을 받게 되었다. 그는 외로운 병상에서 고백했다.

"하나님! 내 병이 회복되는 대로 의료선교사로서 나의 지혜와 경험을 하나님을 위해 바치겠습니다!"[5]

그 후에 그의 병은 빠르게 회복되었다. 그는 미국 북감리회 선교부에 한국 의료선교사로 가기 위한 지원서를 제출하였다. 그리고 1884년 12월

---

2 같은 책, 121.
3 룰리 W. 암스의 집안은 이렇다. 할아버지 하이럼 펠프스 암스(Hiram Phelps Arms, 1799-1882)는 예일대학교 신학부를 나온 목사였고, 아버지 조지 헨리 암스(George Henry Arms, 1833-1878)는 토목기사로 남북전쟁 시 남군 대령이었다(박형우 김신권 편역, 157.)
4 박형우·김신권 편역, 『미국 북감리회의 첫 한국 (의료) 선교사 윌리엄 B. 스크랜턴 자료집 I』, 165-168.
5 길원필, 『내 사랑 코리아』(서울: 탁사, 2003), 116.

4일, 뉴욕에서 미국 북감리회 화울러 감독으로부터 목사안수를 받고,[6] 같은 달 미국 북감리회 해외선교부에서 한국(조선) 선교사로 임명받았다.

■ 병들고 상처받은 민중들의 빛

스크랜턴 박사는 의료선교에 대한 뜨거운 열정을 품고 1885년 5월 3일, 미국 북감리회 의료선교사로서 부인(룰리 W. 암스)과 첫 딸(어거스타 스크랜턴) 그리고 어머니(메리 F. 스크랜턴)와 함께 내한하였다. 그의 나이 29세였다. 그는 의사 알렌에 이어 두 번째로 우리나라에 들어온 의료선교사였으며, 감리교 선교사로서는 첫 번째 의료선교사였다. 그는 내한 후 제중원에서 잠시 진료하였으나, 의사 알렌의 선교 정책과 뜻이 맞지 않아 독자적인 의료선교를 모색했다. 왜냐하면 알렌은 '많은 사람을 구제하는 집'이라는 의미의 '제중원(濟衆院)'을 세워서 많은 사람으로 혜택을 누리게 한다면서도, 실제로는 이 병원이 왕립병원으로서 왕실 중심으로 의료활동을 주로 하는 데 반해, 스크랜턴은 이 의료기관의 혜택에서 소외된 민중, 특히 빈민층에 대한 관심이 더욱 컸기 때문이었다.[7]

■ 민중들을 위한 시병원(施病院: 시혜를 베푸는 병원, 시란돈 의사 병원)

1885년 9월 10일, 의료선교사 스크랜턴은 미국공사관 근처(배제학당과 이화학당 사이)인 서울 정동에 한옥을 매입하여 최초로 서양식 민간 의

---

6 길원필, 『내 사랑 코리아』, 117.
7 최제창, 『한미의학사』, 35.

료기관을 설립하고 진료 활동을 시작하였다.[8] 시병원은 처음에 미국의사
진료소로 불렸다. 많은 환자가 몰려들었다. 치료할 의약품과 약품을 담을
약병까지 동이 났다. 스크랜턴은 병원 출입문 양쪽에 간판을 달아 붙였다.
한쪽 간판에는 영어와 한문(漢文)과 한국어로 'AMERICAN DOCTOR's
DISPENSARY', '미국인 의사 병원'이라고 적었고, 다른 쪽에는 영어와
한글로 "남녀노소를 막론하고 병이 있는 사람은 누구나 어느 날이든지 낮
10시에 빈 병을 가지고 와서 미국 의원에게 보이시오."라고 썼다.[9]

스크랜턴 선교사는 정부가 운영하던 '제중원'과는 달리 스크랜턴 진료
소를 순수 민간병원으로 육성하려고 처음부터 노력하였다. 그래서 그는
가난하고 버림받은 환자들을 진료하는 데 정성을 다했다.

1886년 6월 15일, 그동안 외래진료만 해 오던 병원은 드디어 입원실
을 갖추고 정식 병원으로 개원했다. 입원실, 수술실, 진료실, 환자 대기
실, 응접실 또는 사무실 그리고 조제실을 갖춘 현대식 병원이었다. 남자
25-30명, 여자 15명 가량 입원할 수 있는 규모였다. 본 건물 옆에는 여성
전용 건물을 따로 마련했다. 시병원의 새 건물이 제중원 건물보다 더 낫다
는 사람도 있었다.[10]

스크랜턴은 병원을 내원하는 사람들이 가난한 민중들이라 무료로 진
료해 주고 있었다. 그는 1886년 보고서에는 다음과 같이 기록했다.

"우리가 상대해서 일한 사람들은 거의가 극빈자들이었으며 종종 버림받은 자
들도 돌보아 주어야 했습니다. 특히 버림받은 사람들은 그 몸의 상태가 도저히

8   이만열, 『한국기독교의료사』, 52.
9   같은 책, 52.
10 같은 책, 54-55.

일할 수 없는 형편이 되었을 경우에는 치료받는 동안에 생활비 전체를 우리가 부담해야만 했습니다."

미북감리회 의료선교는 이러한 스크랜턴 선교사의 주장에 따라, 미북 장로회의 왕실 및 고위층 중심이 된 제중원 사역과는 구별되는 의료선교 전략으로써, 의도적으로 사회 소외 계층과 극빈자 층을 상대로 의료선교 활동을 펼쳤던 것이다. 그 한 예로 스크랜턴은 이렇게 병원을 설립한 후에도 1886년에 작성한 보고서에서 '전염병으로 고생하는 불쌍한 사람들'을 위한 진료소를 새로 지을 자금과 사람들을 보내 달라고 본국 선교본부에 요청했던 것이다. 그 당시에는 콜레라와 같은 전염병이 창궐했다. 따라서 이러한 전염병 환자는 집에서 쫓겨나 거리로 내던져 버림을 받았기 때문이었다.

"전염병에 걸린 환자들은 자기 집에서 쫓겨나 움막으로 가거나 있을 곳이 없어 동냥을 하고 먹고 산다. 우리는 여기서 이런 경우에 대비하여 큰 도움이 되었으면 하고 바랐다. 우리는 다른 의사가 확보되는 대로, 그를 이 버림받은 이들을 돌보는 일에 헌신토록 할 것이다."

1887년 고종은 스크랜턴이 세운 병원의 이름을 스크랜턴의 조선어식 표기 이름인 '시란돈'을 따라, 또한 '시혜를 베푸는 병원'이란 뜻의 이름으로 '시병원(施病院, Universal Relief Hospital)'이라고 지어 주었다. 이것은 왕실이 그의 사업을 승인함과 동시에 그 지지를 재 표명한 것이다.[11] 스크랜턴은 이에 감격하여, "한국에서도 미국의 흑인 노예 해방자 링컨과 같은

---

11 길원필, 『내 사랑 코리아』, 120.

훌륭한 임금님이 계셔 조선의 모든 노예를 해방시켰다."라고 찬양했다.[12]

시병원으로 많은 환자가 몰려 왔는데, 스크랜턴 선교사는 한국에 온 지 3년째이던 1888년 한 해 동안에 5,500여 명의 환자를 치료하였다.[13]

■ 최초의 여성전용병원, 보구녀관(保救女館, Salvation for All Women Hospital)

19세기 말 조선의 생활 풍습 상, 여성을 위한 서양의료 진료를 시행하기에는 너무나도 제약이 많고 어려웠다. 남녀를 한 병원에서 진료하기도 어려웠고, 특히 외국인 남자 의사가 사가(私家)의 여자들을 진료하는 데는 거부반응이 너무 많았다. 따라서 여자 의사가 절실히 필요했고, 여성전용병원 역시 절실히 요구되었다.[14] 특히 왕족이나 상류 계층의 여성들뿐만 아니라, 평민 여성들에 대한 진료도 절실히 요구되었다. 이에 스크랜턴 선교사는 미북감리회 선교부에 어린이와 부녀자들을 위한 병원을 구상하고 여의사 파견을 요청했다. 1887년 10월 20일, 미북감리회 소속 여의사 하워드(Dr. Miss Meta Howard)가 입국하자 미북감리회 선교부는 그녀를 원장으로 세워 이화학당 구내에서 한국 최초의 부인전용병원을 시작하였다.[15] 처음에는 시병원 안에서 진료를 시작했는데, 1888년 4월, 정동에 따

12 전택부, 『한국 교회 발전사』(서울: 대한기독교출판사, 1987), 116.

13 이상규, "한국 의료선교사 I" 『의료와 선교』(서울: 한국기독교의료선교협회, 1992), 겨울호, 통권6호, 60.

14 1886년 첫 여자 의료선교사로 미북장로교 소속 미혼의 여의사인 애니 엘러스(Miss. Dr. Annie Ellers)가 내한하여 제중원에 새로 설치된 부인부를 맡아 왕녀와 왕실 부인들을 진료하기 시작하였다. 그 후 그녀는 1887년에 벙커(D. A. Bunker)목사와 결혼하게 되자, 그후에 내한한 여의사 릴리어스 호르톤(Dr. Lillian S. Horton ; 후에 언더우드 목사와 결혼)이 제중원의 부인부를 맡아 보게 되었다.

15 마서 헌트리, 『한국 개신교 초기의 선교와 교회성장』, 427.

로 건물을 마련하고 병원을 건립했으며, 왕비인 민비가 '보구녀관(保救女館: 이화여자대학병원 전신)'이라고 이름을 지어 주었다.[16] 이 병원의 개원으로 봉건주의 사회 체제 안에서 소외당했던 또 다른 민중 계층이었던 여성들이 의료혜택을 받게 되었고, 어린이들도 보다 쉽게 진료받을 수 있게 되었다.[17]

■ 남대문 상동병원 건립

스크랜턴 선교사는 보다 적극적으로 민중들과 접촉하기 위해 궁궐과 외국 공사관이 즐비한 정동보다는 남대문시장을 중심으로 서민층들이 운집해 있고 교통의 중심지이기도 한 상동(尙洞)으로 병원을 옮기고 싶었다. '상동'은 '민중이 있는 곳(Where people is)'이었다. 이곳에 병원이 세워지면 실로 선교사들이 민중을 만날 수 있는 좋은 중개소로서 선교의 전략적 기지가 되기 때문이었다.

스크랜턴 선교사는 미북감리회 선교부가 보다 효과적인 복음 전파를 위해 의료선교사업에 더욱 관심을 가져 줄 것을 요청했다. 따라서 의료선교사업을 위한 확장정책에 적극적이고 구체적인 지원을 촉구하기 위해 4가지 계획안을 제시했다. 첫째, 전 국토에 걸친 의료-전도여행. 둘째, 동대문 밖의 진료소 건립. 셋째, 서울 중심부에 현대식 건물과 설비를 갖춘 종합병원 건립. 마지막으로 제물포 항구에서의 의료 활동이 그것이었다. 이러한 계획안은 부분적으로, 또한 처음 구상과는 다소 달라지고, 또 전체적

---

16 김영재, 『한국 교회사』(서울: 한국개혁주의신행협회, 1992), 75.
17 여의사 하워드가 건강의 악화로 2년 후인 1889년 9월 본국으로 돌아가게 되자, 여의사 로제타 셔우드(Miss. Dr. Rosetta Sherwood)가 1890년 10월 14일 내한하여 이 병원의 업무를 계승하였다.

인 감리교의 후원 아래서 이루어진 것은 아니지만, 점차적으로 이 계획안은 현실화되었다.[18] 그는 감리회 선교부의 자금을 지원받아 1888년 12월에 성(城) 밖에 버려진, 전염병 등으로 병들어 쫓겨난 사람들과 고아들을 위한 구제소와 진료소를 개원했다. 이것이 상동과 아현동에 설치된 진료소(Dispensary)였다.[19]

1889년 여름에 의사 맥길(Dr. William McGill)이 부임해 오자 스크랜턴은 진료 사역을 평소에 꿈꾸어 온 곳인 상동으로 확장하고자 했다. 그러기 위해서는 먼저 장소를 확보해야 했다. 스크랜턴 선교사는 1889년 상동에 2,200평의 대지를 구입하게 되었다. 매입한 토지에는 벽돌 건물 한 채와 몇 채의 한옥이 있었다.[20] 이 건물들을 수리하거나 개조하여 약국과 병원 및 예배처소로 활용하도록 했다.

1890년 9월 경, 의사 맥길로 하여금 '남대문 시병원'을 개설하게 하였고, 다음해 10월 중순 경에는 입원실 및 대기실 등을 갖춘 벽돌 건물로 된 '남대문 상동병원'을 완공하였다.[21]

1891년에 의사 윌리엄 홀(Dr. W. J. Hall)이 부임해 와서 서울에서 잠깐 함께 사역하였다. 그러나 1892년 윌리엄 홀이 평양으로 사역지를 옮겨 갔고, 의사 맥길도 원산으로 사역지를 옮겨 갔다.[22] 1893년에 의사 버스티드(Dr. John. B. Busteed)가 부임하여 남대문 병원을 책임지게 되었다. 스크랜턴은 정동 시병원을 '민중이 있는 곳'인 남대문 상동으로 이전하도록 선교본부에 강력하게 건의해 왔는데, 1894년에 와서 이전하게 된 것이다.

18 마서 헌트리, 차종순 역, 『한국 개신교 초기의 선교와 교회성장』, 199-200.
19 이상규, "한국 의료선교사 I", 60.
20 길원필, 『내 사랑 코리아』, 123.
21 이만열, 『한국기독교의료사』, 107.
22 같은 책, 같은 쪽.

상동병원은 의료 사역과 복음 전도의 중심지가 되었다. 상동병원에서는 8시에 의료진과 입원 환자들의 예배, 11시에 진료 환자들의 예배가 있었다.[23] 전도사는 9시에 병실마다 다니면서 성경공부를 주관했고, 점심 후에는 입원 환자들에게 감리교 교리문답을 가르쳤다. 부인과 병원의 간호부장은 성경(전도) 부인이라는 몫까지 맡아 일했다. 개인전도와 기독교 문서선교는 모든 병원과 진료소에서 중요한 전도의 몫을 담당했다.[24]

1892년 이후부터는 의료선교를 통한 복음전파 활동에 큰 비중을 두었다. 미국 공사관과 조선 정부가 복음 선교사들의 전도활동에 대해 제동을 걸었기 때문에, 감리회 선교부는 당시 상황으로서 병원 치료사역을 통한 의료선교야말로 가장 적합하고 효과적인 복음증거 방법이라고 보았던 것이다. 스크랜턴 선교사는 감리회 선교부 회계를 거쳐, 선교부 관리 책임자로서 감리회 선교를 지휘했다. 따라서 조선으로 파송되는 선교사 인원 가운데 절반은 의료선교사이어야 한다고 결정했다. 그리하여 1892년 1월에 준 간호원(Ad Nurse) 미스 루이스(Miss E. A. Lewis), 1893년에 의사 버스티드(Dr. J. B. Busteed)와 여의사 커틀러(Dr. Mary Cutler) 등, 많은 의료선교사가 내한하였다.

시병원은 무료진료병원으로서 설립 초기부터 1893년까지는 그 사업이 번창하였다. 그러나 상동으로 이전한 후인 1895년부터 선교본부에서는 '전도의 기회를 여는 수단'으로서 의료사업이 가지는 의미가 이제는 퇴색하였다고 보고 예산감축을 하면서 그 사업이 점차 축소되어 갔다.[25] 스

23 이만열, 『한국기독교의료사』, 110.
24 마서 헌트리, 『한국 개신교 초기의 선교와 교회성장』, 200.
25 이만열, 『한국기독교의료사』, 106.

크랜턴 선교사도 1893년 상동교회 담임목사로 취임하게 됨으로써 병원사역은 젊은 일반 의사선교사들이 맡아 왔는데, 그들이 과로로 인해 쓰러지게 되고, 한편 선교부들 간의 연합사업으로 종합병원인 세브란스병원 설립을 추진하고 있는 상황이라 1900년에 상동병원은 완전 폐쇄되었다.[26] 그러나 상동교회가 시작되었다.

■ 기독청년 운동의 요람지 – 상동교회 설립

스크랜턴 선교사는 의료사역뿐만 아니라 영혼 구원에 더욱 매진하고자 했다. 그는 상동병원을 운영함과 동시에 상동교회 건립을 꿈꾼 것이다. 그는 1888년에 상동교회를 설립하고, 이듬해인 1889년, 상동에 2,200여 평의 대지를 구입했다. 1893년 스크랜턴 선교사는 상동교회 초대 담임목사로 취임하였다. 그리고 상동교회 새 예배당 건축을 계획했다. 미국의 파송 교회에 모금을 부탁했고, 어머니 스크랜턴 대부인의 노력 또한 지대하였다. 미국에서 미드 양(Miss. Mead)이 거금 4,000달러를 보내왔고, 어머니 스크랜턴이 500달러를 모금해 왔다. 그리고 상동교회 교인들이 헌금한 것이 253원 56전이었다. 미국에서 모금된 헌금에 비해서 상동교회 교인들이 헌금한 것은 보잘것없는 것이었지만, 헐벗고 가난한 살림을 살아가는 교인들로서는 큰 금액이었다. 드디어 1900년 7월 30일, 지금의 상동교회 위치에 새 예배당 건축을 시작한 것이다. 상동교회 기공식은 스크랜턴 목사와 아펜젤러 목사 두 분에 의해 집행되었고, 1902년 5월 12일 주일 아침에 교회당 봉헌식이 거행되었다. 그리고 제17차 한국 감리교 선교

---

26 같은 책, 113.

대회가 역사적으로 열렸다.[27]

이후 상동교회는 한국 민족운동의 요람지가 되었다. 상동교회를 중심으로 기독청년운동이 활발히 일어났다. 이 교회를 통하여 전덕기 목사,[28] 헤이그 밀사 사건의 이준 열사, 기미독립선언의 민족대표 33인 중 4명, 도산 안창호 등 많은 교회 지도자 및 민족 지도자들이 배출되었다.

■ 한국 선교사직을 사임하다

1904년, 조선기독청년운동에 열심이던 스크랜턴 선교사는 조일연회(朝日聯會) 감독으로 선출되어 노골적인 친일정책을 펼치던 해리스 감독 및 그에 동조하는 다른 선교사들과 조선 선교에 관해 심한 의견 충돌을 일으키게 되었다. 1905년, 을사늑약이 이루어지자 일본의 지배는 더욱 노골화되었다. 이에 따라 미국 선교본부는 미국 선교사들이 일본 정부에 적극 협력할 것을 요구했다. 1907년 6월 14일, 스크랜턴 선교사는 해리스 감독과 심각한 갈등을 겪게 되었다. 그 결과 스크랜턴 선교사는 결국 선교사직과 함께 감리교 목사직을 사임하고, 영국 성공회로 교직을 옮겨 평신도 신분으로 신앙생활을 하게 되었다. 1909년, 이화학당을 설립하여 조선 여성교육에 지대한 공헌을 한 어머니 스크랜턴 대부인(Mary Fletcher Scranton, 1832-1909)이 소천하여 양화진에 안장되었다.

1910년 6월, 스크랜턴은 순수 개인 사업으로써 외국인과 선교사 휴식

---

27 길원필, 『내 사랑 코리아』, 124.
28 전덕기(全德基, 1875년-1914년)는 대한제국시절 독립협회, 을사늑약 반대시위, 헤이그 밀사 파견, 신민회를 이끈 인물로 상동감리교회의 전도사와 목사를 역임한 독립운동가이다. 신민회와 상동청년회의 조직에 중요한 역할을 하였다. 2014년 3월, '3월의 독립운동가'로 선정되었다(위키백과).

공간을 위해 서울 남대문 안 상동에 '서울요양원(Seoul Sanitarium)'을 설립하여 운영하다가, 1911년 1월에 평북 운산에 있는 운산광산 소속 의사로, 1916년에는 충남 직산의 미국인 금광회사병원 전속의사로 활동하였다. 이후 스크랜턴은 1917년에 중국 대련으로 갔다가, 1919년경에 일본 고베로 건너갔다.[29]

■ 흑암을 밝힌 조선의 빛이 지다

스크랜턴 선교사는 일본으로 건너가 고베에서 미국 영사관 고문 의사, 외국인 회사 자문 의사 등으로 일하였다. 1921년, 불의의 교통사고를 당한 후에 극도로 쇠약해진 상태에서 폐렴으로 고생하다가, 1922년 3월 23일, 66세의 일기로 하나님의 부르심을 받고 고베 외국인 공동묘지에 묻혔다. 그리고 그는 역사 속으로 사라져 갔다.[30] 스크랜턴 선교사의 묘지는 그가 소천한 지 70년이 지난 후인 1992년에 한국 감리회 선교부와 상동교회의 노력으로 확인되었고, 1997년 묘비가 새롭게 건립되었다.

스크랜턴 선교사는 29세(1885년)의 청년의 때에 내한하여 60세(1917년) 노인이 되어 한국을 떠날 때까지, 30여 년간 한국 땅에 머물면서, 흑암의 그늘 아래 병들고 상처받은 자들 곁에 한 줄기 빛으로 살아갔다.

---

29 길원필,『내 사랑 코리아』, 126-127.
30 윌리엄 B. 스크랜턴의 가족은, 부인 룰리 W. 스크랜턴(Loulie Wyeth Arms, 1860-?), 미국에서 낳은 첫딸 어거스타 스크랜턴(Augusta Scranton, 1883-?), 이후 선교지 서울에서 낳은 세 딸, 메리언, 캐서린, 헬렌이다. 네 딸은 모두 중국, 일본, 한국 등 극동지역에서 활동하던 영국과 미국 영사와 결혼하였다. 아내인 룰리는 1922년 윌리엄이 일본 고베에서 소천한 후, 사위들의 연고지인 영국으로 이주하여 살다가 그곳에서 사망한 것으로 추정된다(박형우·김신권 편역,『윌리엄 B. 스크랜턴 자료집 I』, 167-168.)

■ 길이 끝나는 곳에, 길은 또다시 이어지고

1978년 12월 16일, 서울 남대문시장 지역에 위치한 상동교회에서 한 쌍의 젊은이가 결혼식을 올렸다. 신랑 신부가 된 그들은 서울 변두리 산꼭대기에 위치한 자그마한 장로교회를 함께 다니던 이들이었다. 이들은 자신들이 출석하는 교회 예배당은 결혼예식을 올리기에는 교통 형편 등, 여러 가지로 불편해서 서울 시내에 있는 교회 예배당을 빌리기 위해 동분서주하였다. 당시 서울 시내에 조금 규모가 있는 예배당을 가진 교회들을 방문했지만, 한결같이 해당 교회의 출석 교인이 아니므로, 교단이 다른 교회의 교인이므로 등의 이유로 인해, 결혼예식을 위한 예배당을 구할 수가 없었다. 고심을 하고 있던 중에, 어떤 지인이 일러 주기를 남대문 인근에 있는 '상동교회'를 찾아가서 상의해 보라는 것이었다. 간절한 마음으로 그 교회를 방문하여 상의한 결과, 기독교인이라면 아무런 조건 없이 결혼예식을 위해 예배당을 빌려줄 수 있다는 것이었다. 서울 남대문시장, 새로나 백화점 꼭대기 층에 위치한 상동교회는 당시에 가난한 청년 기독인들을 위한 결혼예식장으로서는 최고의 장소였던 것이다. 감리교회인 상동교회에서 장로교회 성도인 청춘남녀는 장로교 담임목사를 모시고 주님 안에서 백년가약을 맺게 된 것이다. 그러나 신랑 된 그 청년은 그 교회가 어떤 역사를 가진 교회인지 알지 못했다. 그 교회의 설립자가 의사였으며, 목사로, 선교사로, 예수 그리스도의 용사로서, 흑암의 권세 아래에 있던 병들고 상처받은 이들을 위해 세상의 빛으로 찾아 왔던 '의료선교사 스크랜턴'이었던 것은 전혀 몰랐다.

그 후 그는 주님께서 주신 도전에 따라 『한국 의료선교의 어제와 오늘』이라는 책을 발간하기 위해 자료를 수집하던 중, 한국 의료선교 역사 속에 등장하는 '상동교회'를 알게 되었을 때에 엄청난 전율을 느끼게 되었다.

20여 년 전에 자신이 결혼예식을 올렸던 '상동교회', 그 교회가 바로 의료 선교사 스크랜턴이 세웠던 그 '상동교회'였던 것을 알게 된 것이다. 그리고 세월이 흘러 그 청년은 의사가 되었고, 목사가 되었고, 선교사가 되었다. 하나님께서는 이렇듯 인간의 모든 여정에 구체적으로 개입하시고, 당신의 역사를 펼쳐 가시는 것이다. 그 청년이 바로 이 글을 쓰고 있는 필자다!

오늘 우리가 서 있는 그 자리에, 우리는 결코 우연히 서 있을 수 없다. 우리들의 눈에는 우연같이 보일지라도, 주님께서는 우리들의 삶의 여정에 구체적으로 개입하셔서, 우리 인생의 방향을 지시하고 계심을 깨달아야 할 것이다. 자신을 비우고 오직 주님의 빛으로 이 땅의 어둠을 밝히 비추고 간 의료선교사 스크랜턴! 흑암의 권세 가운데 병들고, 상처받은 가난한 민중들을 사랑하여 외치던 그의 음성이 오늘날에도 우리 모두의 가슴에 우렁차게 울려 퍼지길 소원한다.

"나는 국왕의 환심보다는 민중들의 환심 사기를 더 원하고 있습니다!"
(윌리엄 B. 스크랜턴)

최초의 시병원

상동교회 전경

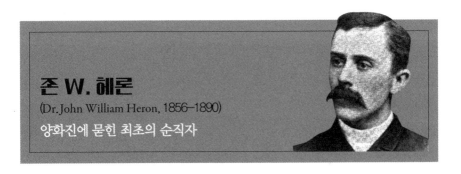

존 W. 헤론
(Dr. John William Heron, 1856–1890)
양화진에 묻힌 최초의 순직자

■ 조선을 가슴에 품다

존 W. 헤론(Dr. John William Heron)은 1856년 6월 15일 영국에서 태어났다. 그는 어릴 때 부모와 함께 미국 테네시 주(State of Tennessee)로 이주하여, 목사인 아버지(에버니저 목사)에게 신앙교육을 받고 자라났다. 그는 세인트루이스 교외에 위치한 메리빌 대학교(Maryville College)를 졸업한 후, 1883년 2월에 테네시대학(The University of Tennessee) 의학부를 개교 이래 최우수 성적으로 졸업했다.[1] 따라서 그의 모교에서는 헤론이 교수로 학교에 남아서 후학을 양성해 줄 것을 강하게 권면했다. 그러나 헤론은 안정되고, 의미 있는 교수직이 자신이 가야 할 길이 아닌 것 같아 사양했다.[2] 의사 헤론은 테네시 주 동부에 위치한 존스보로(Jonesboro)에서 잠시 개업을 하던 중에 의료선교에 대한 강한 도전을 받게 되었다. 미국 북장로회

1 박형우 편역, 『존 W. 헤론 자료집 I』(서울: 도서출판서인, 2017), 200.
2 길원필, 『내 사랑 코리아』, 139–140.

해외선교본부의 지도자인 선교사 세러 J. 리아(Sarah J. Rhea, 1835-1918)부인을 만나게 된 것이다.3 혜론은 그녀로부터 해외 선교사역에서 의사에 대한 요청이 많다는 것을 알게 되었다. 그 영향으로 그는 의료선교사로 나가 질병으로 고통 받는 이들을 도와주겠다는 결심을 하게 되었다. 또한 혜론이 의료선교사로 나가는 데 YMCA 총무 루터 D. 위샤드(L.D. Wishard)와 미국 북장로회 해외선교본부 총무 엘린우드(Frank F. Ellinwood) 박사의 역할도 컸다.4

한편 1883년 12월 13일, 신사유람단으로 일본을 방문했다가 그리스도인이 된 이수정은 조선 선교에 대해 일본인들이 나서는 것을 강력히 반대하며, 미국 각 교회에 편지를 보내 '한국에 (미국)선교사를 직접 파송해 줄 것'을 요청했다.5 이수정의 이러한 요청은 미국에서 큰 반향을 일으켰고, 미국 북장로회 해외선교본부의 실행위원이던 맥윌리엄스(McWilliams)는 총무인 엘린우드 박사에게 조선 선교에 대해 문의했다. 그때에 엘린우드 총무는 2명의 선교사를 파송함에, 2년 치 연봉인 5천 달러의 예산이 확보만 된다면, 즉시 조선 선교를 시작할 수 있다고 설명했다. 이에 맥윌리엄스는 자신이 관리하고 있던 '마퀀드 유산' 중에서 5천 달러를 기부하게 되었고, 이에 따라 의사 혜론이 조선으로 파송받게 되었던 것이다.6 1884년 4월 28일, 의사 혜론의 조선 선교사 임명 및 임지가 해외선교본부 실행위원회에서 결정되었다.

"오늘 아침에 개최된 선교본부 회의에서, 현재로서는 일본으로 가서 한국어를

---

3 박형우 편역, 『존 W. 혜론 자료집 I』, 247.
4 같은 책, 247.
5 같은 책, 248.
6 같은 책. 248.

배우고 아직 열리지 않은 문으로 들어갈 준비를 한다는 조건으로, 만장일치로 귀하를 한국의 의료선교사로 임명하였습니다. 아직은 아니지만 (귀하가) 선교지로 들어갈 때가 되면 동행할 (목회)선교사가 임명되겠지요. 나는 그렇게 되리라는 것을 믿어 의심치 않습니다. 그리고 귀하는 일본에서 훌륭한 한국어 교습을 받을 수 있을 것이며, 임시로 귀하의 사역이 시작될 것으로 믿습니다. 나는 이것이 귀하의 뜻과 맞을 것으로 믿으며, 많은 은총이 귀하에게 내려지기를 희망하며 기도합니다."7

혜론의 조선(한국) 선교사 임명은 사실 특별한 의미를 가진다. 그는 미국 북장로회, 아니 개신교 최초의 한국 선교사로 임명을 받은 것이다.8

의사 혜론은 조선 선교사로 임명받는 과정에서 두 가지 준비를 하게 되었다. 첫째는 의사로서 좀 더 집중적인 임상 수련을 쌓는 것이었고, 또 하나는 결혼하는 것이었다. 1884년 9월 16일부터 뉴욕의과대학에서 연수를 받기 시작했고, 치열한 경쟁 끝에 우수한 성적을 받아 1885년 1월 말부터는 100병상 규모의 블랙웰 아일랜드 암스하우스 병원에서 부의사로 경험을 쌓았다. 그 결과 그는 의학박사 자격을 갖추게 되었다. 그리고 그는 의사 데이비드 J. 깁슨 박사의 딸인 해티 E. 깁슨(Hattie E. Gibson) 양과 선교사 임명 직전인 1884년 4월 23일에 결혼식을 올렸다. 그녀 역시 선교사역에 뜨거운 열정을 가지고 있었으며, 혜론 선교사의 선교사역에 적극적인 후원자요 동역자였다. 그녀는 1885년 1월 26일 자로 한국 선교

---

7 프랭크 F. 엘린우드가 존 W. 혜론에게 보낸 편지, 1884년 4월 28일자, 박형우 편역, 『존 W. 혜론 자료집 I』, 280.

8 한국 선교사 임명 일자: 혜론(1884.4.28. 미북장로회), 언더우드(1884.7.28. 미북장로회), 알렌(1884.9. 한국 선교사/1884.7. 북중국선교사. 미북장로회), 스크랜턴(1884.12. 미북감리회).

사로 임명되었다.[9]

1885년 5월 9일, 헤론 부부는 샌프란시스코를 출발해서 일본에 도착하여 잠시 체류한 후, 드디어 조선 제물포에 도착했다. 1885년 6월 21일, 의사 헤론이 부인과 함께 미국 북장로회 파송으로 조선 의료선교사로 내한하게 되니, 의사 알렌, 의사 스크랜턴에 이어 우리나라에 세 번째로 내한한 의료선교사가 된 것이다. 그때 그의 나이 29세였다.

■ 뜨거운 열정의 선교사, 존 W. 헤론

의사 헤론은 젊고 실력 있는 의사로서 뿐만 아니라, 선교사로서 뜨거운 열정을 가진 이였다. 그는 제중원에서 오전 9시부터 오후 4시까지 병원근무를 하면서 하루 3시간 이상 한국어 공부를 하려고 노력했다. 그러나 제중원의 업무가 많아서 정기적으로 어학공부를 하지는 못했다.[10] 내한 후 그는 의사 알렌을 도와 많은 진료와 선교 활동을 전개했다. 의사 헤론은 알렌과 함께 제중원 설립 1년 만에 입원 환자 265명, 외래환자 10,460명(그중 800여 명이 부녀자였음), 소수술 394건, 대수술 150건 등 연간 총 환자 25,029명을 치료했다.[11]

1887년 알렌이 주미 한국공사관 외무비서관으로 도미하자, 의사 헤론은 의료 분야에 삼중의 사업을 행해야 했다. 첫째, 정부병원(제중원)에서의 진료, 둘째, 왕과 왕실을 포함한 현지인들에 대한 진료, 셋째, 선교본부의

9 박형우 편역,『존 W. 헤론 자료집 I』, 248.
10 이만열,『한국기독교의료사』, 51.
11 마서 헌트리, 차종순 역,『한국 개신교 초기의 선교와 교회성장』(서울: 목양사, 1985), p.198. 전택부,『한국교회 발전사』, 115.

특별허가에 의해 와국인 거주민에 대한 진료였다.**12** 아울러 농촌지방으로 순회 진료를 행하는 등 진료 사역과, 복음전도 사역에 헌신하였다. 그리고 헤론은 같은 해, 언더우드, 아펜젤러 선교사 등과 함께 성서번역위원으로도 공헌을 하였다. 그는 복음전파에 뜨거운 열심이 있었기에, 1889년 10월 선교사공의회를 조직하고 공의회 회장 직을 맡았다. 그리고 1890년 6월, '대한성교서회'를 창설하고 문서선교 활동도 활발히 전개하였다. 이렇듯 의사 헤론은 많은 진료 업무, 지방순회 진료, 다방면의 복음전도 사역에 총력을 다해 헌신하였다. 헤론 선교사는 의료 활동을 활발히 함에 있어서 자신의 임무가 처음부터 복음전도에 있음을 결코 잊지 않았다. 그의 기도편지는 당시 제중원에 근무하던 모든 의료선교사들의 마음을 대변하고 있음을 볼 수 있다.

"저는 저의 사명이 단순히 제가 가진 기술을 발휘하는 것이 아니라, '위대한 의사(the Great Physician)'에 대해 전하는 것이라는 것을 잊을 수 없습니다. 저는 이 사람들에게 그들을 위해 죽으신 소중한 구원자에 대해 말하기를 갈망합니다. 우리는 이미 매일 약 60명의 외래환자를 진료하고 있으며, 종종 몇 마일 떨어진 시골에서 온 환자들도 있습니다. 일이 점점 많아지고 있습니다. 우편이 마감되고 있으므로 이 편지를 더 길게 쓰지 않고 마치려 합니다. 이곳에서 주님의 쓰임대로 사용되어지도록 계속적인 박사님의 기도를 부탁드립니다."**13**

---

12 한국에서의 선교 『1889년 5월 총회에 제출된 미국 북장로회 해외선교본부 제52차 연례 보고서』, 170-172: 박형우 편역, 『존 W. 헤론 자료집 II』(서울: 도서출판 선인, 2017), 415.

13 1885년 6월 26일자 헤론 선교사의 보고: 박형우 편역, 『존 W. 헤론 자료집 I』(서울: 도서출판 선인, 2017), 404.

■ 아, 다시 본국으로 돌아가야 하나! – 선교사의 갈등

선교사들이 선교 현지에서 겪는 갈등은 여러 가지로 나타난다. 선교지의 환경에서 오는 여러 가지 어려움과 이에 따른 갈등, 선교지 현지인들과의 몰이해와 오해로 인한 갈등, 그러나 가장 큰 갈등은 과거나 지금이나 마찬가지로 선교사 간의 갈등일 것이다. 내한 초기 선교사들 사이에서도 갈등은 있었다. 알렌과 헤론, 알렌과 언더우드, 헤론과 언더우드, 알렌과 스크랜턴, 장로교와 감리교 선교사, 서울과 평양 선교사 사이의 갈등 등이 존재했다. 그러나 가장 큰 갈등은 알렌과 헤론 사이에서, 알력과 불화가 매우 심각했다. 두 사람은 제중원 운영을 두고 심각하게 대립함으로써 두 당사자뿐만 아니라 주변에 있던 사람들에게도 마음의 상처를 주게 되었다. 헤론은 1886년 9월 14일, 자신을 한국으로 파송한 미국 북장로회 해외선교본부로 보내는 편지에서 자신의 선교사직 사임 의사를 밝히고 있다. 자신이 알렌보다 연상이고(헤론이 2살 연상), 의학적 전문 경험도 더 우수하고, 한국 선교사로 알렌보다 먼저 임명을 받았는데도 불구하고, 단지 알렌이 한국에 먼저 들어와서 병원을 세웠다고 하여, 알렌이 한국선교회 회장이라고 하여, 자신을 홀대하는 행동에 대하여 힘들어했다. 특히 제중원 운영을 두고, 알렌의 재정운영 방식이 불분명하며, 모든 약품을 알렌 자신의 집에 두고 전적으로 통제하며, 헤론 자신에게 명령하고, 무시하고 모욕하는 것을 더 이상 참을 수 없기에 한국 선교사직을 사임하고 싶다고 했다.14 알렌은 또 그의 입장에서 볼 때, 헤론은 자신이 세운 제중원에서, 알렌 자신의 사역을 도와주기 위해서 파송된 사람인데, 자신에게 감정을

---

14 존 W. 헤론이 미국 북장로회 해외선교본부로 보낸 편지, 1886년 9월 14일자, 박형우 편역, 『존 W. 헤론 자료집 I』, 640-641.

드러내며, 시기심을 보이니, 더 이상 참을 수 없기에, 알렌 자신을 부산지역으로 보내 주든지, 자신의 사임서를 수락하든지 하라고 선교본부에 연락했다.15

애니 엘러스와 언더우드 선교사가 이 두 사람의 중간에 중립으로 있으면서 겪는 다른 선교사들의 오해 등으로 결국 많은 선교사들을 지치게 했다.16 결국 언더우드도 선교사직을 사임하겠다고 통보하기에 이르렀다.17 이러한 갈등은 1887년 9월, 알렌이 조선 정부의 요청으로 최초 주미 조선 공사관의 외무비서관으로 임명을 받아 미국 워싱턴에서 근무하게 되는 것으로 해결되었다. 따라서 제중원은 헤론이 병원의 책임을 맡게 되었다. 그리고 1889년 10월, 알렌이 다시 한국으로 돌아왔을 때는 헤론은 많이 지쳐 있었다. 1890년 7월, 막상 헤론 선교사가 사망하자, 주한 미국공사관의 서기관으로 있던 알렌은 그가 힘닿는 데까지 고인의 모든 장례 절차를 위해 헌신 봉사하였고, 그 미망인이 순탄하게 살아갈 수 있도록 적극적으로 도와주었다. 선교관(宣敎觀)의 불일치와 성격 차이 등에서 온 알력과 불화임에도 불구하고, 선교사들 마음 깊은 곳에는 항상 형제애와 기독교적인 사랑이 흐르고 있었던 것이다.18

15　『알렌의 일기』, 1885년 9월 1일자. H. N. 알렌, 김원모 역, 96.
16　릴리어스 호튼 언더우드, 이만열 역, 『언더우드』(서울: 한국기독학생회출판부, 2015), 53-54.
17　호러스 G. 언더우드가 프랭크 F. 엘린우드 총무에게 보낸 편지, 1886년 9월17일자, 박형우 편역, 『존 W. 헤론 자료집 L』, 652-654.
18　릴리어스 호튼 언더우드, 이만열 역, 『언더우드』, 54.

■ 최초의 순직자, 양화진에 묻히다

헤론은 스스로 제중원의 책임자가 되고 싶어 했다. 알렌과 또 다른 선교사들과의 갈등 속에서, 1887년 9월, 알렌이 도미하게 되자, 헤론은 제중원 원장이 되었다. 그러나 막상 원장이 되니, 그는 엄청난 양의 업무를 혼자 감당해야 했다. 급기야 선교본부에 자신의 장인 되신 깁슨 박사를 한시적으로라도 제중원으로 파송해 줄 것을 청원했다. 그러나 1887년 12월 부친이 사망했고, 1888년 3월 장인 깁슨 박사의 선교사 임명이 기각되고, 이어 1889년 4월에 장인이 소천하게 되니 헤론은 큰 충격을 받게 되었다. 더욱이 그녀의 아내는 둘째 제시를 낳고 건강이 더욱 나빠졌다. 이어지는 이러한 스트레스가 헤론 선교사에게 큰 충격을 주었고, 많이 지치게 하였다. 1890년 3월에 헤론은 말에서 떨어졌는데 과로가 겹쳐 쉽게 회복되지 않았다. 5월에는 부산에 왕진을 다녀오는 등, 무리한 순회 진료 및 복음 전도 여행으로 피로가 더욱 겹치게 되었다. 그 가운데서 급기야 전염병인 이질에 걸리게 되었고, 패혈증에 빠지게 되었다. 1890년 7월 26일 토요일 아침 8시,[19] 언더우드와 마펫을 비롯한 많은 동료 선교사들의 헌신적인 돌봄과 간절한 기도에도 불구하고 헤론은 병사하고 말았으니, 그의 나이 34세였다.[20]

헤론 선교사가 순직하게 된 요인들은 앞에서 언급한 과도한 스트레스나 과로가 주요 요인임에는 틀림이 없을 것이다. 그러나 그것들보다 더 근

---

19 마포삼열, 옥성득 편역, 『마포삼열 서한집 제1권』(서울: 두란노 아카데미, 2011), 119.

20 김승태·박혜진 편, 『내한선교사 총람』(자료총서 제18집)(서울: 한국기독교역사연구소, 1994), 263 -264. 참조

본적인 요인이 내재하고 있음을 마펫 선교사는 지적하고 있다.

"… 선교본부 측에서의 오해, 동기에 대한 의심, 신뢰의 부족, 그리고 우리 선교회 측에서의 오해와 두려움, 곧 우리의 결정에 대한 상황과 이유를 설명하기 전에 판단을 받을지도 모른다는 두려움 등이 있다면, 거의 모든 선교사의 삶은 실패할 것입니다. 저는 헤론 의사를 죽음으로 몰고 간 것이 그 어느 것보다, 과로보다, 바로 이것이라고 믿지 않을 수 없습니다. 저는 헤론 의사만큼 그렇게 철저히 이타적(利他的)이고 철저히 헌신된 선교 정신을 가진 자를 안 적이 없습니다. 그러나 그는 자신의 동기가 의문시되고, 자신의 헌신이 의심받고, 자신의 사역이 오해를 받는다는 생각에 이루 형언할 수 없이 초조하고 걱정하고 슬퍼했는데, 자존심이 강한 성격이라 정신적 갈등이 더 심해서 쇠약해졌습니다. … 헤론이 오해를 받은 것이 대체로 그 자신의 잘못 때문이 아니라는 의미가 아니라, 그가 오해를 받았음은 의심의 여지가 없습니다. …"[21]

헤론의 주검이 어디에 묻힐 것이냐에 대한 논쟁은 수도 서울의 큰 사건이 되었다. 당시 조선의 민간 신앙은, 사람이 젊어서 죽으면 귀신이 된다고 믿었다. 따라서 그의 죽음으로 '양귀자(서양 귀신)'가 생겨나 온 서울 거리를 헤집고 다니며, 해코지할 것이니 화장하여 먼 바다에 뿌리라는 것이었다. 그의 장례를 두고도 알렌 선교사가 조선정부와 미국공사관을 수없이 다니며 조율한 결과 양화진 나루터가 내려다보이는 언덕 위에 매장 허락을 받았다. 이렇게 하여 존 W. 헤론은 한국 땅에서 선교사로 활동하다 순직한 최초의 서양 선교사로서 양화진 외국인선교사묘지에 처음으로 안

---

21   마포삼열, 『마포삼열 서한집 제1권』, 229.

장되었다.[22]

　의사 헤론의 미망인 해티 E. 헤론 선교사는 남편이 세상을 떠난 뒤에
도 선교사역을 위해 두 딸을 데리고 한국에 남아 있었다. 그녀는 고아원에
있는 소녀들을 가르치는 사역을 계속했다.[23] 그 후 1892년 4월 7일, 평소
에 마펫 선교사와 같이 그녀를 위로하고 돌봐 주던 선교사 게일(Rev. James
Scarth Gale)과 재혼하여 원산에서 선교 활동을 계속했다. 그러다 1908년
봄기운이 감도는 3월 29일, 서울에서 지병으로 앓고 있던 폐결핵으로 조
용히 눈을 감으니, 양화진 첫 남편 헤론 무덤 옆에 고요히 잠들었다.[24]

■ 의료선교사 존 W. 헤론 박사를 기리며

　헤론 선교사의 순직은 당시 조선에 들어왔던 모든 선교사들에게 많은
과제를 던져 주었다. 특히 34세, 선교사로서 가장 아름답고 꽃다운 나이
에, 아직도 주님의 복음 사역을 위해 할 일이 태산같이 쌓여 있는 그때에,
그렇게 홀연히 이 땅을 떠나는 것이 주님의 뜻이었을까? 하는 물음들 말
이다.

　한편 닥터 헤론과 알렌, 언더우드, 엘러스 그리고 선교본부 총무 엘린
우드 박사의 편지들을 볼 때, 헤론의 성격이 좀 까칠하지 않았나?! 하는
생각이 들었다. 좀 융통성 있게 지낼 수가 없었을까? 하는 생각도 들었다.

22　최제창, 36.
23　박형우 편역, 『존 W. 헤론 자료집 II』, 45.
24　김승태·박혜진, 263.참조

그는 알렌[25]이 병원장으로서 제중원을 운영하는 방식이나, 선교부를 운영하는 방식에 대해서 불편해 했고, 엘러스의 의사자격 결격사유(헤론은 이를 사전에 알지 못했던 것 같다)에 대해서 거론 하는 등등. 왜 까다롭게 따졌을까? 하는 생각이 들었다. 그는 정말, 융통성 없고, 시샘이 많은 사람이었을까? 하는 생각 말이다. 그러나 헤론에 대한 마펫 목사의 글을 읽으면서, 달리 생각하게 되었다. 그가 그렇게 까칠할 정도로 원리 원칙을 주장한 것은, 이제 막 시작되는 선교 초기에, 분명한 원칙을 세우고 싶었을 것이라는 생각이 들었다. 기준을 분명히 세워 놓아야 실수나 실패하지 않을 것을 염두에 둔 것이리라. 그는 목사의 아들로 태어나서, 그가 살아가는 모든 영역에서, 하나님의 사람으로서, 하나님 앞에서 온전히 헌신되기를 원하는 눈으로 볼 때, 초기에 온전한 기준을 세워야 한다는 사명감으로 몸부림하지 않았을까 생각하니, 그를 좀 더 깊이 이해하게 되었다.

주님의 말씀에 인생을 걸고, 주님 말씀 따라 살기를 원했던 존 W. 헤론 선교사! 미국 의과대학 교수직을 물리치고, 주님의 부르심에 뜨겁게 반응했던 사람! 한국을 사랑하여, 사랑하는 가족과 함께 한국에 살기를 자청한 사람! 그가 죽음으로 생겨난 양화진 외국인선교사묘원! 이제는 수많은 동료 선교사들과 가족들이 함께 누워 있어 이 나라의 선교역사를 증언하고 있다.

필자에게는 두 아들이 있다. 맏아들이 대학생이 되던 해, 그 아들과 함께 양화진을 찾았다. 헤론 선교사 묘비 앞에 서서 양화진의 선교역사를 이야기하기 시작했다. 아버지인 내가 의료선교사로 나갈 것을 알려 주었

25 알렌은 다소 호방한 성격에, 카리스마가 강했고, 선교본부는 그를 전적으로 지지했었다.

다. 그리고 미국에서 선교사들이 세운 중고등학교 과정을 마친 그 아들에게 배낭 하나를 메어 주며 유럽 무전여행을 보냈다. 둘째 아들이, 형이 다닌 미국의 그 학교 과정을 마치고 대학생이 되던 해, 둘째 아들과 함께 또 양화진을 찾았다. 헤론 선교사 묘비 앞에 서서 양화진의 선교역사를 이야기하기 시작했다. 그때는 내가 중국 의료선교사로 있을 때였다. 그리고 그 아들에게도 배낭 하나를 메어 주고 유럽 무전여행을 보냈다. 선교사와 선교사 자녀로 살아간다는 것! 그 실제의 삶이 녹녹하지 않다는 것을 이 아들들은 보고 느끼고 살아온 것일까! 이제 이 두 아들은 장성하여 모두 목사가 되었다. 내가 목사가 되라고 권하지 않았는데도 말이다! 아들들이 대학생이 되던 그때 그 양화진에서, 헤론 선교사는 이 아들들에게 무슨 말씀을 들려주었던 것일까?

헤론 묘비

애니 J. 엘러스
(Dr. Annie J. Ellers, 1860-1938)
조선에 온 첫 여성 의료선교사

■ 바뀌어진 선교지, 조선으로 부름 받다

조선에 가장 먼저 들어온 여자 의사 선교사는 애니 엘러스(Dr. Annie J. Ellers)이다. 그녀는 1860년 8월 31일, 미국 미시간 주 버오크(Burr Oak)에서 장로교 목사의 딸로 태어났다. 그녀는 일리노이 주 록포드(Rockford) 대학을 다닐 때에, 어느 부흥회에 참석하여 선교에 대한 도전을 받고 선교사가 되는 꿈을 갖게 되었다. 그리고 그녀는 1881년 보스턴(Boston) 대학에서 의학을 전공하였다.[1] 1885년 가을 어느 날, 휴가차 들어온 이란 여선교사의 선교보고를 듣게 되었는데, 지금 테헤란에 여성병원을 건립 중인데 여자 의사가 절실히 필요하다는 보고였다. 엘러스는 자신을 향한 부름으로 생각하고 이란 선교사로 가기로 다짐했다.

한편 미국 북장로회 선교본부는 이제 막 조선에도 선교병원이 건립되

---

[1] 정미현, 『릴리어스 호튼 언더우드』(서울: 연세대학교 대학출판문화원, 2015), 74.

었는데, 여자 의사가 절실히 필요하다는 소식을 접하게 되었다. 남자 의사인 알렌이 제중원을 운영하면서 가장 먼저 당면한 난관 중의 하나는, 당시 조선 풍습 상 서양 남자 의사가 조선 여인을 진찰하는 것은 매우 어려운 일이었기 때문이다. 사대부 집안의 여인이나, 특히 왕가의 여인들은 엄두를 낼 수도 없었다. 따라서 알렌 선교사는 본국 선교본부에 여의사를 급히 파송해 줄 것을 간청했다.

> "여기에 절실히 필요한 한 사람이 있습니다. 제가 저의 길을 명확히 알았더라면 벌써부터 그 사람을 요청했을 것입니다. 그 사람은 바로 '여자 의사'입니다."[2]

> "우리의 여의사를 통해 궁궐의 사람들에게 접근할 수 있다면, 우리에게 굉장히 넓은 사역지가 열리는 것입니다. 왕비의 마음에 접근할 수 있다면, 기독교 전도에 큰 영향을 줄 것입니다."[3]

총무 엘린우드 박사는 알렌과 헤론 선교사의 간청 중에서, 여의사가 아무도 없는 이때에 여의사가 오게 되면, 왕비의 주치의가 될 수 있음으로, 앞으로 교단 선교에 큰 도움이 될 수 있다는 말에 설득되었다.

엘린우드 총무는 여의사인 엘러스가 조선으로 가 줄 것을 제안했다.

---

2   알렌이 미국 북장로회 해외선교본부 총무인 엘린우드 박사에게 보낸 1885년 10월 7일자 편지 중.
3   존 W. 헤론이 프랭크 F. 엘린우드(미북장로회 총무)에게 보낸 1886년 4월 10일자 편지 중. 『존 W. 헤론 자료집 I』, 557.

그러나 그녀는 의학공부가 졸업하기에 아직 한 학기가 남아 있었고,**4** 이란에 대한 약속, 또 조선이라는 미지의 땅이 낯설고 위험할 것으로 여겨지고, 이에 대한 부족한 준비 등의 이유로 조용히 거절하였다.**5**

그러나 그녀의 마음은 어딘가 불편하였다. 조선이란 나라가 이제 막 문호를 열었고, 또 선교병원도 이제 막 건립되었는데, 선교지 상황 상 여자 의사가 꼭 필요하다는 말이 마음에 걸린 것이다. 또 한편 조선으로 가면 왕비의 주치의가 될 수 있다는 제안이 마음에 들었다.**6** 그래서 내린 결론이 딱 2년만 조선에서 봉사하고, 테헤란으로 가리라고 다짐했다. 1886년 5월 22일, 드디어 조선으로 가기 위해 샌프란시스코 항에서 배에 올랐다. 바로 그날, 샌프란시스코 항에서 5명의 선교사가 함께 조선으로 향하게 되었는데, 벙커 목사와 헐버트 목사, 길모어 목사 부부, 그리고 여의사 애니 엘러스였다. 이 일행들이 일본을 거쳐 조선에 들어온 때는 1886년 7월 4일 아침이었다.**7** (이 일행 중 벙커 목사는 이후에 애니 엘러스 양과 결혼하게 된다. 사랑은 또 이렇게 주님 안에서 준비되어 있었던 것일까!)

■ 사랑은 가까이에 있음이여

– 벙커 목사(Rev. Dalzell A. Bunker, 방거[方巨], 1853-1932)

한편 조선 정부는 그동안에 고수해 온 쇄국정책(鎖國政策)을 철회하고,

---

4 이 문제는 이후에, 애니 엘러스의 의학공부가 졸업 한 학기를 마치지 않아, 정식 의사 자격을 갖추지 못했다하여, 준의사(準醫師) 내지 간호사로 생각한 사람(의사 헤론)과 당시로는 의사로서 손색이 없다고 생각한 사람(의사 알렌 등)으로 나뉘어져 엘러스는 마음고생을 많이 했다. 본인은 스스로를 '의사(醫師, doctor)'라고 불렀다.
5 정미현, 『릴리어스 호튼 언드우드』(서울: 연세대학교 대학출판문화원, 2015), 74.
6 같은 책, 74-75.
7 릴리어스 호튼 언더우드, 이만열 역, 『언더우드』(서울: 한국기독학생회출판부, 2015), 50.

1882년 미국과 한·미수호통상조약을 체결했다. 그에 따라 조선의 국왕인 고종은 감사의 표시로, 1883년 미국을 탐방하기 위해 민영익을 단장으로, 홍영식을 부단장으로 한 '견미단'을 꾸려 파견하게 되었다. 이들이 귀국하여 보고한 세계의 현황은 실로 경이로운 것이었다. 이 보고를 들은 고종은 조선이 구미(歐美)

벙커 목사

열강을 알기 위해서는 필히 영어를 알아야 할 것이라고 생각했다. 그래서 주한 미국공사인 푸드 공사에게 영어 교수를 파송해 줄 것을 제안하게 되었다. 그 결과 뉴욕 유니온 신학교를 졸업한 벙커, 헐버트 그리고 길모어 목사가 미국 국무부의 안내를 받아서, 미국 북장로회 파송 선교사로서 조선에 신설되는 영어 교습소인 '육영공원(育英公院)'의 교수로 오게 되었다.

벙커(Dalzell A. Bunker 1853-1932)는 1853년 8월 10일 미국 오하이오 주 콜브룩(Colbrook)에서 태어났다. 1883년 오하이오 주 오베린 대학(Oberlin College)을 졸업하고, 유니온 신학교에서 신학을 전공하여, 1886년 6월에 졸업하였다. 그리고 한국 정부에서 최초로 세운 근대식 교육기관인 육영공원의 교수로 초청을 받고 1886년 7월 4일 내한하였다. 초창기에는 육영공원의 우등생이 관직에 임명될 것이라는 소문 탓에 학구열이 높았다. 벙커는 국립교육기관인 육영공원에서 국가 공무원과 고관 자제들을 교육한 공로로 1892년 2월 한국 정부로부터 통정대부호조참위(정3품)의 관직을 받았다. 그러나 세월이 지나감에 따라 향학열이 식어가고 학교 운영도 부실해지자 급기야 1894년에 문을 닫고 말았다.

육영공원이 폐교된 후 벙커는 감리회 선교부의 요청에 따라 배재학당의 교사가 되었다. 배재학당은 1895년 2월부터 정부와 협정을 맺고 정부가 추천한 200명의 학생을 받아 벙커가 책임을 맡아 교수하였고, 이후 제 3대 배재학당장이 되었다(1906.6.-1911.6.). 그는 10년 동안 많은 인재를 길러내었고, 1911년 6월 신흥우 박사에게 학당 직을 물려주고, 문서선교 와 기독교 연합사업 등에 눈부신 활동을 하였다.

1896년 4월, 독립신문이 창간되고, 그해 7월에는 독립협회가 조직되 었고, 독립문이 건립되었다. 사회 각기 각층에서 자주독립을 위한 사회개 혁을 부르짖게 되니, 정부는 이에 앞장선 지도자들을 투옥시켰다. 그들 중 에는 이상재, 이승만, 유성준, 홍재기, 안국선, 이원긍, 김정식, 김린 등 많 은 사회 지도자들이 함께 투옥되었다. 벙커 목사는 매주 한 번씩 감옥에 있는 이들을 방문하여 성서와 기독교 서적을 나누어 주며 열심히 옥중 전 도를 하였다. 그 결과 투옥되었던 대부분의 지도자들이 세례를 받고 예수 를 믿게 되었다.

■ 갈등 속에서의 제중원 여성진료부 근무

내한 최초의 여성 의료선교사인 애니 엘러스는 제중원의 여성진료부 에서 근무하게 되었다. 그녀의 내한은 당시 남녀를 철저히 구분하던 조선 의 풍습 속에서 여성 환자들에게는 너무나 큰 기쁨이었다. 그러나 엘러스 는 제중원에서 사역을 시작하면서부터 초기 사역기간 내내 갈등의 소용돌 이 속에 놓여 있었다. 조선에 오는 동안 품었던 그녀의 기대는 크게 무너 져 내렸다. 그녀가 정식 의사가 아니라는 사실이 새삼 부각되었다. 그것은 그녀가 미리 선교본부에 다 알린 내용이었고, 선교본부도, 제중원 원장인 알렌도, 이미 알고 있는 것인데, 이제 다시 그 문제를 새삼 거론하는 것은 그녀의 입장에서 몹시도 괴로운 일이었다. 문제가 된 것은 애니 엘러스의 의학공부가 졸업 한 학기를 마치지 않아, 정식 의사 자격을 갖추지 못했다하여, 의사 헤론은 그녀를 준의사(準醫師) 내지 간호사로 생각했고, 의사 알렌과 선교본부 총무였던 엘린우드 박사는 당시 조선의 상황에서는 의사로서 손색이 없다고 생각했다. 엘러스는 마음 고생을 많이 했다. 제중원 여성병원에서 18개월 근무하는 동안, 그녀의 가슴 속에는 후회와 실망으로 가득 차 있었다. 차라리 하루라도 빨리 다시 돌아가 남은 공부를 마치고 예전의 계획이었던 테헤란의 병원에 가서 마음껏 선교활동을 하는 것이 낫겠다 싶었다. 그러나 본인은 스스로를 '의사(醫師, doctor)'라고 불렀다. 그리고 무엇보다 엘러스는 자신이 의사가 아니라는 선교사들의 우려를 불식할 만큼 실제로 환자들을 진료하는 과정에서 탁월한 의술을 보여 주었다.

엘러스의 제중원 여성진료부 근무는 1888년 3월에 여의사 릴리어스 호튼이 들어 올 때까지 계속되었다.

■ **명성황후의 시의(侍醫)가 되다**

1886년 초가을 어느 날,8 여의사 엘러스는 대궐로 가게 되었다. 그 며칠 전부터 알렌 박사는 왕후가 탈이 났으니 약을 지어 보내라는 전갈을 받았다. 알렌이 왕후의 증세를 묻고 수차례 약을 지어 보냈으나 며칠이 지나도록 차도가 없었다. 그리하여 알렌은 여의사 엘러스를 왕후에게 보내게 된 것이다. 엘러스는 대궐 내실로 안내되었다. 왕후를 처음으로 알현하게 된 것이다. 미리 궁중 예법을 배운 대로 큰 절을 3번 한 후에 내인들이 물러난 자리에 왕후와 독대하게 되었다. 왕후께서는 병환 중이셨지만, 크

8　애니 엘러스가 왕후 민비를 처음 진찰한 날이 다양하게 기록되어 있어서 날짜는 명확하지 않다.

지도 작지도 않은 몸매에 품위 있고 매력 있는 자태로 앉아, 희고 갸름한 얼굴에 총명한 눈빛과 온화한 미소로 엘러스를 바라보며 말씀하셨다. "이토록 먼 나라에 좋은 일하러 와 있는데 불편함 없이 잘 지내는지요? 더구나 여인네 몸으로." "나이는 몇 살인고?" "부모님은 다 생존해 계시며, 형제는 몇이나 되는고?" 등등을 물으시고, 담화를 나누었다. 병풍 뒤에서 통역관이 통역하였다. 왕후께서는 마지막으로 당부하셨다. "고향을 떠나 낯선 타국에 와 있지만, 이 나라에 정을 붙이고 오래 있어 주기를 바라오."**9** 사실 엘러스 선교사는 조선에 2년만 근무하고 테헤란 여성병원으로 가려고 계획하고 내한했었다. 그런데 오래오래 조선에 있어 달라는 왕후의 당부에 그만 그녀는 마음을 달리 먹고 조선에 주저앉고 말았던 것이다. 이날은 여의사 엘러스가 조선의 왕후를 현대의술로 진단을 시도한 역사적인 날이었다. 왕후로서도 특이한 체험이 아닐 수 없었다. 당시에는 의사가 왕비를 진찰하려면 손목에 실을 감아 병풍 뒤로 연결하여 진맥을 하던 때에, 엘러스는 왕후의 가슴을 헤치고 청진기를 들이댄 것이다.**10** 그 후 왕후가 회복되자, 엘러스는 왕후의 시의(侍醫)가 되었다. 그리고 이 후부터 자주 왕후를 치료하게 되었다. 왕후는 다리에 신경통이 있었고 불면증에 눈병이 심한 편이었다. 감기와 복통에 자주 앓고 빈혈도 있어 건강 상태가 좋은 편이 아니었다. 엘러스는 이러한 왕후를 정성껏 보살폈다.

엘러스가 볼 때 왕비의 얼굴은 미소를 지을 때 너무 아름다웠다. 왕후는 지체 높은 여인으로서 풍기는 자애로운 인격을 소유했으며, 강한 의지와 능력을 가진 인상을 주었다. 엘러스는 언제나 왕비로부터 가장 친절한

---

9 길원필, 『내 사랑 코리아』, 157.

10 엘러스가 1895년 발표한 '한국학연구지(The Korean Repository)에 "My first visit to her majesty, The Queen" 제목의 글에서 자세히 발표함.

말과 대우를 받았다. 이러한 왕비를 엘러스는 크게 존경했다.

왕후는 엘러스보다 아홉 살 위였지만, 그녀를 친딸같이 대하면서 그녀를 가까이 하셨다. 엘러스에게 정3품 벼슬에 해당하는 당상계통정대부인 품계가 내려졌다. 이로 인하여 선교사로서 구중궁궐에 살아가는 조선 왕가의 부인들이나, 가마를 타고 다니는, 도무지 만날 수 없을 것 같았던 정부 고관들의 부인들을 쉽게 만날 수 있는 '선교의 길'이 열리게 된 것이다.

1895년 10월 8일, 을미사변으로 명성황후가 일본 낭인에 의해 시해될 때까지 8년 동안 명성황후(1851-1895)의 전폭적인 신뢰를 받는 시의(侍醫)로 충성되이 봉직했다. 을미사변은 엘러스에게는 너무나 큰 충격이었다. 그녀는 명성황후의 죽음을 그 누구보다도 슬퍼했고, 아파했다.

"… 나는 일개(一個) 외국 여자의 몸으로 파란 많은 이왕가(李王家)와는 매우 깊은 인연을 맺고 있습니다. (중략) 명성황후는 나의 일생을 통하여 가장 잊지 못할 사람 중에 첫 손가락을 꼽을 어른이겠습니다. 나는 8년간의 긴 세월을 명성황후를 모시는 직임을 띠었던 까닭이올시다. (중략) 나는 1888년 3월부터 여관(女官)의 직임을 띠고 나의 본직은 의사(醫師)로서 황후의 옥체를 시위(侍衛)하게 된 것은 그때나 지금이나 나로서는 무한한 영광으로 생각할 수밖에 없습니다. 명성황후께서는 남자를 능가하실 만치 기개가 늠름하시와 그야말로 여걸이셨습니다. 그런 반면에는 백장미 같으신 고결하시고, 아랫사람을 대해서는 부드럽기 끝이 없으시기 때문에 황송하나마 친어머니를 대하는 듯한 카인드리한 태도로 모시게 되었습니다. 몹시 인정이 많으시사 나를 대할 때마다 나의 몸을 어루만지시며 말씀하셨습니다. … 명성황후께서는 황공하오나 그야말로 조선여성으로의 모든 미(美)를 구비하신 미인(美人)이셨습니다. (중략) 얼마 후에 나는 세부란시병원사(世富蘭侍病院事)로 근시(近侍)의 임(任)

을 못하게 되어 사퇴하려 하였으나 명성황후는 간독(懇篤)히 만류하시므로 부득이 최후까지 모시게 되었습니다. 30여 년이 지낸 지금에 추억하여도 눈물을 막을 수 없이 땅이 꺼지는 듯한 1895년 10월 8일 대변(大變)은 그때 나의 가슴을 몹시 아프게 하였습니다. (중략) 아아, 슬퍼요. 끝없이 슬퍼요! 2주일 후(二週日後) 믿으려 하여도 믿어지지 않는 천추(千秋)의 대변(大變)을 기별로 듣는 것은 지금 생각만 하여도 온몸이 떨립니다. 대변 후 나는 마지막 봉사로 황후의 빈전(殯殿)을 지키게 되었습니다. 그리고 인산당일(因山當日)에도 참렬(參列)하여 영구(靈柩)가 대지(大地)에 안장되는 것까지 보았습니다. 국장(國葬)에 참렬한 사람으로는 내외백관이며 외국사절도 많았으나 여자(女子)로서 참렬한 것은 나의 친구 원두우 목사 부인과 나, 두 사람뿐이었습니다. …"[11]

이후에 벙커·엘러스 부부, 언더우드·릴리어스 부부, 에비슨, 게일 선교사들이 고종황제의 신변 보호를 위하여 숙식을 같이하며 황제의 신변을 보호하기 위해 혼신의 힘을 다했다. 진실로 애니 엘러스 선교사는 격동기 구한말 조선 역사에 있어서 한 사람의 중요한 산 증인이었던 것이다.

■ 서울에서 열린 외국인 첫 번째 결혼식 – 벙커 목사와 결혼하다

1887년 7월 초순 화요일 저녁, 애니 엘러스는 육영공원에 영어교수로

---

11 명성황후의 아들 이왕전하 소천(所天) 때에 적은 에니 엘러스의 추모사 일부, 앤니 엘러쓰 뺑커(Annie Ellers Bunker), "민비(閔妃)와 서의(西醫)"『신민』 14(1926.6):209-211: Annie Ellers Bunker, "My First Visit to Her Majesty, the Queen," The Korean Repository, (October 1895): 373-375; 정미현, 『릴리어스 호튼 언더우드』(서울: 연세대학교 대학출판문화원, 2015), 61-62

온 벙커 목사와 결혼식을 올리게 되었다. 내한한 미혼의 남녀 선교사가 서로 사랑하게 되어 결혼하게 되는 것은 자연스러운 일이었다. 그런데 엘러스와 벙커 선교사의 결혼식은 서울에서 열린 외국인의 첫 번째 결혼식이라, 세간에 큰 관심거리였다. 약 50장의 초대장이 당시의 주한 외국인들과 조선인 귀족들에게 배부되었다. 결혼식은 알렌의 집에서 육영공원의 교수인 길모어 목사가 주례를 섰고, 알렌을 비롯한 여러 선교사들이 예식에 참여했다. 왕실로부터 결혼 선물로 신혼집과 함께 금팔찌,12 금반지 세트가 주어졌다. 다른 곳에서도 비단, 식기 등 다양한 선물들이 많이 보내져 왔다. 1년 전, 그들은 이미 한 배를 타고 조선 땅에 들어온 것이다. 그때 주님께서는 미리 짝지어 주셨던 것이었을까! 이들의 만남은 이후 한국 선교 역사에 여러 가지 의미를 부여했다. 의료선교사와 교육선교사와의 만남은 서로 간에 영향을 주어 더 큰 상승효과를 가져오게 되었다.

■ 정동여학당(정신여중고 모체) 설립하다

1887년 6월 5일, 엘러스 선교사는 제중원에서 여의사로 근무할 뿐만 아니라 '점례'라 이름하는 소녀에게 글공부를 시작하였다. 그리고 그해 겨울이 되자 정동(貞洞)의 신혼집 사택 뜰 기와집 한편에서 주계희, 김갑순 등 여자아이들에게 성경을 가르치기 시작했다. 그리고 학생들이 늘어나게 되자 언더우드 선교사로부터 재정지원을 받아, 1888년에 드디어 정동여학당(오늘날 정신여중고등학교의 모체)을 열게 되었다. 엘러스 선교사는 의료선교뿐만 아니라 교육선교에도 남다른 열정을 가졌다. 그것은 한국에

---

12 그녀는 특히 명성황후가 보낸 이 금팔찌를 40여 년 동안 왼쪽 팔목에 끼고 명성황후를 추억하였다고 전해진다.

교육선교사로 들어와 엘러스 선교사와 결혼하게 된 벙커 선교사의 영향도 컸으리라 본다.

■ 애니 엘러스 – 벙커 선교사 연합사역

엘러스 선교사는 1888년 릴리어스 호튼 선교사가 제중원 여성진료부에 부임함으로써, 남편 벙커 선교사와 함께하는 교육 선교와 복음 전파를 위한 문서 선교 사역에 주력했다. 애니 엘러스와 벙커 부부가 가장 중요하게 생각했던 사역 중 하나는 조선의 젊은이를 위한 교육사업이었다. 그리고 한글성서를 출판하고 보급하는 일에 열심히 했다. 특히 한성감옥의 수감자들에게 성경과 신앙서적을 보급해서 읽게 하는 일에 앞장섰다. 그러므로 많은 애국인사들이 기독교인이 되는 데 크게 기여했다.13 특히 엘러스는 여성 수감자에게 성경을 보급하는 일에도 앞장섰다. 또한 그 누구보다도 한글 찬송가 작성에 주력했다. 이 부부는 특히 미국 찬송가의 가사를 한국어로 번역하고, 또한 한글 가사를 곡조와 결합하는 작업에, 자신들을 드러내지 않고 많은 정성을 쏟았다. 조선성교회를 통한 문서선교에도 열심을 다했다. 그리고 벙커 목사가 미북장로회 교육선교사로 육영공원 교수로 내한한 후에 육영공원이 문을 닫자, 미북감리회 교육선교사로 이적함에 따라, 한국 교회 내의 교회연합 사업에 열심을 냈다.

---

13 고종 황제 폐위 음모 사건에 연루되어 수감된 이승만, 신흥우, 이상재, 이원긍, 유성준, 이동녕, 이준, 홍재기 등이 감옥 내에서 벙커 선교사 부부가 공급한 성경과 기독서적을 읽었다.

■ 애니 엘러스 – 벙커 선교사의 문서선교 자료들

엘러스가 남긴 대표적인 글들은 다음과 같다.

'*My First Visit to Her Majesty, The Queen*'(The Korean Repository, 1895), '*Personal Recollections of Early Days*'(The Korea Methodist News Service, 1934), '*Early Personal Recollections*'(The Korea Mission Field, 1935. 4), '*Early Memories of Seoul*'(The Korea Mission Field, 1938. 2).

이 글들은 엘러스가 조선에서 보고 느낀 것들에 대한 이야기를 자신이 직접 기록한 것으로서, 릴리어스 언더우드의 글들과 함께 여성의 눈으로 바라 본 구한말 조선의 모습과 그녀의 소견들을 알 수 있는 귀한 자료가 된다. 조선에 도착한 이후 미국 북장로회 해외선교본부의 엘린우드에게 보낸 18편 정도의 편지들이 전해지고 있다.

■ 양화진에 잠들다

1926년 7월 4일, 60세가 넘은 엘러스와 70세가 넘은 벙커 목사는 근속 40년 표창을 받고 선교사직에서 은퇴했다. 엘러스 선교사와 벙커 선교사는 내한 선교사들 가운데 조선 땅에 함께 들어 와서, 함께 남아 공식적으로 은퇴할 때까지, 끝까지 자리를 지킨 최초의 부부 선교사이다.

엘러스, 벙커 선교사 부부는 한국을 떠나, 미국 캘리포니아 주 샌디에이고 지역에서 여생을 보냈다. 1932년 11월 28일, 79세로 남편 벙커 목사는 "나의 유골을 한국 땅에 묻어 달라"는 유언을 남기고 소천했다. 그의 유언에 따라 부인 엘러스 선교사는 남편의 유골을 안고 한국에 와서 1933년 4월 8일, 정동제일교회에서 고별 예배를 드리고, 양화진 외국인선교사 묘원에 안장했다. 미국으로 돌아온 엘러스 선교사는 1937년에 다시 내한하여 황해도 솔내교회에서 지내다가, 그 이듬해인 1938년 10월 8일, 78세로 서울에서 소천하여, 양화진에 남편 벙커 목사 묘지에 합장되었다.

■ 애니 J. 엘러스 선교사를 기리며

1992년 10월 20일, 정신여고는 개교 105주년 기념사업으로, 엘러스 선교사 추모비를 양화진에 건립하였다. 추모비에는 엘러스 선교사는 의료 선교사였음에도 이 땅에 와서 "근대 문명의 여명기에 남존여비의 전통적 윤리 관념 아래에서도 여성 교육의 필요성을 인식하여, 만유의 주 하나님의 은총을 받들어 '하나님을 믿자, 바르게 살자, 이웃을 사랑하자'라는 교육 이념으로 정동여학당을 건립하여 초대 교장으로 직임을 맡아 기독교교육을 구현하는 데에 헌신하시니 이가 곧 한국 여성 신교육의 선구적 요람인 정신여자중고등학교의 모체가 되다."라고 기리고 있다.

1886년 여름, 여자 선교사로서는 그 누구도 찾지 않았던 미지의 땅을 향해, 처녀의 몸으로 내한했던 애니 J. 엘러스 의료선교사! 주님의 인도하심 믿고, 숨죽이고 한 2년 사역하다 테헤란으로 가리라 작정하고 들어 온 한국 땅! 왕후를 처음 알현하고 '이 땅에 정붙이고 오래 있어 달라'는 당부의 말씀에 마음 바꾸어 먹고 오래 살기로 작정한 당신! 이 땅에서 결혼하고, 서로 의지하며 사랑하던 왕후를 비운에 보내고, 오직 이 땅에 병들고 상처 받은 이들을 보듬고, 여성들을 일깨워 교육하며, 주님의 말씀 전하며 살아갔던 40년 세월! 이 나라를 사랑하사 끝내 이 땅에 묻힌 당신은, 한 발자국 앞서간 사랑하는 남편의 비석에 비문을 새겨 넣기를, "날이 개이고 흑암이 물러갈 때까지"라고 썼다.
세월은 흘러 당신이 사랑했던 이 땅에 "날은 개였고, 흑암은 물러갔다." 그러나 또 세월이 흐른 오늘, 하늘을 바라볼 때, 날이 또다시 흐려질까 염려스러운 것은 무슨 까닭일까! 맑게 개여 햇빛보다 더 밝은 곳에 계신 당신께서, 오늘 이 땅에 살아가는 저희들 위해 기도해 주소서!

● 애니 엘러스에 관한 자료는 정신여자고등학교 사료연구위원회가 출간한『한국에 온 첫 여의료선교사 애니 엘러스』(2009)가 대표적이며, 그밖에『정신백년사』,『이화 100년사』,『한국기독교의료사』,『한국간호역사자료집』,『배재학당사』,『대한기독교서회백년사』,『대한성서공회사』,『동대문교회백년사』,『용두동교회100년사』,『우이교회100년사』,『경신사』,『한국감리교 여선교회의 역사』등의 자료를 통해 그녀의 활동을 자세히 살펴볼 수 있다.

명성황후

고종

릴리어스 호튼 언더우드
(Dr. Lillias Horton Underwood, 1851~1921)
위대한 무명의 개척 선교사

■ 숨겨진 작은 거인

릴리어스 호튼 언더우드는 한국 의료선교 역사 상 여러 방면에 걸쳐서 많은 활동을 하였다. 그녀는 구한 말 격변하는 조선이라는 나라에 왕후의 주치의로 와서, 대한제국 황후의 시의(侍醫)로, 가장 고통 받는 백성들의 위로와 희망의 어머니로, 일본의 침략과 식민지로 전락하는 나라의 상황을 작은 촛불로 밝히려 한 '작은 거인'이었다. 그러나 우리들은 그녀를 우리나라에 들어온 초기 여성 의료선교사로서, 호러스 G. 언더우드 선교사의 아내이자 호러스 호튼 언더우드(원한경) 선교사의 어머니 정도로만 알고 있을 뿐이다.

정미현 교수[1]는 『릴리어스 호튼 언더우드』를 출간하면서 다음과 같이 기술하고 있다.

---

1 한국기독교장로회 목사. 연세대학교 교목, 연합신학대학원 교수

"… 릴리어스 호튼 언더우드는 한국 그리스도교의 발전을 위하여 수고한 전문 선교사였다. … 그러나 의료, 교육, 전도 등의 다차원적 영역에서 활발한 활동을 했던 릴리어스 호튼 언더우드의 사역과 사상은 기억될 만한 충분한 가치를 지닌 귀중한 유산임에도 불구하고 지금까지 특별히 주목받지 못하였다. … 이러한 까닭에 필자는 (19세기 말에서 20세기 초까지, 이 땅에서 활약했던 독보적 존재임에도 불구하고) 한국 교회사 초기 연구와 선교의 영역에서 비교적 도외시 되었던 릴리어스 호튼이 저술한 저서, 서신, 보고서, 번역서를 바탕으로 그녀를 기억하며 읽어내고, 향후에 이어지는 연구에 초석을 놓고자 하였다."[2]

■ 의료선교사로 준비되다

릴리어스 스털링 호튼(Lillias Sterling Horton)은 1851년 6월 21일 미국 뉴욕 주 알바니(Albany)에서 태어났다. 그녀는 아버지 제임스 맨드빌 호튼(James Manderville Horton 1823-1908)과 어머니는 마틸다 맥퍼슨 호튼(Matilda McPherson Horton 1825-1898) 사이에 태어났다. 그녀의 아버지는 철물, 철강 자재업을 하였고, 제퍼슨공원장로교회와 제3장로교회의 장로로 섬겼다. 그녀의 조상 가운데는 자유와 저항정신을 가진 위그노 전통과 경건한 칼빈주의 신앙을 이어가는 네덜란드 개혁교회 전통을 지닌 자들도 있었다.[3] 그녀는 어린 시절에는 비교적 풍요로운 가정환경 속에 자라났다. 그녀가 16세 정도 되었을 때에, 그녀의 가족은 미국 시카고로 이사했다. 그녀는 제퍼슨공원장로교회를 출석하면서 신앙생활을 했는데, 담임목사의 설교를 통해 칼빈주의적 청교도 정신의 영향 속에 자라며, 구제와 봉사

---

2 정미현, 『릴리어스 호튼 언드우드』(서울: 연세대학교 대학출판문화원, 2015), 233-235.
3 같은 책, 7-8.

활동도 열심히 했었다. 이러한 가족 배경이 성장 과정을 통해서 릴리어스 호튼의 신앙적 성향을 형성하는 데 많은 영향을 주게 되었다.

릴리어스 호튼이 의료선교사로 헌신하게 됨에는 독실한 신앙인이었던 어머니의 영향이 컸다. 그녀의 어머니가 젊었을 때에 선교사로 헌신하고 픈 마음이 있었지만, 가정을 가지면서 딸인 릴리어스 호튼을 통해서 그 꿈을 이루고자 했던 것이다.**4** 그러나 무엇보다도 결정적인 영향은 영국 여성 선교사인 페이지니터(Fagerneather)를 만난 것이었다. 인도 여성을 위한 여의사의 필요성에 강한 도전을 받고, 호튼은 의료선교사로 나가려는 결심을 하게 되었다.**5** 그녀는 어릴 때부터 아토피성 피부염으로 고생했고, 류마티즘과 지병을 가지고 있어서 대체로 병약했으며, 창백한 올리브 빛 피부, 검은 눈, 검은 머리에 키는 약 152센티미터 정도의 가녀리고 작은 몸매였다. 그러나 강인한 정신력과 신실한 신앙적 성품을 가졌다.**6**

1887년, 릴리어스 호튼은 36세의 다소 늦은 나이였지만, 시카고 여자의과대학(Woman's Medical College of Chicago)을 좋은 성적으로 졸업하였다. 그리고 시카고의 여성과 어린이 전용병원인 메리톰슨병원(Mary Thompson's Hospital)과 시카고 장로교병원에서 인턴 수업을 받았다.**7** 릴리어스 호튼은 원래 인도 선교사로 나갈 계획이었지만, 미국 북장로회 해외선교본부는 조선에 세워진 제중원에서 여의사를 급히 요청한 관계로 그녀를 한국 의료선교사로 파송하게 되었던 것이다.

4 같은 책, 13.
5 같은 책, 14-15.
6 같은 책, 19-20.
7 같은 책, 16.

■ 조선으로 향하다, 사랑에 빠지다

1888년 3월 25일, 릴리어스 호튼은 미국 북장로회 의료선교사로 제물포항에 도착하였다. 그녀가 도착할 때, 많은 선교사들이 제물포에 마중 나왔는데, 그 가운데 남편이 될 호러스 G. 언더우드도 끼어 있었다. 릴리어스 호튼은 제중원 여성부에서 근무하면서 자연스럽게 호러스와 가까워졌다. 호튼이 퇴근하던 어느 날 괴한들의 습격을 받게 되었는데, 가마꾼들이 도망가자, 이후로 언더우드가 호튼을 말에 태워 보호하면서 출퇴근 시켰다.[8] 호튼은 본래 오직 그리스도께 헌신하겠다며 독신선교사로 지내기로 작정했었다. 그러나 호튼이 언더우드보다 8살이나 연상이었지만, 두 사람은 서로 만나 신앙관과 선교관이 서로 통함을 느꼈고, 사랑에 빠지게 되니, 호튼이 내한한 그해 가을에 약혼하게 되었다. 사실 호러스는 미국을 떠나기 전에 다른 여자와 약혼했었다. 그러나 그녀는 선교에 대한 흥미도, 약혼자(언더우드)에 대해서도 별로 관심이 없었다. 아울러 외국 선교사의 삶에서 일어나는 값진 곤경의 삶을 원하지 않아 파혼하게 되었던 것이다.[9]

아무 것도 보이지 않는 삭막한 땅에 와서 '나무 아래(Underwood)'에서 기도하던 언더우드 앞에 릴리어스 호튼은 하늘에서 내려 주신 한 송이 고결한 '흰 백합(Lilly)'이었던 것이다. 1889년 3월 13일, 38살 노처녀 릴리어스 호튼과, 30살 청년 언더우드는 백년가약을 맺게 되었다. 그런데 이 결혼에 대해서 선교부 내에서는 약간의 이견(異見)이 있었다. 헤론이 좀 불편해 했던 것이다. 헤론은 알렌과 함께 제중원에 여의사가 있기를 간절

8 릴리어스 호튼 언더우드, 김철 역, 『언더우드 부인의 조선 견문록』(서울: 이숲, 2008), 35: 정미현, 『릴리어스 호튼 언드우드』, 23.
9 릴리어스 호튼 언더우드, 이만열 역, 『언더우드』(서울: IVP, 2015), 91.

히 원했다. 그리하여 애니 엘러스가 파송(1886년 7월) 되었던 것이다. 그러나 애니 엘러스가 내한한지 1년 만에, 벙커 목사와 결혼을 하자(1887년 7월) 제중원 사역을 전보다 열심히 할 수 없게 되었다. 또한 헤론은 그녀가 의과대학을 완전히 졸업하지 않아 정식 의사가 아니라고 했다. 따라서 헤론과 엘러스 사이가 나빠졌고, 급기야 미국 선교본부에 다른 여의사를 보내 달라고 요청하게 된 것이다.

"호튼 의사가 어서 빨리 와야 하는 또 다른 이유는 벙커 여사가 결혼 이후로 전보다 몸이 약해져서 규칙적으로 제중원 일을 보지 못하기 때문입니다. 때로는 일주일에 4일을 빠지기도 합니다. 그녀의 잘못은 아니지만 매일 출근하지 않는 것은 유감스러운 일입니다."[10]

이렇게 하여 릴리어스 호튼 여의사가 새로 오게 되어서 제중원 활동이 좀 나아졌는데, 다시 릴리어스가 부임한지 1년이 안 되어서 결혼을 한다고 하니, 제중원의 책임자로서 헤론은 또 불편해진 것이었다.

"언더우드 씨는 결혼 준비로 바쁩니다. 호튼 의사는 완전히 그에게 빠진 것 같습니다. 선교지에서 이렇게 결혼하는 것은 사역에 슬픈 혼란을 초래합니다."[11]

언더우드 부부는 1890년 9월 6일, 서울에서 사랑하는 아들을 낳았다. 릴리어스가 39살에 아들을 선물로 받았으니 얼마나 기뻤을까! 그 아

---

10 헤론이 엘린우드에게 보낸 편지, 1887년 11월 13일 자, 정미현, 『릴리어스 호튼 언드우드』, 28.

11 헤론이 엘린우드에게 보낸 편지, 1889년 1월 11일 자, 박형우 편역, 『존 W. 헤론 자료집 II』, 362.

들이 태어난 것이 '한양에서 경사가 났다'하여 원한경(元漢慶)이라했고, 영문 이름은 아빠 엄마의 이름을 각각 따서 호러스 호튼 언더우드(Horace Horton Underwood)[12]라고 했다.

■ 질병을 통한 여호와 이레의 축복

릴리어스 언더우드는 결혼 전에도 좀 병약한 체질이었는데, 출산 후 후유증과 관절염 증세가 심해지자 의사들은 미국으로 가야 나을 병이라고 말했다. 그들은 그녀가 다시 돌아오지 못할 것이라고 예견했다. 그녀는 항구까지 45킬로미터나 되는 거리를 들것에 실려 갔다. 1891년 여름이었다. 조선에 온지 3년이 지나는데, 그동안 현지 적응하느라, 결혼하느라 시간이 지났는데, 어쩌면 아무 결실도 없이 중도하차하는 것만 같아, 더욱이 이제 혈기 왕성하게 정열적으로 활동을 펼치고 있는 남편의 사역들을 자신이 가로막는 것 같아 그녀는 마음이 몹시도 아팠다.

> "… '실패'를 안고 일은 거의 시작도 안 했는데 다시는 돌아오지 못할지도 모르면서 떠난다는 것이 고통스러웠다. 그러나 더 쓰라린 일은 내가 남편을 끌고 간다는 생각이었다."[13]

릴리어스 언더우드는 휠체어에 의지하여 시카고 집에 도착하였으나, 하나님께서는 언더우드 부부를 위해서 다른 계획들을 마련해 두신 것이었

---

12 원한경(元漢慶)(1890-1951). 미국의 장로교 선교사이자 교육자. 연세대학교(구 연희전문학교) 총장 역임.

13 릴리어스 호튼 언더우드, 김철 역, 『언더우드 부인의 조선 견문록』, 134-135; 정미현 『릴리어스 호튼 언드우드』, 43.

다. 그녀는 가을이 지나면서 조금씩 회복되기 시작했고, 여행도 할 수 있게 되었다.

> "그러나 하나님께서는 언제나 불행의 낌새가 있을 때마다 그리하셨듯이 이번에도 복을 내려 주셨다. 미국으로 돌아가 있는 동안 선교사 몇 명을 새로 얻게 되었고, 미국과 캐나다와 영국에 있는 그리스도교인들의 마음 속에 조선에 대해 관심이 커졌고 새로운 선교회가 세워졌다."**14**

이 기간 동안에 언더우드 부부는 여러 곳을 방문하고, 여러 사람들을 만나게 되었다. 만나게 된 이들을 독려하여 한국 선교사로 오게 함으로써, 한국 선교역사에 새로운 시대를 열어갈 수 있게 되었다.

1891년 10월, 테네시 주 내슈빌에서 열린 전국신학교동맹(the Inter-Seminary Missionary Alliance) 모임에서 언더우드 선교사는 한국에 대한 연설을 하였다. 이 모임에 참석한 학생 대표들은 한국 선교에 대해 깊은 감명을 받았다. 이 대표들 가운데 맥코믹 신학교의 테이트(L. B. Tate)와 버지니아 주 유니언 신학교(Union Theological Seminary)의 졸업반 동기생인 존슨과 레이놀즈와 전킨이 있었다. 이들에 의해서 이후에 미국 남장로회 한국선교 7인의 개척단인 '7인의 선발대'가 구성되어 한국 선교사로 들어오게 되었다.**15**

또 한편, 1892년 9월, 언더우드 선교사는 토론토 장로교연맹총공회에서 선교보고를 하였다. 이 자리에서 토론토 의과대학의 에비슨 교수를 만

---

14 릴리어스 호튼 언더우드, 김철 역, 『언더우드 부인의 조선 견문록』, 135; 정미현, 『릴리어스 호튼 언드우드』, 43.
15 자세한 내용 '언더우드 편' 참조

나게 되었다. 이후 언더우드 선교사는 에비슨 박사에게 한국선교에 나서도록 권면했다. 이 두 사람의 만남은 한국 선교사에 엄청난 축복이 아닐 수 없는 귀중한 만남이었다. 한국 의료선교의 아버지, 에비슨 박사가 한국으로 오게 된 것은 하나님의 예비하심 속에서, 언더우드 선교사의 역할이 결정적인 것임에는 틀림없다.[16]

릴리어스 언더우드의 질병으로 말미암아 한국을 떠나 올 때는 다시 돌아 올 수 없을 지도 모르는, 기약 없는 발걸음이었다. 그러나 여호와이레의 축복은 우리가 생각하지도 못하는 방법으로 주어진다. 이 안식년 기간 동안에 릴리어스 언더우드는 건강을 다시 회복하게 되었다. 그리고 한국선교의 새로운 지평을 여는 선교의 동지들을 만났고, 또 그 비전을 실현해 갈 재원들을 마련하게 되었다. 하나님의 은혜이다.

■ 릴리어스 언드우드의 사역들

릴리어스 호튼 언더우드 선교사는 의료선교사였지만, 그녀의 사역은 의료사역에만 국한 되지 않았다. 의료, 문서전도, 교육 등의 다차원적 영역에서 활발하게 사역이 전개되었다. 그녀의 주된 사역들을 요약해 보자면, 첫째, 의료사역이다. 그녀는 여의사로서 명성황후를 비롯한 상류층 계층 사람들과, 제중원을 통한 일반인들을 치료했다. 이 의료사역은 단순히 육신적 치료에만 그치지 않고, 그리스도의 사랑 가운데 몸과 영혼을 함께 아우르는 전인적 치유를 위해 노력하였다. 둘째, 문서선교 사역이다. 주옥 같은 저서들과 기사 원고들, 편지글들, 그리고 전도를 위해 번역한 기독서

---

16 자세한 내용 '언더우드 편' 참조

적들, 각종의 전도지를 비롯한 성경공부 교재들이 그녀를 통하여 만들어졌다. 그녀의 이러한 노력들이 남편 언더우드 목사의 사역들과 함께 한국 교회가 세워지고 발전될 수 있도록 하는 주춧돌이 된 것이다. 셋째, 그녀는 한국인들의 배움에 대한 목마름을 감지하고, 그 누구보다도 고등교육의 필요성을 역설했다. 그녀는 일제치하에서도 고등교육기관이 설립되는 데 많은 기여를 하였으며, 특히 여성교육에 많은 힘을 썼다.

첫째, 의료 사역

(1) 제중원과 순회진료 사역: 릴리어스 호튼은 여의사인 전문 의료인으로 조선에 들어 왔다. 그녀에게 주어진 주 임무는 조선 왕실, 특히 명성황후의 주치의 및 제중원의 부인과를 맡는 것이었다. 이 임무를 맡았던 애니 엘러스 선교사가 벙커 목사와 결혼을 하면서 제중원 진료 업무들을 충실히 수행할 수 없었는데, 1888년 릴리어스 호튼이 들어오게 됨으로써 부인과는 다시 활기를 띄게 되었다. 그녀는 명성황후나, 중국 공사 원세개의 부인 같은 외국 공관장의 부인이나 직원의 부인 등 상류층 여성의 치료를 담당했고, 제중원 부인과에서 하루 평균 6-16명의 일반 여성 환자들을 돌보는 일을 담당했다. 릴리어스 언더우드의 의료선교는 육신적 치료뿐만 아니라, 환자를 치료하는 과정에서 복음을 전하는 방법을 선호했다. 릴리어스 언더우드가 진단과 처방을 해 주면, 남편 언더우드가 약을 조제하여 내어 주었다. 이러한 과정에서 릴리어스 언더우드는 서양의학을 통한 몸의 치유와 복음을 통한 마음과 영혼의 치유를 하는 전인적 치유를 추구했던 것이다.[17] 이러한 전인적 치유 방법은 환자의 가정으로 왕진을 가거나, 지방으로 순회 진료를 행할 때에 더욱 효과적이었다.

---

17 정미현, 『릴리어스 호튼 언드우드』, 77.

"저는 한국인의 집에 왕진을 요청을 받아 가는 것에 큰 즐거움을 느꼈습니다. 진료소에서 의사는 보통 단순한 의사 역할만 해야 하고, 마음으로 하고 싶은 일은 대기실에서 일하는 외국인 선교사나 한국인 전도자에게 맡겨야 하지만, 가정을 방문하는 왕진에서는 환자와 그녀의 가족 그리고 자주 그녀의 많은 친구들에게 다른 방법으로는 다가갈 수 없는데 가까이 갈 수 있고 가장 효과적으로 다가갈 수 있습니다. (중략) 의주까지 여행하면서 저는 지방에 여자 의사들이 할 일이 많다고 확신하게 되었습니다. 3월 이후에 제가 의사로서 혹은 다른 경우로 그리스도에 관해 대화를 나눈 자를 합하면 476명입니다."[18]

19세기 말, 당시의 한국 상황으로 볼 때, 의사라 하지만 서양 여성으로서 왕진이나 지방 순회 진료를 한다는 것이 여간 어려운 일이 아니었을 것임에도 그녀는 그러한 수고와 헌신을 마다하지 않았다.

(2) **명성황후 시의(侍醫) 사역**: 릴리어스 호튼은 제중원에 부임한지 오래지 않아 애니 엘러스 (벙커 부인)와 헤론 박사와 함께 명성황후를 만나게 되었다. 릴리어스 호튼의 의술과 인품에 매료된 황후는 애니 엘러스에 이어 릴리어스 호튼도 자신의 주치의인 시의(侍醫)로 임명했다. 이후 명성황후와 벙커 부인(엘러스)과 언더우드 부인(호튼)은 황후가 시해될 때까지 매우 가깝게 지내게 되었다. 따라서 언더우드 부인 호튼이 황후의 주치의가 되니 언더우드의 사역도 훨씬 활기를 띠게 되었다. 이것은 선교 정책적으로도 매우 중요한 일이었다.

어느 날 명성황후가 심한 복통을 앓게 되었을 때, 영험하다는 황후의

---

18 이만열, 옥성득 편역, 『언더우드 자료집 II』(서울: 연세대학교 출판부, 2006), 155-156.: 정미현, 『릴리어스 호튼 언드우드』, 78.

전속 무당이 온갖 굿을 해도 낫지 않았다. 이때 릴리어스 호튼이 현대 의술로 정성스레 치료하자 황후는 회복되었다. 이런 계기로 현대 의술에 대한 신뢰, 릴리어스 호튼에 대한 신뢰, 나아가 개신교 선교사에 대한 신뢰도 높아 갔다. 따라서 선교사들의 선교활동과 심지어 노방전도까지 허용되었다.[19] 릴리어스 호튼이 명성황후를 진찰하고, 처방전을 써 주고 대궐에서 나올 때는 많은 선물을 하사받았다. 이런 환대는 이미 의료선교사로 활약했던 의사 알렌이 남긴 긍정적 성과 때문이기도 했다.[20] 릴리어스 호튼은 명성황후에게 복음을 전할 기회를 찾았다. 1894년 크리스마스 전날, 명성황후는 크리스마스 트리에 대해 관심을 가지고, 그 기원과 의미에 대해서 자세히 물었다. 이 자리에는 고종과 왕세자가 함께 하고 있었다. 릴리어스는 드디어 복음을 전할 기회가 왔다고 생각하여 크리스마스의 기원과 함께 복음의 의미에 대해서 설명했다. 황후는 조선도 릴리어스 호튼의 나라인 미국처럼 자유롭고 행복하고 힘이 있으면 좋겠다고 말했다. 이에 대해 릴리어스 호튼은 미국보다 더 훌륭하고 완벽한 하나님의 나라에 대해서 설명하면서, 그 나라에 들어가기 위해서는 예수를 믿어서 속죄되어야 한다는 구원의 방법도 알려주었다.[21] 릴리어스 호튼은 이 나라의 최고위 여성 지도자에게 복음을 전할 수 있는 기회를 가질 수 있게 된 것에 감사했다. 1895년 10월 18일 을미사변 이후, 릴리어스 호튼은 일본의 만행으로 빚어진 명성황후의 죽음을 국제 사회에 알리며, 황후의 시의(侍醫)로서 깊은 애도와 신의를 표현했다.[22]

19 정미현, 『릴리어스 호튼 언드우드』, 65.
20 정미현, 『릴리어스 호튼 언드우드』, 66.
21 릴리어스 호튼 언더우드, 김철 역, 『언더우드 부인의 조선 견문록』, 149.; 정미현, 『릴리어스 호튼 언드우드』, 67-68.
22 릴리어스 호튼 언더우드, 김철 역, 『언더우드 부인의 조선 견문록』, 228-232.; 정미현,

(3) 프레드릭 언더우드 진료소(Frederick Wills Underwood Shelter) 사역: 언더우드 부부가 사역하던 당시, 전염병에 걸린 사람들은 서대문이나 동대문 밖에 방치되고 있었다. 이들의 딱한 처지를 보다 못한 언더우드 부부는 이들을 돕기 위해 합심기도한 후에 선교본부를 통하지 않고 들어 온 후원금으로, 별도의 진료소를 세우기를 원했다. 1893년 서대문 독립문 근처에 일찍이 별세한 언더우드의 형을 기념하여 '프레드릭 언더우드 진료소(Frederick Wills Underwood Shelter)'가 세워진 것이다. 이 진료소는 6개의 병실을 갖춘 곳으로 모든 환자들에게 무료로 봉사했다.23 1894년 갑오농민전쟁이 있었고, 그 여파로 청일전쟁이 일어났다. 한반도 안에서 일어난 이 전쟁들로 수십만 명이 사망하고, 수많은 사람들이 상해를 입었고, 산하는 피폐해졌다. 이러한 소용돌이 속에서 1895년에는 조선 땅에 콜레라가 창궐하게 되었다. 이때 모든 선교사들은 필사적 노력으로 콜레라의 확산을 막기 위해 노력했다. 특히 의료선교사들은 온갖 정성을 다해 환자들을 돌보며, 혼신의 힘을 다하여 콜레라 퇴치를 위해 노력했다. 수많은 사람들이 죽어 갔다. 릴리어스 언더우드는 그 당시까지 본 것 중에서 가장 절망적이고 무시무시한 사건이라고 기록했다.24 언더우드 선교사 부부는 프레드릭 언더우드 진료소를 중심으로 많은 성도들과 함께 성심성의껏 환자들을 돌보았다. 그들은 진료소 뜰에서 저녁마다 예배를 드리고 찬송하며 이 어렵고 힘든 난관을 헤쳐 갔다. 그 결과 이 진료소에서는 65%의 높은 회복율을 보이게 되었다.25

『릴리어스 호튼 언드우드』, 68.
23 정미현, 『릴리어스 호튼 언드우드』, 80.
24 같은 책, 82.
25 같은 책, 같은 쪽.

(4) 휴 오닐 진료소(O'Neil Dispensary) 사역: 릴리어스 언더우드 선교사는 결혼하여 가정을 가지게 되고, 더욱이 몸이 약한 아들을 돌봐야할 것이기에 제중원으로 출퇴근하면서 진료하는 것이 많이 힘들었다. 당시 제중원은 구리개로 옮겨져 있어서 릴리어스는 출퇴근 길에 많은 시간과 힘을 쏟아야만 했다. 또한 릴리어스는 의료사역과 전도사역을 완전 분리해야 한다는 알렌과 헤론의 입장과는 달리, 의료선교사라면 '의료'과 '선교(전도)'는 완전 분리를 해야 할 것이 아니라 병행해야 한다는 입장이었다. 그래서 이 두 가지 입장이 서로 심한 갈등을 가지게 되자, 그녀는 제중원 근무를 사임했다. 그녀는 치유사역과 복음전도사역을 융합하여 나아가기를 소원했다.

1896년, 릴리어스 언더우드는 미국의 오닐 부인이 자신의 죽은 아들을 기념하기 위해서 후원한 기금으로 '휴 오닐 진료소(O'Neil Dispensary)'를 개설하게 되었다. 릴리어스는 일주일에 두세 번, 두 시간 정도 여성과 어린이들을 주로 진료했으며, 아울러 여성 성경공부와 예배도 드리게 되었다. 릴리어스는 진료사역에 몸과 마음과 영을 치유하는 '통합적 치유선교'를 펼쳐 나갔다.[26]

둘째, 문서 사역

1895년. 명성황후의 죽음으로 말미암아 릴리어스 언더우드는 시의(侍醫)로서의 역할이 끝나게 되었다. 아울러 몸도 쇠약해짐에 따라 의료사역을 힘들어 했다.[27] 따라서 그녀는 의료사역이나 순회전도 집회 등에 많은

---

26 정미현, 『릴리어스 호튼 언드우드』, 92-93.
27 "언더우드 부인은 계속 아파 지난 해 어떠한 의료 사업도 하는 것이 불가능했으며, 의료 사업은 주로 빈튼 박사와 에비슨 박사가 나누어 진행하였다." 호러스 G. 언더우드, 한국의 우리 선교. The Church at Home and Abroad 16(2) (1894년 8월), 122-124.; 박형우

힘을 쏟을 수 없었다. 그녀는 의사였지만 문장 구사력이 뛰어난 문필가였다. 릴리어스 언더우드 선교사의 중요한 공적 중의 하나는 '문서 사역'임을 간과해서는 안 될 것이다. 그녀는 구한 말, 조선의 격동기에 내한하여, 그 시기 조선의 상황을 그녀 특유의 필치로 기록했다. 대표작으로 1904년에 출간한, 『*Fifteen Years Among The Top-Knots*』(American Tract Soiciety, 1904: 『언더우드 부인의 조선생활: 상투잽이와 함께 보낸 십오년 세월』〔김철 역, 뿌리깊은나무, 1984〕이라는 제목으로 번역 됨). 또한 1905년에 출간한 『*With Tommy Topkins in Korea*』가 있다. 특히 1918년, 남편 된 호러스 언더우드의 활동을 자세히 기록한 『언더우드(*Underwood of Korea*)』(이만열 역, 서울: 한국기독학생회출판부, 2015)를 출간하였다. 이러한 기록물들은 오늘을 살아가는 우리들에게 더 할 나위 없이 귀중한 사료(史料)요 자산인 것이다. 특히 대부분의 기록물들이 남성에 의해, 남성 위주(爲主)의, 남성들을 위해 기록된 것들이어서, 그 당시 여성들과 아이들과, 후미진 곳에 대한 기록은 희소한데, 이런 점에 있어서도 릴리어스 언더우드의 기록물들은 귀중한 보물이 아닐 수 없다. 뿐만 아니라 릴리어스 언더우드가 외국으로 발송한 수많은 문서들이 존재한다. 본국 해외선교본부에 보낸 서한이며, 교회 및 선교기관과 신문 잡지에 발표한 많은 기록물들이 여성의 관점에서 본 상황들을 기록하고 있는 것이다.

릴리어스 언더우드는 '문서선교'에 큰 기여를 하였다. 기독교와 관련된 각종의 전도지와 책자들을 발간했다. 1890년 6월 25일, 언더우드 부부는 다른 선교사들과 함께 '조선성교서회'를 창설하고 『성교 촬리』 등, 다양한 문서선교 출판물들을 발간했다. 언더우드 부부는 영어로 된 전도 자료들을 국한문 혼용으로 발간했다. 특히 여성과 일반인들을 위해 한글을 기

편역, 『올리버 R. 에비슨 자료집 II』, 486.

본으로 하여, 그 뜻의 정확성을 위해 한자(漢子)도 혼용한 것이다. 이에 따라 선교사들의 이러한 문서전도 사역은 한글보급과 발전에 큰 기여를 하게 되었고, 특히 일제 강점기 기간에도 '민족의 얼'을 지켜 나가는데 지대한 공헌을 한 것이다. 릴리어스 언더우드 선교사는 남편 언더우드 목사가 소천(1916년)한 후, 그녀가 소천(1921년)할 때까지 이 문서 사역을 끊임없이 계속하였다.

셋째, 교육 사역

릴리어스 언더우드는 의사로서 사람들의 육신의 병을 치료함과 동시에, 선교사로서 복음과 구원에 대하여 그녀의 사역에 연관 지으려 했으며, 여성으로서 여성과 고아들을 보살피며, 교육하는 일에 노력했다. 특히 언더우드 부부는 복음전도뿐만 아니라 고등교육, 영어교육, 일반교육도 강조하였다. 그러나 선교사들 대부분은 복음전도에 전념할 것을 강조했다.

"교육문제에 있어서 남편 언더우드와 제가 홀로 서 있는데, 남편은 다소 흔들리고 있습니다. 그들은 영어를 가르치려고 하지 않습니다. 그들은 비록 동일 목적의 병원은 믿지만, 한국인을 끌어 모아서 한국인을 구할 수 있는 학교를 운영하는 것은 믿지 않습니다. 사실 그들 모두는 전도하기를 원합니다."[28]

릴리어스 언더우드는 성경적 기독교 교육을 중요시하면서도 보편적 고등교육도 강조하였다. 언더우드 목사는 정동 사택에서 고아원학교를 시

---

[28] 릴리어스 호톤 언더우드가 엘린우드 총무에게 보낸 1896년 4월 22일 자 편지, 이만열, 옥성득 편역, 『언더우드 자료집 II』(서울: 연세대학교 출판부, 2006), 64.; 정미현, 『릴리어스 호튼 언드우드』, 107.

작하였다. 이 고아원학교는 이후에 남자는 언더우드 고아원학교로 나아가
경신중고등학교로 발전하였다.29 이 교육 사역은 더욱 발전하여 연희전문
학교로 이어져 오늘날 연세대학교의 모체가 되었다. 일반적으로 연희전문
학교의 설립과 발전에 있어서 언더우드 목사의 공적을 주로 거론한다. 그
러나 실제적으로 많은 부분에서 릴리어스 언더우드의 열정과 헌신이 함
께 한 것을 간과해서는 안 될 것이다. 그녀는 이 땅에서 태어난 그녀의 아
들(원한경)이 더 많은 교육을 받고 행복한 조선에서 살아 갈 수 있기를 바
라면서, 이 땅의 젊은이들도 함께 이렇게 교육 받고 자라나기를 소원했다.
그녀는 한국인들이 "단지 겉으로 보이는 표면상의 외형에 불과한 비본질
적이고 나약한 결과들을 모방하면서 만족하는 문명화의 피상적인 허식과
겉치레가 아니라, 사람들의 가슴과 심장에서, 민족의 가슴 안에 있는 새로
운 생명, 바로 그 안에서 시작되는 진정한 그리스도인의 문명"30을 이루기
를 원했다.

　릴리어스 언더우드는 자신이 직접 교육기관을 창립하거나 주도적으로
추진한 일이 없지만, 남편 언더우드의 교육사역이나, 다른 동료 선교사들
의 교육사역에 있어서 언제나 헌신적으로 협력했으며, 특히 여성 교육에
많은 관심을 가지고 지원을 아끼지 않았다.

■ 꺼지지 않는 불꽃

　릴리어스 호튼 언더우드 선교사는 그녀의 남편 언더우드 목사의 그늘

29　여자 고아들을 모아 애니 엘리즈가 자신의 자택에서 정동여학당을 열게 되니, 정신여자
　　중고등학교로 발전하게 되었다.
30　릴리어스 호튼 언더우드, 김철 역, 『호레이스 언더우드와 함께한 조선』(서울: 아인북스,
　　2013), 382.; 정미현, 『릴리어스 호튼 언드우드』, 114.

에서 그림자 역할만 감당했던 한 인물이 아니다. 그녀는 믿음을 가진 여의 사이지만, 보냄을 받은 선교사로서 분명한 자아의식과 사명감을 가지고 활동했던 것이다. 릴리어스 호튼 언더우드는 남편 언더우드 목사가 미국 뉴저지 주 애틀랜틱 시에서 소천하자, 사람들은 그를 한국 땅으로 모셔야 한다고 했다. 그러나 그녀는 그 비용으로 한국 땅에 고아원을 짓는 것이 남편의 뜻일 거라고 하며, 그곳에 안장했다. 그리고 릴리어스 호튼 언더우드는 아들(원한경) 부부와 함께 한국 땅에 돌아와 5년을 더 살면서 남편의 사역을 정리하고, 문서사역에 마지막 열정을 쏟았다. 그녀는 숨지기 3년 전인 1918년, 남편 호러스 언더우드의 모든 사역을 총정리한 책, 『언더우드(*Underwood of Korea*)』[31]를 출간하였다.

1921년 10월 29일, 릴리어스 호튼 언더우드는 서울에서 하나님의 부르심을 받고, 양화진 외국인 선교사 묘역에 안장되었다. 그녀의 나이 70세였다. (참고: 애틀랜틱 시에 있던 호러스 G. 언드우드 묘는 1999년에 양화진의 언더우드 가족묘역으로 이장 되었다.)

30여 년간 릴리어스 호튼 언더우드와 가장 가까이에서 함께 지내온 에비슨 박사는 그녀에 대해서 다음과 같이 회고했다.

"… 나는 그녀의 육체적 연약함을 생각한다. 그러나 그것 때문에 그녀가 한국 인을 위한 지속적인 노력을 멈춘 적이 없다. 또 남편과 아들에 대한 그녀의 헌 신, 성경반을 가르치고, 병자를 돌보고, 책과 소책자를 번역하면서, 동시에 어 떻게 이 모든 일들을 해 낼 수 있었는지 모르지만 그녀의 철저한 살림살이, 종

---

31 릴리어스 호튼 언더우드, 이만열 역. 『언더우드 *Underwood of Korea*』(서울: 한국기독학생 회출판부. 2015.)

교서적과 잡지뿐만 아니라 정치와 사회 문제를 다루는 책을 읽는 광범위한 독
서 습관, 한국 여성에 대한 사랑, 끊임없는 환대, 그리고 한국인을 그리스도에
게로 인도하는 데 기울인 최고의 관심을 생각한다."[32]

릴리어스 언더우드(중년)　　　호러스 언더우드(중년)

32 에비슨, "의학박사 에이치. 지. 언더우드 부인," 『코리아 미션필드』(1921.12.) 이만열, 옥
성득 편역, 『언더우드 자료집 V』(서울: 연세대학교 출판부, 2010), 301.; 정미현, 『릴리어
스 호튼 언드우드』, 239.

호러스 G. 언더우드(1859-1916)
(Rev. Horace Grant Underwood, 원두우[元杜尤])

한국 교회의 아버지

한국 초기 선교역사를 기술함에 있어서 호러스 G. 언더우드를 언급하지 않을 수 없다. 그는 진정 영적 불모지인 한국 땅에 임한 '타오르는 횃불 (a Torch of Fire)'[1]이었다. 한국 교회 선교역사에 있어서 그의 손길이 닿지 않는 곳이 없다고 해도 과언은 아닐 것이다. 한국 의료선교 역사에 있어서도 그는 깊은 연관성을 가지고 있다. 언더우드의 한국선교를 향한 꿈들은 의료선교와는 어떤 연관성을 가지고 있는 것일까?

■ **믿음의 가문에서 태어나다**

호러스 G. 언더우드는 1859년 7월 19일 런던에서 태어났다. 그는 외증조부를 쏙 빼 닮았다고들 했다. 할머니의 아버지, 즉 외증조부인 알렉산더 와우(Rev. Alexander Waugh) 목사는 스코틀랜드 출신으로 에든버러대학 (1770년)과 애버딘대학(1777년)을 나온 저명한 인사로서, 능력 있는 설교

---

1 릴리어스 호튼 언더우드는 그렇게 표현했다. 『언더우드』 이만열 역, 20.

자이며, 해외선교에도 깊은 관심을 가진 분이었다.**2** 관대한 마음씨, 넓은 박애심, 연합에 대한 사랑, 자비, 지도력 및 조직 관리의 자질, 지적인 은사 등, 와우 박사의 이러한 성격 및 기질은 할머니를 통해서, 아버지를 거쳐 호러스 G. 언더우드에게 고스란히 전해졌던 것이다.**3**

할아버지 토마스 언더우드(Thomas Underwood)와 동생 조지(George Underwood)는 신실한 그리스도인으로서 함께 런던에서 의학 관련 서적을 출판했다.

아버지 존 언더우드(John Underwood)는 제조화학자로서, 과학자요 훌륭한 발명가였다. 그는 열렬하고도 신실한 신앙, 항상 주님의 재림을 기다리는 태도와 헌신적인 기독교적 성품은 자녀들에게 깊은 인상을 심어 주었다. 그리고 어머니 엘리자베스 그랜트 마리(Elisabeth Grant Marie)는 아름답고 온화한 성품으로 인색하지 않으며, 화를 내거나 경솔하고 매정하지 않았으며, 대단히 호감을 주는 인물이었다.**4** 1865년, 호러스 언더우드가 6살이던 때에 할머니, 어머니를 잃게 되었고, 아버지 사업은 동업자의 사기로 재정적 곤경에 빠지게 되었다. 호러스가 10살이 되던 때에, 형 프레드(Fred)와 함께 프랑스의 불로뉴쉬르메르(Boulogne-Sur-Mer) 지방에 있는 로마가톨릭 계통의 기숙사제 남학교에 보내졌다. 그러나 이 학교는 로마가톨릭계 학교이지만 학생들에게 개종을 강요하지 않았기에, 형제는 영국인 교회에 출석하며, 개신교 신앙을 키워갈 수 있었다. 동시에 가톨릭 신도들에 대한 관용과 호감도 가질 수 있었다.**5**

언더우드 집안 6남매간의 사랑과 유대는 언제나 매우 강했다. 존 토마

---

2 릴리어스 호튼 언더우드, 이만열 역, 『언더우드』(서울: IVP, 2015), 25-27.
3 같은 책, 27.
4 같은 책, 29.
5 같은 책, 29-30.

스는 장남으로서 가장 큰 형답게 권위를 가졌고 아버지를 많이 닮아 제조발명에 관심이 많았으며,6 작은 형 프레드는 가장 경건하다는 평판을 가졌으나, 폐가 나빠 병약했다. 넷째인 호러스는 아이들 교회놀이에서 늘 감동적으로 설교를 하는 설교자 역할을 즐겨했다. 아버지 사업의 실패로 경제적 궁핍 때문에 1872년 미국 뉴저지 주로 이민을 갔다. 노스버겐 소재 그로브개혁교회(Grove Reformed Church)에 출석하였다.7

■ 첫 번째 한국 개신교 목회선교사로 임명되다

호러스 G. 언더우드는 1881년 뉴욕대학교를 졸업하였고, 1884년 5월, 뉴브런즈윅 소재 화란개혁교회 신학교를 졸업하였다. 그는 원래 인도 선교사로 가려고, 1년 가량 의학을 공부하였었다. 한편 일본에 체류 중인 조선 사람 이수정이 1883년 12월 13일 미국에서 발간되던 선교잡지 「*The Missionary Review of the World*」에 한국에 선교사를 보내 줄 것을 강력히 호소하는 글을 실었다. 언더우드는 이수정이 미국교회로 보내온 강력한 호소에 큰 영향을 받아, 1884년 2월 개혁교회의 선교본부에 한국 선교사로 보내 줄 것을 요청했다. 그러나 교단 선교부의 준비 부족으로 그 뜻을 이루지 못했다. 그런데 때마침 미국 북장로회에서 한국으로 파송할 목회선교사를 찾는다는 소식을 듣자 지원하게 되었고, 그해 7월 28일, 미국 북장로회 해외선교본부로부터 한국으로 파송되는 첫 번째 목회선교사로 임명되었다. 11월 11일, 언더우드는 뉴브런즈윅 노회로부터 목사 안수를 받

---

6 존 토마스 언더우드는 장남으로서 아버지를 닮아 훌륭한 발명제조가(發明製造家)가 되었다. '언더우드 타자기회사'를 창립하여 당시에 대성공을 거두었다. 호러스 G. 언더우드 선교사역에 많은 후원을 아끼지 않았다.
7 릴리어스 호튼 언더우드, 『언더우드』, 31-33.

왔다. 드디어 언더우드는 1884년 12월 16일 샌프란시스코를 떠나, 1885년 1월 25일 일본 요코하마에 도착하였다. 언더우드는 헵번 선교사 집에 머물면서, 아펜젤러와 함께 이수정[8]에게 간단한 한국말을 배우고, 그가 번역한 한글 성경을 입수했다. 언더우드는 1885년 4월 2일 부산에 도착했고, 4월 5일 부활절 아침에 제물포에 도착하였다.[9] 조선에 들어온 언더우드 선교사 앞에 펼쳐진 정경은 실로 암담하기 짝이 없었다. 그 당시 그의 마음을 담은 기도문이 오늘까지 전해져 오고 있다.

뵈지 않는 조선의 마음

오, 주여!

지금은 아무 것도 보이지 않습니다.

주님, 메마르고 가난한 땅, 나무 한 그루 시원하게 자라지 못하고 있는 땅에

저희들을 옮겨와 심으셨습니다.

그 넓고 넓은 태평양을 어떻게 건너왔는지 그 사실이 기적입니다.

주께서 붙잡아 뚝 떨어뜨려 놓으신 듯한 이곳,

---

8 이수정(李樹廷 1842-1886년)은 1882년에 수신사 박영효(朴泳孝)의 수행원 자격으로 일본에 갔다. 일본 체재 중, 당대 일본의 대표적인 농학자이자 기독교인이었던 츠다센(津田仙)과 교분을 가지는 계기로 기독교 신자가 되었다. 1883년 4월 29일, 동경 노월정교회(露月町敎會)에서, 일본주재 미국 장로교회 선교사 녹스(G. W. Knox)의 입회 하에, 목사 야스가와(安川亭)의 집례로 세례를 받았다. 따라서 그는 일본에서 세례를 받은 최초의 한국인 개신교 신자가 되었다. 한문성경에 토를 단 『현토한한신약전서(懸吐韓漢新約全書)』를 간행하였다. 이어서 국한문성경인 『신약마가전복음서언해』를 번역하였다. 그는 선교사들에게 한글을 가르치고, 일본에 유학 중이던 개화파 학생들에게도 복음을 전하고, 예배 모임도 주도하는 등, 한국 선교에 큰 역할을 감당하였다. 1886년에 귀국한 후에 갑신정변의 주역인 개화파의 반대 세력인 수구파(守舊派)에게 처형된 것으로 전해진다.

9 언더우드 연보, 릴리어스 호튼 언더우드, 『언더우드』, 375-376.

지금은 아무 것도 보이지 않습니다.

보이는 것은 고집스럽게 얼룩진 어둠뿐입니다.

그들은 왜 묶여 있는지도, 고통이라는 것도 모르고 있습니다.

고통을 고통인 줄 모르는 자에게 고통을 벗겨 주겠다고 하면

의심부터 하고 화부터 냅니다.

조선 남자들의 속셈이 보이질 않습니다.

이 나라 조정의 내심도 보이질 않습니다.

가마를 타고 다니는 여자들을 영영 볼 기회가 없으면 어찌하나 합니다.

조선의 마음이 보이지를 않습니다.

그리고 저희가 해야 할 일이 보이지 않습니다.

그러나 주님, 순종하겠습니다.

겸손하게 순종할 때 주께서 일을 시작하시고,

그 하시는 일을 우리들의 영적인 눈이 볼 수 있는 날이 있을 줄 믿나이다.

"믿음은 바라는 것들의 실상이요, 보지 못하는 것들의 증거니 …"

라고 하신 말씀을 따라 조선의 믿음의 앞날을 볼 수 있게 될 것을 믿습니다.

지금은 우리가 황무지 위에 맨 손으로 서 있는 것 같사오나

지금은 우리가 서양귀신, 양귀자라고 손가락질 받고 있사오나,

저희들이 우리 영혼과 하나인 것을 깨닫고,

하늘나라의 한 백성, 한 자녀임을 알고

눈물로 기뻐할 날이 있음을 믿나이다.

지금은 예배드릴 예배당도 없고, 학교도 없고

그저 경계와 의심과 멸시와 천대가 가득한 곳이지만

이곳이 머지않아 은총의 땅이 되리라는 것을 믿습니다.

주여! 오직 제 믿음을 붙잡아 주소서!

그 당시 아직 조선 정부가 기독교 선교활동을 허락하지 않았기에, 그는 제중원에서 알렌을 도우며 선교를 위한 준비를 하였고, 제중원의학교에서 물리, 화학을 강의했다(그는 앞서 기초의학을 공부한 적이 있다). 그리고 헤론과 함께 고아원을 개원하였다. 마가복음 번역을 시작했고, 한국성서번역위원회를 조직했다. 그리고 정동교회(새문안교회 전신), 양평동교회 등 많은 교회를 세웠다. 조선어 문법책, 한영자전 등을 집필하였다. 그 후 대한기독교서회 회장, 한국기독교교육회 회장 등을 역임하였고, 예수교학당, 서울구세학당, 연희전문학교(연세대학교 전신) 등을 설립하였다. 또한 교회연합운동을 위해 많은 노력을 기울였다. 언더우드 선교사는 한국의 종교·문화·언어·정치·사회 등 여러 분야에 커다란 족적을 남기는 많은 일을 했다. 그러나 무엇보다도 그는 예수의 십자가와 부활 그리고 재림을 강조한 뛰어난 복음주의 설교가였으며, 한국 교회의 아버지였다.

■ 한국 의료선교 발전에 마중물이 되다!

주목할 점은 호러스 G. 언더우드 선교사와 한국 의료선교와의 관계일 것이다. 언더우드 선교사는 의료선교사 부인을 만남으로써 그의 꿈이 타오르기 시작했고, 한국 의료선교는 언더우드 선교사를 만남으로써 아름답게 꽃이 피고 풍성한 열매를 맺었다. 언더우드 선교사는 한국 의료선교 발전을 위한 귀한 마중물이 되었다.

과연 언더우드 선교사는 한국 의료선교와는 어떤 연관성을 가지고 있을까?

첫째, '언더우드 선교의 꿈', 프리마돈나 의료선교사 릴리어스 S. 호튼 양을 아내로 맞이한 일이다. 언더우드 선교사가 내한한 당시에는 일반인

포교 활동이 극히 제한된 상황이었다. 제중원의학교에서 알렌과 헤론과의 협력사역과, 성경번역 등의 사역을 하던 언더우드는 여의사 릴리어스를 아내로 맞이하면서 그의 사역은 새로운 전기를 맞이하게 되었다. 언더우드는 여의사 릴리어스의 의료진료 사역에 동참함으로써, 남녀노소를 만나게 되었고, 고아와 과부를 만나고, 양반과 노비를 만나고, 가마를 타고 다니는 여인들을 만나게 되었다. 더욱이 아내인 릴리어스가 왕비의 주치의인 시의(侍醫)가 되면서, 조선 남자의 속셈도, 조정의 내심도 알 수 있게 된 것이다.

　　"저(릴리어스)는 왕비(민비)의 요청으로 (일본군이 서울을 점령하기 4일 전에) 3일 동안 연속으로 궁궐에 있었고, 병원 문제를 폐하게 거론하려고 노력하였습니다."[10]

　　메마르고 가난한 땅, 나무 한 그루 시원하게 자라지 못하고 있는 땅, 고집스럽게 얼룩진 어두운 '나무 아래(Underwood)'에서 간절히 기도하던 언더우드 앞에, 의료선교사 릴리어스는 주님께서 보내신 한 송이 순결한 '흰 백합(Lily)'이었던 것이다. 정녕 그에게 가장 복된 일은 '언더우드 선교의 꿈'의 여주인공인 '프리마 돈나(prima donna)' 여의사 릴리어스 호톤을 만난 일이다.

　　둘째, 호러스 G. 언더우드 목사와 올리버 R. 에비슨 박사와의 만남이다. 1890년 9월 6일, 언더우드 부인은 39세의 나이로 아들(원한경)을 출산했

10　릴리어스 H. 언더우드가 프랭크 F. 엘린우드에게 보낸 편지(1894년 8월 16일자), 박형우 편역, 『올리버 R. 에비슨 자료집 II』, 514.

다. 노령(老齡) 초산인지라 출산 후 건강이 좋지 않았다. 해가 바뀌어도 그녀의 건강이 악화되자, 언더우드 내외는 안식년 휴가를 신청했다. 그런데 그들이 안식년 휴가를 가진 기간(1891년 4월부터 1893년 2월) 동안에 한국선교에 매우 중요하고 유용한 일이 일어났다. 1892년 9월, 언더우드 선교사는 토론토 장로교 연맹 총공회에서 선교보고를 하게 되었다. 이 자리에 참석했던 에비슨 교수는 언더우드 선교사에게 토론토대학교 기독학생회 모임의 강사로 와 줄 것을 간청했다. 이 만남 속에서 언더우드 선교사는 에비슨 박사에게 한국선교에 나서도록 권면했다.

호러스 언더우드 선교사의 부인 릴리어스 언더우드 선교사가 이 두 사람의 만남과 그 이후에 일어난 일들을 돌아보며 다음과 같이 회고하였다.

"에비슨 박사가 한국에 가게 된 것은 이 당시 언더우드의 연설과 개인적 호소의 한 열매임이 분명하다. (중략) 그때 언더우드가 안식년을 보내는 동안 캐나다로 보내진 것은 참으로 기뻐할 만한 일이었다. 또한 순전히 악한 것으로만 생각된 병이 우리로 하여금 그토록 우리를 필요로 하던 한국에서 미국으로 떠나게 하여, 더 많은 일꾼들을 불러 모으도록 한 것 역시 기뻐할 일이다. 이 모든 일에서 하나님의 손길을 명확하게 볼 수 있었다. (중략) 에비슨 박사는 처음부터 언더우드와 가장 마음이 통하는 동역자이자, 조언자로서, 모든 곤경 가운데서도 그의 곁에서 23년간 섬김으로써 그의 근심과 노고를 함께 나누었다. 에비슨 박사는 뛰어난 전문인으로서의 경력을 포기하고, 많은 재정적 희생을 감수하면서까지 여러 아이들이 딸린 한 가정(어린 3명의 아이들과 만삭이었던 아내)을 불결한 환경으로 이끌고 갔으며, 또한 우리 선교회(미 북장로회)에서 일하기 위해 (다니던) 감리교파를 떠났다. 그러나 내가 생각하기에는, 하나님이 그가 볼 수 있도록 허락하신 열매를 보면 그가 그리스도를 위해 치른 희생보다 훨씬 더 크게 보상받은 셈이라 할 수 있다. 그는 아마 앞으로 이 책에서 자주 언급될 것이다. 왜냐하면 내 생각에 언더우드의 생애는 그의 형제인 존 T. 언더우드나 에비슨 박사를 빼놓고는 제대로 써 나갈 수 없기 때문이다."[11]

'한국 의료선교의 아버지'라 일컬어지는 에비슨 박사가 한국으로 오게 된 것은 하나님의 예비하심 속에서, 호러스 언더우드 선교사의 역할이 결정적인 것임에는 틀림없다. 그리고 에비슨 박사가 한국 땅에서 가진 '거위의 꿈', 즉 "한국인 의사를 길러, 한국인 스스로가 치료하는 병원과, 가르치는 의과대학을 세우는 꿈", 그 꿈을 현실로 이루는 데, 호러스 언더우드는 혼신의 힘을 다해서 에비슨 박사를 돕고 지지했다. 에비슨 박사 역시 '언더우드 선교에의 꿈'을 이루어 가는 데 전력으로 지원하고 헌신했다. 이 두 사람의 만남은 한국 선교 역사에 엄청난 축복이 아닐 수 없는 것이었다. 주님께서 마련하신 일임에 틀림이 없다.

셋째, 미국 남장로회 4명의 한국 선교지원자(테이트, 전킨, 레이놀즈, 존슨)를 만나 한국선교에 나서도록 이끈 일이다. 1891년 9월, 시카고 맥코믹 신학교(McCormick Theological Seminary)에서 언더우드 선교사는 한국선교에 대해 보고하고 한국선교에 동참해 줄 것을 도전하였다. 그리고 그해 10월, 테네시 주 내슈빌에서 열렸던 전국신학교동맹(the Inter-Seminary Missionary Alliance) 모임에서 언더우드 선교사와 당시 반더빌트 대학교 (Vanderbilt University)의 학생이었던 윤치호가 한국에 대한 연설을 하였다. 이 모임에 참석한 학생 대표들은 이 연사들로부터 한국선교에 대해 깊은 감명을 받았다. 이 대표들 가운데 맥코믹 신학교의 테이트(Lewis Boyd Tate)와 버지니아 주 유니언 신학교(Union Theological Seminary)의 졸업반

---

11 릴리어스 호튼 언더우드, 『언더우드』, 126.

동기생인 존슨(C. Johnson)과 레이놀즈(William Davis Reynolds)와 전킨(W. M. Junkin)이 있었다. 그들은 함께 한국선교에 관심을 가지기 시작했다. 이 4명의 학생들은 미국 남장로회 외지선교부 실행위원회에 한국 선교사로 파송해 줄 것을 신청했으나, "새로운 선교회를 만들 방법이 명확하지 않다"는 대답을 듣게 되었다. 그러나 이들은 포기하지 않고 함께 계속 기도했다.12 그리고 그들은 기도하면서 선교본부를 깨우치는 방도를 강구하고, 언더우드 선교사에게 미국 남장로회의 지역인 버지니아 주, 북 캐롤라이나 주, 테네시 주 등에 있는 주요 교회들을 순방해 한국 선교의 필요성을 역설해 줄 것을 부탁했다. 언더우드 목사는 이 부탁에 쾌히 승낙하고 각 지역의 교회는 물론 각 신학교, 노회, 교계의 각종 집회 등에 나가서 한국의 형편을 설명하고 한국 선교의 긴급성을 역설했다. 4명의 학생들의 열성은 더욱 높아져 교회 잡지에도 한국 선교에 관한 논문을 투고하며 1892년 2월에는 「선교사(*The Missionary*)」라는 잡지에 "왜 우리는 한국에 가기를 원하는가?"라는 글을 실어 한국 선교의 당위성을 주장했다.13

언더우드 선교사 부부도 이 사역에 적극적으로 동참했다. 그리고 뉴욕에 있는 사업가이고, 미 북장로회 선교 위원인 형(兄) 존 언더우드(John T. Underwood) 장로를 설득하여 3,000달러를, 언더우드 선교사 자신이 500달러를, 남장로회 선교부로 한국선교를 위한 기금으로 보냈다.14 전킨과 레이놀즈를 중심으로 한국에 관한 도서를 구해서 읽고, 선교부 실행위원

---

12 릴리어스 호튼 언더우드, 『언더우드』, 121-122.
13 전주서문교회 '서문 100년사'
14 전주서문교회 '서문 100년사'에는 언더우드 형이 도운 금액은 3,000달러라 기록됨. 양국주·제임스 리, 『선교학 개론』 (서울: Serving the People, 2012), 93.에는 언더우드 형이 도운 금액은 2000달러라 기록 됨. (언더우드 형제는 미국 북장로회 교인이었음에도 남장로회의 한국 선교를 위해 교단을 초월하여 자진해서 도왔다. 당시는 미국 남북전쟁의 상흔이 아직도 진하게 남아 있을 때였다.)

회 앞으로 신청서를 내고, 선교 지도자들과 교회에 강연을 하고, 매일같이 기도하기를 계속했다. 1892년 1월, 기도의 응답은 전보의 형태로 그들에게 전달되었다. "8월에 항해할 준비를 하라!"[15]

■ '7인의 선발대' – 미국 남장로회 한국선교 7인의 개척단

전킨(William McCleery Junkin, 全緯廉)과 부인 메어리 레이번(Mrs. Mary Leyburn), 레이놀즈(W. D. Reynolds, 李訥瑞)와 부인 팻시 볼링(Mrs. Patsy Bolling), 테이트(Lewis Boyd Tate, 崔義德)와 누이 마티 테이트(Miss. Mattie S. Tate, 최마태), 그리고 린니 데이비스(Miss. Linnie Davis). 미국 남장로회 소속 7인의 선교사들은 그들 스스로가 '한국선교를 향한 선교개척단'으로 생각하고, 자신들을 '7인의 선발대'라고 이름했다.[16] 마침내 1892년 10월 17일, 데이비스 양이 먼저 도착했고, 이어 11월 3일, 레이놀즈 등 6명이 제물포에 상륙했고 그 다음날 서울에 도착했다. 이들은 북장로회 선교사 마펫(Samuel A. Moffett, 馬布三悅), 그레이엄 리(Graham Lee, 李吉咸), 빈턴 (Dr. Vinton) 등의 따뜻한 환영을 받았다. 이로써 7인의 선교사 일행은 모두 무사히 새로운 선교지 한국에 도착했다. 이로써 한국선교에 '팀 선교'가 시작된 것이다. 이들이 한국에 들어옴으로써, 미국 본국에서는 남북전쟁의 결과로 남·북 장로회가 분리가 되어 있었지만, 한국에서는 1893년 1월, 빈턴 선교사의 집에서 '장로교연합공의회'가 창립되어 한국에서는 하나의 미국 장로교단을 결성했다.[17]

---

15 릴리어스 호튼 언더우드, 『언더우드』, 122.
16 양국주·제임스 리, 『선교학 개론, 평양에서 전주까지』(서울: Serving the People, 2012), 111.
17 미국에서 남북 장로회가 교단적 통합을 이룬 것은 이때로부터 130년 후인 1983년에 통

'7인의 선발대'는 서소문 지역에 있던 알렌 선교사의 집을 구입하여 베이스캠프를 세우고, 그 이름을 남부를 상징하는 별명인 '딕시(Dixie)'라고 불렀다.[18] 그 후에 교단에 따른 선교지 분할 정책에 의해, 미남장로회 선교부가 전라도 지역을 주 선교지로 배당받음에 따라 전라도 지역 선교가 활발히 펼쳐지게 되었다. 당시 미국 남장로회 해외선교 전략은 복음사역자(남자 목사), 교육선교사(독신 여교사), 의료선교사(의사, 간호사)가 1팀이 되어 지역선교부를 설립하여, 전하고(Preaching), 가르치고(Teaching), 고치는(Healing) 사역을 병행하도록 하는 것이었다. 이 '7인의 선발대'로부터 전라지역 선교가 활기를 띄게 되었고, 의료선교도 활발히 펼쳐지게 되었다. 이로써 잉골드(1897), 오웬(1898), 포사이트(1904), 쉐핑(1912) 등 수많은 의료선교사와 유진 벨(1895)을 비롯한 많은 남장로회 복음사역자들이 한국으로 들어오게 되었다. 언더우드 선교사의 도전으로 시작된 '7인의 선발대!' 그래서 초기 미국 남장로회 선교사들은 호러스 G. 언더우드 선교사를 '미국 남장로회 한국선교의 아버지'라고 불렀다.

"언더우드 박사는 한국 민족의 뛰어난 옹호자였습니다. 수백만의 한국인들이 필요로 하는 것을 채워 주고 그들의 가능성을 실현하기 위해, 대중 연설이나 저서나 서신이나 실제적 도움을 줄 수 있는 사람들과의 대화로 헤아릴 수 없을 만큼 일한 사람은 그 외에는 없었습니다. 그는 매력적인 땅 한국에 대한 그의 열정적인 정신이 결국 설득력을 얻으리라는 확신과 진지함을 가지고 한국 민족을 옹호했습니다."(존 R. 모트 박사의 편지 중에서)

합 되었다.
18 양국주·제임스 리, 『선교학 개론』, 91.

■ 릴리어스 호튼 언더우드, 호러스 G. 언더우드 선교사 부부를 기리며

한국 사람이라면, 호러스 G. 언더우드에 대해서는 연세대학교 출신이 아니더라도 많은 사람들이 알고 있다. 그러나 릴리어스 언더우드에 대해서는 아는 사람들이 많지 않을 것이다. 기독 의료인이라고 칭하는 우리들조차도 그녀에 대해서는 별로 아는 바가 없었다. 20년 전, 『한국 의료선교의 어제와 오늘』을 저술하던 당시에도 그녀에 대한 정보가 별로 없었다. 특히 언더우드 목사에 대해서는 많은 자료와 사진들을 쉽게 구할 수 있었지만, 릴리어스 호튼 선교사에 관한 반반한 사진 한 장 구하지 못해 늘 아쉬웠다. 이제 이 글을 쓰면서 그녀의 젊었을 때의 참신한 모습과 중년의 중후한 모습을 볼 수 있게 되어서 감사하다.

릴리어스 호튼 언더우드는 '밭에 감추어진 진주'같은 선교사이다. 그녀의 삶과 사역들이 영롱한 진주같이 귀한 것임에도 그녀는 숨지기 3년 전 (1918년)까지, 남편 호러스 G. 언더우드의 모든 사역을 총정리한 책인 『한국의 언더우드(*Underwood of Korea*)』를 출간했다. 자신의 사역을 정리해서 남긴 것이 아니고! 그녀는 진정, '언더우드 선교의 꿈'을 실현시킨 숨은 공로자이다. 이제 그녀가 한국 선교 역사에 아름답게 재조명되기를 간절히 기대한다. 이런 점에서 『릴리어스 호튼 언더우드』를 출간해 주신 연세대학교 교수이자 교목이신 정미현 교수께 감사를 드린다.

호러스 G. 언더우드는 정말 끊임없이 잘 내조하는 훌륭한 아내, 릴리어스 호튼을 가졌다. 그리고 언제나 신실한 동지요, 동역자이며, 모든 일에 변함없이 지지하는 친구, 에비슨을 가졌다. 그리고 그가 하는 일이라면 그어떤 일이라도 전적으로 후원하는 재력가 맏형, 존 T. 언더우드를 가졌다. 복된 분이시다! 그의 선교가 복될 수밖에 없다. 하나님의 은혜이리라!

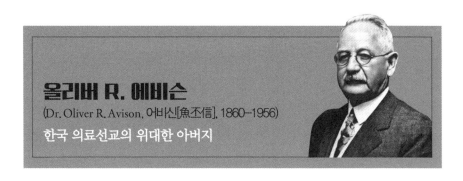

올리버 R. 에비슨
(Dr. Oliver R. Avison, 어비신[魚丕信], 1860-1956)
한국 의료선교의 위대한 아버지

■ 올리버 R. 에비슨이 지켜본 근대 한국 42년(1893-1935)[1]

Memories of Life in Korea (1893-1935)

한국 초기 의료선교를 위해 많은 분들이 헌신하셨지만 한국 의료선교의 위대한 '에비(아버지)'는 누가 뭐래도 필자는 '에비슨 박사'라 생각한다. 그분의 이름 '에비슨(에비로 우뚝 선 자)'이 이미 이를 증명하고 있지 않은가!

의사 올리버 R. 에비슨(Dr. Oliver R. Avison)은 한국 의료선교사(韓國醫療宣敎史)에 큰 족적을 남긴 분이다. 한국 의료선교는 이분에 의해 꽃피고, 열매 맺었다.

1867년, D. L. 무디가 영국에서 대부흥회를 열었을 때에, 기도의 사람 죠지 뮬러 목사는 그에게 말했다. "30세의 무디가 하나님을 위해 무엇을

---

1 올리버 R. 에비슨, 박형우 편저, 『올리버 R. 에비슨이 지켜본 근대 한국 42년(1893-1935), 상권』(서울: 청년의사, 2010).

했는가가 중요한 일이 아니라, 하나님께서 무디를 통해서 무엇을 하셨는가! 하는 것이 중요한 것이다." 그러므로 분명한 것은 우리들의 영원한 아버지 하나님께서 한국을 위해 에비슨을 준비시키셨고, 그를 사용하셨고, 그를 통하여 위대한 일을 이루셨다. 따라서 올리버 R. 에비슨은 진정 '아름다운 하나님의 사람'임에 틀림없다.

필자는 1940년 에비슨 박사가 80세가 되었을 때에, 자신이 쓰기 시작한 미완성의 회고록인 『올리버 R. 에비슨이 지켜본 근대 한국 42년, (Memories of Life in Korea 1893-1935)』을 읽으면서, 타임머신을 타고 에비슨 박사를 마주 대하고 있는 것 같았다. 한국 초기 의료선교의 '레위기' 같은 현장을 진두지휘하신 그분께서 이제 팔순이 되셔서, 사진에서 뵌 모습 그대로, 백발에 동그란 안경을 쓰시고, 콧수염을 한 인자한 아버지 같은 모습으로, 하나님께서 자신을 어떻게 사용하셨는가를 필자에게 나지막한 목소리로 자근자근 말씀하시는 듯했다. 그분의 회고록을 읽어 가면서 어느새 나의 눈에는 뜨거운 눈물이 하염없이 흘러내리고 있었다.

■ **탁월한 교수, 명성 있는 의사**

올리버 R. 에비슨은 1860년 6월 30일, 영국 요크셔에서 출생했다. 그의 아버지는 모직 공장의 감독으로 일했다. 6세 때에 부모를 따라 캐나다로 이주하여 이민자의 가정에서 어렵게 자랐다. 그는 어린 나이에 아버지가 근무하는 모직 공장에 소년 노동자로 일했으며, 12살이 되었을 때 공장의 다른 아이들에게 야학을 가르쳤다.[2] 그는 궁핍하지 않게 살기 위해

---

2 같은 책, 329.

교육을 받아야겠다고 결심했다. 초등학교 교사로 근무하면서 오타와의 고등사범학교를 졸업했다. 그는 약사가 되길 원해서 스미스 폴스의 약국 점원으로 취직하여 3년의 도제 훈련을 받았고, 온타리오 약학대학교로 진학하여 수석으로 졸업했다. 따라서 그는 각종의 약들을 조제하고 활용하는 방법을 철저히 배우게 되었다. 졸업 후 모교에서 약물학과 식물학을 강의하는 가운데, 약학대학교 교장의 권유로 토론토대학교 의과대학에 진학하였다.3 그는 의과대학 재학 중에 1등을 하는 최우수 성적 장학생이었다. 1885년, 에비슨은 재학 중에 제니 반스와 결혼했다. 1887년, 의과대학 졸업과 동시에 모교인 토론토대학교 의과대학 교수로 임명되어 약리학과 치료학을 강의했다.4 6년 동안 의과대학 교수로 봉직하면서, 동시에 개업을 하여 많은 임상 경험을 쌓게 되었다. 토론토의과대학교의 교수 시험위원에 임명되었고, 또한 토론토 시장의 가정주치의로 활동하였다. 1893년, 33세의 에비슨은 그 당시 의과대학생 사이에 미국의 존스홉킨스대학교와 토론토의과대학교 등에서 가장 이름을 날리는 저명 의사들 중의 한 사람으로 인정을 받았다.5 그리고 그는 자신의 병원을 통해 적극적으로 지역사회 활동과 빈민구호사업을 펼쳐 나갔다.

필자는 이 '에비슨 회고록'을 계속 읽어 갈 때 비로소 어떻게 에비슨, 그 한 사람이 한국 땅에 현대식 종합병원(세브란스병원)을 세울 생각을 품을 수 있었으며, 어떻게 그 한 사람이 첫 15년 동안 유일한 교수로서 '세브란스병원의학교'를 세우고 한국인 의사들을 길러낼 수 있었는지를 이해

---

3 같은 책, 399-400.
4 같은 책, 같은 쪽.
5 같은 책, 같은 쪽.

하게 되었다. 사실 이 문제는 그동안 나의 마음에 큰 의구심으로 자리하고 있었기 때문이었다.

올리버 R. 에비슨! 그는 병들고, 상처받고, 헐벗고, 무지한 환경 가운데서 태어나 자랐고, 열악한 상황과 환경 가운데 몸부림하며, 배움에 목말라 했었다. 그는 이러한 난관들을 주님께서 주신 '성령의 은사들'로 극복했다. 아울러 그는 가난한 이민자의 후손인 자신이 이렇게 성공하게 된 것은, 전적으로 주님의 은혜인 줄로 알고 주님의 명령인 '이웃 사랑'을 온 힘을 다해서 실천했던 것이다.

에비슨 선교사는 한국으로 오기 전에 이미 그 자신이, 초등학교 시절부터 동급생을 가르쳤던 타고 난 선생이었고, 오늘날처럼 제약회사가 따로 없던 시절에, 당시 의사들이 쓰는 대부분의 약들을 스스로 제조할 수 있는 뛰어난 약사였고, 의과대학교 전 과목을 강의할 수 있을 만큼 탁월한 의학박사 교수였고, 토론토 시장의 가정주치의로 이름을 날리던 성공한 임상 의사였다. 그러므로 1893년, 그가 한국에 입국했을 때, '현대식 제약회사', '현대식 종합병원', 그리고 '서양식 의과대학'이 그와 함께 한국에 임했던 것이다. 올리버 R. 에비슨! 그 자신이 바로 '현대식 종합병원'이요, '서양식 의과대학', 그 자체였던 것이다.

■ 준비된 아름다운 '하나님의 사람' – 선교사로 부름 받다

1887년, 올리브 R. 에비슨은 매주 토론토의 약학대학에서 9번, 의과대학에서 4번을 강의했다. 개업까지 하고 있었기에 그는 매우 바빴다. 그러한 여건 속에서도 그는 의과대학 기독교학생회와 관련된 일을 열심히 했다. 토론토 기독교청년회 중앙회의 의학 임원으로, 이사로 활동했다. 또한 지역 감리교회의 임원으로 섬겼다. 그는 평신도 전도사로서, 출석하던 감

리교회에서 성경반을 가르쳤고, 인근의 개척교회에서 예배를 도우면서, 매주 목요일에는 도시빈민선교의 책임자로 섬겼다.6

에비슨 박사는 토론토대학교 의학부 동창생이었던 의사 로버트 하디(Dr. Robert A. Hardie, 1865-1949)7와 함께 '토론토 기독교청년회(Y.M.C.A.)'를 조직했다. 이로 인해 토론토대학의 인문과학부와 의학부의 기독교 학생들이 연합활동을 펼치게 되었다. 특히 해외선교에 열정적이었던 하디는 '의학 기독교청년회'를 조직하기를 독려했고, 그 결과 '학생 해외선교회'가 조직되었다. 이 활동은 교파를 초월한 연합활동으로써, 미국 성공회, 감리교회, 장로교회, 회중교회, 침례교회, 그리고 각 교파의 사람들이 참여하였던 것이다.8 이 모임을 통해서 기독학생들에게 주어진 도전은, '학생들이 의과대학을 졸업하고 인구 600-700명 당 의사가 한 명이 있는 미국이나 캐나다에서 개업을 하겠는가? 그렇지 않고 현대의술에 대한 아무런 지식이 없는 나라로 가서 개척 사업을 하겠는가?' 하는 문제였다.9 이 도전에 따라 로버트 하디는 1890년 8월, 조선으로 선교사로 떠났다. 이후에 에비슨은 토론토대학교 의학부 학생들을 독려하여 하디를 후원하는 일에 앞장을 섰고, 나아가 캐나다의 모든 전문학교 학생들이 해외 선교 사업에 참여할 것을 독려했다. 이에 따라 월간 선교잡지를 발행하는

---

6 같은 책, 430-431.

7 1886년 미국 매사추세츠 주 헐몬산에서 제1차 학생 하계 수련회가 D. L. 무디 목사를 주 강사로 열렸다. 이때에 미국, 캐나다의 87개 대학에서 251명의 학생들이 참여했다. 이 수련회 이후 '학생 외지선교 자원단'이 발족되었다. 한국 초기 선교사들은 대부분 이 '학생 외지선교 자원단'의 영향 아래에 성장한 인물들이었다. 1890년, 조선으로 들어와서 활동했던 원산기도운동(1903년)의 주역이자, 평양대부흥운동(1907년)의 원동력이 되었던 로버트 하디도 이 자원단 출신이었다.

8 올리버 R. 에비슨, 『올리버 R. 에비슨이 지켜본 근대 한국 42년(1893-1935), 상권』, 426-427.

9 같은 책, 428.

편집인이 되었다.

에비슨은 학생 때에 선교잡지를 월간으로 발행하면서 자신 스스로에게 '나도 외국에 의료선교사로 파송을 받으면 가서 일할 것인가?' 하는 물음을 던졌고, 아내에게도 그 일을 얘기했다. 이때는 6년 동안의 개업을 통해서 토론토에서 안정된 삶을 살고 있었고, 의과대학으로부터 5년 동안 더 재임용하는 통보를 받아 놓은 상태였다. 부와 명성이 보장된 그 시점에, 에비슨 부부는 하나님께서 가라시면 주저하지 않고 선교지로 가기로 결심했다.10

1892년 9월, 안식년을 받아 미국 뉴욕에 와 있던 호러스 G. 언더우드 목사는 토론토에서 개최된 제5차 장로교회 연맹 총공의회에 강사로 초청을 받았다. 이 모임에서 에비슨 박사는 언더우드 선교사를 만나게 되었다.11 언더우드 선교사의 조선에 관한 선교보고는 이들에게 큰 도전이 되었다. 따라서 에비슨 박사는 기독 의과대학생들에게 해외선교에 대한 관심을 불러일으키기 위해 언더우드 선교사를 기독학생회 모임에 강사로 초빙했다.12 이 모임이 끝난 후 언더우드 선교사는 에비슨 박사에게 한국에 의료선교사로 나갈 의향이 있는지 물었다. 질문을 받은 에비슨 부부는 숙고한 끝에 한국에 선교사로 나가기를 결심했다.13 그러나 에비슨이 출석하던 캐나다 감리교회는 당시에 한국선교에 대해서 별로 관심이 없었다. 한편 당시 미국 북장로회는 한국의 제중원을 책임 맡을 적임자를 찾고 있던 중이었다. 언더우드 선교사가 이 사정을 잘 알고 있었기에 에비슨 박사에게 한국 선교사로 갈 것을 독려했고, 미국 북장로회 해외선교부는 언더

---

10 같은 책, 437-438.
11 박형우 편역, 『올리버 R. 에비슨 자료집 II』(서울: 도서출판 선인, 2019), 3.
12 같은 책, 438.
13 같은 책, 3.

우드 선교사의 추천으로 감리교 신자였던 에비슨 부부를 선교사로 허입했다.[14] 이 과정에서 에비슨은 감리교 신자인 자신이 장로교 신자가 되어야만 선교사로 임명할 것인가를 문의했다. 에비슨 박사는 당시 상황을 이같이 회고했다.

> "내가 아마도 한국의 의료선교사로 임명을 수락하게 된 결정적인 요인은 '(미 북장로회 선교사가 되기 위해서) 장로교회 신자가 아닌 내가 훌륭한 장로교회 신자가 되어야만 하는가?' 하는 나의 질문에 대해 뉴욕의 해외선교부 총무인 엘린우드 박사가 했던 대답이었다. 그는 전혀 그럴 필요가 없고, 훌륭한 감리교인의 열정을 가지고 한국으로 가서 선교 사업이 활발히 타오르게 하기를 원할 뿐이라고 대답했다. 나는 만일 그것이 장로교회의 정신이라면 그런 교단의 지휘를 받아 기꺼이 일할 수 있음을 느꼈다."[15]

에비슨 박사는 토론토를 떠나 한국으로 가기 전에, 인근에 위치한 올드 세인트 앤드루스 장로교회로 스스로 교적을 옮겼다. 그리고 평생 그 교회의 장로로 시무했다.

우리는 '에비슨 회고록'을 통하여 에비슨 선교사가 조선에 와서 행했던 수많은 일들을 보다 잘 이해할 수 있을 것이다. 하나님께서는 우리들의 삶 전반에 걸쳐 개입하고 계시면서, 그 당시에는 우리가 알지 못했던 일들을 미리 계획하시고, 준비시키심을 느낄 수 있었다. 하나님께서는 에비슨을 한국 선교사로 쓰시기 위해서 철저히 훈련시키시고, 준비시키셨음을

---

14 최제창, 『한미의학사』(서울: 영림카디널.1996), 37.
15 박형우 편역, 『올리버 R. 에비슨 자료집 II』, 3.

깨닫게 되었다. 그를 감리교인의 열정과 장로교인의 냉철함으로 준비시키셨고, 또한 이를 사랑으로 아우를 수 있는 연합의 도리를 훈련시키신 것이다. 에비슨 선교사가 서울에 왔을 때에 왜 기독교 학생운동을 일으키길 원했고, '황성기독교청년회'를 창설하는 데 어떻게 앞장설 수 있었던가를, 나는 그의 회고록을 통해서 비로소 이해할 수 있었다. 또한 한국에서 그가 어떻게 교파를 초월한 교회 연합운동에 앞장설 수 있었는지를 알 수 있게 되었다.

필자는 에비슨 박사의 발자취를 밟아 오면서, 그의 회고록을 통해 그가 펼쳐 왔던 토론토의 '의학기독교청년회'의 모습은, 오늘날 '한국누가회(CMF)'의 모습을 보는 듯했다. 따라서 1880년대 토론토에서의 에비슨 박사의 모습 속에서, 오늘날 '한국누가들'의 모습들이 파노라마같이 펼쳐지고, 겹쳐짐을 느낄 수 있었다. 이를 통해서 새삼 깨닫게 되는 것은, 150년 전의 '하나님의 사람'이나 오늘날의 '하나님의 사람'의 모습 속에서, 동일한 모습을 발견할 수 있는 것은, 시간을 초월하여 역사하시는 '한 하나님', '한 주님' 그리고 동일한 '한 성령님'을 발견한 것이었다. 우리 가운데 역사 하시는 그분, "예수 그리스도는 어제나 오늘이나 영원토록 동일하시니라(히 13:8)."

■ 올리버 R. 에비슨, 한국 의료선교의 위대한 아버지

1893년 6월 5일, 올리버 R. 에비슨 가족은 캐나다 밴쿠버 항을 떠났다.[16] 1893년 7월 16일 일요일 오후, 드디어 33세의 의사 올리버 R. 에비

---

16 올리버 R. 에비슨, 『올리버 R. 에비슨이 지켜본 근대 한국 42년(1893-1935), 상권』, 147.

슨은 부인과 3명의 자녀들과 함께 일본을 거쳐 조선 땅, 부산항에 도착했다.[17] 부산항에 도착하고 1주일 후인 7월 23일, 그들이 머물고 있던 윌리엄 M. 베어드 선교사 집에서 에비슨의 네 번째 아들인 더글라스(Douglas B. Avison)가 태어났다.[18] 만삭의 몸에 3명의 어린 자녀를 데리고 샌프란시스코에서 배를 타고 태평양을 건너 미지의 땅 조선으로 향했던 이들 부부의 모습에서 선교에 대한 그들의 열망이 얼마나 컸는가를 알 수 있을 것이다.

에비슨 박사는 서울에 도착하여 제중원에 근무하게 되었다. 1893년 11월 1일, 에비슨 박사는 제중원의 원장으로 부임했다. 그러나 당시 제중원의 상황은 극도로 악화되어, 병원 운영이 사실상 존폐의 기로에 서 있었다. 조선인 관리들이 병원비를 유용하고, 병원사업을 전횡하는 등, 제중원 운영상 심각한 문제를 안고 있었다.[19] 1894년 갑오년에 들어서자 조선은 격변 속으로 치닫게 되었다. 1월부터 갑오농민전쟁(동학혁명운동)이 일어났고, 이러한 소용돌이 속에서 병원(제중원)은 제 기능을 하지 못하고 있었다. 에비슨 박사는 특단의 결심을 하고 5월 10일 자로 제중원 원장 직에서 사퇴할 것을 조선 정부에 제출했다.[20] 이어 6월부터는 청일전쟁이 조선 땅에서 시작되었다. 다급해진 조선 정부는 에비슨 박사에게 제중원에 잔류해 줄 것을 요청하자, 에비슨 박사는 잔류 조건을 제시하고, 자신의 요

---

17 같은 책, 155.

18 1893년 당시, 올리버 R. 에비슨의 자녀들은 첫째 아들 아서 J. G. 에비슨, 둘째 아들 로렌스 B. 에비슨, 셋째 딸 레라 C. 에비슨, 넷째, 아들 고든 W. 에비슨, 그리고 다섯째, 아들 더글라스 B. 에비슨이 있다. 그런데 에비슨 박사가 한국으로 오기 전에 맏아들 아서 J. G. 에비슨이 사망하였고, 한국으로 올 때는 두 아들(로렌스, 고든)과 고명 딸(레라)과 함께였다. 따라서 더글라스는 4남, 또는 3남이라고 기술된다. (참조, 박형우 편역, 『올리버 R. 에비슨 자료집 II』, 175, 448, 718.)

19 이만열, 『한국기독교의료사』, 77.

20 제중원 의사 에비슨 자퇴건. 구한국 외교문서 미안(1894년 5월 10일), 박형우 편역, 『올리버 R. 에비슨 자료집 II』, 419.

구안이 온전히 승인되지 않으면 복귀할 수 없다고 단호히 주장했다. 에비슨 박사의 요구안은 정부 주관의 왕립병원이었던 제중원의 경영권을 미북 장로회 선교부로 완전히 이관시켜 독립기관으로 운영하는 것이었다. 에비슨 박사는 조선 정부와 6개월에 걸친 협상 끝에 자신의 요구안을 관철 시키고, 그해 11월 5일, 제중원 원장으로 복귀하게 되었다. 이로써 제중원은 온전한 사립선교기관으로 재편되었고, 에비슨 박사가 구리개로 이전한 이 병원의 실질적인 운영을 총괄하게 되었다.[21] 그리고 다음 달, 12월 21일, 에비슨 박사는 주한 미국대리공사인 알렌 박사의 주선으로 고종을 처음 알현하고 진료했다. 제중원의 경영권을 인수한 후, 에비슨 박사는 왕실 주치의의 신분을 최대한 활용하여 병원에서 예배드리는 것을 왕인 고종으로부터 양해를 받아냈다.[22] 마침내 병원 내에서 아침 예배, 저녁 예배, 주중 기도회, 주일 정기예배, 입원환자 방문 전도, 30분간의 성경공부, 성경 및 소책자 배부, 성경 구절이 든 그림 배부, 성경읽기, 개인전도 및 성경공부, 기도와 찬송 부르기 등 명실상부한 기독교 의료사업을 당당하게 추진할 수 있게 되었다.[23] 그 결과 의료선교에의 교두보가 더욱 든든히 세워지게 되었고, 이 기관을 중심으로 모든 선교사역들이 활력을 얻게 되었다.

■ 가슴에 '거위의 꿈'을 품다 – 한국 최초 현대식 종합병원, 세브란스병원

조선에 부임해 온 이후 쉼 없이 달려 7년째가 된 1899년, 에비슨 박사 부부는 건강이 위험할 정도로 악화되어 긴급 휴가를 얻어 잠시 캐나다

---

21 올리버 R. 에비슨, 『올리버 R. 에비슨이 지켜본 근대 한국 42년(1893-1935)상권』, 218.
22 이만열, 『한국기독교의료사』, 81.
23 같은 책, 82.

로 귀향했다. 그곳에서 그는 친구인 건축가 헨리 B. 고든(Mr. H. B. Gordon)에게 현대식 종합병원의 설계를 부탁했다. 고든은 40명의 입원환자를 수용할 수 있는 현대식 병원을 설계했고, 건축비용은 1만 달러 정도를 잡았다. 에비슨 박사는 조선에 현대적이고 혁신적인 종합수련병원을 구상하고 있었던 것이다. 그는 주장하기를, "7명의 의사가 선교사로 서울에서 협력하여 규모 있는 현대식 병원 하나를 같이 운영한다면, 7개의 허술하고 조그만 병원보다도 더 많은 일을 할 수 있을 것이다. 서울에 본부 병원이 설립되면 3-4명의 의사만 병원에서 의료선교 활동을 하고 나머지 사람은 수시로 전국 방방곡곡으로 흩어져서 광범위하게 의료선교 활동을 전개할 수 있으며, 또한 의학교육을 실시할 수도 있다."[24]라는 것이었다. 에비슨 박사는 전적으로 하나님께 그의 생각을 맡기고 기도했다. 그는 친구 고든이 만들어 준 설계도를 가슴에 품고 하나님께서 이 위대한 사역을 이루실 것을 기대하면서 간절히 기도했다.

1900년 봄, 만국선교대회(Ecumenical Conference of Foreign Missions)가 뉴욕 카네기 홀에서 열렸다. 에비슨 박사는 '의료선교에서의 예의(Comity in Medical Missions)'라는 주제로 원고를 발표하게 되었다. 발제자로 나선 의사 에비슨은 체구가 작은 사람으로서 수천 명의 청중들을 보고 걱정이 되었다. 그는 자신의 말을 사람들이 잘 알아듣지 못할까 봐 염려가 되어 2층 방청석의 가장 뒷줄에 앉아 있는 사람을 목표로 삼고 말하면 되겠다고 속으로 생각했다. "만일 내가 저 사람에게 들을 수 있게 말한다면 회의장 내의 모든 사람들이 알아들을 수 있을 것이다."[25]라고 생각하고 자신의 마음 속 깊이 간직하고 있던, 의료선교를 통한 복음전도의 연합사업에 대해

24   같은 책, 88.
25   올리버 R. 에비슨, 『올리버 R. 에비슨이 지켜본 근대 한국 42년(1893-1935) 상권』, 276.

열정적으로 주장했다. 강연이 끝난 뒤 자신이 우연히 목표로 삼았던 그 신사가 에비슨 박사에게 찾아와 강연에 깊은 감명을 받았다고 하였다. 그리고 그의 계획에 깊은 관심을 가지게 되었고, 특히 의사 에비슨이 그 꿈을 이루기 위해 구상하는 병원건물 설계도까지 다 끝마쳤다는 사실에 깊은 감명을 받았다. 그 신사는 서울에 현대식 병원을 짓기 위해 1만 달러를 기증했다. 그 신사가 바로 오하이오 주 출신의 석유회사 중역, 루이스 H. 세브란스 씨(Mr. Louis H. Severance)였던 것이다.**26**

■ 난관을 넘다 – 하나님의 뜻대로 이루어질지어다

선교사들 사이에 '세브란스 헌금'의 사용에 대한 많은 논란이 벌어졌다. 1901년 9월, 선교회 연례 정기회의가 서울에서 모였을 때, 대부분의 장로교 선교사들은 1만 달러를 병원 하나에다 충당하는 데 반대했다. 이유는 의료선교 활동을 복음전도 활동 밑에 부수적인 목적으로 하자는 정책에 위배 된다는 것이다. 또한 큰 병원을 지음으로써 선교회가 하나의 제도나 기구에 얽매이기 쉽다고 걱정했다. 동시에 네비우스(Nevius) 정책에 비춰보더라도 한국인 스스로 자립할 수 있도록, 단순하고 조그만 규모로 자금이 많이 들지 않는 규모일 것을 주장했다.

선교지에서 가장 큰 어려움들 중의 하나는 동료 선교사들과의 관계이다. 선교사들 나름대로의 선교관이 있고, 또한 현장을 잘 모르고 내리는 본국 선교본부의 결정들이 현지 선교사들로 하여금 다른 이견(異見)들을 가지게 할 수 있어서 갈등을 야기시키는 것이다. 많은 논쟁들이 있었지만 에비슨 선교사는 주님의 뜻대로 이루어지길 기도하며 기다릴 줄 아는 사

---

26 이만열, 『한국기독교의료사』, 89.

람이었다. 언더우드 선교사의 적극적인 지지 속에서 '세브란스 헌금'은 에비슨의 기도대로 현대식 종합병원을 세우는 데 온전히 사용되었다.

■ 한국 의료선교의 요람, 세브란스병원 건립

세브란스병원은 남대문 밖 복숭아 골(도동)에 부지를 마련하고, 1904년 9월 병원을 완공했다. 그리고 1904년 11월에 에비슨 박사의 부인인 제니 에비슨(Jennie Barnes Avison, 1862-1936)이 은(銀)열쇠로 문을 여는 의식과 함께 개원했다. 참으로 많은 우여곡절 속에 의사 에비슨의 '거위의 꿈'이 이루어졌던 것이다. 이때부터 제중원의 실질적인 명칭은 '세브란스병원'으로 바뀌었다.

세브란스 씨(Mr. Louis H. Severance)의 한국 의료선교에 대한 후원은 너무나 놀랍고도 감사한 것이었다. 그는 수차례에 걸쳐서 당시로는 엄청난 금액인 수만 달러의 후원금을 지원했다(참고, 1달러는 조선 돈 2,500-3,000냥 정도였다고 한다). 아울러 세브란스 씨의 후원으로 의사 허스트(Dr. J. W. Hirst)가 파송되었는데, 특히 산부인과의 발전을 위해 30년간을 의료선교사로서 헌신했다. 그리고 세브란스 씨는 그의 주치의인 유명한 외과 의사 러들로우 박사(Dr. A. I. Ludlow)를 또한 의료선교사로 보냈는데, 그도 1938년 은퇴할 때까지 한국에서 일하면서 우리나라에 최초로 외과(外科)를 설립했다.

그 후 세브란스 씨가 세상을 떠난 뒤에도 그의 아들 죤 세브란스(John Severance)와 딸 프렌티스(F. F. Prentiss) 부인은 1924년 병원 증축 기금으로 많은 돈을 후원했고, 1930년에 병원 운영 자금으로 3만 달러를 추가로 후원하는 등, 1939년 일제의 탄압으로 선교사들의 입국이 금지될 때까지, 그들은 후원을 계속했다.

한국의 의료선교 사업에 대한 세브란스 일가(一家)의 정성은 하나님의 뜻으로만 이해가 될 그러한 사랑이요, 헌신이었다.[27]

세브란스병원의 건립은 여러 가지 면에서 큰 의미를 가진다. 그것은 한국 의료선교사(韓國醫療宣敎史)와 한국의학사(韓國醫學史)에 있어서 새로운 전환기를 가져오게 한 사건이었다. 주님을 향한 뜨거운 헌신의 마음과 한국 의료선교를 향한 불타는 정열을 가진 두 사람 – 에비슨과 세브란스! 그들의 뜻대로 세브란스병원은 한국 의료선교의 새로운 장을 열었다. 진정 그들은 세브란스병원과 한국 의료선교에의 아비와 어미가 되었던 것이다.

■ **한국 의학교육선교의 산실, 세브란스의학교**

1885년, 제중원 내에 알렌 박사에 의해 의학교육부가 개설되므로 한국에서 최초의 서양의학 교육이 시작되었다. 그리고 1893년, 캐나다 토론토 의과대학의 교수였던 에비슨 박사(Dr. O. R. Avison)가 내한함으로써 의학교육은 구체화 되었다. 1899년, 제중원의학교가 정식 설립되어, 의사 에비슨의 주도 아래, 1895년 파견된 의사 웰스(Dr. J. H. Wells)와 1901년 파견된 의사 샤록스(Dr. A. M. Scharrocks) 그리고 1904년, 세브란스가 파견한 의사 허스트(Dr.J. W. Hirst)가 함께 일을 했다.

1900년, 안식년에서 돌아온 에비슨 박사는 보다 체계적인 의학교육을 실시하였다. 본격적인 의학교육을 위해서는 의학 교과서 편찬이 필수적임을 깨닫고 제자들인 조선인 의학생들과 함께 교과서 번역을 시작한 것이

---

27 정연희, 『길따라 믿음따라』 (서울: 두란노서원, 1990), 214

다.**28** 이들은 제일 먼저 헨리 그레이(Dr. Henry Gray)의 『해부학』을 번역했고, 그 다음에 화학, 생리학, 약물학, 세균학 그리고 위생학 등의 의학 교과서도 편찬했다. 이러한 의학 교과서 번역 작업에 의사 에비슨은 한국인 제자인 의학생 김필순 등을 적극적으로 참여시켰다. 이러한 사역들은 당시 한국의학 발전에 크게 공헌을 하였던 것이다.

처음 제중원의학교로 의학교육을 시작한 지 15년이 지난 1908년, 7명의 학생들이 드디어 의사로서 요구되는 각종 시험에 합격하고 첫 의사로 배출되었다. 그들이 곧 김필순, 김희영, 박서양, 신창희, 주현칙, 홍석후, 홍종은 선생들인데, 대한정부로부터 1번부터 7번까지의 의사면허를 받았다. 실로 감격적이고도 꿈같은 일이 현실로 이루어졌던 것이다. 이들의 졸업식에는 1천 명 이상의 축하객이 몰려들었다. 졸업식 전날 밤에 에비슨 박사는 송별회로 학생들과 한자리에 모였다. 그 자리에서 그는, "여러분 가운데 장차 우리가 세우려고 하는 의과대학의 교수로 오셔서 일해 주시기 바랍니다"라고 덧붙였다. 그러자 지체없이 졸업생 7명 전원이 에비슨 박사의 의과대학 사역을 돕겠다고 선언했다. 이에 에비슨 박사는 깊은 감명을 받고, "오! 나는 단순히 일곱 사람의 의사만을 졸업시키는 줄 알았더니 의사뿐 아니라 참다운 인격자를 양성하였구나!" 하며 감격했다.**29**

■ 사랑하는 믿음의 아버지

올리브 R. 에비슨 박사! 그는 한국 의료선교에 있어서 '위대한 아버지'

---

28 연세의료원 120년 기념 회보집 편찬위원회 편, 『사진으로 본 한국 근대 의학 120년』(서울: 연세대학교 의료원, 2007), 43.

29 올리버 R. 에비슨, 『올리버 R. 에비슨이 지켜본 근대 한국 42년(1893-1935) 상권』, 322.

이셨다. 그에게는 장성한 육신의 아들들이 있었다. 그는 아들들의 이름을, 3남 고든(Gordon), 6남 언더우드(Underwood), 7남 세브란스(Severance)라고 지었다.**30** '고든'은 세브란스병원을 설계한 친구였고, '언더우드'는 그를 한국 선교사로 오게 한 장본인이자, 또 세브란스병원과 의학교 설립의 결정적 지지자요 동료였고, '세브란스'는 주님께서 그의 꿈을 실현시키게 한 장본인이었던 것이다. 그리고 1893년 7월 22일, 그가 처음으로 내한했던 한국 땅 부산에서 선물로 받은 4남 더글러스 B. 에비슨(Dr. Douglas Bray Avison, 1893-1952)으로 하여금 의료선교사가 되어 대를 이어 세브란스병원과 의학교에서 헌신하게 했었다. 에비슨 선교사가 세브란스병원과 의학교의 설립에 얼마나 간절했던가를 가름할 수 있는 일이라 여겨진다.

올리브 R. 에비슨 박사! 그에게는 또한 '믿음의 아들들'이 있었다. 그는 세브란스의학교 의학생들을 선발함에 있어서 '주님께서 보내신 아들들'이라 믿었기에, 당시의 사회 풍조와 구조상 도무지 극복하기 어려운 신분의 장벽을 온몸으로 부딪치며 극복했다. 그 결과 대감 집 아들 김필순도, 백정 집 아들 박서양도 '믿음의 아들들'로 맞이했던 것이다. 그리고 이들은 나란히 존경받는 대한제국의 첫 서양 의사들로 배출된 것이다.**31** 이것은 예수 안에서가 아니라면 결코 당시 대한의 하늘 아래에서 이루어질 수 없는 일이 벌어진 것이다. '한국판 빌레몬서'가 펼쳐졌던 것이다!

■ 아름다운 하나님의 사람

1934년, 에비슨 박사는 세브란스병원 초대원장을 마치고 은퇴하게 되

---

30 같은 책, 142.
31 졸업생 김재순은 대감의 아들이었고, 박서양은 백정의 아들이었다.

었을 때에, 함께 일했던 동료 선교사들과 심지어 파송 선교본부의 압력에도 불구하고, 제2대 병원장으로 한국인 오긍선 박사를 세웠다. 첫 한국인 병원장이 취임한 것이다.[32] 그 당시 세브란스병원에는 다른 미국인 의사 선교사들이 여럿이 있었고, 토론토 의과대학을 졸업하고 소아과 과장으로 근무하고 있던 에비슨 박사의 아들, 의사 더글라스(Dr. Douglas B. Avison)도 있었다. 그럼에도 불구하고 에비슨 박사는 미국 루이빌 의과대학을 졸업하고 인턴 과정을 마치고, 미국 남장로회 선교부로부터 한국으로 파송된 한국인 의사 오긍선을 그의 후임 병원장으로 세운 것이다. 그는 아무런 편견 없이 선교지 자국민 출신의 의사에게 리더십을 이양했다. 선교사의 리더십 이양은 오늘날에도 만만치 않은 과제인 것이다. 그는 주님의 마음으로 이를 과감히 단행했다. 그리고 그 후임이 소신껏 일할 수 있도록 노력했다.

"많은 한국인 벗들은 우리에게 특별한 역할이 없더라도 계속 한국에 남아 있을 것을 우리에게 강조했다. 하지만 후임자가 대학의 운영을 위해 원할지도 모르는 어떤 변화를 소신껏 추구하도록 하는 것이 더 바람직하다고 느꼈다. 그래서 준비가 될 수 있는 한 가장 빠른 날짜에 캐나다로 돌아가기로 했다."[33]

1935년 12월, 은퇴하고 미국으로 돌아가는 에비슨 박사 부부를 송별하기 위해서 서울역은 인산인해를 이루었다. 40여 년의 세월을 한국 땅에 머물면서 일제(日帝) 치하에서 병들고 상처받은 한국인들을 위하여 한평생을 바친, 민족의 치유자요, 스승이요, 아비인 에비슨 박사를 환송하는

32 마서 헌트리, 『한국 개신교 초기의 선교와 교회성장』, 214.
33 『올리버 R. 에비슨이 지켜본 근대 한국 42년(1893-1935) 상권』, 391.

인파는 감사와 석별의 눈물로 강을 이루고 있었다.

미국으로 돌아간 에비슨 박사는 그의 나이 80세(1940년)가 되었을 때에 한국선교에 대한 회고록을 집필하기 시작했다.

"내가 80세가 넘어 이 글을 쓰고 있는 지금, 전쟁은 세계를 분열시키고 우호관계를 단절시켰다. 나는 한국으로 돌아가지 못했다. 아마도 나는 한국으로 돌아가지 않을 것이다. 하지만 생전의 내 아내의 마음처럼 나도 한국인과 함께 할 것이다."[34]

하나님의 사람, 의료선교사 에비슨은 1956년 8월 29일, 미국 플로리다 주 피터스버그에서 96세로 소천하였다.

■ 올리버 R. 에비슨 박사를 기리며

올리브 R. 에비슨의 회고록을 편역한 연세대학교 의과대학의 박형우 교수는 에비슨 박사가 의학교육과 고등교육을 병행하며 한국에 기여할 수 있었던 배경을 다음과 같이 주장한다.

"첫째, 올리버 R. 에비슨은 타고난 성품이 낙천적이며, 일을 조급하게 처리하지 않으며, 좀처럼 화를 내지 않았다. 둘째, 종교에 대한 포용력이다. 그는 자신이 속한 교파의 신조를 고집하며 경직되지 않았다. 그는 자신이 감리회 신자로 지내 왔지만 장로회 선교사로 파송 받음에 주저하지 않았다. 그는 진정 교

---

34 같은 책, 398.

파를 초월한 교회연합운동의 선구자였다. 셋째, 선교에 대한 생각이다. '하나님을 경외하고 이웃을 사랑하라'라는 십자가 정신을 평생 품고 사역했다. 하나님을 경외하는 일과 이웃사랑을 실천하는 일에 균형을 잃지 않았다. 넷째, 한국민에 대한 사랑이다. 특히 그는 젊은이들에게 지식의 힘을 키워 주는 것이 최선의 방책이라고 생각하여 두 학교를 통해 의학과 과학을 가르쳤다. 다섯째, 교육에 대한 생각이다. 그는 교육을 통해 (자국민)인재를 양성하고 나면 선교사들은 결국 '출구'라고 표시된 문을 통해 퇴장해야 한다고 생각했다. 이런 목표를 이루기 위해 에비슨 선교사가 기울였던 노력은 결국 서양의학의 토착화였다."[35]

연세의료원장을 지내신 박창일 교수는 에비슨 박사에 대해 다음과 같이 회고했다.

"그는 우리 민족에게 무언가를 해 주기보다는 우리 스스로 할 수 있게 해 주기를 바랐습니다. 그렇기에 의료기관을 설립하고, 교육에 적극 나서 한국인들이 스스로 성장하고 클 수 있도록 했던 것입니다. 그리고 적당한 시기가 오자 미련 없이 자신이 일구었던 모든 것을 한국인에게 넘겨 주며 스스로 열매를 맺게 하였습니다. 이처럼 훌륭한 업적에도 불구하고 언더우드나 다른 초기 선교사들에 비해 에비슨이 상대적으로 많이 알려지지 않아 많은 아쉬움이 있었습니다."[36]

오직 주님의 말씀을 좇아, 격변의 시기를 맞은 조선에 찾아와서, 40여

---

35 같은 책, 9-12.
36 같은 책, v.

년간 선교사역을 마치고 이 땅에서 칭송받기를 원치 않았기에, 병원의 이름에도, 학교의 이름에도, 그 어떤 건물에도 그의 이름조차도 남기길 원치 않았던 '하나님의 사람, 올리브 R. 에비슨!' 오늘도 그의 사랑하던 제자들이 정성으로 세운 동상이 그가 즐겨 걷던 세브란스 의과대학 교정에 단아한 모습으로 서 있다. 그리고 오늘, 당신이 걸어간 그 길을 따라나서는 많은 이들에게 인자하고 또렷한 목소리로 말씀하시는 듯하다.

"나는 선한 싸움을 싸우고 나의 달려갈 길을 마치고 믿음을 지켰으니 이제 후로는 나를 위하여 의의 면류관이 예비되었으므로 주 곧 의로우신 재판장이 그날에 내게 주실 것이며, 내게만 아니라 주의 나타나심을 사모하는 모든 자에게도니라(딤후 4:7-9)."

"우리가 알거니와 하나님을 사랑하는 자 곧 그의 뜻대로 부르심을 입은 자들에게는 모든 것이 합력하여 선을 이루느니라(롬 8:28)."

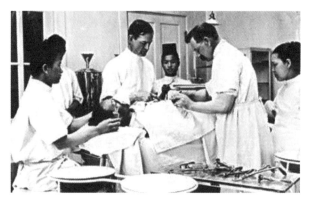

수술하는 에비슨

더글라스 B. 에비슨
(Dr. Douglas Bray Avison, 1893 – 1952)
한국에서 태어난 에비슨 MK

■ **부산에서 태어난** MK(Missionary Kid)

더글라스 에비슨(Douglas B. Avison)은 1893년 7월 22일, 부산에서 올리버 R. 에비슨 박사의 네 번째 아들로 태어났다. 그 가족들이 부산에 도착한 날(1893년 7월 16일)에서 6일이 지난 때였다. 더글라스 역시 어머니 배속에서 가족들과 함께 밴쿠버에서 부터 출발한 셈이다. 그는 부산에 거주하던 윌리엄 B. 베어드[1] 선교사 사택에서 태어났다.[2]

---

1 윌리엄 M. 베어드(Rev. William M. Baird, 1862-1931)는 미 북장로회선교사로 1891년 29일 부산으로 파송됐다. 사무엘 마펫 목사와 맥코믹 신학교 동창으로, 이후에 평양으로 사역지를 옮겨 숭실대학교를 설립하였다.
2 올리버 R. 에비슨, 『올리버 R. 에비슨이 지켜본 근내 한국 42년(1893-1935) 상권』, 155, 158.

■ 한국 의료선교사로 세브란스병원에서 사역하다

아버지가 졸업한 토론대학교 의과대학을 졸업했다. 1920년 토론토에서 캐서린 로우손(Kathleen Rawson, 1898년생)과 결혼하고, 같은 해 미국 북장로회 의료선교사로 내한하였다. 그는 선천 선교부, 서울 선교부에서 사역했으며, 세브란스의학전문학교에서 소아과 교수, 부학장을 맡았고, 세브란스병원 병원장을 지냈다. 2차 세계대전 직전까지 세브란스병원에서 헌신했다. 이후 캐나다 밴쿠버로 돌아가 지내다가 1952년 그곳에서 소천했다. 그의 유언에 따라 화장한 후에 양화진 외국인선교사 묘원에 안장되었다.

1953년 세브란스 의과대학교 제자들이 그를 기리는 비석을 세웠다.

"더글라스 B. 에비슨 선생은 우리나라에서 나시고 일하셨다. 20년 동안 세브란스의대에서 몸 바쳐 일하심으로 사람과 하나님을 섬기셨다. 알고 행할 수 있도록 후학을 가르치시고 사랑과 정성으로 환자를 대하셨다. 높은 덕과 넓은 은혜를 마음에 새긴다."[3]

---

3 신호철, 『양화진』(서울: 대한예수교장로회 서울서노회, 2004), 209.; 차신정, 『한국 개신교 초기 그리스도를 나눈 의료선교사』(서울: 캄인, 2013), 80.

2

동양의 예루살렘–평양을 밝힌 사람들

마펫(Moffett) 선교사 가문
복음의 특명사신들

조선시대에는 특별히 신임하는 당하(堂下: 정3품 하계 통훈대부 이하) 관원을 지방 군현에 비밀리 파견해 시정을 감찰하게 한, 왕의 특명사신을 '암행어사(暗行御使)'라고 불렀다. 보통 암행어사는 역마 사용권을 부여하는 증패인 '마패(馬牌)'를 소지하였는데, 이는 소지자가 봉명사신(奉命使臣)임을 입증하는 것으로써 권력의 상징이기도 했다.[1]

조선 말엽, 만국의 왕이신 여호와 하나님의 특명사신으로서 '천국의 마패'를 지니고 한국 땅에 파견된 가문(家門)이 있었으니, 바로 '마펫(馬布) 선교사 가문'이었다. 이 가문은 사무엘 오스틴 마펫(마포삼열)과, 그의 부인 엘리스 피쉬 및 루시아 피쉬 마펫, 아들 사무엘 휴 마펫(마삼락) 부부, 그리고 하워드 F. 마펫(마포화열) 부부 선교사들의 가문으로서, 이들 모두는 천국의 소명을 가진 '복음의 특명 사신들'이었다. 그들의 이름 '마펫(馬布)' 속에 이미 '마패(馬牌)'를 가지고 온 사람임을 증명하고 있지 않은가!

1 한국민족대백과사전

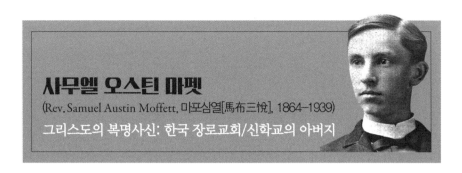

■ 천국 특명사신으로 임명받다

　　1864년 1월 25일, 미국 인디애나 주 매디슨에서 출생한 마포삼열 목
사는 1884년 하노버대학(Hanover College)에서 자연과학부(화공학 전공)
를 졸업하였다. 이후 존스홉킨스대학에 진학하여 박사학위 과정을 준비하
려다가 마음을 돌이켜 목회자의 길을 선택하게 되었다. 1888년, 그는 미
국 보수주의 신학의 요람이자 수많은 해외선교사를 길러낸 맥코믹 신학교
(McComick Seminary)[1]를 졸업하였다. 그 후 미조리 주 애플튼 시의 제일장
로교회에서 약 1년 간 시무하다가, 1889년 4월15일, 미북장로회 해외선
교부에서 한국 선교사로 임명받았다.[2]

1　1829년에 설립된 맥코믹 신학교(McComick Seminary)는 하노버대학교의 신학과로 시작
　되었는데, 시카고로 이전해 오면서 맥코믹 신학교로 명명하게 되었다(참조:『마포삼열 박사
　전기』, 50). 맥코믹 신학교는 미국의 보수주의 신학의 온상지로 널리 알려져 있으며, 특히
　목회자 및 선교사 양성에 주력하였다(참조:『마포삼열 박사 전기』, 58-59).
2　마포삼열 박사 전기편찬위원회,『마포삼열 박사 전기』(서울:대한예수교장로회총회교육부,

1889년 12월, 마포삼열은 미국 샌프란시스코에서 일본 요코하마로 오는 배에 올랐다. 그는 한국을 향해 출발할 때 다음과 같이 썼다.

"나는 예수 그리스도 그분만 알기로 결심했습니다."[3]

1890년 1월 25일, 드디어 마포삼열은 26세가 되는 그의 생일에 미혼으로 인천 제물포항으로 들어왔다. 그는 6개월간 한국말을 익혔는데, 그때 그에게 한국말을 가르친 선생은 바로 황해도 소래에 한국 최초의 교회를 세운 서상륜(徐相崙)이었다. 마포삼열은 어학에는 별다른 소질이 없었다고 전해진다. 그는 1936년 한국을 떠날 때까지도 한국어를 유창하게 하지 못했다고 한다.[4]

■ 평양에 선교 교두보를 설치하다

마포삼열 선교사는 자신에게 맡겨진 임무를 수행하기에 앞서 그의 사명을 굳게 다짐했었다.

"나는 조선에 와서, 복음 전도를 시작하기 전에 황주에서 하나님 앞에 기도하고 결심한 바 있었다. 이 결심은, 내가 이 나라에 '십자가의 도' 외에는 전하지 않기로, 오직 하나님의 그 뜻대로 죽든지 살든지 구원의 복음을 전하기로 굳세게 결심하였다."[5]

1973), 65-66.

3 마포삼열, 옥성득 편역, 『마포삼열 서한집 제1권』(서울: 두란노아카데미, 2011), 21.
4 『마포삼열 박사 전기』, 68-69.
5 같은 책, 324.

마포삼열 선교사는 당시 서울을 중심으로 한 전도 사역보다는, 미개척 지역에 보다 더 큰 관심을 가졌다. 서상륜의 안내로 개성을 거쳐 평양, 안주, 박천을 지나 용천, 의주에 당도한 그는 압록강을 건너 만주 지역까지 수차례의 전도탐색 여행을 한 후에, '평양'을 선교의 근거지로 삼기로 결심하였다. 곧 그는 1893년 평양에 선교부를 설치하였고, 작전참모이자 오른손과 같은 조력자인 한석진(韓錫晉)과 함께 활발히 전도 활동을 전개하였다. 노방 전도에는 두 가지 효과가 있었다. 첫째는 복음을 널리 전파할 수 있던 것이었고, 둘째는 평양에 서양 선교사가 왔음을 알릴 수 있었던 것이었다.6 이 과정에서 벽안의 훤칠한 모습을 지닌 마포삼열 선교사를 보려고 몰려든 사람들이 장사진을 이루기도 했으나, 반면 불신자들에게는 조롱과 야유와 돌팔매질도 당해야 했다. 이기풍(李基豊)의 투석으로 부상을 당한 것도 이 무렵이었다.

한편 노방전도와 함께 그가 시작한 것은 '사랑방 전도'였다. 교회가 없던 곳이라 할지라도, 마포삼열 선교사는 가는 곳마다 저녁이 되면 넓은 사랑방을 빌려서 복음을 가르쳤고, 주일예배를 드렸다. 마포삼열 목사가 지향하는 최대의 지표는, '이교도인 한국인들을 그리스도에게로 이끌어 그들을 그리스도인으로 세우는 것'이었다. 그는 무엇보다도 목회의 중심이며 구심점이라고 볼 수 있는 '교회 설립'을 모든 일보다 최우선 순위에 두었던 것으로 보인다.7 마포삼열 목사가 네비우스(Nevius) 선교사의 '자급, 자립, 자치'의 3자 선교 전략을 수용하여 자신의 사역에 적극적으로 활용하였음도 이런 까닭에서다.

---

6 같은 책, 113.
7 같은 책, 315.

■ 널다리골교회(장대현교회) 설립하다

평양에서 전도하던 마포삼열 목사는 최치량(崔致良)을 만나게 된 이후
로는 널다리골에 있는 그의 여관을 중심으로 예배를 드리게 되었다. 그런
데 이 여관 벽은 온통 한문 성경으로 도배되어 있었는데, 이 성경은 1866
년 미국 상선 제너럴셔먼호를 타고 들어 왔던 영국인 '토마스 목사'에 의
해 전해진 것이었다.[8] 27년 전인 1866년 9월 3일, 최치량, 김성집, 서경
조는 그 당시 12살로 대동강가에서 물장난을 하며 놀고 있다가 토마스 목
사의 순교 장면을 목격하고, 토마스 선교사가 두고 간 성경책을 주워 들
고 왔던 것이다.[9] 신앙의 동지들을 만난 마포삼열 선교사는 본격적으로 전
도 사업을 펼치게 되었다. 마포삼열 목사는 이 신앙의 동지들과 함께 의논
한 끝에 당시 평양의 중심지인 널다리골에 홍종대 소유의 큰 기와집 한 채
를 구입하여 교인 7인으로 교회를 시작했다(1983년). 이것이 평양 최초의
장로교회이자 선교본부였고, 후일 장대현교회의 전신이 되는 '널다리골교
회'인 것이다. 이를 시작으로 평안남북도에는 그의 발길이 닿지 않은 곳이
없게 되었다. 따라서 많은 이들이 그를 가리켜 '길 찾는 사람(the looking up
the road man)'이라고 일컫기도 했다.[10]

이렇듯 마포삼열 목사의 복음에 대한 열정적인 헌신 덕분에, 그가 나
중인 1936년 본국으로 귀국할 당시에는 교인이 한 명도 없던 평양 주위에
이미 장대현교회, 산정현교회 등 1천여 교회가 세워져 있었고, 신도 또한
15만 명이 되어 있었다.[11] 곧 그로 인하여 한국 교회 안에는 '대한예수교

---

8 숭의마펫기념교회, 『숭의마펫기념교회』(서울, 2015), 27.
9 길원필, 『내 사랑 코리아』, 221-223.
10 『마포삼열 박사 전기』, 375.
11 같은 책, 372.

장로회 전국독노회(全國獨老會)'가 세워지게 되었고, 이에 마포삼열 목사는 1919년 대한예수교장로회 총회장으로 헌신하게 되었다.

■ 교역자 양성과 평양장로회신학교 설립

마포삼열 선교사는 신학교(神學校) 설립에도 많은 관심을 가졌다. '교회 설립'을 무엇보다 중요하다고 여긴 그였기에, 교회를 섬길 목회자의 양성소가 될 신학교도 중요하다고 생각한 이유에서였다. 당시엔 이미 1890년부터 서울에서 언더우드 목사를 중심으로 공부해 온 신학반이 있던 터였고, 여기서 대략 1개월 동안 공부를 마친 사람은 '전도인(傳導人)'이라는 명칭을 받아 각 지방으로 흩어져 사역을 할 수 있었다. 1900년, 마포삼열 목사는 이러한 신학반을 정규적인 신학교로 승격시켜 볼 구상을 가지고 많은 노력을 기울였다. 그 결과 미북장로회 선교본부로부터 신학교 설립을 허락 받게 되었다.

1901년, 평양에서 처음으로 교역자 양성을 위한 신학교육이 본격적으로 시작되었다. 그리고 그로부터 3년 후인 1904년, 평양공의회에서는 마포삼열 목사를 평양장로회신학교의 초대 교장으로 추천하였다. 당시 교수로는 언더우드, 전위렴, 왕길지, 이눌서 등이 있었다.[12] 한편 1907년은 뜻깊은 해였다. 한국 교회 역사상 최초로 한국인 장로교 목사 7명, 즉 서경조(54세), 한석진(41세), 송린서(40세), 양전백(39세), 방기창(58세), 길선주(40세), 이기풍(40세) 목사가 배출되었기 때문이다. 이는 평양장로회신학교 교장이자 대한예수교장로회 독노회 회장이었던 마포삼열 목사의 지대한 헌신의 열매였다. 이후 마포삼열 목사는 1924년까지 신학교 교장 직

---

12 같은 책, 229.

에 있으면서 김익두, 함태영, 김선두, 남궁혁, 주기철, 채필근 등 800여 명의 목사를 배출했다.

■ 교육 선교와 의료선교 사역

마포삼열 목사가 한국에 선교사로 오면서 제일 먼저 시작한 사업이 교육 사업이었다. 그의 교육철학은 인간 개발을 위한 교육이 아니었다. 그의 교육 철학은 '복음 전도를 위한 교육'이었으며, 교육에서 시작하여 복음에 이르게 한다는 것이 아니라, '처음부터 복음에서 시작하여 교육을 실시하고, 결국 복음에 이르게 한다'는 전략이었다.[13] 또한 그는 교육 사업의 목적을 '신자들의 자녀 교육과 기독교 지도자 양성'에 두었다. 이 교육 목적을 가지고, 마포삼열 목사는 그가 내한한 첫 해에 언더우드가 운영하던 예수교학당을 맡아 교육 사업을 시작했다. 1894년, 평양 널다리골교회에서 이영언(李永彦)을 교사로 삼고 학생을 모아 가르치기 시작했는데, 이는 숭덕(崇德) 소학교의 전신이었다. 이를 시작으로 3백여 소학교가 건립되었으며 평양에 '3숭(三崇)'으로 불리는 숭실전문학교, 숭실중학교 역시 마포삼열 목사의 도움을 받아 설립되었다. 또한 숭의여학교(현재, 숭의여자중고등학교, 숭의여자대학교의 전신)도 마포삼열 목사에 의해 설립되었다.[14] 그러나 곧 일제가 신사참배를 강요하며 기독교인들을 탄압하기에 이르자, 마포삼열 목사는 신앙인으로서 이를 강력하게 저항했다.[15] 따라서 그가

---

13 같은 책, 262.

14 『숭의마펫기념교회』, 32.

15 2014년 12월 25일, 숭의학원은 '숭의마펫기념교회'를 설립했다. 당시 이승원 숭의여자대학교 총장은 "마펫 선교사는 1911년 105인 사건으로 애국지사들이 투옥되자 '이 사건은 날조사건이며 비인도적인 고문이 자행되고 있다'는 항의문을 조선총독에게 전달했으며,

설립한 기독교계 학교들도 이 저항에 따라 동참했다. 숭의여학교 교사와 졸업생, 재학생들은 1913년 항일 비밀결사조직인 '송죽회(송죽결사대)'를 조직하여 독립투사들의 국내외 활동비를 지원했다. 또한 3·1 독립운동 때는 밤새워 태극기를 그린 뒤 만세운동에 앞장섰으며 여성계몽운동을 펼치기도 했다. 결국 1938년, 평양신학교와 숭의여학교 등 기독교계 학교들은 신사참배를 끝내 거부함에 따라 자진 폐교 조치까지 감수하게 되었다.[16]

한편 마포삼열 목사는 한국에서 선교 사업이 진행됨에 따라 교육사업과 더불어 의료 사업도 함께 병행해 나갔다. 이러한 병행조치는 그리스도교의 진리를 올바르게 이해시키는 데 그 주요 목적이 있었다.[17] 한국 초기 선교사역으로도 의료사업은 중요한 의미를 가지고 있었다. 특히 알렌이 세운 최초의 의료기관인 '제중원'은 한국 선교에 여러 면에서 지대한 공헌과 의미를 내포했다. 그러나 선교사들 간에는 의료사업에 대한 견해가 상반 되는 경우가 많았다. 일부 선교사들은 의료사업을 교회확장과 같은 비중에 두는 것에 반대하였다. 그러나 이와는 달리 선교병원의 모든 활동이 복음전도에 있다고 보고 의료사업을 교회확장과 같은 비중으로 보는 선교사도 있었는데, 그중에 한 사람이 바로 마포삼열 선교사였던 것이다.[18] 그는 선교사가 경영하는 한에 있어서, 의료사업 자체는 기독교의 좋은 이미지를 심어 주는 데 중요한 의미가 있을 수 있다고 생각한 것이다. 무엇보

일제의 만행을 미국 북장로회 선교본부에 보고해 국제여론을 환기시켰다"고 말했다.

[16] 해방 후, 서울로 이주한 숭의여학교 동창들은 숭의재건위원회를 발족하고 1953년 재단법인 숭의학원을 설립했다. 이듬해에는 일제 강점기 때 조선신사의 본거지였던 남산 경성신사터에 숭의보육학교를 세웠다. 서울 남산 기슭에 자리했던 일본신사 자리에 숭의여자대학교가 건립되었고, 마포삼열 목사가 세웠던 학교들도 서울에 모두 다시 재건되었다.

[17] 『마포삼열 박사 전기』, 262-263.

[18] 같은 책, 186.

다 '의료선교 사역'이 한국 교회사에 있어 '교회설립'과 '기독교 교육사업'과 더불어 중요한 의미를 지속적으로 가지게 된 것에는, 마포삼열 목사의 아내였던 의료선교사 엘리스 마펫의 역할이 컸을 것으로 짐작된다.

■ 한국 장로회 신학교의 아버지

마포삼열 목사는 항상 앞을 바라보며 미리 계획했고, 이렇듯 그의 계획은 '훈련된, 교육받은, 성숙한, 그리고 전도하는 교인들'로 이루어진 교회를 설립하는 방향으로 나아갔다.**19** 특히 교회, 신학교, 기독교학교들을 비롯한 모든 복음의 사역들은 마포삼열 목사에 의해 한국인에 의한 자립, 자전, 자치의 모습을 중심으로 나아감에 따라 날로 발전해 갔다. 그래서 마포삼열 목사는 일제가 세계제국의 건설을 꿈꾸면서 강렬한 탄압정치를 펼치고 있을 당시에도 앞장서서 항일운동에 동참했던 것이다. 일제가 강하게 추진한 '신사참배'를 '우상숭배'로 규정한 마포삼열 목사는, 자신이 속해 있는 평양신학교를 위시한 기독교학교를 자진폐쇄 하면서까지 극렬히 저항하였고, 이 과정에서 그와 그의 아내는 심신이 점차 병들고 쇠약해져갔다.

■ 암살의 위협 속에 한국을 떠나다

1936년, 72세가 된 마포삼열 목사는 황급히 한국을 떠나게 되었다. 일반적으로는 그가 건강이 악화 되어 치료차 급히 한국을 떠나게 된 것으로 알려졌지만, 이는 일본의 강압에 의해 억지로 출국한 것이었다. 당시 활동

---

19 마포삼열. 옥성득 편역, 『마포삼열 서한집 제1권』(서울: 두란노아카데미, 2011), 21.

하던 선교사들 중에서, 일본의 식민지 정책에 가장 정면으로 반대했던 마포삼열 목사에 대한 암살 음모가 진행되고 있었기 때문이었다. 마포삼열 목사는 평양에 아내 루시아 피쉬와 막내 아들 토마스를 남겨둔 채, 상황이 좀 나아지면 곧 돌아 올 것으로 생각하고 왕복표를 사서 황급히 평양을 떠났다.

마포삼열 목사는 미국으로 귀국한 후에도 여러 번 한국으로 돌아가기 위해 시도했다. 그러나 한국 내 정세가 악화됨에 따라 이 같은 노력이 번번이 무산되면서 한국으로 돌아갈 수 없게 되자 매우 절망했다. 안타깝게도 이런 절망감은 그의 건강 또한 더욱 악화시켰고, 그 후 그가 소천하기까지의 3년여 간의 삶은 생활고와 겹쳐 매우 어려웠다고 한다.

마포삼열 목사의 넷째 아들인 마포화열 박사는 그때 상황을 아래와 같이 증언한다.

"아버지는 어머니와 막내가 돌아온 후 로스앤젤레스 근교인 몬로비아에 있는 작은 집으로 거처를 옮겼는데, 그 집은 당시 창고를 개조한 작고 허름한 집이었지요. 당시 그 집은 정식 번지 등록조차 없어 00번지 2/1로 명기되었는데, 아버지는 이곳에서 돌아가실 때까지 사셨지요. 당시 형(마삼락)은 신학교 재학 중이었고, 나는 의대 재학 중이었으며, 막내는 고등학교를 다니고 있었기 때문에 아버지는 돌아가시는 날까지 생활의 여유가 없었던 것입니다. 아버지는 돌아가실 때까지 한국 생각만 했어요. 일본의 압제로 고통당하는 한국 사람들을 위해 밤낮으로 기도하셨죠. 그리고 반드시 한국으로 돌아가 그곳에 묻히겠다는 게 아버지의 마지막 소망이었습니다."

2006년, 한국 장로회신학교의 아버지였던 마포삼열 목사 부부의 유해가 캘리포니아 주 로스앤젤레스 근교의 카펀테리아 공원묘지(Carpinteria

Cemetery, 1501 Cravens Ln, Carpinteria, CA 93013, U.S.A.)로부터 서울의 장로회신학대학교 교정으로 이장되었고, 흉상 또한 세워졌다. 그가 한국을 떠난 지 70년 만에 그토록 그리던 곳으로 돌아 온 것이다.

마포삼열(노년)

평양신학교

엘리스 피쉬 마펫
(Dr. Mary Alice Fish Moffett, 1870–1912)
하늘의 양식, 일어(一魚)

■ 여성 성경교육에 앞장 선 여의사

1897년 12월 4일, 미국 북장로교 의료선교사로 메리 엘리스 피쉬(Dr. Mary Alice Fish)가 내한하였다. 이듬해인 1898년 초, 평양지부에 배치된 그녀는 먼저 와서 선교 활동을 하고 있던 사무엘 A.마펫(마포삼열) 목사와 1899년 6월 1일에 결혼하였다. 그 후 엘리스 마펫은 의료선교사로서의 활동도 열심히 해 나갔지만, 특히 여성교육에도 관심이 많았던 것으로 보인다. 1901년, 그녀는 평양에서 '여성 성서연구반'을 조직하여 가르치기 시작하였는데(그녀는 이곳에서 죄에 관한 문제를 위시하여 회개, 신앙, 구원 등의 중요한 기독교 교리를 가르쳤다), 이는 대단히 인기가 있어 참석 인원이 계속 늘어났다. 마포삼열 목사는 이 '여성 성서연구반'의 개설이 여자를 남자와 동등한 위치에 올려놓는 계기가 마련되었다고 믿었다.[1]

한편 엘리스 마펫 선교사는 1903년부터 평양외국인학교 중등교육과

---

1 『마포삼열 박사 전기』, 199.

정의 책임자가 되어 학교 안에 독서실을 마련하고, 미국에서 나오는 신간 서적을 때마다 구입하여 비치하게 하는 등 면학 분위기 조성에 힘썼다. 또 1904년부터는 그해 3월, 로제타 셔우드 홀 선교사에 의해 개교한 평양맹아학교에서 맹인 학생들을 위한 신앙지도에 정성을 다하기도 했다. 무엇보다 일본의 통치와 기독교 박해를 강하게 비판하며 국제적인 여론을 일으켜 일제의 불법적인 지배를 막아야 한다고 주장하던 엘리스 마펫 선교사는 남편인 마펫 선교사와 마찬가지로 한국인에 대한 이해와 사랑이 깊었던 것으로 보인다.

■ 과로로 순직하다

1912년 7월, 안타깝게도 의사인 엘리스 마펫 선교사는 의료 및 교육 사역에 과로한 나머지 이질에 걸려 보름 동안 계속되는 심한 설사를 이기지 못하고 평양에서 소천하였다. 그녀의 나이, 겨우 마흔 두 살이었다. 엘리스 마펫은 마포삼열 목사와의 사이에 제임스(James Mckee Moffett)와 찰스(Charles Hull Moffett) 두 아들을 두었다. 후에 그녀의 아들인 제임스 마펫은 목사가 되어 미국에서 국내 선교사로 활약했으며, 찰스 마펫도 목사로서 인도 선교사로 활동한 후에 미국에서 목회하였다.

사무엘 마펫과 엘리스 피쉬 마펫 부부(1899년)
사진 제공: 장영학 목사(한국교회역사자료박물관장)

루시아 피쉬 마펫
(Mrs. Lucia Hester Fish Moffett, 1877–1962)
하늘의 양식, 이어(二魚)

1915년 6월 30일, 마포삼열 목사는 먼저 세상을 떠난 부인의 사촌 여동생인 루시아 H. 피쉬(Lucia H. Fish)와 재혼하였다. 이들 사이에는 세 아들이 태어났는데, 사무엘 휴 마펫(Samuel Hugh Moffett), 하워드 F. 마펫(Howard Fergus Moffett), 그리고 토마스 F. 마펫(Thomas Fish Moffet)이다.

마포삼열 목사의 다섯 아들들은 항상 서로를 '3/4형제들'이라고 불렀는데, 이는 어머니들이 서로 사촌이었기 때문이었다.[1]

셋째 아들인 사무엘 휴 마펫은 목사로서, 넷째 아들인 하워드 F. 마펫은 의사로서, 부모를 이어서 다시 한국으로 들어와 선교사로 활동하였다.

다만 안타까운 것은 마포삼열 목사의 두 부인이 되는 엘리스 피쉬(Merry Alice Fish)와 루시아 피쉬(Lucia H. Fish)에 대한 보다 자세한 기록과 사진들이 별로 남겨지지 않고 있는 것이다. 그러나 마펫 목사와 함께 했던 이 두 부인(二魚)은, 분명 그녀들의 다섯 아들(五餅)과 함께 한국 땅에 '오병이어(五餅二魚)'의 기적을 재현시켰음이 자명하다. 가난하고, 배고프고,

---

1 마포삼열, 『마포삼열 서한집 제1권』, 13.

병든 사람들에게 하늘의 떡을 먹이며 영육(靈肉)을 고친 그녀들은 '천국의 마패'를 지닌 또 다른 특명사신들이었던 것이다.

마포삼열 가족

사무엘 휴 마펫
(Rev. Samuel Hugh Moffett, 마삼락[馬三樂], 1916–2015)
그리스도의 복음의 사신

■ 평양에서 태어난 MK1

사무엘 휴 마펫(마삼락) 박사1는 마포삼열 목사의 셋째 아들로서 1916년 4월 7일, 평양에서 태어났다. 그는 평양외국인학교에서 중고등교육 과정을 마치고 나서 미국에 가서 공부를 계속했다. 그는 그곳에서 휘튼대학교(고전학 전공)를 최우등으로 졸업하며 학사 학위를 받았고, 이후인 1942년에는 프린스턴 신학교에서 신학사 학위를 받았다. 또한 같은 해, 휘튼에서 재학 중에 만난 엘리자베스 타란트(Elizabeth B. Tarrant)와 결혼했다. 1945년 예일대학교에서 교회사(선교역사) 박사학위를 받았다.2

마삼락 박사는 1947년에 중국으로 건너가 북경의 엔칭대학교에서 교수로 봉직하다가, 1949년에는 남경의 남경신학교에서 강의하였다. 1951

---

1 사진: 프린스턴신학교(www.ptsem.edu)
2 김승곤, 『사무엘 H. 마펫의 선교 발자취』(서울: 미션아카데미, 2018), 22.

년, 중국에서 사역하다가 중국공산당에 의해 강제 추방을 당한 그는, 그 후 미국 프린스턴 신학교로 돌아가 1953년부터 1955년까지 강사로 재직했다.[3] 이때 그의 아내 엘리자베스가 암 투병 중에 소천했다.

■ 한국 선교사로 돌아오다 – 서울 장로회신학대학교 교수 재직

1955년, 한국 전쟁이 끝나자 마삼락 박사는 한국으로 들어와서 선교사로 섬겼다. 1956년, 그는 프린스턴 신학교에서 기독교교육을 전공한 아일린 플라워(Eileen Flower)와 서울에서 재혼한 후, 1959년부터 1981년 은퇴할 때까지 서울 장로회신학대학교에서 교수와 대학원장 등으로 봉사했다. 1981년, 그는 아세아연합신학대학원을 설립하는 데 기여하고 초대 원장을 지냈다.

마삼락 박사는 자신의 선교신학을 '에큐메니컬 복음주의'라고 명명하였다. 곧 '복음전도', '교회연합', '사회참여'라는 핵심요소 모두를 강조한 총체적이고 통전적인 선교신학을 지향했다.[4] 하나님의 구원의 역사에 참여하기 위하여 세상에서 '부름(calling)'을 받은 교회는, 증언으로서의 복음전도, 교제로서의 교회연합, 봉사로서의 사회참여를 통해 세상으로 '보냄(sending)'을 받아야 한다는 것이다.[5] 따라서 김승곤 목사는 그의 저서 『사무엘 H. 마펫의 선교 발자취』에서, 마삼락의 사상은 선교와 교회와 역사라는 신학적 지평이 서로 맞물리고 상호 교차하며, 융합하고 포괄하는 통전적 신학이라고 평가하였다.[6]

---

3 같은 책, 63.
4 같은 책, 234.
5 같은 책, 234.
6 같은 책, 234.

마삼락 박사는 1981년부터 1986년까지 미국 프린스톤 신학교에서 헨리 루스 석좌 선교학 교수로 재직했는데, 특히 1977년 모교인 프린스톤 신학교로부터 '학교를 빛낸 동문상'(1997년에는 부인, 아일린 마펫이 같은 상을 받았다)을 받았고, 1981년에는 한국정부가 주는 '국민훈장 모란장'을 수상하기까지 했다. 아일린 마펫은 1981년 이후 소장하고 있는 고문서와, 프린스턴 신학교 루스도서관에 남편 마삼락 박사와 함께 정리하여 기증했던 '마포삼열자료', 그리고 다른 중요한 선교사의 자료들을 30년 동안 거의 매일 컴퓨터로 타이핑하여 정리하기도 했다.[7]

■ 한국 사람의 심장을 가진 선교사

마삼락 선교사! 그는 1916년 4월 7일 평양에서 태어나 이곳에서 청소년기를 보냈다. 그는 스스로를 '미국계 한국인(American-Korean)'이라고 자신의 정체성을 고백했다.[8]

2015년 2월 9일, 한국 장로교의 성장과 역사에 크게 공헌한 마삼락 목사(Rev. Samuel H. Moffett)는 프린스턴 윈드로스에서 향년 98세로 소천했다. 그리고 2015년 8월 29일, 그의 유해는 부모님이 묻혀 있는 로스앤젤레스 근교의 카펜테리아 묘지(Carpinteria Cemetery, 1501 Cravens Ln, Carpinteria, CA 93013, U.S.A.)로 안장되었다. 영결식에서 부인 아일린 마펫 사모는 마삼락 박사를 다음과 같이 회고했다.

---

7 마포삼열, 『마포삼열 서한집 제1권』, 19.
8 김승곤, 『사무엘 H. 마펫의 선교 발자취』, 54.

"남편은 한국 사람을 정말 사랑했다. 어릴 때 남편은 한국인 유모의 젖을 먹고 자랐다. 남편의 심장은 한국인이다. 평양에서 성장하면서 남편의 마음에는 한국 사람들을 사랑하는 마음이 늘 있었다. 한국 분들을 존경하고 진실로 사랑했다. 한국 사람을 너무 사랑하기에 일제 강점기와 한국전쟁을 통한 한국인들의 어려움과 아픔이 그를 슬프게 했다."

■ 마삼락 박사를 기리며

마삼락 박사는 선교사이자, 목사, 교육가, 역사가, 설교자, 행정가, 저술가, 민간외교관, 종교기자와 같은 다양한 역할을 수행했다.[9]

프린스턴 신학교 이사이자 장로회신학대학교 교수인 임성빈 박사 또한 마삼락 박사의 학문적, 교육적 업적을 다음과 같이 회고하였다.

"한국 교회는 작고하신 마삼락 박사를, 그의 아버지 마포삼열 박사가 시작한 사역을 계승한, 위대한 신학교육자로 기억할 것이다. 마삼락 박사는 한국 교회를 세계 교회의 지평으로 이끈 선교적 학자이자, 한국 교회의 역사를 아시아 전반의 맥락 속에서 조명하게끔 한 교회역사가(敎會歷史家)이다."

프린스톤 신학교 쉐인 버그 부총장 또한 '그리스도의 사신(고후 5:16-21)'이라는 제목의 설교를 통해 그를 추모했다.

"사무엘 휴 마펫 박사의 삶과 업적을 기리면서 그분이야 말로 예수 그리스도

---

9 같은 책, 23.

의 복음의 대사라고 하는 것 외에 다른 것을 생각할 수 없다. 그는 사랑하고 애착을 가졌던 한국과 한국 사람을 위해 예수 그리스도의 대사의 사명을 감당했다. 그의 한국 교회와 한국인들을 위한 헌신과 복음사역은 감히 세상의 잣대로 그 정도를 가늠할 수는 없다. 지난 60년 긴 시간 동안 부부가 보여 준 아름다운 복음의 길을 우리는 기억하고 하나님께 감사드린다. 그는 많은 신앙의 열매와 아름다운 발자국을 남기시고 하나님의 은혜 속에 살아간 귀한 분이다."

마삼락 박사는 선교-교회-역사를 아우르는 융합성과 포괄성을 지니는 선교신학을 강조했다. 즉 역사적 효용성과 성경적 타당성과 신학교육에 적합한 선교신학을 추구하였던 것이다. 마삼락 박사는 오늘날에도 한국 교회와 성도들을 향하여 외치고 있다.

"선교 없는 교회는 무기력하다. 교회 없는 선교는 무의미하다."
"교회여! 선교를 포기하지 말라. 성령께서 능력을 주시리라!"[10]

---

10 같은 책, 241.

하워드 F. 마펫
(Dr. Howard Fergus Moffett, 마포화열[馬布和悅], 1917–2013)
그리스도의 사랑의 사신

■ **평양에서 태어난 MK2**

　마포화열 박사(Dr. Howard F. Moffett)는 마포삼열 목사의 넷째 아들로, 1917년 8월 16일 평양에서 태어났다.

　평양외국인학교에서 중고등교육 과정을 마친 그는 1939년 미국 휘튼대학교를 그의 아내가 될 마가렛 델피아 맥켄지(Margaret Delphia〔Delle〕 Mackenzie)와 함께 졸업했다. 그들은 1941년 8월 2일 휘튼대학교회에서 결혼하였다. 그리고 그는 1943년에 시카고 노스웨스턴대학교 의과대학을 졸업했다.

　그 후 그는 전공의 수련 과정을 거치고 해군 의무장교로 복무하면서 태평양전쟁을 마치고 1947년 군복무를 마쳤다.[1]

1　김영호, 『하워드 마펫의 선교와 사상』(서울: 미션아카데미, 2016), 74-75.

■ 대구 동산기독병원 제7대 원장이 된 MK2

1948년, 마포화열 박사는 31세의 나이에 미국 북장로회 의료선교사로 한국에 파송되었다. 그는 한국이 일본 압제에서 해방이 되자, 자신이 태어났으며 아버지 마포삼열 목사가 그토록 다시 오고자 했던 한국으로 의료선교사가 되어 다시 돌아왔던 것이다. 하지만 아쉽게도 그는 그가 태어나고 자란 평양으로는 들어갈 수가 없었다.

마포화열 박사가 대구에 온 것은 1948년 12월 성탄절 직전이었다. 1949년 6월, 그는 대구 동산기독병원의 제7대 원장으로 취임하였다.[2] 그러나 6·25 전쟁이 일어나자 미국인은 한국을 떠날 수밖에 없었다. 민간인으로서는 다시 한국으로 들어올 수 없었기에, 고심한 끝에 그는 군의관으로 재입대하였다. 그는 2차 세계 대전 중 해군 군의관으로 복무한 경력이 있어서 미공군부대 파견 해군 군의관으로 수속을 밟았다.[3] 따라서 미 제5공군 소속 군의관으로 내한하여 동산기독병원을 지켜나갔다.

그는 1976년 6월 은퇴하여 미국으로 귀국할 때까지, 45년 동안 대구 동산기독병원장, 대구애락보건병원장, 학교법인 계명기독대학 이사장, 계명대학교 동산의료원 협동의료원장 등을 역임하면서 불과 68개 병상이던 동산기독병원을 1천여 개 병상의 대형 의료원으로 발전시켰다.[4]

마포화열 박사의 가장 빛나는 업적은 '병원 발전 5개년 계획'으로, 이 계획은 1967년부터 시작되어 1972년에 완성됨으로써 병원 현대화가 이루어졌다. 또한 '신개발 계획'으로, 지속적인 건물 신축, 최신 의료장비 및

---

2 같은 책, 100.
3 동산의료선교복지회, 『한 알의 밀알 되어』(대구: (사)동산의료선교복지회, 2021), 340.
4 참고, 계명대학교 의과대학 부속 동산의료원 역사 자료관

의료도서 구입, 해외연수, 한센병 사업 강화 등을 주 내용으로 하는 신개발 계획을 추진해 나간 것이다.[5] 그리고 계명대학교와 동산기독병원을 병합하여 '계명대학교 의과대학'(1980)을 신설한 것이다. 그의 모든 선교 사역들이 성공하게 된 비결은 인재를 중요시했기 때문이다.[6]

마포화열 박사는 미북장로회 선교정책인 트라이앵글 메소드(Triangle Method)에 충실하고, 아버지 마포삼열의 복음전도 방식을 계승하고자, 의료선교, 교육선교, 복음선교를 펼치며, 나아가 지역사회를 함께 아우르는 사회봉사선교에 필요한 재원을 마련하기 위해 천문학적인 모금운동을 전개하였다. 마포화열 박사와 부인 마가렛 델 마펫 선교사[7]는 인적 네트워크를 통해서, 후원기관을 통해서, 개인 후원자를 개발하거나, 프로젝트를 통해서, 모금 활동을 했으며, 또한 적절한 투자를 통해서 재정을 증식함으로써 가능했다.[8] 그 결과 각 분야마다 획기적인 발전을 이뤄냈다. 1953년 10월, 동산기독병원 내에 아동병원을 준공하여 6·25 전쟁고아 아이들을 비롯해 집 잃은 난민, 수많은 전쟁미망인들에게까지 무료진료를 실시하였다. 1948년부터 1976년까지는 대구애락보건병원장을 맡아 수많은 나병환자들을 돌보기도 했다. 특히 전국 농어촌에 120여 개의 교회를 설립하여 복음전파에 크게 이바지했다.[9]

---

5 동산의료선교복지회, 『한 알의 밀알 되어』 (대구: (사)동산의료선교복지회, 2021),
6 전 계명대학교 의과대학장 전재규 교수 증언, 동산의료선교복지회, 『한 알의 밀알 되어』 382.
7 마가렛 델 마펫(Mrs. Margaret Delle Moffett, 1915-2010)은 명문가문 출신이었다. 외증조부가 휘튼대학의 설립자이자 초대 총장 조나단 블랜차드이며, 외조부가 휘튼대학의 2대 총장 찰스 블랜차드이다. 그녀는 마포화열 박사의 최고의 비서로서 모금 및 후원 관리의 달인이었다.
8 김영호, 『하워드 마펫의 선교와 사상』(서울: 미션아카데미, 2016), 317-339.
9 참고, 계명대학교 의과대학 부속 동산의료원 역사 자료관

■ 대구 사람 – 마포화열!

마포화열 박사는 평소에 이렇게 자주 말했다.

"한국은 내 삶의 전부입니다. 45년간 한국인을 위해 봉사할 수 있는 기회를 주
신 하나님께 깊이 감사하며, 대구가 영적 회복과 부흥으로 새로운 선교기지가
될 것을 기도합니다."[10]

그리고 그는 세상을 떠나기 약 1년 전, 2012년 4월 15일에 분명한 어
조로 "대구는 내 고향, 나의 집(My home is Daegu)."[11]이라고 말했다.

2013년 6월 2일, 향년 96세로 미국 캘리포니아 주 산타바바라에서 소
천한 마포화열 박사는 평소 유언에 따라 아내 마거릿 마펫 여사와 함께 그
해 9월 25일 대구 계명대학교 동산의료원 은혜정원 묘역에 안장되었다.
오늘도 마포화열 박사의 묘비에 새겨진 글귀가 우리들의 옷깃을 여미
게 한다.

"It was Privilege to served God and the Korean People whom they loved."
"사랑하는 하나님과 한국인들에게 봉사한 것은 하나님의 은혜였습니다!"[12]

---

10 김영호, 『하워드 마펫의 선교와 사상』, 33.
11 같은 책, 36.
12 같은 책, 33.

■ 마펫 선교사 가문을 기리며

한국장로회 선교희년 때에 한 방문자가 한국 교회의 성장을 어떻게 설명할 수 있는지 질문했을 때, 마포삼열 목사는 이렇게 대답하였다.

"50년간 우리는 이 사람들(한국인)에게 하나님의 말씀을 제시했고, 성령께서 그 나머지를 하셨습니다."[13]

진정 마포삼열 목사는 주님께로부터 한국인들에게 특별히 파송된 봉명사신(奉命使臣)이었다. 그뿐만 아니라 그의 아내들이 그러했고, 그의 자녀들이 또한 그러했다. 이들은 '천국의 마패'인 '하나님의 말씀'을 손에 들고 '사망의 땅과 흑암의 그늘에 앉은 자들'(마 4:16)에게 성령의 인도하심으로 그 사명을 묵묵히 수행했다. 주님의 말씀에 인생을 걸고, 목사로서, 기독의사로서 살아가는 것은 은혜이고 축복이다. 사랑하는 가족과 주님의 자녀들을 현지에 두고 강제로 황급히 쫓겨나온 상황에서, 다시 돌아가려고 처절하게 몸부림해야만 했던 고통은 가히 어떠했을까! 마포삼열 목사에게도, 마삼락 목사에게도 이 아픔이 있었다. (필자 또한 주님 주신 사명을 감당하다가 쫓겨난 경험이 있었기에 조금이나마 이분들의 마음을 헤아릴 수 있을 것 같다.)

마펫 선교사 가문의 역사들을 살펴보면서, 이분들의 고마움에 흐르는 눈물을 주체 할 수가 없었다. 그리고 감사한 것은, '그분들을 그분들 되게 하신 그 주님이 나의 주님이기도 하시다'는 감격이었다. 아울러 우리 한국

---

13 마포삼열, 『마포삼열 서한집 제1권』, 21.

기독교계에도 마펫 목사 가문과 같은 가문이 있다는 것에 감사했다. 바로 '박용묵 목사의 가문'[14]이다. 박용묵 목사의 '10만 명 전도의 꿈'은 전국 방방곡곡을 향한 전도부흥의 발길이었다. 이 가문을 통하여 오늘도 우리는 또 다른 마포삼열과 마삼락과 마포화열, 그리고 엘리스 마펫과 루시아 마펫, 아일린 마펫과 델 마펫, 그 후손들을 여전히 바라 볼 수 있는 것이다. 그리고 이 가문들의 축복이 나의 가정과 가문에도, 그리고 묵묵히 주님을 섬기는 우리 모두의 가정과 가문에도 가득하기를 기대해 본다.

어떻게 가능할까! 바로 그 동력은 우리에게 특명을 주시는 여호와 하나님께서, 우리 주 예수 그리스도께서, 성령님을 통하여 어제나 오늘이나 동일하게 역사하심에 있다.

"주께서 이같이 우리에게 명하시되 내가 너를 이방의 빛으로 삼아 너로 땅 끝까지 구원하게 하리라 하셨느니라(행 13:47)."

---

14 박용묵 목사의 아들 중, 목사로서 박재천, 박재섭, 박상진 교수, 의사로서 박재형, 박상은 박사가 한국 기독교계에 중요한 역할을 펼치고 있다.

로버트 A. 하디

(Dr. Robert Alexander Hardie, 하리영[河鯉泳], 1865-1949)

한국의 은인, 눈물의 선교사

19세기 후반, 미국은 대각성운동에 따라 해외선교에 대한 관심이 높아지고 있었다. 1880년, 미국의 신학교 연맹은 세계선교에 대해서 보다 구체적으로 계획하고 선교사 양성에 심혈을 기울였다. 초기 한국선교를 열었던 언더우드, 아펜젤러 등의 선교사들이 북미 신학교 연맹에 적극적으로 참여하여 선교훈련을 받았던 사람들이었다.[1] 이 열기가 캐나다에도 뜨겁게 퍼져 나갔다.

1886년 제1차 학생 하계 수련회(The 1st Summer Conference)가 미국 메사추세츠 주 마운트 허먼에서 열렸다. 미국, 캐나다의 87개 대학에서 251명의 학생들이 참여했다. 무디(D. L. Moody)가 주도한 이 집회는 "모두 다 가자, 모두 다에게로!(All should go, and go to all!)"라고 외쳤다. 3년 후 '학생외지선교자원단'이 발족되어 아시아 여러 나라로 229명의 선교사들이 파송되었다. 그중 69명은 중국, 46명은 일본, 그리고 7명이 한국으로 파

---

[1] 한영제, 『한국기독교 성장 100년』; 박효생, 『한국기독교 의료운동사』(서울: 기독교문사, 1993), 45.

송되었다. 한국의 초기 선교사들은 이 '학생외지선교자원단' 출신이 대부분이었다.[2]

■ 기독의학도, 조선 선교에 대해 가슴에 열정을 품다!

로버트 A. 하디(Robert Alexander Hardie)는 1865년 6월 11일 캐나다 온타리오(Ontario) 주 할디만(Haldiman)에서 출생했다. 1886년, 하디는 토론토대학교 의과대학 2학년 때 같은 대학교 인문과학부에 재학 중이던 제임스 게일(James Scarth Gale)[3]을 만나게 되면서 세계선교에 대한 강한 도전을 받게 되었다. 특히 평소에 존경하던 선배 게일이 캐나다인 '학생외지선교자원단' 출신으로서는 최초로 조선으로 파송됨에 따라 하디도 조선 선교에 대한 간절한 마음을 품게 되었다.

북미 기독학생회에는 선교에 지원하는 열풍이 강하게 불고 있었다. "학생들이 의과대학을 졸업하고 인구 600-700명 당 의사가 한 명이 있는 미국이나 캐나다에서 개업을 하겠는가? 그렇지 않고 현대 의술에 대한 아무런 지식이 없는 나라로 가서 개척 사업을 하겠는가?"하는 문제가 제기되었을 때, 하디는 이 도전에 강력하게 공감했다.[4] 하디는 동창 선배가 되

---

2 전택부, 『한국 교회 발전사』(서울: 대한기독교출판사, 1987), 156-157.
3 제임스 S. 게일 목사((Rev. James Scarth Gale : 한국명 기일(奇一), 1863-1937). 캐나다 토론토대학 기독청년회(YMCA)로부터 조선으로 최초로 파송 받은 독립선교사로서 1888년 내한하였다. 1892년 4월7일, 헤론 선교사의 미망인 해티와 결혼했다. 그는 성서공회 전임 번역위원으로 성경 신구약 전서 출판, 최초의 영한, 한영사전을 만드는 등, 한글 발전에 크게 기여하였다. 그는 장로교 목사가 된 후에, 1900년에 연동교회 담임목사로 활동하였고, 기독교 교육 사업에도 크게 기여했다.
4 올리버 R. 에비슨, 박형우 편저, 『올리버 R. 에비슨이 지켜본 근대 한국 42년(1893-1935) 상권』(서울: 청년의사, 2010), 128.

는 에비슨 박사의 도움을 받아 토론토 의과대학 내에 '의학기독교청년회'를 조직하는 데 앞장섰다. 그리고 나아가 주변의 여러 학교 학생들을 독려하여 초교파 모임인 '학생해외선교회'를 조직하고 열정적으로 활동했다.[5]

1890년, 의과대학 전 과정을 마친 하디는 의료선교사가 되기로 결심하고, 자신을 조선에 선교사로 파송해 학창 시절부터 존경해 온 게일 선교사와 함께 일하게 해 달라고 기독청년회(YMCA) 선교회에 요청했다.[6] 이 제안에 대해 기독청년회에서는 처음에는 부정적이었으나 그의 열정을 보고, 7년간 선교후원을 약속하고, 그 이후로는 자립할 것을 조건으로 그를 조선 의료선교사로 파송하기로 결정했다.

■ 조선 의료선교에의 꿈을 이루다

1890년 9월 30일, 하디 선교사는 25세의 나이로 캐나다 토론토 기독청년회(YMCA) 선교회 지원을 받아 가족과 함께 내한했다. 부산에 도착하여 늘 함께 사역하기를 꿈꾸어 왔던 토론토대학 선배인 게일 선교사(J. S. Gale)와 함께 활동하였다. 서울에 올라 와서 제중원에 일시 근무하였고, 1891년 4월 14일, 다시 부산으로 내려가 의료선교 활동을 하였다.[7] 그는 부산의 항만지역 의사로서 영국 세관원 헌트(Hunt)와 협력하여 선박검역관으로 방역, 위생 점검, 항만과 선박검역 등의 봉사를 하기도 했다.[8] 이 당시 하디는 거처할 마땅한 집이 없어서 세관 당국에 의해 영도에 세워졌

---

5 같은 책.126-127.
6 같은 책.128.
7 김승태·박혜진 편, 『내한선교사 총람』(자료총서 제18집)(서울: 한국기독교역사연구소, 1994), 252.
8 손영규, 『한국 의료선교의 어제와 오늘』(서울: CMP, 1998), 52.

던 작은 콜레라 병원에 기거하고 있었다. 당시 부산 경남 지역은 콜레라가 만연하였다. 하디와 함께 사역한 베어드 목사(Rev. William M. Baird)의 일기를 보면, "거의 매일 이 무서운 전염병으로 죽어가는 사람을 화장하는 연기가 이곳저곳에서 하늘로 치솟는 것을 보았다."라고 할 만큼 전염병의 피해가 심각하였다.[9]

1892년 11월, 그는 부산을 떠나 게일 선교사가 머물고 있는 원산으로 가서 독립선교사 펜윅(Malcom C. Fenwick) 집의 방 한 칸을 빌려 간이진료소와 시약소를 운영하며 의료선교 활동을 펼쳤다.[10] 그는 독립선교사로서 소속된 선교회가 없었기에 이동이 보다 자유로웠다. 그러나 한편 그러한 여건이 한 곳에 정착하는 데 어려움을 가져 오기도 했었다.

■ 선교의 시련 속에 목사 되다

1893년 사랑하는 딸 마리(Marie)를 잃었다.[11] 선교지의 열악한 환경 속에서 딸을 잃고 양화진에 묻었다. 꿈꾸어 오던 게일 선교사와의 협력사역도 오래 지속할 수가 없었다. 1890년 7월, 제중원 원장이었던 헤론 선교사가 갑자기 순직하였다. 1892년 게일 선교사는 헤론 선교사의 부인이었던 해티와 결혼함에 따라 하디 선교사는 여러 지역을 순회하며 독립적으로 사역하였다. 1898년 YMCA 선교회와의 7년 후원 계약기간이 끝남에 따라 하디 선교사는 심각한 재정적 어려움을 받게 되었다. 그러자 미남

---

9 이상규, "한국 의료선교사 Ⅱ" 『의료와 선교』(서울: 한국기독교의료선교협회,1993) 봄호 통권 7호, 54.

10 손영규, 『한국 의료선교의 어제와 오늘』, 52.

11 1893년 셋째 딸 마리(Marie,1893)를 태어난 지 하루 만에 잃었고, 1909년 여섯 살의 넷째 딸 마가레트(Margaret, 1903-1909)도 잃어, 두 딸을 양화진에 안장했다.

감리회 선교부의 권유로 독립선교사에서 미남감리회 선교부로 이적하고 감리회 목사로 안수를 받았다.[12] 그리고 함경남도 원산을 거점으로 하여 강원도 북부 등지로 의술을 베풀며 전도를 시작했다. 1899년, 개성(송도)으로 파견되어 '남성병원'을 설립하기도 하였다. 그 후 1901년까지 강원도 통천 지방을 중심으로 3년 동안 선교 활동을 하였지만 별 성과가 없었다. 하디 선교사는 미국 남감리회 목사이자 의료선교사로서 원산과 통천 지방 등지로 5년 간 열심히 선교활동을 펼쳤지만 뚜렷한 열매를 맺지 못하였다. 특히 1901년 강원도 통천 지방에서의 3년간의 선교활동은 그에게 깊은 영적 패배감을 안겨 주었다. 그의 전도로 사람들이 신자가 되었지만, 주일예배에 잘 참석하지 않고, 성적(性的)으로도 방종했다. 그들은 신자라고 하면서도 우상숭배와 정령숭배가 여전했으며, 헌금을 횡령하기도 했다. 따라서 그는 교인 몇 사람을 교회 밖으로 내어 쫓기도 했다.[13] 이러한 과정 가운데 하디의 영성도 점점 더 메말라가기 시작했다. 그의 영성은 그 이름 '로버트 하디(Robert Hardie)'처럼 '로봇(Robot)'같이 '하디(Hardy)' 하게 굳어만 갔다. 그는 당시 자신의 영적 상황을 다음과 같이 고백했다.

"마치 악령의 세력들이 연합하여 사방에서 공격해 오는 것 같았다. 그뿐 아니라 이미 가지고 있던 확신도, 이미 이루어 놓았다고 생각했던 사업도 파괴하려고 덤벼들었다. 내가 노력하고 애쓰는 만큼 나의 사역에 결과가 나타나지 못하도록 만드는 내 안에 있는 장애물을 분명히 의식하지는 못했지만, 점점 더 뚜렷하게 영적인 능력의 결핍을 인식할 수 있었다."[14]

---

12 손영규, 『한국 의료선교의 어제와 오늘』, 52-53.

13 마서 헌트리, 차종순 역, 『한국 개신교 초기의 선교와 교회성장』(서울: 목양사, 1985), 259.

14 http://blog.daum.net/ohoh91/7342793(조촌감리교회)

■ 눈물의 선교사, 원산기도회, 성령의 임재를 체험하다

1903년 미국 남감리회 중국선교부 소속의 메리 C. 화이트(Mary Culler White) 선교사가 한국을 방문했다. 화이트 선교사는 원산에서 캐나다 장로회 소속의 맥컬리(Louise McCully) 선교사를 만나 영성 강화를 위해 기도회를 시작하였다. 이 모임이 발전하여 원산지구 선교사들이 8월에 한 주일 예정으로 성경공부와 기도에만 전념하기로 하였다.**15** 이때에 원산에 사역하고 있던 하디 선교사에게도 기도회 인도 요청을 받게 되었다. 그는 성경공부와 기도회 인도용 교안을 작성하던 중, 자신이 먼저 회개해야 함을 느끼게 되었다.**16** 하디 선교사는 1903년 8월 24일부터 일주일 동안 원산에서 열린 선교사 연합기도회를 인도하다가 강렬한 성령의 임재하심을 체험하게 되었다. 그는 눈물을 흘리면서 기도했다.

"주님, 용서하여 주십시오. 나의 교만을 용서하여 주십시오. 성령의 도우심과 인도하심을 의지하지 아니하고 나의 능력을 의지했습니다. 조선 사람들은 미개한 민족이라고 생각했습니다. 그들은 진정으로 당신을 만날 수 없을 것이라고 생각했습니다. 오, 주님! 오, 주님! 나의 자만심을 회개합니다. 오직 당신의 능과 힘으로 당신의 일을 행하소서. 성령으로 역사하여 주소서."

하디는 또 고백했다.

"성령이 내게 오셨을 때 성령께서 제게 첫 번째로 요구하신 것은 내가 교인들

---

15 마서 헌트리, 『한국 개신교 초기의 선교와 교회성장』, 259.
16 같은 책, 259-260.

앞에서 내 과거의 실패와 그 원인을 자백하라는 것이었습니다. 이것은 매우 고통스럽고 수치스러운 경험이었습니다."[17]

그 다음 주일, 원산감리교회 주일예배에서 하디 선교사는 한국 교인들 앞에 서서 자신의 교만과 그간 한국인들을 멸시했던 죄를 공개적으로 자복했다.

"나는 부끄러워 얼굴을 들 수 없는 심정으로 내 자신의 교만함과 신앙 없음, 그리고 이렇게 되어버린 나의 잘못을 고백합니다."[18]

성령의 불이 붙기 시작했다. 성도들은 하루 종일 성경공부와 기도회를 갖게 되었다. 그리고 그 다음 달에 하디와 원산 출신의 한국 기독교인들이 송도, 서울, 제물포, 평양 그 외의 각지에서 개최되는 전도집회, 부흥집회에 초청을 받았고, 그 모든 집회는 어디에서나 죄를 고백하는 순서로 시작했다.[19]

실로 성령에 이끌린 하디 선교사의 회개의 눈물은 성도들의 가슴에 파도같이 밀려들었고, 하나님께 자신들의 죄를 고백하는 참회의 불을 붙여 원산대각성운동을 일으켰다. 나아가 1907년 평양 대부흥운동의 도화선이 되었다.

17 http://blog.daum.net/ohoh91/7342793(조촌감리교회).
18 Methodist Church South Report for 1905, 39.; 마서 헌트리, 『한국 개신교 초기의 선교와 교회성장』, 260.에서 재인용.
19 마서 헌트리, 『한국 개신교 초기의 선교와 교회성장』, 260.

■ 성령의 사람, 평양 대부흥운동의 견인차가 되다

회개를 통해 자신의 죄를 비우게 되니, 하디 선교사의 메마른 심령이 성령 충만하게 되었다. 자신의 의로움을 앞세웠고, 자신의 능력과 헌신을 은연중에 자랑했던 하디에게 원산기도회의 사건은 엄청난 변화를 가져왔다. 이 후로 그의 삶은 완전히 달라졌다. 그는 자신의 능력을 자랑하지 않게 되었고, 오직 주님만을 자랑하며, 하나님의 능력에만 의지했다. 그는 유혹의 욕심에 따라 썩어져 가는 구습을 따르는 옛 사람을 벗어 버리고 오직 그 심령이 새롭게 되어 하나님을 따라 의와 진리의 거룩함으로 지으심을 받은 새 사람을 입게 되었다(엡 4:22-24).

원산에서 시작된 성경공부와 기도회는 이후로 감리교회와 장로교회가 함께 연합하는 모임으로 발전하여, 1907년 1월 평양대부흥운동이 일어나게 된 것이었다. 이로 인하여 새벽기도운동이 일어났고, 백만구령운동이 요원의 불길처럼 일어나면서, 평양대부흥운동의 견인차가 되었다. 따라서 이후의 한국 교회 부흥회는 대부분 말씀 사경회와 기도회로 이어져 나가게 되었다. 할렐루야!

■ 한국의 은인, 로버트 하디 선교사

하디 선교사는 의사로서, 자신의 현대의학 지식과 능력이 의료선교의 핵심이라고 생각해 왔었다. 그러나 원산기도회를 계기로 그는 깨닫게 되었다. 하나님의 말씀으로, 회개로 시작되는 기도로, 성령 하나님께서 우리의 심령에 찾아오셔서 충만케 될 때에 능력이 일어난다는 사실을! 하디 선교사는 감리회 목사로서 성경공부와 기도회를 인도하며 전국 방방곡곡을 찾아 다녔다.

그 후 하디 선교사는 1909년부터 1922년까지 감리교 협성신학교의 교수 및 교장으로 섬겼다. 또한 피어선성경학교 교수 및 교장을 역임하면서 신학교육에도 열심을 냈다. 1916년에는 감리교 최초의 신학 전문지인 '신학세계'를 창간하였고, 이를 통해 많은 논문을 발표하기도 했다. 하디 선교사는 1917년에서 1918까지 서울 제중원에서 토론토의대 동문이었던 에비슨 선교사를 도와 진료하며, 세브란스의학교에서 교수로도 활동하였다. 1921년에서 1927까지는 조선예수교서회(대한성서공회 전신)의 총무로 활동하면서 문서선교에도 큰 역할을 했다. 1930년 기독신보의 사장으로 활동하였고, 1935년 퇴직 후 귀국하였다.

하리영(河鯉泳)! 25세, 피 끓는 청년으로 이 땅에 들어와, 하나님의 말씀에 인생을 걸고 성령의 인도하심 따라 살아 온 45년! 그는 70세의 노인이 되어 사랑하는 선교지 한국을 떠나 귀국했다. 그리고 1949년 6월 30일, 84세를 일기로 미국 미시건 주 랜싱(Lansing)에서 세상을 떠났다. 그의 서거를 알리는 기사의 제목에는 "韓國의 恩人 河鯉泳 博士 逝去"라고 적고 있다. 그의 눈물의 기도는 한국을 살리는 원동력이 되었던 것이다!

■ 하디 선교사를 기리며, 한국 교회의 부흥은 어떻게 오는가?!

마틴 로이드 존스 목사는 "부흥이란 하나님의 성령이 우리 가운데 임하시는 것"[20]이라고 했다. 이것은 자신의 죄를 자복하고 회개하는 자의 심령에, 성령 하나님이 불같이 침투해 오시는 일이라는 것이다. 로버트 하디 선교사의 삶을 조명해보면서, 필자도 스스로 반문해 본다. '의사이자, 목

---

20 마틴 로이드 존스, 정상윤 역, 『부흥』(서울: 복 있는 사람, 2007), 569.

사이며, 선교사임을 자처하고 있는 너! 너는 너의 능력을 믿고 사역하고 있는가? 아니면 오직 주님의 말씀을 붙잡고, 성령 하나님의 능력 주심에 의지하여 이 일도, 저 일도 감당하고 있는가?! 우리의 모든 사역들은 어떠한가? 한국 교회의 부흥은 정녕 어떻게 다시 오는가?!

하디 선교사 가족(1910년경)

홀(Hall) 의료선교사 가문

코리아, 아직도 그대는 내 사랑!(I still love Korea!)

홀 선교사 가문은 한국 선교역사 가운데 가장 아름다운 꽃 중의 꽃이라고 생각된다. 제임스 홀과 로제타 셔우드 홀의 편지를 읽으면, 너무나 애절하면서도 얼마나 대단하고, 또한 얼마나 감사한지! 전쟁의 소용돌이 속에서 자신의 목숨을 던지기를 주저하지 않았던 제임스 홀의 '조선 사랑'. 남편 제임스와 딸 마거릿을 이 땅에 묻으면서도 이 땅에 살아가는 병들고 상처 받은 이들, 특히 여인들과 어린이들을 가슴에 품고 한국 여의사 양성을 포기하지 않았던 로제타 홀의 '조선 사랑'. 사랑하는 이들이 결핵으로 쓰러져가는 모습을 차마 볼 수 없었기에, 결핵 퇴치 운동에 온 인생을 걸었던 셔우드 홀과 메리안 버텀리 홀의 '조선 사랑'. 그들이 함께 부른 노래, "I still love Korea!"

셔우드 홀이 출간한 홀 가문(家門)의 이야기(Story)인 『닥터 홀의 조선 회상』에는, '이 땅에 태어나 이곳 사람들의 몸과 영혼을 지극히 사랑하다, 이 땅에 묻힌 닥터 셔우드 홀 일가의 조선 사랑 이야기'가 진한 감동으로 펼쳐진다.

윌리엄 제임스 홀
(Dr. William James Hall, 1860–1894)
생명을 바쳐 조선을 사랑한 의료선교사

■ 의료선교 비전에 불탄 의학도

의사 윌리엄 제임스 홀(Dr. William James Hall)은 1860년 1월 16일 캐나다 온타리오 주에 있는 글렌 뷰엘이라는 곳의 한 통나무집에서 태어났다.[1] 그는 빈곤한 가정에서 태어나서 농부가 되고 싶지 않았다. 17세에 집안이 어려워 학교를 그만 두고 목수 일을 배우러 인근 마을 아덴스로 갔다. 그러나 목공 견습공으로 취직한 지 2년이 못되어 건강을 해치게 되어 집으로 되돌아와야 했다. 너무나 허약해져 이제 죽을지도 모른다는 생각에 몹시 초조해 했다. 다행히 건강을 회복하게 되자, 그는 '이제 나에게 주어진 이 짧은 인생을 어떻게 해야 가장 뜻있게 보낼 수 있을까?' 하는 생각을 하게 되었다.[2] 그래서 세상에 쓸모 있는 사람이 되기 위해서 공부를 해야겠다고 생각했다. 아덴스 고등학교에서 다시 공부를 시작했다. 1883년,

---

1 셔우드 홀, 김동열 역, 『닥터 홀의 조선 회상』(서울: 좋은 씨앗, 2003), 44.
2 같은 책, 같은 쪽.

교사자격증을 취득하고, 2년간 교사 생활을 했다. 그리고 학비를 더 모아서 1885년 온타리오 주, 킹스턴에 있는 퀸즈 대학교(Queens University) 의과대학에 진학했다. 1887년 봄, '해외선교학생자원운동'의 인도 지역 책임자인 존 포먼 목사가 퀸즈 대학교를 방문했다. 이때 존 포먼 목사의 선교 도전에 22명의 학생들이 해외 선교에 참가하겠다는 서명을 했다. 그리고 이 학생들은 '학생 자원회'를 결성했다. 여름 방학이 되자 윌리엄 홀은 미국 매사추세츠 주의 노드필드에 있는 '드와이트 무디 여름학교(Dwight L. Moody Summer School)'에 참가할 학생들을 조직하고 함께 참석했다.

■ 뉴욕 빈민가 의료 봉사

윌리엄 홀은 노드필드에서 국제의료선교회(International Medical Missionary Society)의 이사인 조지 다우넛 박사(Dr. J. Downott)를 만났다. 강사로 온 그의 강연에 윌리엄 홀은 큰 도전을 받았다. 그리고 뉴욕의 국제의료선교회에서 의료선교사 양성 및 훈련 프로그램이 있음을 알게 되었다. 이 만남을 계기로 윌리엄 홀은 의과대학 3학년 때, 뉴욕의 벨레뷰 병원 의과대학(Ballevue Hospital Medical College)으로 전학하게 되었고, 1889년 졸업하고 의사 자격(M.D.)을 취득했다.[3] 윌리엄 홀은 당시 의료선교회 간부이자 인도 선교사였던 닥터 섬머 스톤(Dr. Summer Stone)의 저택에 기거하면서, 감리교가 뉴욕 빈민가 지역에서 실시하고 있던 의료선교 사역을 맡아 헌신적으로 봉사했다. 그는 정성을 다해 빈민가 지역의 주민들을 보살핌으로써 많은 이들로부터 칭송을 받았다.[4]

3 같은 책, 46-47.
4 최제창, 『한미의학사』(서울: 영림카디널, 1996), 59.

■ 운명적 만남 – 여의사 로제타 셔우드를 만나다

1898년 11월 어느 날, 뉴욕 빈민가 의료원에서 운명적 만남이 있었다. 닥터 윌리엄 홀을 도울 새로운 의사가 온 것이다. 아름답고 젊은 여의사인 로제타 셔우드(Dr. Rosetta Sherwood)였다. 이 지역 의료선교 사역 중에, 같은 병원에서 병원실습을 하고 있던 여의사 로제타 셔우드를 만나게 된 것이다. 윌리엄은 그녀를 보는 순간 첫 눈에 사랑하게 되었다. 그녀의 미모와 성품과 성실성에 반하여 그녀에게 청혼하였다. 그러나 1890년, 로제타는 조선 선교에 헌신하기로 서원을 하였던 터라, 중국 선교사로 나가기로 되어 있던 윌리엄 홀의 청혼을 거절하였다. 그녀는 의료선교사로서 독신으로 지내려고 했다. 어렸을 때 척추 질환으로 몇 번 수술을 받기도 했고, 목에 결핵성 종양이 생겨 수술 받기도 했다. 따라서 그를 사랑하는 마음이 있으나 청혼을 거절하기로 한 것이다. 또한 미국 감리교 여성해외선교회의 규정에 의하면 선교사로 취임 후 5년 안에는 결혼할 수 없다는 규정에 서명했기 때문이기도 했다. 그러나 그 모든 제약들이 윌리엄 홀의 마음을 접게 할 수 없었다. 약혼 기간이 아무리 길어도 좋으니 약혼은 하자는 설득에 셔우드는 동의하지 않을 수 없었다. 그리고 1890년 8월 22일에 닥터 셔우드는 조선으로 향하였다.

■ 평양 의료선교의 개척자

1891년 12월, 의사 윌리엄 J. 홀은 우여곡절 끝에 파송 선교지 변경을 허락 받고 미북감리회 의료선교사로 내한하였다. 꿈에 그리던 연인 로제타를 만나게 되었고, 의료선교를 향한 그의 꿈이 이루어진 것이다. 그는 1892년 3월부터는 존스 목사(Rev. Jones, 1887년 내한)와 함께 북부지방을 순회하며 환자들을 치료하였다.[5] 그는 의료선교를 하는 도중에 일부 평양 주민들의 심한 박해를 받기도 했었다. 그러나 윌리엄 홀은 순교의 각오를 하면서, 예수 사랑으로 진료를 함으로써 주민들의 마음 문을 열어 갔다.

■ 평양의 선한 사마리아 사람

1892년 6월 27일, 드디어 닥터 윌리엄 홀은 로제타 셔우드 양과 서울에서 결혼식을 올리게 되었다. 그들의 결혼은 숙명적인 것으로 수많은 난관을 거친 끝에 한국 땅에서 부부로 맺어졌던 것이다.[6] 그러나 혼인을 했지만, 선교본부는 로제타 셔우드 홀은 계속 서울 여성병원에서, 평양 선교기지 개척 담당자로 임명된 윌리엄 홀은 가장 추운 겨울과 우기의 몇 달만은 제외하고는 대부분 평양에서 근무하라는 명령을 내렸다. 닥터 윌리엄 홀이 임명받은 평양 구역은 서울에서 평양까지 300킬로미터에 걸친 지역을 포함한다.[7] 그는 여러 차례 내지 전도 여행을 했다. 강도를 만나 거반 죽게 된 자를 만나 '선한 사마리아 사람'의 모습으로 돌보았고, 본인 스스로도 많은 곤경에 빠지기도 했다. 1893년 2월 네 번째 내지 여행을 떠났다. 이 여행에 대해 노블 목사는 다음과 같이 기록했다.

"평양의 치료소에서 닥터 홀의 생활은 그 자체가 설교였다. 그의 곁에 있으면 구세주를 더 알게 된다. 그는 조선 사람처럼 방바닥에 주저앉아서 그를 보러 온 사람을 만났다. 어떤 사람들은 호기심 때문에, 어떤 사람은 치료를 받으러

---

5   한영제, 『한국기독교 성장 100년』; 박효생, 『한국기독교 의료운동사』(서울: 기독교문사, 1993), 101.
6   한영제, 『한국기독교 성장 100년』, 101.
7   서우드 홀, 『닥터 홀의 조선 회상』, 111.

왔다. 어떤 목적으로 왔건 떠날 때는 참으로 훌륭하고 선한 사람이라는 인상을 간직하고 갔다."[8]

1893년 8월, 로제타 홀은 선교본부의 결정에 따라 근무지를 서울에서 평양으로 옮기게 되었다. 그녀는 본부 결정에 너무 감사했고, 그 남편과 함께 평양에서 의료선교를 열심히 펼쳐 나갔다. 1893년 11월 10일, 홀 부부 사이에 아들 셔우드 홀이 서울에서 태어났다. 아들의 이름은 부부의 이름과 성을 따서 '셔우드 홀'이라 지었다. 홀 부부는 아들을 주신 하나님께 너무 감사했다. 홀 가족은 함께 평양으로 돌아가기로 했다. 제물포에서 증기선을 2주나 기다린 후에, 1894년 5월 4일, 제물포에서 홀 가족은 박에스더 부부, 유모 실비아와 함께 작은 해안용 증기선에 탔다.[9]

■ 생명 바쳐 조선을 사랑한 선교사

평양은 소란했다. 1894년 초, 동학농민전쟁이 일어나자 이를 수습한다는 명분 아래 청국 군대와 일본 군대가 부딪치게 되었다. 6월 5일, 윌리엄 홀 가족, 박에스더 부부, 셔우드의 보모 실비아를 포함한 일행은 함께 귀경길에 올랐다. 그리고 6월 12일에야 서울에 도착했다. 이 힘든 여정 가운데 서울에 도착하자 에스더가 아기를 낳았다. 1.8kg의 미숙아였다. 아기는 36시간 만에 숨을 거두었다.

1894년 7월, 마침내 청일전쟁이 일어났다. 9월 15일, 평양을 중심으로 큰 전투가 벌어졌다. 평양 일대는 격전이 벌어져 아수라장이 되었다.

---

8 같은 책, 113.
9 같은 책, 138.

10월이 되자 닥터 윌리엄 홀과 마펫 목사, 그레이엄 리 목사가 양 떼를 돌아보기 위해서 평양으로 갔다. 윌리엄은 청군 14,000명과 일본군 10,000명이 맞서 싸운 전장(戰場)에 가 보았다. 그곳은 온통 시신들로 가득했고 악취로 숨을 쉴 수가 없었다. 평양 일대의 위생 상태는 형언할 수 없었다. 닥터 윌리엄 홀은 밤낮을 가리지 않고 환자들과 부상자들을 돌보았다. 함께한 동료들이 그를 도왔다. 그는 처음 학생 13명**10**으로 시작한 광성학교를 다시 열고 그들을 가르치고, 조선인 기독교인들과 함께 매일 밤 예배를 드리며 인도했다.**11**

닥터 윌리엄 홀은 많은 부상자와 환자를 돌보느라 혼신의 힘을 다했다. 그러다 쓰러지고 말았다. 닥터 홀과 마펫 목사가 환자들을 돌보던 중에 마펫 목사가 말라리아와 이질에 걸렸다. 닥터 홀은 마펫 목사를 치료하느라 가지고 있던 약을 거의 써 버렸다. 그때 닥터 홀도 열이 나기 시작한 것이다. 두 사람은 서울로 돌아가기로 했다. 그러나 말을 구할 수가 없었다. 그들은 걸어서 증기선이 정박한 나루터에 갔다. 그런데 증기선이 있었지만 600여 명의 일본 군인이 타고 있었다. 그들 대부분이 열병과 이질을 앓고 있었다. 이 배를 타고 오던 도중 윌리엄 홀은 배안에서 다시 발진티푸스에 감염되고 말았다. 우여곡절 끝에 평양에서 서울로 오는 데 꼬박 9일이 걸리고 말았다. 그 사이에 윌리엄 홀의 병세는 더욱 깊어져 갔다.**12**

그와 함께했던 마펫 목사는 당시 상황을 다음과 같이 기록하고 있다.

---

10 기록에 따라 15명이라고도 한다. 이 중 6명은 평양의 첫 교회인 남산현교회의 교인들이 되었다.

11 셔우드 홀, 『닥터 홀의 조선 회상』, 171.: 박정희, 『로제타 셔우드 홀』(서울: 키아츠, 2018), 122.

12 박정희, 『로제타 셔우드 홀』, 124.

"지난해 여러 번 평양을 왕래하면서 너무 심한 혹사를 당해 그의 건강은 많이 약해져 있었다. 그래서 그는 전쟁터였던 이 도시 안팎의 극히 비위생적인 환경에 저항할 힘을 잃게 되었다. 시체 썩는 냄새, 가축들의 잔해가 곳곳에 널려 있어서 그 악취와 불결함은 말로 표현하기 힘들 정도다. 우리들은 말라리아를 앓았다. 닥터 홀의 병세가 더욱 심해져 우리는 관리들의 도움을 받아 일본의 교통수단을 이용, 서울까지 가도록 조처했다. (중략) 그런데 그 후 그는 다시 발진티푸스에 걸린 모양이다. (중략) 느린 항진 끝에 서울에 닿은 것은 그 다음 날 아침이었다. 거기에서 닥터 홀은 아내에게 맡겨졌다. 의사들은 온갖 노력을 다했다. 우리는 그가 회복되기를 기원했다."[13]

의사 제임스 홀은 의사 헤론에 이어 한국 땅에서 순직하여 양화진 외국인선교사 묘원에 묻히게 된 두 번째 선교사였다. 그의 헌신적 의료선교 사역은 비록 3년의 짧은 선교기간이었지만, 그는 실로 어린 아이와 같은 순수함과 고상한 인품, 깊은 신앙심, 그리고 박애주의 사상을 가진 하나님의 사람이었다. 그는 그의 스승과 그가 치료하며 돌보아 준 뉴욕의 빈민들과 한국의 환자들, 그리고 그가 함께 일한 동료 선교사 모두가 그를 칭송했던 것이다. 그는 비록 34세의 짧은 생을 살았지만 그의 이름은 후세에 널리 전해지고 있다.[14]

13 셔우드 홀, 『닥터 홀의 조선 회상』, 171-172.
14 최제창, 『한미의학사』, 59.

로제타 셔우드 홀
(Dr. Rosetta Sherwood Hall, 1865-1951)
한국 의료선교의 열정의 어머니

■ **의료선교사를 꿈꾸다**

의사 로제타 셔우드(Dr. Rosetta Sherwood)는 1865년 9월 19일, 미
국 뉴욕 설리번 카운티의 리버티에서 아버지 로즈벨트 셔우드(Rosevelt
Sherwood)와 어머니 피비 길더슬리브 셔우드(Phoebe Gildersleeve Sherwood)
사이에서 출생했다. 그녀는 어린 시절 고향집 농장에서 자랐으며, 뉴욕으
로 와서는 뉴욕 오스웨고의 스테이트 노멀 스쿨(State Normal School)에서
공부했다. 이곳에서 초등학교와 고등학교 교사 자격증을 취득하고, 1885
년 체스넛 릿지 학교에서 1년가량 교편을 잡았다. 그 후 펜실베니아 여자
의과대학(Women's Medical College of Pensylvania)을 졸업했다. 그리고 스테
이튼섬의 어린이병원에서 인턴 과정을 마쳤다.[1]

로제타 셔우드가 의료선교사가 되게 된 배경에는 어머니 피비 셔우드
의 영향이 있었다. 피비는 소녀 시절에 미국에서 최초로 해외에 파견한 독

---

1   셔우드 홀, 『닥터 홀의 조선 회상』, 49.

신 여선교사인 엘리자 에그뉴(Miss. Eliza Agnew)를 만난 후, 피비도 선교사가 되고 싶었다. 로제타는 어머니 피비의 선교사의 꿈을 먹고 자라났다. 그러나 로제타가 의료선교사가 되기로 결심하게 된 확실한 계기는 인도 선교사 캐너드 첸들러(Kennard Chandler) 여사와 인도 의료선교사였던 닥터 토번 여사로부터 인도에 의료선교사가 필요하다는 얘기를 듣고 감명을 받았기 때문이었다. 1889년 3월 14일, 로제타는 펜실베니아 여자의과대학을 졸업한 후, 그해 11월부터 미국 북감리회 뉴욕 디커니스홈 사역에 참여하게 되었다.[2] 그리고 제임스 홀이 봉사하는 뉴욕에서 가장 빈민들이 사는 험악한 메디슨 지역의 진료소에 봉사하러 왔다가 닥터 제임스 홀을 만난 것이다. 그들은 의료선교에 대한 서로간의 공통점이 많음을 깨닫고 외국 의료선교사로 함께 나가기를 꿈꾸게 되었다.

1890년 8월 22일, 마침내 여의사 로제타 셔우드가 먼저 의료선교사로 한국으로 떠나게 되었다. 1889년 11월에 어렵게 약혼을 했지만, 제임스 홀은 그 이별이 너무 고통스러웠다. 그러나 하나님의 뜻에 순종하여 조선으로 떠나는 로제타 셔우드의 모습에 더욱 감탄했다.

로제타 셔우드는 25세 처녀의 몸으로 주님 인도하심을 믿고 조선을 향하여 발걸음을 내디디면서 일기를 썼다

"내가 아니라, 내가 인생에서 말한 진실이, 내가 아니라, 내가 인생에서 뿌린 씨앗이, 후세에 전해지게 하소서. 나에 관한 모든 것이 잊힐지라도, 내가 말한 진실, 내가 행한 실천만이 남겨지게 하소서."[3]

---

2 박정희, 『로제타 셔우드 홀』(서울: 키아츠, 2018), 188.
3 같은 책, 180.

■ 하나님의 뜻을 좇아 조선으로 오다

미국 북감리회 의료선교사로 내한한 스크랜턴 박사는 당시 조선의 풍습 상 여성과 어린이들을 치료하려면 필히 여의사와 여성 전용 진료소가 필요하다는 것을 깨닫고 미국 북감리회 선교본부의 여성선교위원회에 이러한 내용을 요청했다. 그 결과 1887년 10월 20일, 미북감리회 소속 여의사 메타 하워드(Miss Dr. Meta Howard)가 파송되었다. 이에 따라 스크랜턴 박사와 그의 어머니 메리 피치 스크랜턴 부인(스크랜턴 대부인)의 도움으로 이화학당4 교내, 시병원 한편에 여성 전용 진료소가 세워졌다.5 미북감리회 선교부는 하워드 박사를 원장으로 세워 한국 최초의 여성 전용 진료소를 시작한 것이다.6 하워드 박사는 이 병원에서 수천 명의 여성과 어린들을 치료했다. 밀려드는 환자들을 돌보다 하워드 박사는 건강이 악화 되어 내한 지 2년 후인 1889년 9월 본국으로 돌아가지 않을 수 없었다.7 닥터 로제타 셔우드(Miss. Dr. Rosetta Sherwood)는 바로 여의사 하워드 박사의 뒤를 잇기 위해서 조선으로 파송된 것이었다.

1890년 10월 13일, 드디어 여의사 로제타 셔우드는 제물포로 들어왔고, 다음날 서울에 도착했다.

---

4 이화학당은 조선 최초의 여학교로, 1887년 고종이 '이화학당'이라는 이름을 하사하면서 시작되었다. 로제타가 내한한 1890년 당시에는 일곱 살부터 열일곱 살까지 26명의 소녀들이 재학하고 있었다. 닥터 로제타 셔우드가 보구녀관에 부임해 오자, 이화학당 출신의 영어를 좀 할 수 있는 소녀들을 통역 겸 조수 요원으로 보구녀관에 파견했다.
5 셔우드 홀, 『닥터 홀의 조선 회상』, 62.
6 마서 헌트리, 『한국 개신교 초기의 선교와 교회성장』, 427.
7 닥터 로제타 셔우드는 조선으로 오기 전, 시카고에서 닥터 메타 하워드를 만났었다.

■ 여성 전용 진료소 보구녀관 근무

그녀는 조선에 도착한 다음 날부터 보구녀관에서 진료하기 시작했다. 로제타 홀은 보구녀관의 제2대 원장으로 부임하였던 것이다.

"병원에는 첫날 4명, 그 다음날 9명, 그 후 석 달 동안 549명의 환자들이 치료를 받았다. 그중의 270명은 처음 오는 환자들이다. 나의 진료 카드를 보면 50종 이상의 다양한 질병이 관찰된 것을 볼 수 있다. 연주창(갑상선종), 매독, 회충, 눈병, 귓병, 피부병이 가장 많다. 째야할 종기와 제거해야 할 이빨이 대부분이다. 8명의 환자를 치료하는 데, 21가지의 전문적인 병을 치료해야 했다."[8]

그녀는 보구녀관에 부임하자 즉시, '여성을 위한 의료 사업은 여성의 힘으로(Medical work for women by women)'라는 표어를 내걸고 여성을 위한 의료교육도 시작하였다. 의료강습반(Medical Training Class)을 조직하고 소녀들을 모아 교육을 시작했다. 한국인 소녀 김점동과 일본인 소녀 오와가[9] 등, 여러 소녀들이 선발되어 훈련받았다. 로제타 홀은 보구녀관에 1893년까지 봉직했다. 로제타는 지난 3년 동안 치료한 환자가 14,000명을 넘는다는 사실에 스스로 대견스러웠다.[10] 로제타에 이어 제3대 원장으로 여의사 커틀러(Dr. Mary M. Cutler)가 1893년 부임하여 1912년까지 20년간 보구녀관 책임자로 병원을 운영하였다.[11] 1892년 동대문에 분원을 설치하게 되었는데, 이 사업이 커지게 되자 분원을 새 건물로 지어 '볼드윈 진료

---

8   셔우드 홀, 『닥터 홀의 조선 회상』, 73-74.
9   일본 소녀 오와가는 이화학당 출신으로 김점동과는 단짝이었다.
10   박정희, 『로제타 셔우드 홀』, 88.
11   이만열, 『한국기독교의료사』, 114-115.

소(Baldwin Dispensary)'라 이름하였다. 닥터 로제타 홀이 소장직을 함께 맡았다.[12]

■ 한국 최초의 국제결혼식

1892년 6월 27일, 드디어 로제타 셔우드 선교사는 윌리엄 홀(Dr. William J. Hall) 선교사와 꿈에도 그리던 결혼을 올리게 되었다. 신랑은 캐나다인, 신부는 미국인, 주최국은 조선이었다. 예식장인 스크랜턴 여사의 아름다운 정원에 3개국의 국기가 게양되었다. 올링거 목사의 주례로 조선 최초의 다국적 서양식 국제결혼식이 열린 것이다.[13] 오랜 기다림 속에서 마침내 사랑의 결실을 맺게 된 것이다. 그러나 어렵게 혼인했지만, 선교본부는 셔우드 홀은 계속 서울 여성병원에서, 제임스 홀은 평양 선교기지 개척 담당자로 가장 추운 겨울과 우기의 몇 달만은 제외하고는 대부분 평양에서 근무하라는 명령을 내렸다. 결혼한 지 불과 몇 개월이 안된 신혼의 두 사람은 헤어져 사역해야만 했다.

"1892년 11월 7일. 서울로 돌아와 12일간을 지낸 후에 그는 또 떠났다. 12일이라는 날짜는 꿈같이 지나갔다. 지금은 그를 기다리는 시간의 연속이다. 아, 그가 오랫동안 떠나 있다는 걸 생각하니 …. 날마다 우리의 사랑은 더 강해지고 이별은 가슴을 아프게 한다. 주일, 온종일 아무리 참으려 해도 눈물이 그치지 않았다. 누가 그에 대해 이야기만 해도 눈물이 흘렀다. 그러나 이제 울지 않는다. 오늘 밤에는 상당히 용기가 나는 것 같다. 확실히 하나님의 보살핌은 크

---

12 셔우드 홀, 『닥터 홀의 조선 회상』, 115.
13 같은 책, 105.

시다."**14**

"1893년 6월 27일, 오늘은 결혼 1주년 기념일이다. 어느 사이 이렇게 시간이 빨리 갔는지 … 우리에게는 지난 일 년이 가장 행복한 해였다. 그이는 '나를 만나 비로소 완전한 행복을 얻었다'고 지치지도 않고 되뇌인다. 우리의 앞날은 매우 밝아 보인다. 비록 또 한 해를 어디에서 일하게 될지는 모르지만 그것은 하나님의 뜻에 달린 것. 하나님이 인도해 주시는 길이면 어디든지 가겠다는 결심이 서 있다."**15**

■ 평양 사역과 제임스 홀의 순직

1893년 8월 23일, 로제타 홀은 선교본부의 결정에 따라 사역지를 서울에서 평양으로 옮기게 되었다. 그녀는 본부 결정에 너무 감사했고, 그 남편과 함께 평양에서 의료선교를 열심히 펼쳐 나갔다. 1893년 11월10일, 아들 셔우드 홀이 서울에서 태어났다. 홀 선교사 부부는 귀한 아들을 주신 하나님께 너무 감사했다. 아들의 이름은 부부의 이름과 성을 따서 '셔우드 홀'이라 지었다. 1894년 5월 8일, 홀 가족은 모두 평양으로 돌아왔다.**16**

그러나 1894년 초에 동학농민운동이 일어나고, 6월이 되자 평양 일대에 전운(戰雲)이 감돌자 홀 가족은 서울로 피난하였다. 7월, 청일전쟁이 일어나자 평양 일원이 전장(戰場)이 되었다. 일본군의 승리로 전쟁이 끝나

---

14 같은 책, 109.
15 같은 책, 122.
16 박정희, 『로제타 셔우드 홀』, 94.

고, 10월이 되자 닥터 홀은 마펫 목사 등과 함께 성도들을 돌아보기 위해서 평양으로 갔다. 닥터 홀은 많은 환자들을 치료하며, 학생들을 가르치며, 매일 밤 예배를 인도하다가 병이 났다.

그날의 일을 로제타 홀은 친구에게 편지로 보냈다.

"11월 19일 월요일 아침, 왕진을 가려고 약을 챙기고 있는데 그가 도착했다는 연락이 왔다. 나는 급히 아들을 안고 뛰어나갔다. 그는 병이 너무나 중해 혼자 서지를 못했다. 그는 겨우 입을 열고 말했다. "건강할 때 돌아와 아내를 만나는 게 얼마나 행복한 일인지는 이미 알고 있었지만, 이제는 병이 났을 때 집에 돌아와 눕는다는 게 얼마나 편한가 알게 되었소." … 열은 섭씨 40도를 오르고 있었다. … 다섯 명의 의사들이 머리를 맞대고 할 수 있는 방법은 다 썼다. … 목요일 아침, 그는 무엇을 쓰려고 연필과 종이를 달라고 했으나 너무나 힘이 없어서 글쓰기가 불가능했다. … 그의 눈은 슬픈 듯이 나를 바라보았다. 그가 할 수 있는 것은 "당-신-을- 사랑-하-오."라고 겨우 띄엄띄엄 한마디 할 수 있는 것뿐이었다. (중략) 그가 마지막으로 나에게 말하고자 애썼던 것은 "내가 평양에 갔던 것을 원망하지는 마시오. 나는 예수님의 뜻을 따른 것이오. 하나님의 은혜를 받았소."라는 내용이었다. 나의 사랑하는 닥터 홀, 그의 믿음은 이처럼 어린아이의 믿음과 같이 순수했다. … 1894년 11월 24일 토요일, 석양이 물들 무렵, 그는 "예수님의 품에 안겨 고요히 잠들었다." 영원한 안식일에 다시 깨어날 때까지 편안히 잠자기 위해 … 나는 내 방에 가서 아들 셔우드를 안고 와서는 하나님께서 그와 나에게 약속해 주신 바를 이루게 해 달라고 기도했다."[17]

---

17 셔우드 홀, 『닥터 홀의 조선 회상』, 172-176.

로제타 홀은 뜻하지 않게 사랑하던 남편을 결혼 3년 만에 잃게 되었다. 1894년 11월 27일, 로제타 홀은 배재학당에서 가진 남편의 추도식을 마치고 미국으로 돌아갈 결심을 했다. 그때 아들 셔우드는 한 살이었고, 그녀는 임신 7개월째였다. 그녀는 미국으로 돌아가는 길에 홀 선교사 부부의 선교사역의 열매이자 좋은 동역자들인 박에스더(김점동)와 그녀의 남편 박유산[18]을 함께 데리고 갔다.

■ 내일을 기약하며, 다시 미국으로

1895년 1월 18일, 뉴욕의 리버티에서 딸 에디스 마거리트가 태어났다. 로제타 홀은 고향 뉴욕의 한 병원에서 의사로 일하게 되었다.[19] 2월이 되자 박에스더는 리버티의 공립학교에 입학했고, 그녀의 남편은 셔우드 가(家)의 농장 일을 도왔다. 로제타 홀은 에스더가 학업에 따라 갈 수 있도록 과외공부를 지원했다. 그해 9월 에스더는 뉴욕시의 유아 병원에 들어가서 1년 이상 그곳에서 근무하며 생활비를 벌어 가면서 공부했다. 1896년 10월 1일, 에스더는 볼티모어 여자의과대학(Women's Medical College of

---

18 김점동의 아버지 김홍택은 이화학당 배제학당의 설립자 아펜젤러 목사의 한국인 조력자였다. 기독교인이 된 그는 그의 둘째 딸 '점동'을 스크랜턴 대부인에게 맡겼다. 14세 김점동은 이화학당에서 영어를 제일 잘하는 학생이 되었다. 로제타 셔우드가 내한함에 따라 감리회 선교부는 김점동을 로제타의 통역을 위해 보구녀관에 보냈다. 로제타는 김점동이 기대보다 통역을 잘하는 것을 보고 조수로 훈련시켰다. 김점동이 세례를 받게 되니 세례명이 '에스더'였다. 에스더가 결혼 적령기가 되어 신랑감을 찾다보니 마침 닥터 제임스 홀이 전도하여 기독교 신자가 된 청년 박유산이 좋다고 여겨 결혼하게 되었다. 이 둘은 1893년 5월 24일 기독교식으로 결혼식을 올렸다. 김점동의 세례명이 에스더여서, 결혼을 함에 따라 '박에스더'로 불리게 되었다. 박에스더는 닥터 로제타 홀같이 의사가 되고 싶어했다. 셔우드 홀, 『닥터 홀의 조선 회상』, 115, 122,: 박정희, 『로제타 셔우드 홀』, 29.

19 셔우드 홀, 『닥터 홀의 조선 회상』, 179.

Baltimore, 현재의 존스 홉킨스 의과대학)에 입학했다.[20] 로제타의 적극적인 배려로 말미암아 박에스더는 조선인으로서 최초의 미국 여의사가 되었다.

■ 기홀병원(윌리엄 제임스 홀 기념병원)의 건립

의사 로제타 홀은 미국에 있으면서 의료선교를 하다 순직한 남편을 기념하기 위해 한국에 그 기념병원을 설립할 계획을 세웠다. 1897년 2월 1일, 드디어 닥터 윌리엄 홀(Dr. W. J. Hall)을 기념한 '기홀병원(The Hall Memorial Hospital)'이 평양에 세워졌다.[21] 로제타 홀은 선교회로부터 아무런 경제적 원조 없이, 조선의 친절한 친구들, 고국의 친지들의 도움으로 기금을 마련하여 이 병원을 건립했다. 미북감리회는 그 병원의 운영을 위해 의사 폴웰(Dr. E. D. Follwell)을 파견하였다. 닥터 폴웰의 보고서에 의하면 1897년 2월 1일부터 4월 27일 사이에 수술 환자는 1,334명, 일반 환자는 1,011명이었다. 환자수는 매일 평균 32-84명이었다.[22]

1897년 8월에 로제타 홀은 윌리엄 홀의 생애를 다룬 책『윌리엄 제임스 홀, M.D.』를 미국에서 출간했다. 기홀병원은 북한의 거의 모든 지역에서 찾아오는 환자를 진료하는 병원으로 크게 공헌하였다. 1901년 한 해 동안 5,862명의 환자를 치료하였고, 수술 받은 환자는 1,562명에 달했다.[23] 기홀병원에서는 매일 아침 식사 후 병실에서 환자들을 위한 기도회가 있었다.[24] 기홀병원은, 광혜여원과, 미북장로회의 '래드 병원(Ladd

---

20 같은 책, 181.
21 같은 책, 183.
22 같은 책, 184.
23 이상규, "한국 의료선교사I", 62.
24 이만열,『한국기독교의료사』, 121.

Hospital)'으로 시작하여 '평양장로교병원'으로 발전된 의료기관과 연합하여, 1923년 '평양연합기독병원'으로 발전하였다.**25** 그리하여 미북감리회와 미북장로회 선교부에 의해 공동 운영되었다(이 병원은 이 후에 김일성종합대학 부속병원이 되었다가, 오늘날에는 평양의학대학병원으로 이어지고 있다).**26**

■ 조선 복귀, 연이은 슬픔!

1897년 11월 10일, 드디어 로제타 홀은 아들 셔우드와 딸 에디스를 데리고 한국으로 돌아왔다. 그녀의 마음은 언제나 한국으로 향해 있었던 것이다. 아들 셔우드가 네 살 되는 생일날이었다. 그녀는 보구녀관에서 근무를 다시 시작했다. 그리고 이듬해(1898년) 5월 1일, 홀 가족은 4년 만에 다시 평양에 도착했다.**27** 감회가 새로웠다. 새로이 거처를 마련하자, 에디스는 마당에서 뛰어 놀며 행복해 했다. 그러나 어려움은 또 닥쳐왔다. 홀 가족 모두가 이질에 걸린 것이다. 에디스가 가장 심했다. 병이 나고 3주 동안 에디스는 구토와 통증으로 괴로워했다. 로제타 홀은 딸을 떠나보내며 일기를 썼다.

"5월 23일, 새벽 3시 30분에 다시 고통스러워했다. 병이 난 후 처음으로 에디

25 박정희, 『로제타 셔우드 홀』, 145.
26 2001년 6월, 필자는 분단 이후 한국 이비인후과 전문의로서는 처음으로 평양의학대학병원 이비인후과를 공식 방문했다. 그리고 그해 대한이비인후과학회 가을학회에서 평양의학대학병원 이비인후과 상황을 보고하였다. 그 후 대한이비인후과학회는 평양의학대학병원 이비인후과를 방문하여, 진료실의 시설과 장비 등을 새롭게 현대화했다.
27 셔우드 홀, 『닥터 홀의 조선 회상』, 191.

스는 안아 달라고 했다. 심히 고통스러워하는 이 작은 얼굴 … 아침 10시 경 나는 흰 민들레꽃을 에디스 손에 쥐어 주었다. 에드스는 좋아서 오랫동안 쥐고 있었다 … 오후 3시, 아이의 손발이 차다. 얼굴과 몸은 뜨거워 섭씨 39.5도 … 6시 45분 아이는 쉬지 않고 숨을 몰아 쉬고 메스꺼워했다 … 오후 8시 40분. 에디스는 이 세상에서 태어나게 해 주신 하나님 품으로 돌아갔다."

"1898년 5월 23일 월요일, 또 하나의 엄청난 슬픔이 우리에게 닥친 것이다. 우리의 첫 슬픔, 닥터 홀이 우리 곁을 떠날 때 하나님이 주신 보석같이 귀하고 우리의 위안이었던 에디스가 평양의 새 집에 정착하기도 전에 우리 품에서 떠난 것이다. (중략) 나는 사랑하는 딸이 아빠의 산소에 묻히기를 원했다. 그레이엄 리 목사는 고맙게도 공기가 통하지 않게 주석으로 봉한 관을 준비한 다음 성실한 김창식과 함께 살아서 보지 못했던 딸을 아빠 옆에 묻기 위해 서울로 운반해 갔다. 에디스가 가는 여로(旅路)는 아빠가 생전에 자주 왕래하던 길이다. 5월 26일 평양을 떠나서 6월 1일 서울에 도착할 예정이다."[28]

■ 광혜여원 및 에디스 마거릿 어린이 병동 건립

로제타 홀 선교사는 사랑하는 딸 에디스를 가슴에 묻고, 다시금 굳은 신념과 신앙심으로 슬픔을 극복하고 의료선교에 전념하게 되었다.[29] 1898년 6월 18일, 평양에 마련한 집의 한편에 '여성 진료소'를 연 것이다. 진료소를 열기 전, 평양 감사의 부인이 병이 났으니 왕진을 와 달라는 부탁을 받고, 몇 차례 왕진치료를 하게 되자, 그 부인의 병이 낫게 되었다.

---

28 같은 책, 192-194.
29 최제창, 『한미의학사』, 60.

평양 감사는 감사하다며 많은 선물을 보내 왔다. 그 후 진료소를 열게 됨에, 평양 감사에게 진료소 이름을 지어 달라고 부탁하니, '광혜여원(廣惠女院, Women's Dispensary of Extended Grace)이라고 지어 주었다.[30]

그해 8월부터 로제타 홀은 광혜여원 신축 공사를 시작했다. 평양에서 처음으로 지어지는 2층 건물이었다. 그리고 이듬해(1899) 신축되는 광혜여원 안에 부속 병동인 '어린이 병동'이 함께 지어졌다. '에디스 마거릿 어린이 병동(Edith Margaret Children Wards)'이었다. 그리고 이 병동에 등장한 또 하나의 명물은, 시멘트로 만든 대형 물탱크 저수장이었다. 오염된 물이 이질을 유발시키고, 이 이질이 '에디스'를 앗아갔기 때문이었다.[31]

■ 맹인선교의 요람, 정진학교 건립

로제타 홀에게는 남편 닥터 홀과 평양에서 사역을 시작하면서 또 하나의 숙제가 생겼다. 닥터 홀이 평양에서 전도하여 첫 신자가 되고, 전도사가 된 사람이 오석형이었다. 이 사람에게 앞을 못 보는 '봉래'라는 어린 딸이 있었다. 그 당시 조선의 장님, 벙어리, 귀머거리들은 매우 처참한 삶을 살아가야 했다. 장님들은 에 세상에서 쓸모없는 존재로 취급되며, 그나마 훈련을 받을 수만 있다면 점장이나 무당이 될 수 있는 정도였다.로제타 홀은 맹인 교육을 시킬 수 있는 지식이 있으면, 봉래에게 점자를 읽게 할 수 있다고 생각했던 것이다.[32]

로제타 홀은 미국에 머무는 동안에 한국에서부터 가져온 이 숙제를 풀

30 셔우드 홀,『닥터 홀의 조선 회상』, 195.
31 같은 책, 196-197.
32 같은 책, 158-159.

기 위하여 따로 시간을 내어 맹아교육법을 공부했다. 뉴욕 맹인교육학원의 원장인 윌리엄 웨이트(William B. Wait)가 개발한 '뉴욕 포인트'라는 점자 구조를 배웠다. 그리고 그것을 한국어에 맞게 활용하여 한글용 점자를 개발했다.**33** 1898년 로제타 홀이 평양으로 다시 오자 오봉래**34**를 가르치기 시작했다. 그러다 1899년 '에디스 마거릿 어린이 병동이 완성되자, 1900년 어린이 병동 방 한 칸에 맹인학교가 시작 되었다.**35** 그 후 평양여학교에 맹인반이 만들어졌고, 나아가 한국 최초의 맹아학교인 '정진학교'가 세워졌다. 이것은 한국에서 맹인을 위한 선교운동의 효시가 되었다.

■ 평양외국인학교 건립

1900년 6월, 평양외국인학교가 문을 열었다. 로제타는 무럭무럭 건강하게 자라나는 셔우드가 대견스러웠다. 그러나 그의 교육이 늘 고심거리였다. 당시 조선 안에는 외국인학교가 하나도 없었고, 선교사 자녀 교육을 위해서는 중국으로 가야 했다. 궁리 끝에 고등학교 교사자격증을 가진 로제타는 학교의 커리큘럼을 짜고, 선교사 스웰렌 부인, 윌리엄 베어드(William M. Baird Sr.) 박사 부부와 합세하여 조선 최초의 '평양외국인학교'를 세우게 되었다.

첫 학생으로는 셔우드 홀(Sherwood Hall), 올리베트 스웰렌(Olivette Swallen), 거트루드 스웰렌(Gertrude Swallen), 존 베어드 (John Baird) 이렇게 4명이었다. 그후 이 학교에는 조선 전국, 중국, 일본, 그리고 다른 아시아

---

33 정연희, 『길따라 믿음따라』(서울:두란노서원, 1990), 56.
34 오봉래는 점자로 통해 읽기, 쓰기를 배웠고, 뜨개질도 배우게 되었다. 그녀는 이 후 일본으로 가서 심화된 교육을 받고 돌아와 맹인 소녀들을 가르치는 교사가 되었다.
35 이만열, 『한국기독교의료사』, 122.

지역의 선교사 자녀들까지도 유학을 오게 되었다.[36]

■ 여의사 박에스더의 귀환

1900년 가을, 박에스더가 미국의 볼티모어 여자의과대학을 졸업하고 미국 여자 의사가 되어서, 미국 북감리회 파송선교사로 내한하였다. 그러나 안타까운 것은 박에스더의 남편 박유산은 식당 등에서 힘든 일을 하며 그녀의 공부를 돕다가, 그녀가 졸업반일 때 폐결핵으로 미국에서 병사했다.[37] 닥터 박에스더는 닥터 로제타 홀을 도와 평양 광혜여원에서 열심히 봉사하였다.

1901년에 들어 와서 닥터 박에스더의 도움으로 광혜여원은 더욱 활기를 띠게 되었고, 셔우드도 작은 학교이지만 잘 적응해 갔다. 그런데 로제타가 쓰러지게 되었다. 그동안의 과로와 불면증 등으로 인해 신경쇠약이 온 것이다. 선교부에서는 미국으로 가서 휴식을 취하며 요양할 것을 결정했다. 일단 서울로 자리를 옮기게 되었다. 서울의 보구녀관에서 근무하던 릴리언 해리스 박사가 평양 광혜여원으로 오고, 광혜여원의 박에스더가 서울 보구녀관으로 가기로 했다. 평양에는 릴리언 해리스 박사의 친 여동생과 제부 폴웰 목사가 사역하고 있어서 릴리언 해리스 박사는 평양으로 오고 싶어 했었다. 그러나 릴리언 해리스 박사는 평양으로 부임해 온 이듬해 발진티푸스에 감염 되어 순직하여 대동강 가에 묻혔다. 서른 아홉의 나이였다.[38]

---

36 셔우드 홀, 『닥터 홀의 조선 회상』, 210.
37 박정희, 『로제타 셔우드 홀』, 151.
38 릴리언 해리스 박사가 순직하자 이후 1912년, 미북감리회 선교부는 서울 보구녀관의 분원인 '동대문병원'(볼드윈 진료소 후신)을 서울에서 가장 높은 5층짜리 초현대식 빌딩으로

■ 광혜여원의 화재와 재건축

1901년 6월 7일, 로제타 홀은 아들 셔우드를 데리고 요양하기 위해서 미국으로 돌아갔다. 미국 뉴욕에 도착하여 셋째 오빠 찰리의 집 근처 요양원에 들어갔고, 셔우드는 목사인 둘째 오빠 프랭크 집에 맡겨져 학교를 다녔다. 건강을 회복한 로제타는 뉴욕 고향집과 캐나다 시댁을 방문했다. 로제타는 한국으로 다시 돌아가기로 했다. 함께 동행할 일행으로는 보구녀관 3대 원장인 메리 커틀러 박사(Dr. Mary M. Cutler)와 새로 파견되는 마거릿 에드먼즈(Margaret J. Edmunds) 간호사가 합류했다.**39** 런던을 거쳐 한국으로 돌아갈 여정을 짰다. 1902년 9월18일, 런던에 도착하니 에드워드 7세 국왕 대관식이 있어 축제 중이라 여객선 선표가 매진되어 아시아로 가는 선편을 구할 수 없었다. 겨우 10월 16일에야 일본 고베로 가는 화물선의 표를 구할 수 있었다. 그 배를 타고 서울로 돌아오니 1903년 3월 18일이었다. 꼬박 5개월이 걸렸다. 배 안에서 추수감사절, 성탄절, 그리고 새해를 맞은 것이다.**40**

1903년 3월, 닥터 로제타 홀은 다시 평양으로 돌아왔다. 미국에서 모금해 온 자금으로 광혜여원 확장 공사를 시작했다. 2층 양옥으로 평양에서 가장 웅장한 서양식 건물이 들어서면서 광혜여원은 평양의 명소가 되었다.

1906년, 로제타는 뉴욕의 북감리회 선교부에서 한국으로 시찰 나와 평양을 방문했던 섬너 스톤 목사를 평양역 기차 안에서 배웅했다. 기차가

증축하여, '릴리언 해리스 기념병원'이라고 개명하면서 서대문에 있던 보구녀관을 통합시켰다.

39 박정희, 『로제타 셔우드 홀』, 153.
40 같은 책, 153.

출발하니 로제타는 당황하여 급히 기차에서 뛰어 내리다가 다리를 다쳐 광혜여원에 입원하고 있었다. 광혜여원 본관 한옥에서 불이 났다. 불은 본관과 신관 전체에 번져 갔다. 학교에서 공부하고 있던 셔우드에게 이 소식이 전해졌다.

"셔우드, 너희 병원이 불타고 있어!"

병원에 어머니 로제타가 입원해 있음을 알고 있는 터라 셔우드는 죽을 힘을 다해 달려갔다. 전체 건물에 불이 붙은 것을 본 셔우드는 겁에 질려 "엄마, 엄마!" 부르짖었다. 그러나 불이 나자 로제타와 환자들은 미리 대피했던 것이다. 병원은 완전히 불타버렸다.[41] 로제타는 너무 마음이 아팠다. 그러나 다시 용기를 내어 곳곳에 도움을 요청했다.

1908년, 광혜여원은 새 건물로 다시 태어났다. 지하 1층, 지상 2층 규모의 평양에서 가장 큰 고층빌딩으로 우뚝 세워졌다.[42]

"진정한 기념물은 차갑고 값비싼 대리석이나 화강암으로 만든 조각품이 아니라 인류를 고양시키거나 고통을 경감시키기 위한 기초를 놓는 것이어야 한다. 그런 기념물은 살아 있고, 따뜻하고, 길이길이 재생산적인 것이다."[43]

이 말은 로제타가 남편을 기리며 세운 기홀병원을 건립할 때 했던 말이었다. 광혜여원도 마찬가지로 새롭게 거듭나서 재생산적 사업을 훌륭하게 이어갔다.

1915년, '허을 부인 조선 온 지 25주년 기념' 행사가 열렸다. 언제부터

---

41 같은 책, 156-157.
42 같은 책, 157.
43 같은 책, 157.

인가 로제타 홀은 '평양의 오마니'라고 불리고 있었다.**44** 그동안 그녀에게 치료 받은 사람이 수십만에 이르렀고, 그중에 수천 명은 로제타의 친절과 헌신에 감명받고 기독교인이 되었다."**45**

■ 여의사 양성의 꿈을 펼치다

로제타 홀은 서울의 보구녀관의 제2대 원장으로부임하자 즉시 '여성을 위한 의료 사업은 여성의 힘으로(Medical work for women by women)'라는 표어를 내걸고 여성을 위한 의료교육도 시작하였다. 의료강습반(Medical Training Class)을 조직하고 소녀들을 모아 교육을 시작했다. 평양 광혜여원이 세워지자 로제타는 닥터 박에스더와 함께 꿈을 이루어 보고자 했었는데, 1910년 4월, 박에스더가 갑자기 순직함으로 인해 어려워졌다.

한편 1912년 릴리언 해리스 박사가 순직하자 이후 1912년, 미북감리회 선교부는 서울 보구녀관의 분원인 볼드윈 진료소를 서울에서 가장 높은 5층짜리 초현대식 빌딩으로 증축하여, '릴리언 해리스 기념병원'이라고 개명하였다. 그 후 이 병원은 서대문에 있던 보구녀관과 통합되어, '동대문 여성병원'이 되었다. 이러한 과정에서 1912년, 보구녀관 제2대 원장이었던 닥터 로제타 홀을 이어, 보구녀관 제3대 원장으로 1893년에 부임해 와서 1912년까지 섬겨 왔던 메리 해리스 박사가 평양 광혜여원으로 부임해 왔다.**46** 로제타는 해리스 박사와 함께 광혜여원에서 의학강습반을 시작했다. 여기서 공부를 시작한 사람들이, 김창식 목사의 딸 김로다, 전

---

44 같은 책, 163.
45 같은 책, 164.
46 같은 책, 168.

삼덕의 손녀 김폴린, 전도부인 홍유례의 딸인, 황애덕과 황신덕, 장신도의 딸 윤심덕 등이었다. 이 중에 김로다만이 여자 의사가 되었고 나머지 사람들은 미국, 일본으로 유학을 가서 교육자, 여성운동가, 성악가 등 여성 전문가가 되었다.[47]

닥터 로제타 홀과 커틀러 박사의 강습반은 기홀병원의 한국인 의사와 군대병원 의사들의 도움을 받고 진행되었다.[48] 이 과정을 마친 사람들은 세브란스의전에 입학시킬 생각이었다. 그러나 기독교선교단체가 연합하여 운영하는 세브란스의전은 여학생들을 받아 주지 않았다. 로제타는 너무나 안타까와 했다. 궁리에 궁리를 하다가 조선총독부의원 부속의학강습소 후지타(藤 田嗣章) 교장을 찾아가서 논의한 결과, 광혜여원의학강습소 기초의학반을 마친 학생들을 청강생으로 받아주기로 허락을 받았다.[49] 서울에 기숙사를 마련하고 전도부인 홍유례가 함께 살면서 이들을 돌보기로 하였다.

1914년, 드디어 김영흥, 안수경, 김해지 등 세 명이 조선총독부의원 부속의학강습소에 들어 갔고, 4년 후에 의사 면허증을 따게 되었다. 조선 땅에 반드시 여의사를 양성하겠다는 로제타의 꿈이 28년 만에 이루어진 것이다. 같은 해 5년 동안 광혜여원 수간호사로 일해 오던 이복업(그레이스)이 산부인과 임상훈련을 받고 '의생 면허'를 받게 되어 한국 최초의 여성 개업의가 되었다.[50]

그러나 1916년부터 조선총독부의원 부속의학강습소는 경성의학전문학교(서울대학교 의과대학 전신)가 되었고, 교장도 바뀌게 되었다. 이후 5-6

---

47 같은 책, 169.
48 같은 책, 같은 쪽.
49 같은 책, 169-170.
50 같은 책, 170-171.

명 정도의 학생을 더 받아 주고는 1926년부터는 여학생 청강을 전면 금지시켜버렸다.[51]

1921년, 닥터 로제타 홀은 동대문여성병원(릴리언 해리스 기념병원) 원장으로 자리를 옮겼다. 여의사 양성에 주력하기 위해서였다. 감리교 여성 선교회 소속의 이화여자전문학교에 의예과만이라도 신설해 주기를 간청했으나 거절되었다.[52] 이제는 다른 방법이 없었다. 자신이 여자의과대학을 설립하는 길뿐이었다. 로제타는 자신의 뜻에 함께할 사람들을 국내외적으로 찾기로 했다. 이때에 세브란스의전의 최동 박사로부터 소개받은 사람이 길정희라는 일본 동경여자의학전문학교 재학 중인 여학생이었다. 1923년, 길정희 선생이 학교를 졸업하고 귀국했다. 조선총독부의원에서 1년간 인턴을 마치고 동대문여성병원으로 들어왔다. 여의사 양성의 꿈이 다시 시작된 것이다.

■ 로제타 홀의 환갑잔치

1926년 9월19일, 로제타 홀 선교사의 61세 생일에 환갑잔치가 열렸다. 환갑은 원래 지난 해였지만, 아들 내외가 한국으로 오면 하겠다고 미뤄 왔던 것이다. 이제 고등학교 때에 미국으로 유학간 아들 셔우드가 33살로 의사가 되고, 또 여의사 며느리 메리안과 함께 한국으로 온 것이다. 잔치는 10월 26일에 열렸다. 많은 명사들이 축하연에 참석하여 36년간 조선에서 봉사한 로제타 홀의 공적을 치하했다. 특히 두 가지에 대해서 진심으로 감사했는데, 첫째, 맹인학교를 세워 준 것으로 장애인들의 복지에

---

51 같은 책, 171.
52 같은 책, 172.

큰 기여를 했다는 것. 둘째, 한국 여성들을 의사로 양성시킨 점이었다.[53]
병원직원들이 노래를 지어 불렀다.

"산중 깊은 곳에 금은이 숨겨져 있네, 진주는 깊은 바다 밑에 놓여 있지만, 하나님의 은혜로 하여 닥터 홀은 우리에게 보내졌네. 60년간의 노고와 눈물은 끊임이 없었네. 서슴지 않고 바친 그의 생애는 진정 기억되리."[54]

로제타 홀은 감사하며 답사했다.

"내가 여기서 한 가지 제의하는데 조선의 여성계를 위하여 이 일 한 가지를 더 하려는데 여러분이 협력할 수 있겠는지요? 늘어나는 여학교와 공장에 다니는 여성들을 위하여 공중위생 기관과 병원을 더 설치하는 것이 급선무입니다. 그러니 여의사가 얼마나 더 필요합니까? 그러니 오늘날 조선 안에 여자의학전문학교가 당연히 있어야 할 것이 아닙니까? 이 제의에 대하여 여러분은 어떻게 생각합니까?"[55]

1927년 로제타 홀 선교사는 마지막 안식년을 가졌다. 미국에서 휴식을 취하고 한국으로 돌아오는 길에 동양 각국의 여자의학전문학교를 방문했다. 인도 학교 4곳, 중국 학교 2곳, 일본 학교 2곳 등을 돌아보며 한국에서 세울 학교를 꿈꾸었다.

---

53 서우드 홀, 『닥터 홀의 조선 회상』, 378.
54 같은 책, 378-379.
55 서우드 홀, 『닥터 홀의 조선 회상』, 731.; 박정희, 『로제타 서우드 홀』, 173.

■ 경성여자의학강습소 개설

1928년 5월 14일, 닥터 로제타 홀은 60여 명의 유지와 함께 조선여자의학전문학교 창립 발기모임을 가졌다. 특히 동경여자의학전문학교를 졸업한 여의사 길정희(吉貞姬)와 함께 수년을 계획한 끝에, 1928년 9월 4일, 드디어 '경성여자의학강습소'를 열었다. 로제타 홀이 소장을 맡았고, 여의사 길정희가 부소장을 맡았다. 장소는 창신동 채석장 근처에 있던 2층 양옥집으로, 로제타의 평생 동료이자 친구였던 루이스 간호사가 살다간 집이었다. 의학강습소의 운영비 일체는 의사 로제타 홀이 사재로 충당하고, 강의는 서울에 있는 전문의들이 무보수로 담당했다. 드디어 로제타 홀의 꿈이 실현된 것이다.

이 학교를 운영하는 데 재정적으로 많이 어려웠다. 1933년, 68세가 된 로제타 홀 선교사는 43년간의 선교사역을 마치고 미국으로 돌아갔다. 의사 길정희와 그녀의 남편 김탁원에게 학교의 운영을 일임했다.

이후 경성여자의학강습소는 1938년 우석(友石) 김종익(金鍾翊)[56] 선생의 도움으로 여자의학전문학교가 되었다. 그 후 서울여자의과대학교, 수도의과대학교, 우석대학교 의과대학으로 거듭나다가, 1971년에 고려대학교에 편입되어 오늘날 고려대학교 의과대학으로 이어지고 있다.[57]

---

[56] 우석 김종익(金鍾翊)은 일제강점기 전라남도 순천 지역의 기업가로 거부(巨富)였다. 순천농업학교(순천대학교 전신), 순천중고등학교, 순천여자중고등학교 등을 설립하였다. 장녀가 병사한 사건을 계기로 1938년, 경성여자의학강습소를 인수하여 재단법인 우석학원(友石學園)을 조직하고, 경성여자의학전문학교를 설립하였다.

[57] 박정희, 『로제타 셔우드 홀』, 175.

■ 사명을 완수하고, 주님 품에 안기다

1933년 미국으로 돌아온 로제타 홀 선교사는 계속 의사로 봉사하다가 1943년, 78세의 나이로 완전히 모든 공식적인 봉사 활동에서 은퇴하고, 뉴저지 주 오션 글로브((Ocean Grove)에 있는, 은퇴한 여선교사나 교회에서 재직했던 여성들을 위해 감리교단에서 운영하는 '노인들의 집'인, '반크로프트-테일러 양로원(Bancroft-Taylor Rest Home)'에 들어갔다. 로제타 셔우드 홀 선교사는 이 양로원에서 지내다 가 유행성 독감으로 1951년 4월 5일에 85세로 소천했다. 장례식에는 인도 선교사로 나가 있던 아들 셔우드 홀 선교사 내외는 참석을 못하고, 24세가 된 손자 윌리엄 제임스 홀이 참석했다. 그리고 화장되어 그 유골은 유언에 따라 한국으로 보내져 남편 닥터 홀과 딸 에디스, 손자 프랭크가 묻힌 양화진외국인공원묘원의 홀 가족 묘역에 안장되었다.**58**

의료선교사 로제타 셔우드 홀은 한국 의료선교에 있어서, 특히 여성과 어린이와 장애인선교에 큰 업적을 남겼다. 미국 정부로부터 뛰어난 미국 여성 200인 중 한 사람으로 인정받았다.

**로제타, 자녀, 박에스더 가족
(1895년)**

58　서우드 홀, 『닥터 홀의 조선 회상』, 730-731.

■ 대를 이어 한국을 사랑한 의료선교사

윌리엄 제임스 홀과 로제타 셔우드 홀 사이에 아들 셔우드 홀이 서울
에서 태어났다. 노블 목사의 회고록에 당시 모습이 기록되어 있다.

"닥터 홀은 아들을 얻은 기쁨으로 가슴이 벅찼다. 이 꼬마는 1893년 11월10
일 이 세상에 태어났다. 그날은 바로 이 아기의 할아버지 89회 생일이기도 했
다. 아기 이름은 셔우드 홀(Sherwood Hall)이라 지어졌다."1

부친이 별세하자 셔우드 홀은 어머니를 따라 미국으로 갔다가, 3살 때
에 다시 어머니와 함께 조선으로 돌아왔다. 1900년 6월, 셔우드 홀은 어
머니 로제타 홀이 주축이 되어 이제 막 개교한 '평양외국인학교'에 첫 신
입생으로 들어갔다. 전교생은 4명으로, 셔우드 홀과 스윌렌 선교사 두 자

1　셔우드 홀, 『닥터 홀의 조선 회상』, 127.

녀인 올리베트와 거트루드, 그리고 윌리엄 베어드 선교사 아들 존 베어드
였다. 1906년 8월, 평양의 선교사들은 원산의 캐나다 의료선교사인 로버
트 하디(Dr. Robert Alexander Hardie) 선교사를 초청해 강연회를 가졌다. 13
세가 된 셔우드 홀에게 있어서 이 강연회는 매우 특별했다.

"기독교 복음의 핵심은 하나님께서 주신 은사의 말씀에 있다. 무서운 지옥의
형벌을 피하고 상을 받아 천국에 가고자 하는 마음으로 이 세상을 산다면 하나
님의 말씀을 알아듣지 못한다. (중략) 기독교의 가르침은 하나님께서 우리를
죄악에서 구해주시는 그 힘에 있는 것이지. 반드시 내세에만 있는 것은 아니
다. 지금 바로 여기에 하나님의 은사가 있다. 예수님께서는 온 시대를 통해 가
장 놀랍고 귀한 말씀을 하셨다. "아버지, 저들을 용서해 주시옵소서. 저들은 저
들이 무엇을 하는지 알지 못하옵니다."라고 하셨다. 이 말씀을 음미해 보라. 하
나님께서는 우리가 어떤 잘못을 저질러도 우리 죄를 사해 주신다는 것을 의미
한다. 아무리 높은 이상도 영적인 힘이 없다면 수행하기 어렵다. 기억하라. 이
러한 영적인 힘은 계속적인 기도로만 얻어 질 수 있다. 우리의 체력이 날마다
음식물을 섭취함으로써 유지되는 것같이 우리의 영적인 강건함도 날마다 기도
를 통해서만 유지될 수 있다. 이때 우리의 목적은 인간의 영광으로부터 하나님
의 영광으로 그 초점이 바뀌어진다."[2]

닥터 하디 선교사의 설교는 어린 셔우드의 가슴에 큰 파문을 일으키
며, 그도 부모님의 뒤를 이어 조선에서 의료선교사로 봉사하기로 결심했
다.[3] 1910년 4월, 사랑하는 닥터 박에스더가 인생의 가장 황금기에 폐결

---

2 같은 책, 234.
3 같은 책, 같은 쪽.

핵으로 세상을 떠나게 되자 셔우드 홀은 결심했다.

"그녀를 이 세상에서 앗아갔고 그녀가 사랑한 수많은 동족들의 생명을 앗아간 병, 나는 이 병을 퇴치하는 데 앞장서기로 결심했다. 나는 반드시 폐결핵 전문 의사가 되어 조선에 돌아올 것과, 결핵요양원을 세우기로 굳게 맹세했다."[4]

　1910년, 스코틀랜드 에딘버러에서 열리는 세계선교사대회에 닥터 로 제타 셔우드 홀은 조선지역의 공식 대표로 임명되어 이 대회에 참석하게 되었다. 17세가 된 셔우드 홀이 어머니 로제타와 함께 동행하게 되었다. 그리고 셔우드 홀은 이 여행의 종착지인 미국 메사추세츠 주의 마운트 허 몬에 도착하여 그곳 고등학교에 입학하게 되었다. 마운트 허몬 고등학교 는 드와이트 L. 무디가 세운 학교로서 '학생자원운동'의 탄생지였다. 윌리 엄 제임스 홀도 마운트 허몬의 가르침에 감명되어 의료선교사가 되기로 결심했던 것이다. 윌리엄 홀은 그의 아들 셔우드 홀이 이 학교에서 교육 받기를 생전에 간절히 바랬던 것이다.[5] 따라서 로제타 홀은 셔우드 홀을 이 학교에 입학시켰다. 1915년 6월, 고등학교를 졸업한 셔우드 홀은 오하 이오 주의 마운트 유니언 대학(Mount Union College)으로 진학했다. 그는 이 대학을 다닐 때에 메리안 버텀리(Dr. Marian Bottomley, 1896-1991)를 만나게 되었다. 1918년 4월, 그들은 약혼했다.

　1차 세계대전이 일어나자 셔우드 홀은 9월에 미군 의료 보충대로 입대 했다. 11월 휴전이 되고, 이 후에 군 복무를 마쳤다. 1919년 6월에 마운트 유니언 대학에서 의예과 과정을 마치고, 캐나다 토론토대학 의과대학으로

4　같은 책, 240.
5　같은 책, 252.

진학했다. 아버지 제임스 홀이 졸업한 학교였다. 1922년 메리안과 결혼하였다. 1923년 셔우드 홀은 캐나다 토론토 의과대학을 졸업하고 의사가 되었는데, 캐나다 의사 자격과 미국 의사 자격증도 가지게 된 것이다.[6] 뉴욕롱 아일랜드 홀츠빌에 있는 결핵요양소 병원에서 결핵을 전공하였다.

■ 다시 조선으로

1925년, 어머니 로제타 홀의 지인되시는 분들의 후원으로, 미국 북감리회 선교부는 셔우드 홀 박사 부부를 조선으로 파송하게 되었다. 로제타 홀은 아들 부부가 평양연합기독병원[7]으로 가길 바랬다. 그러나 평양병원에는 이미 훌륭한 의료선교사들이 책임지고 있어, 선교본부는 셔우드 부부를 해주 노튼병원으로 발령낸 것이다. 선교본부는 그들이 조선으로 부임하기 전에 먼저 영국 런던의 열대병 의학교에서 6개월 간 동양 질병에 대한 철저한 훈련을 받고 해주병원으로 부임할 것을 명했다. 그들로서는 이 의학교에서 지구 곳곳에서 오는 실제적인 의학 자료들을 접하는 행운을 누리게 되었다.[8] 이것은 조선에서 사역함에 있어서 매우 유익한 훈련이었다. 조선으로 가는 여정에서 그들은 프랑스 파리를 방문하여, 퀴리부인 연구소를 견학하고, 파스퇴르 연구소를 방문하였다. 그리고 스위스 로잔에 있는 롤리어 병원(Rollier Medical Clinic)을 방문하여 폐결핵으로 인한 수술 대상자들을 일광요법으로 치료하여 놀라운 효과를 보는 치료법을 배우

---

6 같은 책, 284.
7 평양연합기독병원은 1920년, 홀기념병원(감리교 병원)과 평양장로교병원이 통합된 병원이다.
8 셔우드 홀, 『닥터 홀의 조선 회상』, 287.

게 되었다.**9** 그리고 인도 뭄바이(예전 봄베이)의 하페킨 연구소를 방문했는데, 독사의 독에 항거하는 혈청을 만드는 곳으로 유명한 곳이었다. 그리고 스리랑카, 싱가폴, 홍콩을 거쳐 일본 고베에 도착했다. 1926년 4월 10일이었다.

1926년 4월 중순, 그들 부부는 부산항에 도착하여 서울로 오게 되니 꿈에도 그리던 어머니를 만나게 되었다. 어머니는 기뻐서 어쩔 줄 몰라 하면서도 정신없이 사람들을 소개시켰다. 셔우드 홀은 16년 만에 다시 조선으로 돌아오게 된 것이다. 그 감격은 말로 형언할 수 없었다.**10**

■ 한국 최초의 결핵요양원 – 해주구세요양원(결핵 환자의 위생학교) 개원

해주의 의료선교 사업은 의사 아더 노튼(Dr. Arther H. Norton)에 의해서 시작 되었다. 그는 조그마한 치료소에서 시작해 1913년에는 2층 벽돌 건물인 '루이자 홈즈 노튼 기념병원'(Louisa Holmes Norton Memorial Hospital)**11**을 신축 발전시켰다. 이후 주민들은 이 병원을 '해주구세병원'이라고 불렀다. 이 병원은 황해도의 1/3에 해당하는 해주 지역 주민들의 건강을 돌보고 있었다. 셔우드 홀은 이 해주병원의 병원장으로 부임했다. 이 병원에는 제임스 홀에 의해 전도받고, 조선인으로서 최초로 감리교 목사가 된 김창식의 아들 김영진이 보조 의사로 섬기고 있었다. 의사 셔우드 홀은 동시에 해주의 남자 기독교학교인 의창보통학교 교장 직을 겸직하게 되었다. 셔우드 홀 부부는 해주병원에서 의료선교 활동을 본격적으로 시

---

9 같은 책, 294-295.
10 같은 책, 309.
11 의사 노튼(Dr. Arther H. Norton)이 자신의 어머니 루이자 H. 노튼(Louisa Holmes Norton)을 기념하여 세운 병원이다.

작했다. 이 지역 주민들의 생명에 대해서 두 사람이 전적으로 책임져야만 했다. 힘든 문제를 물어 볼 교수님도 없고, 환자를 보낼 전문의도 없고, 의논할 의사들도 없는 것이다. 두 사람이 환자들의 생사여탈권을 쥐게 된 것이다. 갑자기 그는 공포감에 휩싸였다. 직업상 매우 고독함을 느꼈다. 이 때 그의 마음 깊은 데서 들리는 소리가 있었다.

"너는 지금 홀로 있는 것이 아니다. 너의 주님이 도와주시고 너와 함께 계시지 않느냐."[12]

닥터 셔우드 홀은 이모처럼 따랐던 닥터 박에스더가 일찍이 결핵으로 숨진 것에 큰 충격을 받고, 결핵퇴치에 앞장설 것을 다짐했었다. 그래서 그는 결핵치료 전문의가 되어 한국으로 온 것이다. 그는 드디어 해주에 한국 최초의 결핵요양원을 세울 계획을 실천하고자 했다. 해주에 온 지 이제 2년 남짓 되었지만 이 일을 더 이상 미룰 수가 없었다. 그 당시에는 폐결핵 환자가 너무나도 많았다. 모금을 시작하고, 요양소 설립 부지를 물색하기 시작했다. 많은 사람들이 기도하고, 후원하고, 도와서 드디어 해주결핵요양학교가 1928년 10월 28일 공식적으로 개교하게 되었다. 단순히 결핵환자를 입원시켜 치료하는 병원이 아니라, 결핵 퇴치를 위해 공중보건위생 교육을 선도한다는 의미에서 '결핵 환자의 위생학교(해주구세요양원)'가 개교된 것이다.[13] 한국 최초의 결핵요양원이 개원된 것이다. 이로서 해주구세병원과 해주구세요양원은 많은 환자들을 돌보며, 복음 전파에 크게 기여했다.

12　셔우드 홀, 『닥터 홀의 조선 회상』, 37.
13　같은 책, 465.

■ 크리스마스실 발행

1930년 6월, 닥터 홀 부부는 첫 안식년 휴가를 가지게 되었다. 닥터 셔우드 홀은 이 기간에 펜실베니아 대학교 대학원에 등록하고, 결핵의학연구로 정평이 나 있는 '헨리 핍스 연구소(Henry Phipps Institute)'를 다니게 되었다. 닥터 메리안은 뉴욕의대 대학원에서 외과에 대한 특별 연수를 받게 되었다.

어느 주일, 셔우드 홀이 필라델피아 교회에서 선교사 대표로 예배를 인도하게 되었다. 예배 후에, 전국 결핵협회의 뉴욕 본부에 재직하고 있던 필립 제이콥스 씨를 만나게 되었다.

그가 두 사람을 소개해 주었는데, 한 사람은 미국 굴지의 신문인 「노스 아메리칸」의 편집자인 미첼 핫지스(Leigh Mitchell Hodges)이고, 또 한 사람은 에밀리 비셀(Emily P. Bissell) 양이었다. 이 두 사람은 크리스마스실(Christmas Seal) 아이디어를 미국에 소개한 사람이었다.[14] 셔우드 홀은 이 두 사람을 만나서 크리스마스실에 대한 많은 지식을 얻을 수 있었다. 그리고 얼마 후 전국결핵협회 주관으로 열리는 강좌에 참여했다. 크리스마스실의 디자인 방법, 인쇄, 보급에 대한 강의에 참여했다. 그리고 그 당시 각국의 실을 대부분 수집했다.

1931년 9월. 한국으로 돌아 온 셔우드 홀은 '크리스마스실'을 만들기 위해 여러 가지를 준비해 갔다. 1932년 가을이 되자 '크리스마스실 위원회'를 조직했다. 그리고 1932년 12월 3일, 한국 최초의 크리스마스실을 만들어 판매함으로써 결핵퇴치에 열정을 쏟았다.

크리스마스실 운동은 점점 확산되어 감에 결핵퇴치에 큰 도움이 되었

14 같은 책, 503.

다. 또한 결핵요양원과 연계하여 시 범농장과 모범마을을 건립하게 되었 다.[15] 이에 새 농사법을 도입함으로 써 결핵 환자들이 자급자족하면서 결핵을 효과적으로 관리할 수 있게 했다. 그리고 요양원 교회당을 건립

크리스마스실 1호

하게 되었는데, 어머니 이름을 따서 '로제타 예배당'이라 명명했다.[16]

■ 간첩혐의, '캥거루 재판'

홀 선교사 가정은 두 아들과 막내딸을 두고 있었다. 1940년 8월, 모처 럼 온 가족이 함께 여름휴가를 화진포에서 가졌다. 휴가 중에 셔우드 홀이 갑자기 헌병대에 연행 되어갔다. 일본 군부는 셔우드 홀 선교사를 간첩혐 의로 체포한 것이다. 2차 대전이 임박한 시점에 영국과 첨예한 대립을 하 고 있던 일본은 셔우드 홀이 영연방 국가인 캐나다 시민으로서, 영국 스파 이이자 적색 외국인이라고 체포한 것이었다.

1940년 10월 25일, '캥거루 재판'이라고 알려진 코미디 같은 재판이 시작되었다.[17] 조선인 박 변호사의 시기적절한 변론으로 셔우드 홀 부부 는 3개월 징역, 또는 1천 달러 벌금형을 받았다. 홀 가족은 이 벌금을 마련 하느라 가재도구 등 팔수 있는 것은 다 팔고 모자라는 돈을 빌려서 벌금을 마련했다.[18]

---

15 같은 책, 561.
16 같은 책, 562.
17 같은 책, 703-706.
18 같은 책, 706.

출국하기 전 병원과 요양원 등이 자신들이 떠난 뒤에도 사업을 계속할 수 있도록 이전 조치를 꼼꼼히 하였다. 그리고 인도에 의료선교사가 급히 필요하다는 소식을 듣고 인도로 사역지를 옮겨 갔다.

홀 선교사 부부는 1940년 한국을 떠난 후 1963년 은퇴할 때까지 인도로 건너가서 23년간 온 힘을 다해 의료선교에 헌신했다.[19]

---

19 같은 책, 739.

메리안 버텀리 홀
(Dr. Marian Bottomley Hall, 1896–1991)
탁월한 외과 의사

■ **의료선교사로 예비되다**

여의사 메리안 버텀리 홀은 1896년 6월 21일, 감리교 창시자인 존 웨
슬리가 태어난 영국의 업워스에서 태어났다. 아버지가 소천하자 어머니를
따라 캐나다로 이민 혼 후에 온타리오 주 킹스턴에서 공부하고 여교사가
되어 봉직했다. 1918년 마운트 유니언 대학에서 의예과 과정에 입학하여,
1920년 필라델피아 여자의과대학으로 진학하였다.

1922년 6월 21일은 아주 특별한 날이 되었다. 그날은 바로 메리안의
생일이었다. 그날 마운트 유니언 대학에서 의예과 과정을 한 것을 연장하
여 공부하고 이학사 학위(B.S)를 받았다. 그리고 바로 그날 메리안 버텀리
는 셔우드 홀과 결혼하였다. 1924년 메리안은 필라델피아 여자의과대학
을 졸업한 후에, 피츠버그의 사우드 사이드 병원에서 닥터 휴 멕가이어 박
사 밑에서 외과 분야에서는 최고의 전문 과정을 수련했다.[1] 그녀가 한국에

---

1 셔우드 홀, 『닥터 홀의 조선 회상』, 284.

의료선교사로 들어옴으로써 외과 분야 발전에 지대한 공헌하였다.

■ 치유하는 손, 복음의 손

해주구세병원(노튼병원)에서 근무하던 1927년 2월 17일 밤, 닥터 메리안 홀이 출산을 앞둔 전날 밤, 응급환자가 발생했다. 약 50킬로미터나 떨어져 있는 시골 마을에 복통이 너무 심해 곧 죽을 것 같은 환자가 생겼다는 것이다. 홀 부부는 엄동설한, 시골 길을 긴급하게 차를 몰고 갔다. 더러운 옷을 입고 더러운 이불에 누인 남자 환자는 사랑방에 친지들에게 둘러싸여 있었는데, 난방이이라고는 약하게 타고 있는 화롯불 하나뿐, 희미한 호롱불이 깜박거리고 있었다. 메리안이 환자를 진찰하니 장폐색증이었다. 손전등 하나를 비추면서 수술이 시작되었다. 만삭의 몸 메리안은 더러운 방바닥에 무릎을 꿇고 앉아, 소독을 하고, 마취를 하고 수술을 시작한 것이다. 많은 사람들이 어둠 속에서 주시하고 있었다. 이윽고 12센티미터나 되는 매우 탈색된 내장을 꺼냈다가 수술하고 다시 배를 봉합했다. 닥터 셔우드 홀은 옆 방에서 전도하고 있었다. 이 동네는 예수를 믿는 사람이 한 사람도 없었다. 동네 사람들은 환자가 살아 회복된다면 온 동네가 예수를 믿겠다고 했다. 수술은 성공적으로 끝났고, 환자는 회복되었다. 그리고 그 후에 그곳 두 마을에서 교회를 세워달라고 요청해 왔다.[2]

그 응급수술이 있은 다음날 의사 메리안 홀은 아들을 낳았다. 홀 부부는 이 아이의 이름을 할아버지 이름을 따서, '윌리엄 제임스 홀'이라 지었다. 1927년 2월 18일이었다.

닥터 메리안 홀은 탁월한 외과 의사이자, 닥터 셔우드 홀의 명콤비로

---

2 같은 책, 387-392.

서 해주구세병원(노튼기념병원)과 해주결핵요양원을 충성되게 섬겼다. 수술하는 그녀의 치유의 손을 통해서 많은 생명들이 다시 살게 되었고, 그녀의 복음의 손을 통하여 복음이 전파되고 교회가 세워졌다.

■ 셔우드 홀 부부의 영원한 한국 사랑, I still love Korea!

1984년 11월, 91세 셔우드 홀과 88세의 메리안 홀 부부 그리고 57세의 장남 윌리엄 홀이 대한결핵협회의 공식 초청으로 내한하였다. 캐나다 밴쿠버의 외곽 도시인 리치먼드에서 소박하게 살아가는 이 노부부에게 대한결핵협회의 공식 초청장을 보내 주고 대한민국 정부가 훈장을 수여하기로 결정했다는 기쁜 소식을 전달받았기 때문이다. 이 노부부는 1940년 조선을 떠난 후, 44년 만에 한국을 공식 방문하게 된 것이다.[3] 양화진을 방문하여 부모님의 묘역과 사랑하는 누이동생 묘와, 태어나자 바로 사망했던 아들 묘지를 감격적으로 돌아보았다. 그리고 부모님이 세운 광성고등학교를 방문하여, 채플시간에 유언과 같은 말씀을 남기었다.

> "I still love Korea! 나는 여전히 한국을 사랑합니다. 내가 죽거든 나를 절대로 미국이나 캐나다 땅에 묻지 말고, 내가 태어나서 자랐던 사랑하는 이 나라, 또한 내 사랑하는 아버지, 어머니 그리고 누이동생, 그리고 아들이 잠들어 있는 이 한국 땅에 묻어 주시길 바랍니다!"[4]

그들은 방한 중에 여러 지인들을 반가이 만났고, 어머니 로제타 홀이

---

3 같은 책, 739.
4 http://kcm.co.kr/korchur/1890/

세운 경성여자의과전문대학의 후신인 고려대학교 의과대학 등 여러 곳을 방문했다. 그리고 대한민국 정부로부터 닥터 홀에게 국민훈장 모란장이 수여되었고, 서울시에서는 서울에서 태어난 그에게 명예 서울시민권과 행운의 황금열쇠를 증정했다. 홀 가족은 너무나 감격했고, 또한 눈부시게 발전한 한국의 모습을 보고 감사했다. 캐나다로 돌아간 홀 선교사 부부는 1991년 4월 5일, 캐나다 리치먼드에서 셔우드 홀 선교사는 98세로 소천했으며, 5개월 후인 9월 19일에 메리안 버텀리 홀 선교사도 소천하였다. 두 분의 유해는 화장되어 양화진 외국선교사 묘원, 홀 가족묘역에 안장되었다.

■ 한국의 연인들, 홀 일가(一家)를 기리며

어느 여가수가 부른 노랫말이 생각난다.

"그대는 아직도 내 사랑! 수많은 세월이 흘러도 사랑은 영원한 것. 아직도 그대는 내 사랑!"

사랑하는 남자와의 결혼을 포기할 정도로 한국을 사랑한 여인, 한국의 여성들과 어린이와 장애인을 가슴에 품고 사랑한 여의사 로제타 셔우드 홀. 그 한국을 사랑한 여인을 찾아 이 땅에 들어와서 사랑을 이루고, 자신의 몸보다 한국인들을 더욱 사랑하며 치유하다 산화한 의사 윌리엄 제임스 홀. 한국 땅에서 태어나 변치 않는 한국 사랑을 가슴에 품고, 사랑하는 이들을 앗아가는 망국(亡國)의 병인 결핵 퇴치를 위해 혼신의 힘을 다한 참 한국사람 의사 셔우드 홀. 그리고 신실한 동역자이며, 자신의 몸을 사리지 않고 이 땅의 병든 자들을 섬긴, 탁월한 외과의사 메리안 버텀리 홀.

이분들이 함께 부르는 합창이 온 누리에 하나 가득 울려 퍼진다.

"I still love Korea(코리아, 아직도 그대는 내 사랑)!"

이분들이야말로 진정 우리 한국인들의 할아버지요, 할머니요, 아버지요 어머니이시다!

100년이 넘은 이분들의 일기와 편지와 보고서를 읽으며, 가슴 설레고, 발을 동동 구르며, 함께 웃고 함께 울었다. 가슴 깊이 져며 오는 말로 형언할 수 없는 '이 무엇' 때문에, 소리 없이 흘러내리는 눈물 때문에, 혼자 남몰래 얼마나 세수를 하고 또 했는지!

"코리아, 아직도 그대는 내 사랑!"
나도 그런가? 너도 그런가? 우리들은 어떠한가? 여전히 내 나라, 내 백성을, 내 몸같이 사랑하고 돌보는가? 주께서 가서 제자 삼으라고 명하신 그 땅과 그 사람들을 여전히 사랑하고 섬기고 있는가?
우리들이 열방으로 가서 예수의 증인으로서 섬겨야 할 '그 땅 끝(the ends of the earth)'은 어디인가? 주께로 부름 받은 자들의 '땅 끝'은 지금 각자 사명을 담당하고 있는 바로 '그 곳'이 '그 땅 끝'일 것이다. 그곳이 한국이든, 중국이든, 일본이든, 동남아든, 중동이든, 아프리카든, 유럽이든, 그 어디든지!

대를 이어 여전히 '이 땅과 이 백성들'을 사랑하고 섬긴 의료선교사 홀 일가(一家)처럼 우리들도 그렇게 살 수는 없을까?

로제타 홀의 광혜여원 수술 장면

3

예수 사랑, 영남의 빛으로 오신 사람들 I
(대구·경북을 사랑한 하나님의 사람들)

대구·경북 초기 의료선교사 길라잡이

■ 영남지역 선교의 전략적 요충지 – 대구

　1884년 9월 20일, 의사 알렌이 내한한 이래로 많은 선교사들이 한국으로 들어왔다. 초기에 내한한 선교사들은 서울을 중심으로 선교의 거점들을 확장해 나갔다. 특히 미북장로회 선교본부는 서울 이외 지역에 선교지부를 설치하기로 결정함에 따라 1891년에 북부지역은 평양에, 남부지역은 부산에 선교지부를 개설하였다. 따라서 영남지역은 부산에 선교지부가 설치되었고, 그 책임자로 윌리엄 M.베어드 목사(Rev. William Martyne Baird)[1]가 임명되었다. 영남지역의 최초 미북장로회 선교사가 된 베어드

1　윌리엄 M.베어드(William Martyne Baird, 배위량(裵緯良). 1862-1931) 목사는 미국 하노버 대학, 맥코믹(McComick) 신학교를 졸업하고, 1891년 1월에 미북장로회 선교사로 부산으로 들어왔다. 1892년 부산 초량교회를 개척하였다. 1893년 4월, 대구·경북 지역을 순회 전도하고, 대구·경북지역 최초의 예배를 드렸다(대구제일교회 시작), 또한 대구선교지부의 필요성을 주창하여, 1895년 11월에 대구선교지부를 개설하였다. 이후 베어드 선교사는 1896년, 서울지역 교육담당 선교사로 활동하다가, 평양으로 가서 활동하였다. 1897년 10월, 평양 숭실학당(숭실대학교 전신)을 설립하였다.

선교사는 1893년 4월 17일부터 5월 20일까지 한 달여간 부산을 거쳐 영남 북부지역을 순방하게 되었다. 그 결과 대구가 영남 북부지역의 중심지로 인구가 많고, 서울과 부산을 잇는 교통중심지이고, 경상감영(관찰사)이 있는 행정중심지이며, 전국 규모의 약령시(藥令市)가 열리는 의료·상업 중심지이며, 더욱이 이 지역은 외국인이 부동산을 구입하는데 관청의 반대가 없음을 알게 되었다.[2]

대구가 영남지역 선교의 최적 전략지임을 간파한 베어드 선교사는 대구에 부산선교지부의 감독을 받는 '내륙지회'를 설립해 줄 것을 청원하였다. 1895년 11월, 마침내 선교본부로부터 이 청원이 승인되었다. 그러나 1896년 10월, 베어드 선교사가 서울지역 교육담당 사역자로 전보 발령을 받음에 따라, 그의 처남인 제임스 E. 아담스 목사(Rev. James Edward Adams)[3]가 대구선교지회를 인계받고, 1897년 11월에 대구로 부임하게 되었다. 대구로 부임한 아담스 목사는 이곳이야말로 영남지역 전도의 전략적 요충지이며, 특히 의료선교는 이 선교의 황금어장에 엄청난 영향력을 발휘할 것을 간파하였다. 따라서 이 지역에 의사선교사가 파송되어 오기를 간절히 기도하였다. 이러한 상황 아래에서 미북장로회 해외선교본부는 대구지역에 첫 의료선교사로 우드브릿지 존슨 박사를 파송하였다. 1897년 12

---

2 하워드 마펫, 김영호 엮음, 『하워드 마펫이 쓴 동산기독병원의 초기역사와 선교보고』 (서울:미션아카데미, 2016), 35.

3 제임스 E. 아담스(James Edward Adams. 안의와[安義窩], 1867-1929) 목사는 미국 워싱번 대학을 졸업하고, 존스 홉킨스 대학에서 1년간 수학한 후, 맥코믹(McComick) 신학교를 졸업하고 목사가 되었다. 1895년 미북장로회 선교사로 부산으로 내한하였다. 그는 매형 되는 베어드 선교사로부터 대구선교지부를 인계받고, 1897년 11월에 대구선교지부 대표 및 대구제일교회 초대 담임목사로 부임하였다. 아담스 목사는 1906년 10월, 대구 계성중학교를 설립하였으며, '대구선교의 아버지'라 불리운다.

월 25일, 성탄절에 존슨 박사 부부가 대구에 들어왔다. 존슨 박사는 그 후 2년 동안 한국어 연수를 위해 열심했다. 1899년 9월 29일, 미북장로회 해외선교본부는 또 한 사람의 선교사를 파송했다. 헨리 M.부루언 목사(Rev. Henry Munro Bruen)**4**가 대구지회로 파송되어왔다. 따라서 대구선교지회는 공식적으로 독립선교지부인 '대구선교지부'로서 승격되었고, 대구·경북지역을 향한 의료선교가 힘차게 태동하게 되었다.

■ 대구·경북지역 병원 설립과 초기의료선교

1) 대구 제중원(동산기독병원)

대구선교지부는 1896년 윌리엄 베어드 선교사가 대구 남문 안에 위치

---

4 헨리 먼로 브루언(Henry Munro Bruen, 부해리〔傅海利〕.1874-1959) 목사는 미국 라피엣 대학과 프린스튼 대학교를 졸업했다. 그리고 목사가 되기 위하여 아버지와 할아버지가 졸업했던 뉴욕의 유니언 신학교를 1899년 5월에 졸업했다. 그는 신학교 졸업과 동시에 목사 안수를 받고 미북장로회 해외선교부로부터 한국선교사로 파송되어, 같은 해 9월29일에 제물포항으로 내한하였다. 그리고 그해 10월 26일에 대구선교지회로 부임하였다. 브루언 목사가 대구로 부임함에 따라서 대구선교지회가 부산선교지부의 감독을 받는 내륙선교 지회인 '대구선교지회'에서, 이제는 공식적인 독립선교지부인 '대구선교지부'로 거듭나게 된 것이다. 독립지부의 구성 여건인 세 가정 이상의 상주 선교사(아담스, 존슨, 브루언 선교사)가 형성된 것이다. 브루언 선교사는 대구 동산기독병원을 중심으로 1899년부터 1912년까지 동산기독병원에서 의료선교에 존슨 박사의 조수 역할을 잘 감당했고, 김천을 중심으로 하여 경북 서북부 지역에 40여 년에 걸쳐 전도사업을 펼치므로 그가 개척한 교회 수는 55개나 이르게 되었다. 그는 대구·경북 주재 선교사들 중에서 가장 한국말을 유창하게 구사했으며, 아내 마르다 스콧 브루언 선교사는 대구·경북지방의 여성 교육의 창시자로서 열정적으로 사역하다가 유방암으로 1930년 순직했다. 브루언 선교사는 1934년 다시 클라라 헤드버그 선교사와 재혼하여 계속 선교사역을 하다가 1941년 9월 19일 일제에 의해 추방당하여 미국으로 돌아갔다. 그는 '경북선교의 아버지'라 일컬어진다. (참조: 동산의료선교복지회, 72. 74. 77.)

한 정완식 씨 소유의 땅을 구입하여 설립되었다. 이후 1897년 11월에 제임스 아담스 목사가 부임하였고, 12월 25일에는 존슨 박사가 부임하여 사택을 꾸몄다. 1899년 여름, 존슨 박사는 선교사 사택 지역 내에 임시 건물을 활용하여 간이진료소를 마련하였다. 그리고 1899년 10월 1일, 드디어 간이진료소로서 '미국약방'이 개설되었고, 그해 성탄절 전일인 12월 24일, '제중원(濟衆院)'이라는 간판을 단 진료소가 개원됨으로써 대구·경북 지역의 의료선교가 본격적으로 시작되었다.

존슨 박사의 이러한 치유 사역에 큰 힘이 되었던 조선인 조력자가 있었다. 서자명(본명: 서면욱, 1860-1936)이라는 사람으로, 아담스 선교사가 대구에서 전도하여 1899년 6월 16일에 대구지역에서 첫 번째로 세례를 받은 사람이었다. 그는 아담스 선교사, 브루언 선교사와 함께 영천, 성주, 경산, 청도 등 여러 지역에서 조사로 시무하였다. 그는 존슨 박사에 의해 의료조수로 발탁되자, 존슨 박사의 손발이 되었다. 그는 진료를 기다리는 사람들에게 교리를 담은 소책자를 팔면서 기독교 교리를 가르치기도 했고, 때때로 다소 모호한 어조로 얘기하기도 하지만, 존슨 박사의 모든 사역에 있어서 둘도 없는 조력자로 활동하였다.[5]

대구선교지부는 성문 밖 남산별 서편 고지대에 인가(人家)와 떨어져 있는 넓은 땅(오늘날 대구동산병원 지역)을 매입하였다. 따라서 이 지역으로 새로운 선교지부를 이전하고, 사택도, 병원도 서양식 건물로 신축하게 되었다. 1903년, 대구 제중원은 '라이트 기념병원'(Wright Memorial Hospital)으로 동산 중앙에 벽돌로 새로이 지어졌다. 이 병원은 1905년에 심한 태풍으로 인해 무너져서, 1906년에 '메리 화이트병원'(Mary White Hospital)

---

5 하워드 마펫, 김영호 엮음, 『하워드 마펫이 쓴 동산기독병원의 초기역사와 선교보고』58-59.

으로 재건되었다.

한편 1901년 연초에 우드브릿지 존슨 박사 건강에 문제가 생겼다. 발진티푸스에 감염이 되어 병세가 매우 위급했다.6 부산에서 어빈 박사(Dr. Charles H. Irvin, 어을빈)가 대구로 와서 한 달간 존슨 박사를 간병했다. 4월이 되자 존슨 박사는 많이 회복되어 일본으로 휴양을 떠났다. 약 두 달 동안 부산에 있던 내과 의사 시릴 로스(Dr. Cyril Ross)의 부인, 여의사 수잔 생크 로스(Dr. Susan Shank Ross, 1872-1954)가 존슨 박사를 대신하여 의료 사역을 담당했다.7

1903년 4월, 존슨 박사는 다소 건강이 회복되자 새로 마련된 동산에 새 병원(일명: 라이트 기념병원)을 신축하게 되었다. 그리고 존슨 박사 부부는 건강 회복을 위해 앞당겨 미국으로 안식년을 떠났다. 이때 부부 의사인 매리언 마이클 널 박사(Dr. Marion Michael Null)와 넬 존슨 널(Dr. Nell Johnson Null) 박사가 대구 제중원에 부임하였고, 2년간 봉사하였다. 1905년 9월에 크리스틴 카메론(Christine H. Cameron)이 첫 간호사로 부임하여 1909년까지 사역하였다. 1906년 안신년을 지내고 대구 제중원으로 돌아온 존슨 박사는 파손된 병원을 다시 신축하였다(일명: 메리 화이트병원). 1909년 메리 메켄지(Mary McKenzie)가 간호사로 부임하여 그 다음해까지 사역하였다.

1910년 9월, 연례선교대회에서 선교본부는 건강상 어려움을 겪고 있는 대구 제중원의 존슨 박사를 위해, 아직은 환자 수가 많지 않은 안동성소병원의 아치볼드 G. 플레처 박사(Dr. Archibald Grey Fletcher)와 사역지를

---

6 동산의료선교복지회, 『한 알의 밀알 되어』 (대구: (사)동산의료선교복지회, 2021), 60.
7 하워드 마펫, 김영호 엮음, 『하워드 마펫이 쓴 동산기독병원의 초기역사와 선교보고』, 48.

서로 교환하도록 조치하였다. 그러나 이러한 조치가 존슨 박사에게 도움이 되지 않게 되자 존슨 박사는 다시 플레처 박사와 자리를 바꾸어 대구로 되돌아오게 되었다.[8] 존슨 박사는 건강상 의료사역을 수행하기 어렵게 되자, 1911년 여름 연례선교대회의 결정에 따라, 단순한 복음 전도사역으로 전환하게 되었다.[9] 그리고 1911년 9월, 대구 제중원의 제2대 병원장으로 아치볼드 G. 플레처 박사가 부임하였고, 1943년 8월 일제에 의해 강제 출국을 당하기까지 30여 년간 봉직하였다. 플레처 박사 재임기간 동안에 대구 제중원은 '동산기독병원'으로 이름을 바꾸어 의료사업은 꾸준히 성장하였다. 이후 대구 동산기독병원을 중심으로 경북지역 기독병원으로, 안동성소병원, 경주기독병원, 포항선린병원 등이 설립되어졌다. 한편 대구 동산기독병원을 중심으로 복음 전도사업도 눈부시게 발전했는데, 1921년에는 병원 '전도회'가 정식으로 발족되어 대구·경북 지역에 수많은 교회가 세워지는데 크게 기여하였다.

대구 동산기독병원은 초대 우드브릿지 존슨 원장, 제2대 아치볼드 플레처 원장, 제3대 장원용 원장, 제4대 나카다 원장, 제5대 문영복 원장, 제6대 로이 케네스 스미스 원장을 거쳐, 1949년에 제7대 원장으로, 평양 장로회신학교를 설립한 사무엘 마펫 목사의 넷째 아들인 하워드 마펫 박사가 취임하여 1976년까지 27년간 봉직하면서 괄목할 만큼 성장 발전하게 되었다.

---

8 동산의료선교복지회,『한 알의 밀알 되어』 60.
9 동산의료선교복지회, 131. 하워드 마펫, 87.

2) 안동성소병원(安東聖蘇病院)

1908년에 경북 내륙 선교를 위해 안동에 새로운 선교지부가 개설되었다. 안동선교지부의 설치 위원은 제임스 E. 아담스 목사(Rev. James Edward Adams), 에드윈 카긴 목사(Rev. Edwin H. Kagin) 그리고 안동 주재 선교사들로 구성되었고, 이 지역을 위한 최초 담당 선교사로 소텔 목사(Rev. C. C. Sawtel)가 임명되었다.**10** 그리고 아치볼드 G. 플레처 박사(Dr. Archibald Grey Fletcher)가 신설된 안동선교지부에 의료선교사로 부임하였다.

1909년 10월 1일, 플러처 선교사는 현재 안동교회 선교관 자리에 있던 가옥을 매입하고 선교사 임시 사택으로 사용하면서 진료를 시작하였는데, 이것이 안동성소병원의 시작이었다.**11** 1910년, 대구 제중원의 존슨 박사의 건강 문제로 잠깐 동안 존슨 박사가 안동성소병원에서, 플레처 박사가 대구 제중원에서 일시 진료를 하였지만, 상황이 바뀌어 다시 원위치로 돌아오게 되었다. 존슨 박사는 건강이 더욱 악화되자 결국 대구 제중원 원장직을 사임하게 되었고, 1911년 9월, 안동성소병원에 초대 원장으로 있던 플레처 박사가 대구 제중원의 제2대 원장으로 취임하게 되었다.

안동성소병원에는 1912년 가을에 로이 케네스 스미스 박사(Dr. Roy K. Smith)**12**가 제2대 원장으로 부임하였다. 1914년, 뉴욕의 쇼플러(S. F.

---

10 1909년 11월에 장티푸스에 걸려 순직하였다. 동산의료선교복지회, 197.

11 하워드 마펫, 107.

12 로이 케네스 스미스 박사(Dr. Roy K. Smith, 심이도[沈宜道].1885-1957)는 미국 엠포리아 대학(College of Emporia)을 졸업하고, 캔자스대학교(Univ. of Kansas)에서 석사학위를 취득한 후, 1911년 캔자스대학교에서 의학을 공부하고 의사가 되었다. 1912년, 아버지 앨버트 스미스가 장로로 시무했던 모교회인 링컨제일장로교회에서 장로 안수를 받고, 또한 목사로 안수를 받았다. 1911년 8월, 미북장로회 해외선교부에서 한국의료선교사로 파송 받고, 간호사인 부인 루라 메크레인 스미스(Lura Mclane Smith)와 함께 내한하였다.

Schauffler)가 그녀의 아버지를 기념하기 위하여 1만 달러를 헌금함에 따라 금곡동 177번지인 현 위치로 새 병원이 이전 건립되었다. '코넬리우스 베이커 기념병원(Cornelieus Baker Memorial Hospital)'으로 불려진 이 병원은 지상 3층, 지하 1층으로 벽돌로 지어져, 경북 북부지역 최초의 서양식 대형 건물로 유명해졌다.13 이때부터 안동성소병원은 정식병원으로 모습을 갖추게 되었다.

　　1917년, 로이 스미스 선교사 부부는 건강이 악화되어 미국으로 귀국하게 됨에 따라 1년 동안 폐원하였다. 1919년, 선교부는 대구와 안동의 의료사업을 합병하는 계획을 세워 시행하였다. 1920년, 재입국한 로이 스미스 선교사 부부는 대구와 안동 순회 진료를 시행하였다. 이후 안동성소병원은 재개원과 폐원을 반복하였고, 1941년, 제2차 세계대전으로 미국 선교사 강제 추방으로 병원이 폐원되었다. 해방 후 1949년 진료를 재개하였으나, 1950년, 6·25전쟁 중에 전파(全破) 당하였다. 1953년, 경인성서신학원 입구에 애린진료소란 이름으로 재개원 하였다. 1956년, 안동성소병원은 AFAK자재와 선교회 지원으로 현 위치에 2층으로 신축 이전하였고, 아직까지 이 건물을 리모델링하여 사용하고 있다. 이후 서울 명성

1912년까지 서울 세브란스병원에서 인턴과정을 수료했다. 1912년 안동성소병원 제2대 병원장으로 부임하여 1917년까지 봉사했다. 1920년부터 1922년까지 대구 동산기독병원과 안동지방을 순회 진료하였다. 그리고 1922년부터 1942년 일제에 의해 강제출국 당하기까지, 황해도 재령의 장로교병원, 서울 세브란스의과대학, 평양 연합기독병원, 그리고 평안북도 선천 미동병원 등지에서 의료선교사로 활동하였다. 1945년 해방이 되자 미군정청 의료고문으로 임명 되어 다시 내한하였다. 1948년부터 이듬해까지 대구 동산기독병원 제6대 병원장으로 봉사하였다. 1950년, 65세로 부인과 함께 선교사 은퇴하였다. 그는 폐결핵 전문의로서 활동하였고, 전국 어디에나 그가 필요한 곳이면 달려갔다. 그는 훌륭한 의사임과 동시에 병원 건축과 경영의 귀재였다. 동산의료선교복지회, 197. 214-215.
13 동산의료선교복지회, 198.

교회의 후원으로 제1신관, 제2신관을 신축하게 되었고, 최신식 의료기자재 도입 및 의료진 확충 등을 통해 종합병원으로서 새로운 면모를 갖추게 되었다.[14]

3) 경주기독병원(경주동산병원)

신라 천년의 고도 경주! 6·25 전쟁 직후 그 당시는 경주는 약 10만의 인구를 가지고 있었으나 뚜렷한 의료시설이 없었다. 따라서 대구 동산기독병원에서 경주 지역의 의료지원을 하고 있었다. 하워드 마펫 박사도 주기적으로 경주를 방문하여 의료 진료를 도왔는데, 경주에도 병원이 필요함을 절실히 느꼈다.

한편 미국 메릴랜드 주 컴버랜드 제일장로교회 파송을 받고 경주에서 사역하고 있던 레이먼드 프로보스트 목사(Rev. Raymond C. Provost, 부례문)와 그의 부인 마리엘라 탈메이지 프로보스트(Mrs. Mariella Talmage Provost, 부마리아) 선교사는 6·25 전쟁 이후 운영상 어려움에 처해 있던 문화중·고등학교(文化中·高等學校) 재단을 학원선교 목적으로 대한예수교장로회 경동노회를 통하여 인수하고, 학교의 경영을 맡게 되었다.[15]

1960년 1월, 미국을 방문한 하워드 마펫 박사는 프로보스트 목사의 소개로 컴버랜드 제일장로교회를 방문하여 로버트슨 담임목사(Rev. George Robertson)를 만나서 경주에 기독병원이 필요함을 설명하고, 후원을 약속받았다. 1960년 6월 26일, 프로보스트 목사 부부는 하워드 마펫 박사와의 만남을 통하여 경주에 기독병원을 세우게 되었다. 1962년 10월 10일,

---

14 안동성소병원 홈페이지 병원 연혁 참조
15 김영호, 『허워드 마펫의 선교와 사상』 (서울: 미션아카데미, 2016), 131.

경주기독병원은 컴버랜드 제일장로교회가 후원한 약 40,000 달러로, 경동노회가 희사한 대지 4,495 m2(1,360평) 위에, 지하 1층, 지상 2층의 병원을 건축하였다.**16** 대구 동산기독병원이 의료장비와 의료진을 파견함으로써 현대식 종합병원이 경주에 탄생하게 된 것이다. 1965년 4월 6일, 개원예배를 드림으로 '경주기독병원'(원장, 송창화)이 개원되었다. 컴버랜드 제일장로교회는 1975년에서 1976년에 이 병원이 3층으로 증축하도록 추가 후원하였다. 따라서 '경주기독병원'의 영문 이름을 "Cumberland Presbyterian Hospital in Kyungju, Korea"라고 부르는 것이다.**17**

경주기독병원은 대구 동산기독병원 하워드 마펫 박사의 도움으로 운영을 하였으나, 이후로 경영상의 많은 어려움을 겪다가 1988년 9월 19일에 휴업하게 되었다. 그후 1989년 11월 30일 학교법인 계명대학이 경주기독병원을 대구지방법원 경주지원으로부터 경매로 인수하여 대대적인 개보수 공사를 하고, 최신 의료장비를 도입하고 많은 인원을 충원하여, 1991년 3월 15일에 '경주동산병원'으로 새롭게 개원하여 오늘에 이르고 있다.**18**

16 같은 책, 143-144.
17 같은 책, 144.
18 같은 책, 144.

우드브릿지 오드린 존슨
(Dr. Woodbridge Odlin Johnson, 장인차[張仁車], 1869-1951)
대구·경북 의료선교의 아버지

■ 의료선교를 향한 꿈

우드브릿지 존슨(Dr. Woodbridge Odlin Johnson)은 1869년 6월 9일, 미국 일리노이 주 게일스버그(Galesberg)에서 태어났다. 그는 1891년 장로교 계통인 라파엣대학(Lafayette College)을 졸업했다. 그는 이 학교에서 공부할 때에, 부흥사 무디(D. L. Moody)가 주도하는 세계선교를 향한 부흥 집회에 참석하여 큰 도전을 받고 선교사가 되기를 서원하였다.[1] 그는 펜실베니아 의과대학(University Pennsylvania Perelman School of Medicine)으로 진학하여 1895년에 졸업하였고,[2] 뉴욕 브루클린(New York Brooklyn)에 있는 킹스 카운티 병원(King's County Hospital)에서 인턴 및 레지던트 수련의 과정을 마치고, 의료선교사로 나가기까지 펜실베니아 주에 있는 윌키스 바레

---

1 동산의료선교복지회, 『한 알의 밀알이 되어』, 29.
2 하워드 마펫, 김영호 엮음, 『하워드 마펫이 쓴 동산기독병원의 초기역사와 선교보고』, 40.

시립병원((Wilkes Barre Hospital)에서 의술을 연마하였다.[3]

존슨의 부인 되는 이디스 파커(Edith Parker)는 1871년 9월 28일에 매사추세츠 주(State of Massachusetts) 찰스턴(Charleston)에서 태어났다. 그녀는 1893년에 명문여자대학의 하나인 바사르대학교(Vassar College)를 졸업하였다. 그녀의 동기생 중에 존슨의 여동생이 있었다. 파커 역시 대학 시절에 세계선교에 대한 도전을 받았는데, 존슨을 만나게 된 후로, 그녀는 앞으로 남편 될 존슨을 도와 함께 의료선교에 동참하기 위해서, 뉴욕 시에 있는 슬론모자병원(Sloane Hospital)에서 조산학 단기과정을 공부했다.[4]

1897년 6월 21일, 존슨과 파커는 미북장로회 한국선교사로 임명을 받았고, 10월 28일에 침례교 목사인 신부 파커의 아버지 주례로 결혼식을 올렸다. 그리고 그들은 필라델피아 제2장로교회와 윌키스 바레 제1장로교회의 후원으로 한국선교사로 파송되었다.[5]

■ 영남에 놓인 생명의 '나무 다리(木橋)'

우드브릿지(Woodbridge) 존슨 박사 부부는 1897년 11월 18일 미국을 출발하여, 12월 22일 부산에 도착하였다. 동료 의료선교사 어빈 박사(Dr. Charles H. Irvin) 집에서 한 밤을 자고, 존슨 박사는 조랑말을 타고, 임신 중인 부인은 4명이 메는 약식 가마를 타고, 여러 명의 짐꾼과 함께 12월 25

---

3 같은 책, 같은 쪽.
4 같은 책, 같은 쪽.
5 동산의료선교복지회, 『한 알의 밀알이 되어』, 30.

일 성탄절 오후에 드디어 대구 남문 안에 도착하였다.[6] 당시 영남 내륙에 위치한 대구에 서양 의사가 왔다는 것은 역사적인 사건이었다. 대구선교 지회의 책임자로 있는 아담스 선교사가 보낸 편지 내용, "만약 사람들이 당신이 의사인 줄 안다면 많은 사람들이 몰려오게 될 것"이라는 확신처럼, 당시 대구·경북에는 서양 의사는 한 사람도 없었던 것이다.[7]

대구에 도착한 존슨 박사는 효과적인 선교 활동을 위해 현지 언어를 습득하는 것과 거처할 주택을 마련하는 것이었다. 언어연수를 위해서 처음 2년 동안 언어훈련에 집중하였다. 그는 한국어 교사와 함께 대구 근교에 위치한 파계사(把溪寺)로 들어갔다.[8]

■ 영남의 구원방주 – 대구 제중원

대구선교지부는 1896년 윌리엄 베어드 선교사가 대구 남문 안에 위치한 정완식씨 소유의 땅 430평과, 지상건물 초가 5동 20여 간과, 기왓집 1동 6간의 큰 저택을 구입하여 설립되었다.

이후 1897년 11월 1일에 제임스 아담스 목사가 지부 책임 선교사로 부임하여 초가 한 채를 사용하고, 12월 25일에 부임한 존슨 박사가 기왓집 안채를 사용하고, 사랑채는 예배당으로 사용하게 되어 대구 최초의 교회(대구제일교회)에 예배가 시작되었다.

1899년 여름, 존슨 박사는 의료사역으로 간이진료소를 마련하였다.

---

6 존슨 박사가 부산에서 대구로 서둘러 오게 된 것은, 아담스 목사 부인의 해산이 임박했기 때문이었다. 이때 존슨 박사 부인도 임신 중이었다. 1898년 7월 12일에 존슨 박사의 장녀 메리 파커(Mary Parker)가 태어났다.
7 동산의료선교복지회, 『한 알의 밀알이 되어』, 31.
8 같은 책, 33.

선교 사택 지역 내에 머슴이 살던 집과 헛간을 개조한 임시 건물이었다. 미국에 의약품을 주문하여, 10월 1일 '미국약방'이라는 간판을 걸고 약방을 열었다.9 환자들에게 나누어 준 약봉투에는 성구가 인쇄되어 있었고, 어떤 봉투에는 "이 약을 잘 먹으면 당신의 병을 고칠 수도 있습니다. 그러나 당신이 아무리 많은 약을 먹는다 해도 언젠가는 죽음을 면할 수는 없습니다. 그런데 당신에게 영원한 생명을 주는 어떤 특종의 약이 있습니다, 그 약이 어떤 것인지 대하여 남문 안에 위치한 '예수교 조제소'에서 자세히 알아보시오."라고 기록되어 있었다.10

1899년 12월 24일, 성탄절 직전에 '제중원(濟衆院)'이라는 간판을 건, 본격적인 진료소가 개원되었다. 대구 제중원은 이 지역의 명소가 되었다. 사람들이 몰려오기 시작했다. 진료를 받으러 온 환자와 보호자들, 서양의사의 진료 모습을 보려고 온 구경꾼들, 심지어 모습이 다른 서양인 선교사 자체를 보려고 온 구경꾼들이 몰려들면서 온통 북새통을 이루었다.11 급기야 진료소 바깥마당에 철조망을 설치하게 되었다. 1900년 6월까지 약 6개월 동안 무려 1,700여 명의 환자를 진료하였다. 그중 800명이 새로 온 초진 환자였고, 이 기간 동안 50여 회의 수술이 행해졌고, 80여 회의 환자 가정을 방문한 왕진 진료가 있었다.12

---

9 대구 제중원의 개원 날은 1899년 12월 24일로 잡고 있다. 그러나 존슨 박사가 제중원 개원 전에 '미국약방'이라는 간판을 걸고 첫 의료사역을 시작한 날이 1899년 10월 1일이기에 현재 대구동산병원은 10월 1일을 개원일로 기념하고 있다. 하워드 마펫, 55. 각주 편집자 김영호.

10 하워드 마펫, 김영호 엮음, 『하워드 마펫이 쓴 동산기독병원의 초기역사와 선교보고』, 44-45.

11 당시 대구 시내의 소년들에게 가장 인기가 있었던 것은, 브루언 목사의 엽총과 사냥개 마크(Mark), 그리고 존슨 박사의 자전거였다. 이 자전거는 당시 서울과 부산 사이에 오직 한 대뿐이었다. 하워드 마펫, 53.

12 하워드 마펫, 김영호 엮음, 『하워드 마펫이 쓴 동산기독병원의 초기역사와 선교보고』,

존슨 박사는 천연두 예방접종과 말라리아 치료제 보급에도 앞장섰다. 당시 천연두는 어린이 사망률의 50% 가량을 차지하고 있었다. 존슨 박사는 천연두 예방주사를 미국 디트로이트의 파크 데이비스 제약회사에서 대량으로 구입하여 아주 저렴한 가격으로 예방접종을 시행하였다. 그리고 말라리아 치료제인 금계랍(金鷄蠟)이라고 불리는 키니네(Quinine)를 구입하여 보급하였다.**13** 이로 인해 대구·경북 지역의 환자 유병률과 사망률을 현저히 떨어뜨릴 수 있게 되었다. 그 결과 대구 제중원은 경상북도 전역에 알려지게 되었고, 복음 전파의 교두보 역할을 톡톡히 수행할 수 있었다.

■ 동산에 세워진 병원 – 대구 동산병원

대구선교지부가 처음에 자리 잡은 지역은 대구 남문 안 지역으로 민가(民家)가 밀집해 있어, 당시 선교사들이 아주 곤혹스러워했던 3S 환경에 놓여 있었다. 즉, 인분을 비롯한 온갖 오물의 악취(Smell), 밤이면 개짖는 소리, 다듬이 소리, 무당 굿하는 소리(Sound), 그리고 밤낮으로 뿜어대는 매연(Smog)이 그것이었다. 특히 높이가 7미터나 되는 높은 성벽 안쪽 가까이에 선교지부가 있어서 통풍이 잘되지 않았다.**14** 이러한 열악한 환경 때문에 선교사들은 선교지부를 다른 지역으로 옮기기를 간절히 원했다.

드디어 대구선교지부는 1898-1899년 기간에, 민가와 떨어져 성문 밖 경치 좋은 남산벌 서편 고지대에 있는 넓은 땅(오늘날 대구동산병원 지역)을 매입하였다. 따라서 선교사들을 괴롭히던 3S로부터 벗어날 수 있었다. 선

55.
13 동산의료선교복지회,『한 알의 밀알이 되어』42-43.
14 하워드 마펫, 김영호 엮음,『하워드 마펫이 쓴 동산기독병원의 초기역사와 선교보고』, 46.

교사들은 이 지역으로 새로운 선교지부를 이전하고, 사택도, 병원도 서양식 건물로 신축하게 됨에 따라 새로운 모습으로 선교활동을 펼칠 수 있게 되었다.

1903년, 미국 필라델피아 주에 있는 제2장로교회 성도인 메리 라이트 여사(Mrs. Mary H. Wright)의 기부금으로 대구 제중원은 '라이트 기념병원(Wright Memorial Hospital)'으로 동산 중앙에 벽돌로 새로이 지어졌다. 그러나 구조적으로 약하게 지어졌던 이 병원은 1905년에 심한 태풍으로 인해 무너져서, 1906년에 메리 화이트(Mrs. Mary White)의 기부금 1,250달러를 들여 '메리 화이트병원(Mary White Hospital)'으로 다시 재건되었다.[15] 이로써 오늘날의 계명대학교 대구동산병원의 굳건한 터전이 마련된 것이다. 1909년, 미국 뉴욕 친구들이 보내준 선교후원금으로 새로 세워진 병원이 있는 동산에 우물을 팠다. 일반적으로 민가에 있는 우물은 표면배수로서 우물 주변의 오염으로 말미암아 수질이 좋지 않았다. 그런데 병원이 세워진 선교지부의 동산은 바위산이어서 어렵게 우물을 팠지만 수질이 아주 좋아서, 수도시설을 통하여 병원에서는 항상 깨끗한 물을 쓸 수 있게 되었다.[16]

■ 의료와 함께 복음을 전파하다

19세기 말, 서울과 부산 사이의 광활한 지역에 서양인 의사라곤 존슨 박사뿐이었다. 전통 한의학으로 고칠 수 없는 다양한 질환을 가진 사람들이 몰려왔다. 병원 대기실은 항상 만원이었고, 병원 주변에도 수백 리 밖

---

15 같은 책, 60.
16 같은 책, 80-81.

에서 실려 온 사람들로 가득 찼고, 병원으로 올 수 조차 없는 환자들은 왕진치료를 요청했고, 관아의 높은 관리들도 왕진치료를 강력히 요구했다. 늑막염, 축농증, 백내장, 폐농양, 폐기종, 마약중독 등 수 많은 질환들을 수술하고 치료하였다. 존슨 박사는 소경도 눈뜨게 하고, 절름발이·앉은뱅이도 걷게 하며, 숨이 차 죽어가는 사람도 살려내고, 스님도 예수교인으로 변화시킨다고 소문이 났다. 1909년 6월 27일, 자연분만이 어려워 산모와 태아가 모두 죽음의 위기에 놓였을 때, 존슨 박사는 그의 부인을 조수로 삼고 대구지역에서 최초로 제왕절개수술을 성공적으로 시행했다.**17**

의료선교사 존슨 박사의 치유 사역은 선교지 원주민들에게만 유익한 것이 아니었다. 동료 외국인 선교사 가족들을 위해서도 매우 유익했다. 외국인 선교사들은 우선 낯선 지역의 풍토병에 취약했다. 아울러 언어와 문화와 거주 환경이 다른 곳에서 살아감에 따른 우울증이나 신경쇠약에 시달렸다.**18** 더욱이 여성 선교사들에게 있어서는 분만과 이에 따른 질환에 많은 어려움이 있었다. 이러한 상황에서 존슨 박사를 비롯한 의료선교사들은 '아군을 위한 군의관'같은 역할로서, 그들이 함께 있는 것 자체만으로도 다른 선교사들의 위안이 되고 용기가 되었다.

존슨 박사는 의료사역 뿐만 아니라, 복음 전도와 정기적 예배를 중요시 했다. 그는 1909년 10월 2일, 뉴욕 미북장로회 선교본부에 이렇게 보고했다.

---

17 동산의료선교복지회, 『한 알의 밀알이 되어』, 40.
18 같은 책, 53.

"병원 전도사업에서 가장 중요한 것은 모든 전도의 형태가 의사, 전도사, 그리고 학생들에 의해서 개인적으로 이루어지는 것이다. 하나님께서는 환자들 모두를 사랑하며, 구세주이신 주님은 한 사람 한 사람의 병에 관심을 가지고 있고, 환자의 고통과 무력함도 어쩌면 주님께서 구세주를 개인적으로 알고 받아들여서 아버지께로 데려오게 하기 위해 계획하신 것인지도 모른다는 것이 우리의 이념이다. 주님의 이름을 경건히 받아들이며 병원의 모든 일이 주님에게 달려 있는 병동에서 계속 주님의 말씀을 듣고 주님을 위해 노력하는 것이 바로 우리가 할 일이다."[19]

존슨 박사는 기회가 있을 때마다 브루언 목사와 함께 지방 순회진료 및 전도사역을 펼쳤다. 조랑말을 타고 김천, 구미, 선산, 평촌 등 여러 지역으로 다니며 복음을 전했다.

■ 한국인 의사를 양성하라! – 서양의학교육 실시

병들고 상처받은 사람들을 치료하고 돌보는 의료사역은 언제 어느 곳에서나 필요했다. 우리나라에 서양의학이 처음으로 도래한 시점에서는 더욱 그러했다. 특히 수술하는 외과 분야는 당시 조선인들 눈에는 경이롭기까지 했다. 그런데 적은 수의 의료선교사들이 행할 수 있는 역량은 극히 제한적이었다. 대구 제중원에도 각종의 환자들이 몰려들기 시작하자. 긴급 수술을 해야 할 때는 존슨 박사의 지시 아래 브루언 목사가 마취를 해야 했다. 의료 인력이 절대적으로 필요했다.

---

19 하워드 마펫, 김영호 엮음, 『하워드 마펫이 쓴 동산기독병원의 초기역사와 선교보고』, 182-183.

굶주린 자들에게 당장 물고기를 잡아다 주는 것이 필요했으나, 그들에게 물고기 잡는 법을 가르쳐 주는 것이 근본적으로 필요한 것이다. 따라서 한국인 의사를 양성하는 것이 꼭 필요했다.

한국 내에서 한국인 의사를 양성하는 사업은 에비슨 박사에 의해서 1904년 11월에 서울 세브란스병원이 수련병원으로 개원을 하면서 시작되었다. 대구에서 의학교육이 시작된 것은 1908년과 1909년 2년 동안에 존슨 박사가 대구 제중원에 근무하는 7명의 청년을 선발하여 서양의학을 가르침에서 비롯됐다.[20] 의학교육 전체 과정은 5년이었고, 학비가 1년에 36달러였지만 이마저도 어려워 탈락자가 생기기도 하였다. 결국 6명의 학생들에게 존슨 박사를 비롯한 의료선교사들이 내과, 외과, 산부인과, 해부학, 병리학, 그리고 정신신경과 등을 강의하였고, 아담스 목사는 생리학을, 존슨 부인과 브루언 부인은 영어를 가르쳤다.[21]

그러나 존슨 박사에 의해 시작된 대구 의학교육은 이후에 일제(日帝) 정부가 외국인 의료학교는 공식적으로 한 곳만 인정하기로 결정함에 따라 중단되었고, 재학생들은 서울 세브란스병원 의학교로 가서 남은 과정을 마치게 되었다.[22] (존슨 박사의 의학교육의 꿈은 이후 70여 년이 지나서 동산기독병원이 계명대학교와 합병하여 의과대학을 설립함에 따라 이루어졌다.) 이것은 지방에 기독교 의과대학을 세우는 매우 중요한 동기가 된 것이다.

20 동산의료선교복지회, 『한 알의 밀알이 되어』, 41.
21 하워드 마펫, 김영호 엮음, 『하워드 마펫이 쓴 동산기독병원의 초기역사와 선교보고』, 84-85.
22 동산의료선교복지회, 『한 알의 밀알이 되어』, 41.

■ 한센병 환우 돌봄 사역 – '경상도 보리 문디'

대구에 제중원이 개원된 후로 많은 환자들이 치료를 받게 되었다. 그러나 심각한 질환을 가졌지만 이러한 치료로부터 늘 소외를 당하는 사람들이 있었다. '문둥병'이라고 불리는 한센병 환자들이 그들이었다. 1908년, 어느 젊은 승려가 존슨 박사를 찾아왔다. 손가락 발가락이 다 떨어져나간 한센병 환자였다. 그는 존슨 박사에게 자신의 병을 고쳐 주든지 아니면 죽여 달라고 부르짖었다. 존슨 박사가 한센병 환자와의 첫 만남이었다.[23]

당시에 경상도 지방에는 '경상도 보리 문디'라고 불리는 한센병 환자가 아주 많았다. 그러나 이들은 '천형(天刑)을 받은 자'로 낙인이 찍혀, 가족들에게조차 외면당하는 처지였다. 그들은 대개 한센병 뿐만 아니라 매독에도 감염이 된 경우가 많았다. 존슨 박사는 매독부터 치료해 주기 시작했다.[24] 이 소문이 퍼져 나가자 한센병 환자들이 각지에서 몰려오기 시작했다. 대구선교지회 1909년 선교보고서에 의하면, 존슨 박사는 병원 근처에 초가집 한 채를 마련해서 10명의 나환자를 수용하여 치료했다고 기록하고 있다.[25] 대구 제중원의 한센병 환자에 대한 진료가 이렇게 시작되었다.

■ 충성된 주님의 사역자 – 우드브릿지 존슨 선교사

1897년에 내한하여 대구·경북 지역을 중심으로 사역하던 의료선교사

---

23 같은 책, 57.
24 같은 책, 같은 쪽.
25 같은 책, 같은 쪽.

우드브릿지 존슨 박사 건강에 문제가 생겼다. 1901년 연초에 발진티푸스에 감염되어 지속되는 고열 등, 병세가 매우 위급했다.**26** 부산에서 어빈 박사(Dr. Charles H. Irvin, 어을빈)가 대구로 와서 한 달간 존슨 박사를 간병했다. 그 후 약 두 달 동안 부산에 있던 내과 의사 시릴 로스(Dr. Cyril Ross)의 부인, 여의사 수잔 생크 로스(Dr. Susan Shank Ross)가 대구로 와서 존슨 박사를 돌보았다.**27** 가장 심각한 열흘 동안 수잔 로스 선교사가 도와주지 않았다면 존슨 박사는 회복할 수 없었을 것이다. 4월이 되자 존슨 박사는 많이 회복되어 일본으로 휴양을 떠났다. 수잔 로스 선교사가 존슨 박사를 대신하여 의료사역을 담당했다.**28** 1903년 4월, 제중원으로 복귀한 존슨 박사는 다소 건강이 회복되자 새로 마련된 동산에 새 병원(일명: 라이트 기념병원)을 신축하게 되었다. 그리고 존슨 박사 부부는 건강 회복을 위해 앞당겨 미국으로 안식년을 떠났다. 이 때에 부부 의사인 매리언 마이클 널 박사(Dr. Marion Michael Null)와 넬 존슨 널(Dr. Nell Johnson Null) 박사가 대구 제중원에 부임하였다.**29** 1905년, 태풍으로 인해 대구 제중원이 심하게 파손되었고, 급기야 휴원하게 되었다. 널 박사 부부는 고도 경주로 가서 진료하면서 복음을 전했다.**30**

　　1906년, 안식년을 지내고 대구 제중원으로 돌아온 존슨 박사는 파손된 병원을 다시 신축하였다(일명: 메리 화이트병원). 이렇듯 병원을 신축하고 관리 운영하는 일과, 의료 진료와 복음 전파 및 전도 사역 등에 있어서

26　같은 책, 60.
27　같은 책, 97.
28　하워드 마펫, 김영호 엮음, 『하워드 마펫이 쓴 동산기독병원의 초기역사와 선교보고』, 48.
29　동산의료선교복지회, 『한 알의 밀알이 되어』, 104.
30　같은 책, 106. 널 박사 부부는 1907년 청주로 사역지를 옮겼다.

인력이 절대적으로 부족한 상태여서 존슨 박사는 고전분투하였다. 발진티푸스의 후유증으로 심장 질환이 생겼고, 또한 과중된 업무로 인한 과로로 인해, 건강이 온전치 못한 존슨 박사에게 선교지부에서는 의료 활동을 중단하라고 권고했으나, 당시 상황상 쉴 수가 없었다. 1907년, 아담스 목사의 선교 보고서에는, "존슨은 올봄에 열병이 재발하여 고통을 받고 여름 내내 아팠습니다."라고 기록하고 있다.[31]

　　신설된 안동선교지부에 의사 아치볼드 G. 플레처 박사(Dr. Archibald Grey Fletcher)가 부임하여, 안동성소병원에서 의료사역을 하고 있었다. 1910년 9월, 연례선교대회에서 선교본부는 건강상 어려움을 겪고 있는 대구 제중원의 존슨 박사를 위해, 아직은 환자 수가 많지 않은 안동성소병원의 플레처 박사와 사역지를 서로 교환하도록 조치하였다. 그러나 휴식을 바라고 안동으로 갔던 존슨 박사에게 그의 명성을 듣고 몰려오는 환자들에 의해 전혀 도움이 되지 않았다. 아울러 미국에 있는 존슨 박사의 가족들이 대구를 방문하게 되자 안동 집이 대구 집보다 좁은 탓에, 존슨 박사는 급하게 대구로 되돌아오게 되었다.[32]

　　1897년 말, 당시 열악한 환경에 있던 대구 경북 지역에 와서 의료사역을 시작한 존슨 박사는 15년이 지나는 동안 건강이 매우 악화되어 사임(辭任)을 고려하게 되었다. 그러나 복음 전도에 대한 열정이 강렬했던 그는 선교 사역만은 놓고 싶지 않았다. 그 대안으로 목사 안수를 받아 전도사업에만 전념하는 방안이었다. 이것은 그가 오래전부터 열망하였던 일로써, 더 큰 봉사를 할 수 있을 것으로 확신했다.[33]

31　같은 책, 59.
32　같은 책, 60.
33　같은 책, 61.

1912년, 경상노회에서 동료 선교사인 브루언 목사는 존슨 박사의 목사 안수 문제를 총회에 헌의하기를 발의했다. 그해 평양에서 열린 총회에서, 존슨 박사를 목사로 안수하는 건이 허락되었다. 신학을 공부하지도 않은 의료선교사에게 총회가 목사로 안수하기로 인정한 것이었다.[34] 그러나 같은 해인 1912년 11월 15일, 존슨 박사는 건강의 악화로 미국으로 귀국하게 되었고, 아쉽게도 목사 장립은 무산되었다.[35] 1913년 11월 17일, 존슨 박사는 선교사직을 사임하였다.

■ 대구·경북 의료선교의 아버지 – 우드브릿지 존슨 선교사를 기리며!

1913년 11월, 존슨 박사 부부가 미국으로 귀국하고 한국 선교사직을 사임하게 됨에 따라 한국 선교부는 그의 사역에 대하여 다음과 같이 헌사하였다.

"우리는 선교회의 창립회원인 존슨 의사 내외의 사임 기사를 읽고 슬퍼하고 있다. 그들은 1897년 내한하여 비위생적인 도시환경에서 의료 사업을 시작하다 결국 발진티푸스에 걸렸다. 목숨은 건졌으나 몸은 극도로 쇠약해져서 원기를 회복할 희망을 단념해야 했다. (중간생략) 그의 이름은 그가 한평생 바쳐 사역한 사람들에게 기억되며 사랑을 받을 것이다"[36]

미국으로 돌아온 존슨 박사는 캘리포니아 임페리얼 카운티에서 목

---

34 같은 책, 67.
35 같은 책, 62.
36 같은 책, 같은 쪽.

장을 운영하며 건강을 회복하였다. 이후 그는 캘리포니아 이글 락(Eagle Rock)으로 자리를 옮겨 네 자녀와 함께 16년 동안 비행청소년을 보호, 관리하는 새로운 선교사역을 지속하였다. 1951년 7월 19일, 존슨 박사는 글렌데일 요양원에서 82세의 일기로 하나님의 부르심을 받았다.[37]

'대구·경북 지역 의료선교의 아버지'라고 불리는 우드부릿지 존슨 선교사! 그의 '거위의 꿈'은 그것으로 끝나지 않았다. 그는 당시 의료 환경적으로 열악한 대구·경북 지역에 비록 조그마한 '나무다리(木橋)'처럼 놓여졌지만, 성령의 인도하심을 따라, 그 나무다리를 밟고 그의 꿈을 이어가는 자들이 있었다. 그리고 100여 년이 지난 오늘에, '대구 제중원'은 '동산기독병원'을 거쳐, 계명대학교 의과대학 부속병원으로서 '계명대학교 동산의료원'으로 우뚝 서 있음을 우리들은 역사의 증인이 되어 바라보고 있다. 그의 꿈의 열매들인 계명대학교 의과대학 출신 의사들이 이 나라와 온 열방을 향하여 퍼져 나가고 있다. 주님의 은혜요 축복이다.

아름다운 사람, 우드브릿지 존슨! 그가 떠났던 11월에 이 글을 쓰기에, 더욱 더 그가 그리워진다.

---

37 같은 책, 62-63.

아치볼드 그레이 플레처(1882-1970)
(Archibald Grey Fletcher, 별이추[鷩離秋], 별의서[鷩醫書])
영남의 선한 사마리아인

■ 의료선교사의 꿈

아치볼드 그레이 플레처(Archibald Grey Fletcher)는 1882년 8월 16일 캐나다 온타리오(Province of Ontario)에서 태어났다. 그의 아버지 클라라 로즈버쉬 플레처(Clara Rosebush Fletcher)는 스코틀랜드 출신으로 캐나다로 이주하여 농사를 지었는데, 아치볼드는 6남 2녀 중 넷째 아들로 태어났다. 독실한 신앙인이었던 그의 어머니는 막내 동생 데이브(Dave)가 일곱 살 때 돌아가셨으며, 아버지도 폐질환으로 얼마 후에 돌아가셨다. 가사 일은 맏형인 짐(Jim)이 떠맡았으나 그 역시 폐질환으로 세상을 떠났다. 이후에 둘째 형은 미국 네브래스카 주(State of Nebraska)로 떠났고, 셋째 형인 고든(Gordon)은 캐나다 토론토 의과대학을 졸업하고 네브래스카 주의 오처드(Orchard)에서 개업을 하였다.[1]

---

1 동산의료선교복지회, 『한 알의 밀알이 되어 – 70인의 선교사 이야기』 (대구:사단법인 동산 의료선교복지회, 2021), 121.

아치볼드는 셋째 형의 영향을 많이 받았기에 토론토의 영미직업전문학교(British American Business College)를 졸업하고, 1906년에 미국 시카고 소재 '내외과 의과대학(College of Physicians and Surgeons)'을 졸업하였다. 그리고 임상 경험을 쌓기 위해서 셋째 형이 개업한 병원에서 일하였다.

그는 어머니의 신앙을 많이 물려받았기에 의료선교사가 되길 꿈꾸어 왔다. 따라서 외과의사로 수술 경험을 쌓기 위하여 오하이오 주의 수시티(Sioux City)에 있는 '사마리아인 병원(Samaritan Hospital)'에서 외과 의사로 열심히 수련하였다.[2] 한편 그는 삼촌이 장로로 있는 수시티(Sioux City)의 제이장로교회에 출석하여 그룹 성경공부를 하면서 신앙적 훈련도 열심히 쌓았다.

1907년 6월, 플레처는 뉴욕에 있는 미북장로회 선교본부에 의료선교사 지원서를 보냈다. 그 후에 여러 절차를 거쳐 드디어 1908년 12월 29일, 미북장로회 해외선교회는 그를 한국선교사로 임명하였다.[3]

■ 대구·경북에 의료선교사로 부임하다

1909년 8월 20일, 한국에서 사역하는 선교사들이 평양에서 연례선교대회로 모였다. 이 모임에 참석하기 위해서 플래처 및 함께 파송되어 온 여섯 명의 여성 선교사들이 부산에서 열차를 타고 대구를 거쳐 평양에 도착했다. 선교대회가 시작되었고, 발언대에 오른 언더우드 선교사가 새로 온 선교사들을 소개했다.

---

2 같은 책, 121-122.
3 같은 책, 124.

"우리가 존중하는 개척자요, 내가 존경하는 한때의 동료였던 알렌은 의료선교사로 한국에 들어왔습니다. 이제 25년이 지난 지금 여기에 또 한 사람의 의료선교사 플레처가 왔습니다. 알렌과 나는 전혀 합의를 이루지 못하는 때까지도 함께 협력하며 일해 왔습니다. 나는 플레처 박사도 여러분과 협력하며 일해 줄 것을 기대합니다."[4]

플레처 선교사는 연례선교대회를 통해 사역지가 원주로 결정되었다. 그러나 원주로 가기 전에 재령에서 사역하든 선교사가 휴가를 가게 되어 그 빈자리로 임시로 가게 되었고, 그 후에 서울로 오게 되었고, 대구 제중원에 사역하던 존슨 박사가 병이 나자, 다시 대구로 와서 한 달 반 정도 머물게 되었다. 이렇듯 플레처 박사가 여러 지역을 임시 사역지로 순회하는 동안, 각 교단 선교부의 선교지 분할에 대한 재조정 결과 원주 지역은 감리교 선교부 관할에 들어가게 되었다. 따라서 플레처 선교사의 최종 사역지는 새롭게 신설된 경북 안동선교지부로 결정되었다.

안동선교지부로 부임한 플레처 선교사는 현재 안동교회 선교관 자리에 있던 가옥을 매입하고 선교사 임시 사택으로 사용하면서, 1909년 10월 1일에 진료를 시작하였는데, 이것이 안동성소병원의 시작이었다.[5] 1910년 9월, 대구 제중원의 존슨 박사의 건강 문제로 잠간 동안 대구 제중원의 존슨 박사와 안동성소병원의 플레처 박사가 사역지를 서로 바꾸어 일시 진료를 하였지만, 상황이 어렵게 되자 다시 원위치로 돌아오게 되었다.

1911년 여름, 존슨 박사는 건강이 더욱 악화되자 결국 대구 제중원 원장직을 사임하게 되었다. 그리고 1911년 9월 플레처 박사가 대구 제중원

---

4 같은 책, 같은 쪽.
5 안동성소병원 홈페이지, 병원연혁 참조.

의 제2대 원장으로 취임하게 되었다.

■ 선교와 인생의 동반자를 만나다 – 제시 로저스와의 결혼

아치볼드 플레처 박사의 부인이 되는, 제시 로저스(Jessie Rodgers Fletcher. 1884-1971)는 미국 필라델피아에서 출생하였고, 당시 특권층이 다니는 사립고등학교를 졸업하였다. 신앙심이 깊은 부모님의 영향을 받고 자라면서 그녀는 사려 깊고 교양 있는 사람으로 성장하였다.6 제시는 해외 선교에 큰 관심을 가지고 선교사로 나가기 위해 열심히 준비했다.

1912년, 그녀는 미북장로회 해외선교부로부터 한국선교사로 임명을 받고 안동선교지부로 파송되었다.7 1913년 9월, 서울에서 열린 연례선교 대회에서 아치볼드와 제시, 두 사람은 처음으로 만나게 되었다. 그러나 그녀는 아치볼드에 대해서 특별한 감정을 가지지는 못했었다. 1915년 5월, 제시는 대구선교부의 요청으로 대구지역 춘계 여성 성서학원에 강사로 초청되었다. 이때에 마침 안식년을 마치고 다시 동산기독병원으로 돌아온 아치볼드를 제시는 다시 만나게 되었고, 서로 사랑하는 사이가 되었다.

그런데 이즈음에 아치볼드는 고열이 발생하여 서울 세브란스병원으로 긴급 후송하게 되었다. 제시는 선교부에 아치볼드와 약혼한 사이임을 밝히고, 자신이 그의 곁에서 간호하게 해줄 것을 요청하였다. 이후에 아치볼드는 열병에서 회복하게 되자, 1915년 6월 19일, 언더우드 목사의 주례로 두 사람은 서울에서 결혼식을 올릴 수 있었다.8 아치볼드는 33세였고,

---

6 동산의료선교복지회, 『한 알의 밀알이 되어』, 173.
7 같은 책, 173-174.
8 같은 책, 130.

제시는 31세였다.

이 두 사람 사이에 첫 딸 엘시(Elsie), 둘째이자 큰 아들 아치볼드 그레이 플레처 주니어, 그리고 막내 아들 도널드(Donald)가 태어났다.[9]

제시는 아담스 목사 부인과 함께 동산기독병원 영아보건소를 중심으로 열심히 헌신하였다.

■ 대구 동산기독병원 – 종합병원으로 도약하다

플레처 박사가 대구 제중원 제2대 병원장으로 부임하여 정성을 다해 진료에 임하자 환자들이 계속적으로 늘어나기 시작하였다. 수술 환자들도 급격히 증가하자 의료 인력이 절대적으로 부족했다. 전문적인 의료인들이 모여 왔다. 대표적으로 일본에서 의학 수련을 한, 채 박사(Dr. Chay)와 미 북장로회 파송 엘리자베스 베킨스(Elizabeth Bekins) 간호사였다.[10] 일본인들도 일본인 병원보다도 플레처 박사가 있는 대구 제중원으로 찾아왔다. 플레처 박사는 대구 '제중원'을 '동산기독병원'으로 개명(改名)하고 의료선교 사업을 더욱 확장시켜 나갔다. 의료선교사들이 보강되었고, 한국인 의사들도 여러 명이 주요부서의 책임을 맡게 되었다.

1927년 9월, 새 외래진료소를 신축하면서 주요 진료과목을 독립 운영하는 종합병원 체계로 전환하였다. 내과, 안이비인후과, 외과 과장을 한국인 의사로 임용했다. 또한 병원의 진료 수준을 높이기 위해서 임상병리 검사실, 방사선 검사실을 설치하였다. 그리고 이 검사실을 운용할 한국인 의료진들을 발굴하고 양성하였다. 또한 공중보건의 중요성을 주창하여 위

---

9 같은 책, 174-175.
10 같은 책, 132.

생보건 계몽사업에 앞장섰다. 이에 따라 환자 수는 급격히 증가하게 되었다.[11]

플레처 박사는 대구 동산기독병원에 부임한 이후로 병원 확장을 위해 14년 동안 계획하였다. 그리고 꾸준히 기금을 모금해 왔다. 그는 안식년 기간에 '미국병원연합회(the American Hospital Association)'에 가입하고 병원 건립에 관한 세세한 정보를 얻었다. 1931년, 그동안에 비축해두었던 헌금으로 현대식 3층 규모의 병원을 신축하게 되었다. 이 건물은 연면적 약 720여 평에 지상 3층으로 건물 벽은 붉은 벽돌로 마감하고, 슬라브 지붕을 한, 대구 최초의 서양식 병원 건물이었다. 건물의 중심이 되는 2층 중앙에는 예배실이 있었다. 이 예배실은 대구선교지부의 개척자인 제임스 아담스 목사 기념예배실로, 그의 부인 케롤라인 B. 아담스(Caroline B. Adams)가 기증했다. 100만 명 이상의 사람들이 이용할 유일한 기독병원을 세우겠다는 플레처 선교사의 기도는 이렇게 이루어져 갔다. 이 병원이 신축됨에 따라 대구 동산기독병원은 전국적으로 명성을 떨치게 되었다.[12]

■ 애락원 – 한센인들의 안식처

동산기독병원이 발전하기 시작하자 플레처 박사는 마음 한구석에 늘 자리하고 있던 고민을 해결해 보려고 했다. 그것은 한센병 환우에 대한 부담이었다. 플레처 박사가 내한했던 첫 겨울에 그의 진료실로 두 명의 소년 한센인이 찾아왔었다. 그들은 한센병에 걸린 후에 집에서 쫓겨났었다. 추운 겨울인지라 어느 집 마루 아래 굴뚝이 지나는 곳에서 웅크리고 자다

---

11 같은 책, 151-152.
12 같은 책, 157.

가 한센병으로 감각이 없던 발에 큰 화상을 입게 된 것이었다. 플레처 박사가 치료 과정에서 들은 이야기는 이와 처지가 비슷한 아이들 여섯 명이 함께 매우 열악한 환경에서 살아간다는 것이다. 플레처 박사는 개인 비용으로 작은 집을 사서 그들이 생활하게 했다.[13] 1913년 여름, 플레처 박사는 대영나환자구료회(Mission to Leper in India and the East)의 창시자인 베일리 (Wellesley C. Bailey)와 그의 부인이 한국을 방문한다는 소식을 듣고 그들을 대구로 초청하였다. 그들은 플레처 박사의 구라사업(求癩事業)에 감동하였고, 많은 후원금과 함께 대구 동산기독병원 안에 대영나환자구료회 한국지부를 설치하게 하였다. 그리고 달성군 달서면 내당동 52번지의 땅 18,000여 평을 구입하여 나병원을 세우게 되었다.[14]

1917년 5월 6일에 애락원이 완공되었다. 이 시설은 이후에 아시아에서 가장 우수한 한센병 병원으로 알려졌다. 플레처 박사는 자신을 드러내지 않았으며, 신앙인으로서 오로지 소외되고 어려운 형편의 환우와 그 가족들을 위하여 헌신하였다.

애락원은 1930년대 중반에 챔니스 목사(Rev. Oliver Vaughn Chamness)가 부임하여 축산농장을 만들면서 크게 발전하였다. 영국 버크셔 돼지, 미국 캘리포니아 닭, 토끼와 비둘기, 일본 홀스타인 젖소를 들여왔다. 또한 과수원을 만들어 400여 그루의 과일나무를 심었다. 한센병 환우들이 조직적으로 일을 분담하여 청결하고 효과적으로 농장 일을 수행하였다. 그 결과 애락원 한센인의 진료 및 치료 수준과 수용소의 시설은 전 세계 어디에 내어놓아도 손색이 없을 정도가 되었다. 플레처 박사의 한센인에 대한 사랑과 헌신은 일본인들과 일본 황실의 마음을 움직이게 하였고, 그들로부

---

13 같은 책, 133-134.
14 같은 책, 같은 쪽.

터 존경과 찬사를 받았던 것이다.**15**

플레처 박사는 애락원의 목표를, 모든 환자로 주님 앞으로 나아가게 하고, 그들로 하여금 나병 이외의 모든 증상으로부터 자유롭게 만들어 주는 것이었다. 원내에 교회를 세워 전담 복음 전도사를 채용하여 정기적인 주일 예배와 주일학교 예배, 성경강의, 그리고 매일 원내 교회의 행사를 담당하게 하였다. 애락원의 간호사들은, 그들 자신이 한센병 환자로서 치료를 받고 나은 후에, 간호원 수련을 받고 간호원이 된 사람들도 있었다.**16** 세월이 지남에 따라 애락원 주변에도 여러 곳에 교회가 세워졌다. 플레처 박사 부부는 진정으로 한센병 환우들을 사랑했고, 정성껏 그들을 섬겼다.

■ 복음전파의 전략기지 – 동산기독병원 전도회

1921년 2월, 플레처 박사는 병원 전체 직원 26명을 회원으로 '병원전도회(Hospital Preaching Society)'를 조직하였다. 이 전도회는 3가지 목적을 표방했다. 첫째, 모든 환자에게 복음을 전할 것, 둘째, 가능한 많은 환자를 기독교인으로 개종시킬 것, 셋째, 새로운 개종자 중 많은 수를 교회에 정착하도록 할 것이었다.**17** 따라서 동산기독병원은 오직 그리스도인만을 병원 직원으로 채용하였다.

플레처 박사는 이 전도회를 운영하면서 몇 가지 원칙을 세웠다. 먼저 모든 직원들로 하여금 기독병원이 기독교적 영향을 미치도록 각자 자기 몫의 역할을 책임지도록 했다. 이 모임 안에서는 직급상의 계급 차이가 없

---

15 같은 책, 149-151.
16 하워드 마펫, 김영호 엮음, 『하워드 마펫이 쓴 동산기독병원의 초기역사와 선교보고』 (서울:미션아카데미, 2016), 103.
17 동산의료선교복지회, 『한 알의 밀알이 되어』, 140-141.

었다. 그러나 전도회 가입은 전적으로 자발적 선택에 따랐다. 그런데 회원이 되면 일정한 회비를 분담해야 했다. 본인 급여의 1%를 전도회 헌금으로 납부하여 이를 운영 경비로 이용하였다. 이 전도회 회원들은 환자들에게 기독교인이 될 것이나, 예배에 참여할 것을 강요하지 않았다. 강제성을 가진 전도가 아니라, 그리스도의 사랑을 느끼게 하여 환자들에게 기독교에 관심을 가지게 하였다.**18**

병원 전도회는 세 팀을 만들어서 전도했다. 한 팀은 항상 병원 안에서 전도와 심방 사역을 하고(원내전도), 다른 한 팀은 퇴원한 사람 마을로 찾아가서 사역하였으며(출촌전도), 또 다른 한 팀은 이미 형성된 기독교 교인들을 재방문하고 세우는 일을 하였다(순회전도). 그리고 이 세 팀이 차례로 돌아가면서 이 사역들을 감당하게 하고, 한 달에 한 번씩 보고회를 열어 논의하고, 다음 달 전도 계획을 수립하게 하였다.**19** 이러한 전도 활동으로 1921년부터 1941년까지 약 20년 동안 대구·경북지역에 147개의 지역 교회가 설립되었다. 이 모임은 오늘날까지도 '사단법인 동산의료원선교복지회'라는 이름으로 국내 및 해외까지 그리스도의 사랑과 복음을 전하는 일을 감당하고 있다.**20**

■ 의료 인력을 확충하기 위한 기관 설립– 간호부 양성소

플레처 박사의 헌신과 열정으로 동산기독병원은 날로 발전해 갔다. 이 병원을 찾는 환자의 수가 급증하게 된 것이다. 따라서 의료 인력도 많

---

18 같은 책, 141-142.
19 같은 책, 142-143.
20 같은 책, 143.

이 필요하게 되었다. 서울과 평양에 있는 선교 병원들은 간호부 양성소를 설립하여 자체적으로 의료 인력을 충당하고 있었다. 대구 동산기독병원도 1905년 크리스틴 카메론(Christine H. Cameron) 4년, 1909년 메리 메켄지(Mary McKenzie) 1년, 1911년 맥기(Ethel McGee) 3년, 1915년 베킨스(Elizabeth B. Bekins) 1년, 1916년 라이너(Ella M. Reiner) 4년, 간호사 선교사들이 헌신하였다. 그리고 1923년 클라라 헤드버그(Clara M. Hedburg, 하복음)[21] 간호선교사가 필리핀에서 한국으로 왔었다. 그해 5월 5일, 플레처와 클라라 헤드버그 선교사는 내과 과장 손이식과 서무과장 김덕수의 도움을 받아 '동산기독병원 부설 간호부 양성소'를 설립하고 클라라 헤드버그 선교사가 초대 소장으로 취임하였다.[22] 5명의 소녀들로 간호부 양성소는 시작되었다. 개교 당시 교과 과목은 해부학, 세균학, 산수, 간호술, 성경, 일본어, 영어 관련 과목과 드레싱 준비 등을 가르쳤다. 1930년-1931년 졸업생들은 간호사 국가자격시험에 전원 합격하였다. 이후에 이 학교는 동산기독병원 부속 간호고등학교, 간호학교, 간호전문학교, 동산간호전문대학 등을 거쳐 오늘날 계명대학교 간호대학으로 발전하였다.[23]

■ 아동복지기관 설립 – 영아보건소

후진국일수록 영아 사망률이 높게 나타나는데, 1900년대 초기 당시 우리나라의 영아 사망률은 매우 높았다. 1929년, 안식년을 마치고 돌아온 플레처 박사는 열악한 영유아 보건을 개선하기 위해 영아 복지사업에 주

---

21 클라라 헤드버그(Clara M. Hedburg, 하복음) 선교사는 1941년 일제에 의해 미국으로 추방 당하기까지 18년 동안 대구 동산기독병원에서 근무하였다.
22 동산의료선교복지회, 『한 알의 밀알이 되어』, 153.
23 같은 책, 154.

력하게 되었다. 플레처 박사는 1930년 2월 14일, 대구 동산기독병원 구 진료소 건물에 '영아보건소(Baby Welfare Clinic, or Presbyterian Hospital Baby Clinic)'를 설립하였다. 이 기관을 통하여 처음에는 0-1세 아이들을 대상해 서 시작하다가, 나중에는 0-3세 아이들까지 확대하여, 이 아이들의 건강 상담, 진료, 우유 급식 등을 주 업무로 하는 아동복지기관을 설립하였다. 이 사업은 영유아들의 조기 사망률을 낮추는 중요한 사업이었는데, 플레 처 박사는 헤드버그 간호선교사의 도움을 받아 한국인 의사들과 간호사들 과 합력하여 이 사업을 추진하였다.

■ **시련과 핍박을 딛고 일어서다**

플레처 박사는 1909년 8월 내한한 때로부터 온 힘을 다하여 의료선교 사역에 맥진하였다. 1918년 봄, 플레처 선교사에게 시련이 닥쳐왔다. 그 가 심한 객혈을 하고 쓰러진 것이다. 그는 서울 세브란스병원으로 응급 후 송되었다. 진찰 결과 왼쪽 폐에 급성폐결핵으로 진단되었다. 플레처 박사 는 모든 의료 사역을 중단하고, 1918년 4월 1일 치료를 받기 위해 미국으 로 돌아갔다. 미국으로 귀국하는 길은 험난하기 그지없었다. 마침내 트뤼 도 요양원(Trudeau Sanatorium)에서 치료하기로 했으나 치료비가 없었다. 그를 파송한 해외선교회도 소속 선교사들의 의료비용을 위한 대책이 전혀 없었다.[24] 플레처 선교사는 가족들과 친구들이 병원 설비를 위해 마련해 준 조그만 기금으로 어렵게 치료비를 마련하여 치료를 받게 되었다.

대구에 선교사로 가서 이제 10년을 맞이하게 되어, 사역에 변화가 일

---

24 도널드 R. 플레처, 이용원 역 『십자가와 수술칼』(대구: 사단법인 동산의료선교복지회, 2021), 184.

어나고 열매가 맺어지는 순간, 고난이 밀어닥친 것이다. 그는 가족을 두고 요양원에서 혼자 치료를 받는 동안에 육체적 절망과 좌절, 고독과 낙심 가운데 몸부림쳤다. 그는 전적으로 하나님께 매달렸다. 그리고 그는 이제 껏 행해 왔던 의료선교 사역들을 되돌아보기 시작했다. 그는 기독병원 사역을 하면서 전통적인 방식대로, 의사는 진료를 하고, 전도와 심방은 원목과 전도사와 전도부인을 고용하여 복음사역을 하는 방식을 고수하고 있었다.25 그는 이 요양원에 머물면서 이러한 전통적 선교 방식에서 벗어나 총체적 선교를 펼치는 새로운 방식으로 병원에 '전도회'를 설립할 것을 깨닫게 된 것이다. 육체적 시련과 고통을 통해서 깨닫게 하시는 하나님의 은혜였다. 이후로 그의 육신은 점차 회복되기 시작했다. 플레처 박사 부부는 1920년 대구로 다시 돌아올 수 있었다.

핍박은 일제(日帝)로부터 가해져 왔다. 1934년부터 신사참배가 강요되기 시작했다. 그리고 새로 제정한 종교법에 의거해서 선교사들의 선교 활동은 아주 어려워졌다. 1940년 5월경에 병원에서 중요한 역할을 하는 젊은 약제사가 갑작스럽게 죽었다. 그리고 7월에는 신축하고 있던 병원이 원인 모를 화재로 전부 불타버렸다. 건물뿐만 아니라 모든 의료기기가 함께 소실된 것이다.26 도저히 다시 재건할 수 없을 정도로! 이런 상황 속에서 일제의 탄압을 점점 심해져 갔다. 그럼에도 플레처 박사 부부는 주님을 의지하고 꿋꿋이 버텼다.

1941년 1월 30일에 플레처 박사는 미국 나환자선교회의 윌리엄 대너에게 다음과 같이 보고했다.

---

25 같은 책, 186.
26 동산의료선교복지회, 『한 알의 밀알이 되어』, 159.

"아시다시피 일부 기관들이 폐쇄되었습니다. … 우리의 사역은 지금까지는 계속하고 있습니다. 거의 경비도 마련하지 못하고 내가 밑바닥부터 세워온 기관에 그대로 머물러 있는 것이 나의 목표입니다. 이렇게 결심을 표현하는 것은 주님께서 이런 방향으로 나를 분명하게 인도하시는 것처럼 보이기 때문입니다. 그분이 어디로 인도하시든지 나는 따르기를 바랄 뿐, 내가 미래에 관해 무슨 말을 더 할 수 있겠습니까?"[27]

1941년 12월 7일, 일본이 진주만을 공습했다. 일본이 미국에 선전포고를 한 것이다. 이후로 일제는 선교사들을 극심하게 탄압하기에 이르렀다. 플레처 선교사도 자택에 연금되었다. 1942년 6월 2일, 미국과 일본에 거주하는 일반 시민들을 서로 교환하는 조치가 시행되었다. 따라서 플레처 박사 부부는 1943년 8월 9일 한국을 떠나야만 했다. 오직 손에 들 수 있는 것만 가지고! 그리고 일본, 동남아, 아프리카 희망봉을 돌아, 남미 리오데자네이로를 거쳐 뉴욕으로 갔다. 그러나 플레처 박사가 캐나다인이어서 다시 캐나다로 갔다가, 미국인 부인 제시의 국적이 회복됨에 따라 다시 미국으로 가게 되었다.[28]

제2차 세계대전이 끝나고 1946년 4월, 플레처 박사는 '세계봉사선교회(Church World Service)'의 구호물자를 가지고 선교사 대표로 내한하였다. 플레처 박사가 대구 애락원으로 돌아온 날에 큰 환영회가 벌어졌다. 주일예배를 드리기 위해 '신정교회'에 들어갔을 때, 그 도시 전역에서 모여온 성도들이 그를 맞이했다.

27 같은 책, 159-160.
28 같은 책, 160-161.

"내가 그 교회에 들어갔을 때 그들은 내게 인사를 하려고 둘러서 있었다. 할머니 중 몇 사람은 나를 포옹하기까지 했다. 그중의 한 사람은 자제할 수가 없어서 실제로 강단 앞으로 나와 춤을 추기도 했다. 나는 처음으로 다윗을 감동하게 해 언약궤 앞에서 기쁨에 차서 춤을 춘 신앙적인 감정을 이해하게 되었다. … 나는 단순히 대구의 선교사들을 향한 그리스도인들의 마음으로 느끼는 따뜻함에 푹 잠겨 그것을 받고 있었다."**29**

한국으로 돌아 온 플레처 박사는 선교부 전체 재산 현황을 파악하는 것과 선교지부를 재건하는 일에 몰두했다. 그러나 38선 이북 지역은 어떤 것도 파악할 수 없었다.**30** 플레처 박사는 한센병 및 결핵 퇴치 운동에 주력하였다. 그러나 한국의 열악한 경제 상황으로 한센병 환자를 돌보는 일은 많은 제한이 있었다. 반면에 결핵 퇴치 운동은 미국 제약회사의 도움으로 많은 성과를 보게 되었다.

1950년 4월, 플레처 박사 부부는 짧은 휴가를 보내려고 미국으로 귀국하였다. 그 휴가 기간에 6·25 전쟁이 발발한 것이다. 그리고는 한국을 방문할 수가 없게 되었다. 그는 뉴욕의 선교본부에서 의료담당관으로 사역하다가, 1957년 12월에 선교사역에서 은퇴하였다. 그 후 로스앤젤레스 외곽 은퇴선교사 마을에서 여생을 보내다 1970년 89세로 하나님의 부르심을 받았다.

---

29 도널드 R. 플레처, 이용원 역『십자가와 수술칼』, 429.
30 동산의료선교복지회,『한 알의 밀알이 되어』, 162.

■ 아치볼드 그레이 플레처 박사를 기리며

플레처 선교사의 사역은 복음전파 사역과 전문적인 의료 사역을 동시에 하는 모범적 의료선교 사역의 모델이었다.[31] 왜냐하면 그는 의료선교사로서의 두 가지 역량을 모두 갖추었는데, 첫째, 탁월한 전문적인 의료기술을 갖춘 것이고, 둘째, 강력한 전도 활동을 통한 환자에 대한 선교 활동이었다.[32]

오직 그리스도의 사랑으로 한센병 환우들을 비롯한 모든 환우들을 가슴에 품었으며, 30여 년 이상을 동산기독병원에 헌신하였음에도 그의 이름을 드러내지 않고 오직 '예수 제자의 길'을 걸어간 그분의 모습에 감사할 따름이다.

애락원 내에는 오늘도 그의 공적을 기리는 '별이추 원장 공적기념비'가 우뚝 서 있어 우리의 마음의 옷깃을 여미게 한다.

■ 동산(기독)병원 청라언덕에서

한국기독교의료선교협회 산하 의료선교교육훈련원에서 '한국초기의료선교역사'를 강의해 온 지 십수 년이 흐른다. 대구훈련원도 벌써 10여 년 넘게 강의해 오고 있는데, 이곳을 찾을 때마다 포근함을 느낀다. 특히 의료선교박물관이 위치한 청라언덕에 오면 '봄의 교향악이 울려 퍼지는' 듯하면서 어머니 생각에 잠기곤 한다.

지금 돌이켜 생각해 보면 1958년경쯤으로 여겨진다. 아직 초등학교에

---

31 같은 책, 146.
32 같은 책, 166.

입학하기 전, 6살 남짓 꼬마였을 때, 경주에서 살고 있었는데, 어느 날 어머니께서 나를 데리고 대구 동산기독병원으로 가셨다. 몸이 많이 안 좋으셔서 어리지만 장남이었던 나를 보호자 삼아 데리고 가셨던 것 같았다. 난생 처음으로 큰 병원에 갔었는데, 어머니가 치료받는 시간이 얼마나 길어 보였는지, 대기실에 홀로 남겨진 어린 나로서는 너무나 무섭고 불안했다. 한참의 시간이 지난 후에 어머니께서 치료실에서 나오셨는데, 좋은 의사 선생님을 만나서 치료가 잘 되었다고 하시며 환히 웃으셨다(그때 어머니는 하워드 마펫 박사님을 만나셨을까?!).

어머니는 나를 병원 건너편에 있는 서문시장으로 데리고 가셨다. 시장이 얼마나 큰지, 경주에서는 볼 수 없었던 많은 물건들과, 붐비는 사람들 속에서 정신을 차릴 수가 없었다. 어머니께서 나에게 찹쌀떡 하나를 사 주셨다. 얼마나 큰지, 내 작은 손으로는 잡을 수 없을 정도였다. 그리고 그 맛이 얼마나 좋았던지! 오랜 세월이 지난 오늘에도 결코 잊을 수 없는 것이다. 내 어머니를 살려 준 동산병원과 함께!

세월은 흐르고 흘러, 고향 경주에 다시 돌아와 살아가는데, 2018년 12월 17일 저녁 어스름에 육십이 넘은 아내가 고통하며 쓰러졌다. 의료선교에 남다른 관심을 가지신 대구 계명대학교동산병원 내과 황재석 교수의 도움을 받아 급히 입원하게 되었다. 진찰 결과 담석증에 의해 급성담낭염이 생겨 긴급히 수술을 받아야만 했다.

쓸개 빠진 그녀

저녁 어스름이 가만히 내리는 시각
고통은 그렇게 스물스물 다가오더니
갑자기 숨이 딱 막히고 말았단다

진한 오렌지 주스 같은 담즙이
가득 찬 쓸개주머니에
영롱한 황금색 구슬 돌들이 소복이 들어앉아
담즙의 흐름을 막아 버린 그때

충치를 앓는 것보다 더
아이를 낳는 것보다 더
아파 아파 아파!
하늘 신선(神仙)만이 참을 수 있다기에
선통(仙痛)이라 했다던가!

모든 것을 훌훌 벗어 버리고 벌거벗긴 채
주검같이 드러누운 몸은
침몰해 가는 물체처럼 가라앉고
마침내 옆구리와 배에 구멍이 뚫렸다
그분의 옆구리에도 생겨난 창 자국 같은
스티그마타!

이제
육체의 가시
그 형극(荊棘)의 돌들을
오롯이 내려놓은 그녀가
내 앞에 히쭉 웃고
서 있다
쓸개 빠진 그녀가!

– 惠民 –

동산기독병원(1937년)

4

예수 사랑, 영남의 빛으로 오신 사람들 Ⅱ
(부산·경남을 사랑한 하나님의 사람들)

부산·경남 초기 의료선교사 길라잡이

■ 부산·경남 초기 의료선교 태동

부산·경남 지역의 의료선교는 의사 하디(Dr. Robert Hardie)에 의해서 시작되었다. 그는 1890년 캐나다 토론토 의과대학을 졸업하고, 그해 9월 30일 토론토대학 기독청년회(YMCA)의 파송을 받고 부산에 도착하여 의료선교사로 활동하였다. 그는 토론토 대학 동문인 게일 목사(Rev. J. S. Gale)와 함께 부산에서 선교하다가 잠시 서울에 올라와 토론토 의과대학 동문인 의사 에비슨과 협력하여 제중원에 일시 근무하였다. 1891년 4월 14일 다시 부산으로 내려가 의료선교 활동을 하였다. 그해 봄에는 본국으로부터의 재정 지원이 원활하지 못하여 호주장로회 선교사로 이적하려고 고려한 적도 있었다. 1892년 11월, 하디 선교사는 부산을 떠나 원산으로 가서 독립 선교사 펜윅(Rev. Malcom C. Fenwick) 집의 방 한 칸을 빌려 간이 진료소와 시약소를 운영하며 의료선교 활동을 펼쳤다. 그 후 1898년에 캐나다 YMCA와의 계약기간이 끝남으로 미남감리회로 이적하고 목사가 되

었다.[1]

하디 선교사에 이어서 두 번째로 부산 지역에 들어온 의료선교사는, 1891년 12월에 미북장로회 파송을 받은 의사 브라운(Dr. Hugh M. Brown)이었다. 그는 자기 집에 작은 시약소를 설치하고 의료선교 사역을 시작하였는데 주로 위생점검, 검진, 시약 등에 주력하였다. 의사 브라운(Dr. Hugh M. Brown)은 결핵 감염으로 부산에 온 지 2년 후인 1893년에 미국으로 귀국하였다.[2]

1893년 11월, 미북장로회 선교부는 의사선교사 어빈(Dr. Charles H. Irvin)을 부산에 파송했다. 그는 부산 영주동 영선고개에 '어을빈의원'을 개업하여 유명해졌다. 그 후 1903년 9월, 부산·경남 지역 최초의 근대식 병원인 '전킨기념병원(Junkin Memorial Hospital)'이 어빈 선교사를 중심으로 건립되었다. 1904년 당시 전킨기념병원을 중심으로 부산에는 17명의 의사(외국인 의사, 일본인 의사, 한국인 의사)와 2명의 치과 의사, 2명의 약사, 11명의 조산원 등 32명의 의료진이 있었다. 전킨기념병원이 설립된 지 8년간, 약 6만 명의 환자가 치료를 받았다. 이 병원은 선교병원답게 진료 시작 전에 매일 예배로 시작하였고, 환자들에게 복음을 전할 목적으로 약처방전, 약포장지, 벽, 의료관계 상자 등에 성경말씀을 인쇄하여 배부하였다. 어빈은 1911년 3월 말까지 부산에서 일한 후 선교사직을 사임했으며, 이 후에는 밀스(Dr. R. G. Mills)와 비거(Dr. J. D. Bigger) 등의 의사들이 이 병원에서 의료선교사로 근무하였다.[3]

---

1 손영규,『한국 의료선교의 어제와 오늘』(서울: CMP, 1998), 52-53.
2 같은 책, 53.
3 같은 책, 53-54.

■ 호주장로교회의 한국 의료선교

호주장로교회의 한국선교는 조셉 헨리 데이비스(J. Henry Davies) 목사가 그의 누이 메리 데이비스(Miss. Mary Davies)와 함께 1889년 10월 2일 내한함으로써 시작되었다. 그들은 호주의 빅토리아장로교 청년연합회(YMFU : Young Men's Fellowship Union)의 후원으로 한국에 선교사로 들어왔다. 그러나 1890년 4월 5일, 데이비스(J. Henry Davies) 목사가 열병(천연두와 폐렴)으로 말미암아 34세의 나이로 하나님의 부르심을 받고 세상을 떠났다. 그의 유해는 복병산 언덕 작은 외국인 묘지에 안장되었다. 그러자 그의 누이 메리 데이비스는 호주로 되돌아갔다. 데이비스 선교사의 갑작스러운 순직은 도리어 호주장로교회에 큰 도전이 되었다. 급기야 1890년 7월에 장로교여선교회연합회(PWMU)가 결성되어, 청년연합회와 더불어 한국선교에 박차를 가하게 되었다.[4]

● 호주장로교회의 한국 의료선교 1기

호주장로회 선교부의 부산지역 의료선교는 1902년 5월, 휴 커렐(Dr. Hugh Currell) 의사 부부가 부산으로 들어옴으로써 시작되었다. 그가 작성한 사역 보고서를 보면, 자신은 부산에 도착한 다음날부터 의료사역을 시작했고, 몸이 심히 아픈 경우를 제외하고는 하루도 빠짐없이 매일 환자를 돌보았다고 기록하고 있다. 그가 부산에 온 지 4개월이 지난 9월에는 부산과 인근 지역에 콜레라가 만연하여 많은 희생자가 발생하였다. 그는 여러 지역을 순회하며 약품과 소독약을 분배하고, 많은 환자들을 치료했다.

---

4 정춘숙 편저, 『맥켄지家의 딸들』(부산: 일신기독병원, 2012), 50-51.

그의 활동은 당시 상황으로서는 지역사회에 대한 큰 공헌이었다.[5] 그를 부산으로 오게 했던 미북장로교 선교사인 아담스 목사(Rev. James E. Adams)는 다음과 같은 글을 담겼다. "커렐 의사의 내한은 한국의 그리스도인들에게는 저들을 향한 하나님의 사랑에 관한 또 다른 실례로 받아들여지고 있지만, 우리에게는 말로 표현할 수 없는 그 이상의 의미를 지니고 있다."[6] 커렐 선교사는 부산·경남 지역의 의료 형편을 살펴보고, 부산 지역은 일본인 의료진과 미북장로회 의료선교부가 활동하고 있는데 반해, 경남 지역의 의료 형편은 시약소 마저 없음을 보고, 호주 선교본부의 허락을 받고 진주로 갔다. 그는 진주 땅을 밟은 첫 서양인이자, 첫 의사였다. 그는 진주교회를 설립하고, 경남지역 최초의 서양병원인 배돈병원(Mrs. Paton Memorial Hospital)을 건립하였다. 의사 커렐의 부인은 시원여학교 및 광림남학교 등을 설립했다. 커렐 부부는 경남 지역에서 의료와 교육사업에 크게 기여하였다.[7]

1905년 10월 26일, 호주의 여전도사훈련원(Deaconess Training Institute)의 첫 졸업생 중 2명인, 엘리스 니븐(Miss Alice G. Niven)과 메리 켈리(Miss Mary Kelly)가 부산으로 들어왔다. 1907년 3월 1일 넬리 솔즈(Nelly Scholes) 선교사가 부산을 거쳐 진주에 와서 1919년 세상을 떠날 때까지 사역하였다.[8]

1910년 2월, 부산으로 들어 온 맥켄지 목사(Rev. James Noble Mackenzie :

5   손영규,『한국 의료선교의 어제와 오늘』, 55..
6   이상규, "한국 의료선교사 II"『의료와 선교』(서울: 한국기독교의료선교협회, 1993) 봄호 통원7호, 58.
7   정춘숙 편저,『맥켄지家의 딸들』, 53.
8   같은 책, 같은 쪽.

매견시)는 메리 켈리 (Mrs. Mary Jane Mackenzie : nee Kelly) 선교사와 1912년 2월에 결혼하였다. 이들 부부와 이들 슬하에 한국에서 태어난 장녀 의사 헬렌 맥켄지(Dr. Helen Pearl Mackenzie : 매혜란) 선교사와 차녀 간호사 캐서린 맥켄지(Miss Catherine MagaretMackenzie : 매혜영) 선교사는 한국 의료선교 역사에 큰 역할을 감당했었다.

1910년, 간호사 클라크(Miss. F. L. Clerke) 선교사가 들어 왔고, 같은 해 10월 29일에는 간호사 마거릿 데이비스(Miss Margaret S. Davies) 선교사가 들어와 배돈병원에 근무했다. 그리고 마거릿 데이비스의 여동생인 의사 진 데이비스(Dr. Jin Davies)가 1918년에 부산으로 들어왔다. 이들 자매는 부산에 온 선교사 중 최초로 순직한 헨리 데이비스 목사의 동생인, 존 데이비스(Rev. John Davies) 목사의 딸들이었다. 마거릿 선교사는 교육 등 여러 면에서 활발히 활동하다가 1940년 일본 정부로부터 강제로 추방 당하였다.[9]

1911년 2월, 마거릿 알렉산더(Miss Margaret L. Alexander) 선교사가 내한하여 일신여학교에서 제3대, 제5대 교장으로 활동하였는데, 1941년 일본 정부로부터 강제 추방을 당하였다. 1911년에는 또한 의사 맥클라렌(Dr. McLaren)이 파송되어 왔다. 그는 당시에 유일한 신경정신과 의사였으며, 진주 배돈병원과 서울 세브란스병원에서도 봉직했다.[10]

1912년에 부산에 들어 온 뉴질랜드 출신의 알버트 라이트 목사(Rev.

---

9 같은 책, 54.
10 손영규, 『한국 의료선교의 어제와 오늘』, 56.

Albert Wright: 여원배)는 1915년에 엘리스 니본 선교사(1905년 내한)와 결혼하였다. 이들 부부는 성경학교, 고아원, 여성 나병환자 관리 등 의료와 교육에 열중했다. 엘리스 니본 선교사는 1927년 12월 과로로 인해 51세로 세상을 떠났다. 라이트 목사는 1941년 한국을 떠날 때까지 30년간 부산·경남 일대의 복음화를 위해 헌신하였다. 1916년 3월, 호킹(Miss. Daisy Hocking) 선교사가 부산에 와서 사역하였다. 그녀는 특히 학생 독립운동과 청년찬양대 찬양 지도자 육성 사업에 기여했다.[11]

1913년 4월, 의사 테일러(Dr. William Taylor)가 내한하여 경남 통영(지금의 충무) 지역에서 의료선교 활동을 시작하였다. 그는 인접한 섬사람들의 건강과 보건증진을 위해서 작은 보트를 타고 다니며 순회 진료도 감행하였다. 1918년 워터스(Miss. Murel Withers) 선교사가 교육선교사로 활동하였는데, 부산진 일신여학교의 호주인으로서는 마지막 교장으로 사역하였다. 그녀는 부산진교회 찬양대 지도와 영어와 서양요리도 가르쳤다.[12]

이상과 같이 호주장로교회의 제1기 한국선교 활동은 1889년 데이비스 선교사로부터 시작되어 1941년 4월 호주선교회가 태평양전쟁으로 말미암아 일본 정부로부터 본국으로 강제 추방되기까지 열심히 활동하였다. 약 78명의 선교사들이 내한하여 주로 부산·경남의 5개 지역 즉, 부산, 마산, 진주, 거창, 통영 등지에서 활동하였다. 이들은 주요 사역 중의 일환으로서 교육사역을 시행하였는데, 지역마다 유치원을 설립하고, 부산진 일신여학교(1895), 동래일신여학교(1909), 동래여자실수학교(1935), 마

---

11 정춘숙 편저, 『맥켄지家의 딸들』, 54.
12 같은 책, 같은 쪽.

산(창신학교(1908), 의신학교(1913), 호신학교(1925), 복음농업실수학교
(1933)), 진주(시원여학교(1906), 광림학교(1906)), 거창 명덕학교 강습소
(1915), 통영 진명학교 등을 설립하였다. 의료기관으로는 진주에 배돈병
원(1909)이 건립되었고, 부산나병원인 상애원이 1911년부터 운영되었다.
그리고 부산진교회를 비롯하여 부산, 경남 일원에 수많은 교회들이 설립
되었다.13

● 호주장로교회의 한국 의료선교 2기

호주선교회의 제2기 한국선교 활동은 한국이 일제(日帝)로부터 독립되
고, 이어 한국전쟁을 치르게 됨으로써 재개되었다. 특히 주목할 것은 제2
기 한국선교는 맥켄지 자매를 비롯한 한국에서 태어난 선교사 2세들이 주
역을 담당했다는 점이다. 또한 한국전쟁의 영향으로 의료선교 활동이 보
다 활발하게 전개되었다. 1950년 이후로 내한하여 활동한 제2기 호주선
교사들은 약 50명(중복 2명 포함)에 이른다. 따라서 호주선교회는 1889년
부터 2000년에 이르기까지 126명의 선교사를 파송하였다. 최근까지 호
주선교부와 관련된 기관은 재단법인 한·호기독선교회와 그 산하에 (부산)
일신기독병원과 화명일신기독병원만 남아 있다.14

부산·경남 지역의 선교사역은 호주장로회 선교부의 영향력을 많이 받
았다. 각국 대부분의 선교사역들도 마찬가지였지만, 호주장로회 선교부
사역들도, 예수님의 지상 사역의 모델처럼, 가르치는 기독학교 사역과, 복

---

13 같은 책, 55.
14 같은 책, 같은 쪽.

음을 전파하는 교회개척 사역과, 치유하는 기독병원 사역들로 함께 펼쳐
졌다. 19세기 말부터 21세기에 걸쳐 펼쳐온 호주선교부의 부산·경남 사
랑은 부모 선교사를 넘어, 자녀 선교사로 이어간 '사랑의 여로(旅路)'였
다. 이분들은 진정 '경계를 넘어 약함에 던져진 이들'이었다. 우리 주님이
그리했고, 믿음의 사도들도 그리했듯이!

    호주선교부의 첫 선교사인 데이비스 목사가 부임한지 6개월 만에 순직
한 후로, 이와 빈대가 득실거리는 허름한 초가집에 거처하면서 많은 여선
교사들과 어린 자녀들이 세상을 떠났다. 그러나 그들은 물러서지 않았고,
다시 가정을 꾸리고, 자녀들을 양육하여 또다시 선교사로 육성했다. 부모
형제들도 내버린 나환자들을 가슴에 품고 그들을 섬겼다. 그리고 도시와
시골로 들어가서 교회를 세웠다. 이들의 가르침 속에서 주기철(경남 창원
군, 1897년 출생)과 손양원(경남 함안군, 1902년 출생) 등 하나님의 사람들이
자라났다.

호주 여성 선교사들 가옥

맥켄지(McKenzie) 선교사 가문
예수나라 사람들

맥켄지 가문(家門)을 잊을 수 없다. 우리나라가 가장 어려웠던 시기에, 가장 감당하기 힘든 사역들을 그 분들은 온갖 정성으로 감당했기 때문이다. 맥켄지 부부는 한일합방이 시작되는 1910년에 내한하여, 30여 년을 그 누구도, 심지어 가족들도 외면하고 버린 나환자들을 위해 헌신했다. 또한 이 땅에서 태어난 맥켄지 가문의 딸들도 부모의 헌신을 본받아 6.25 전쟁이 한창이던 1952년에 화약 냄새가 진동하는 이 땅에 들어왔다. 그들은 전국 각지에서 모여든 피난민들과 불우한 여성들의 임신과 출산을 도와 이들의 육신과 영혼을 치료하고 돌보았다. 그리고 신생아와 영유아를 돌보는 모자보건 사업에 매진했다. 아울러 산부인과, 소아과 등 의사들을 훈련시키며, 조산 전문 간호사인 조산사들을 배출하고, 후학들을 위해 의학서적들을 저술했고, 주님의 복음을 전파했다. 그들은 진정 이 땅에 찾아온 예수나라 사람들이었고, 이 백성의 아버지요, 어머니였다.

제임스 N. 맥켄지
(Rev. James N. McKenzie, 매견시[梅見施], 1865~1956)
한국 나환자의 친구

제임스 N. 맥켄지(Rev. James Noble Mackenzie, 매견시)는 1865년 1월 8일 스코틀랜드(Scotland)의 로스(Ross) 주 유(Ewe) 섬에서 7남매 중 여섯 번째로 출생하였다. 그의 아버지는 그가 5살 되던 해에 가난한 가족을 남겨두고 세상을 떠났다. 그가 18살이 되던 해인 1883년, 스코틀랜드를 방문한 드와이트 L. 무디의 설교에 큰 도전을 받고 목사가 되기로 결심했다. 글라스고우(Glasgow) 인문대학에서 수학하고, 글라스고우 자유교회 신학교인 트리니티(Trinity) 칼리지에서 신학을 공부했다. 그는 1894년 7월에 영국에서 마거릿 B. 켈리(Margaret Blare Kelly, 메기, 1870-1908)와 결혼한 후, 9월에 호주로 이주하였다.

■ 남태평양 원주민 선교사로 섬기다

제임스 N. 맥켄지는 1894년 12월에 멜버른에서 목사 안수를 받고 빅토리아 장로회 선교사로 임명 받았다. 맥켄지 선교사 부부는 1895년에 식인종이 사는 남태평양의 산토(Santo) 섬(지금의 비누아투 뉴헤브라이즈)에 선교사로 파송되었다. 그들의 사역은 이교도 원주민들과의 전쟁이었다. 그 가운데서도 그들은 성경을 번역하고, 세례를 주며, 교회를 세워 갔다. 그러다 1908년 12월에 사랑하는 아내 메기가 흑수병으로 건강이 악화 되어 세상을 떠나고, 1909년 맥켄지 선교사 자신도 건강이 나빠지자 14년간의 사역을 마치고 호주로 귀국하였다.[1]

■ 다시 한국 선교사로 부름 받다

1910년 2월 21일, 맥켄지 목사는 한국선교에 다시 도전을 받고, 호주 빅토리아 장로회의 여전도연합회 후원으로 내한하였다. 그는 호주장로회가 주력하는 부산지역을 중심으로 사역 하던 중, 1905년 한국에 파송 받아 부산지역에서 사역하던, 15살 연하의 메리 제인 켈리(Mrs. Mary Jane Mackenzie : nee Kelly) 선교사와 1912년 2월에 홍콩에서 결혼식을 올렸다. 상처의 아픔을 딛고 재혼한 것이다. 맥켄지 부부 슬하에 네 딸과 아들 한 명을 두었는데, 첫 딸 헬렌(매혜란)과 둘째 딸 캐서린(매혜영), 셋째 딸 루시와, 외아들 제임스(두 살 때 디프테리아로 한국에서 세상을 떠났다), 그리고 막내 딸 실라이다.

맥켄지 목사는 엥겔(Engel, 왕길지) 선교사 등과 함께 부산·경남지역 52개의 시골 교회를 두루 맡아 사역하였다. 그리고 기회가 있을 때마다 울릉도를 방문하여 복음을 전파하였다.[2]

---

1 정춘숙 편저, 『맥켄지家의 딸들』(부산: 일신기독병원, 2012), 58-60.
2 같은 책, 62.

■ 나환자 치유센터: 상애원 건립

맥켄지 선교사의 가장 큰 헌신은 나환자를 돌본 것이다. 부산·경남지역에 많은 나환자들이 있었다. 그 당시 전국 나환자들의 1/3이 경상도, 특히 경상남도에 많았다(그래서 경상도 말에. 친한 친구를 부를 때에, "이 문디야!"라고들 한다). 나환자들은 적절한 치료나 보호 없이 많은 멸시와 천대를 받고 있었다. 1904년 의사 어빈과 의사 빈톤, 그리고 스미스 선교사 등, 미북장로회 선교사들은 나환자를 돕기 위한 사업을 준비하였다. 드디어 1909년 11월 나환자수용소가 영국 나병구호협회인 '나병선교회'3의 지원으로 부산의 우암동에 건립되었다.4 1912년 5월, 나환자수용소에 맥켄지 선교사가 책임자로 임명되었다. 그는 특히 나환자들에게 관심이 많았던 것이다. 맥켄지 선교사는 정규 의학 수업을 받은 의사는 아니었지만, 스코틀랜드 글라스고우에서 일정 기간 의학 훈련을 받은 준의사(準醫師)5였기에 의료사역에도 관심이 많았다(맥켄지 선교사는 1931년, 한국에서 실시한 필기시험으로 의사자격증을 수여 받았다). 이 나환자 수용소는 점차 늘어나는 나환자로 인하여 몇 차례의 증축을 거듭했다. 1922년에는 감만동에 약 4,000평의 대지를 구입하여 600명을 수용할 수 있는 '상애원(相愛園)'을 개원하게 되었다. 그리고 나환자 치료에 대한 여러 가지 새로운 처방법을 도입함으로써 초기에 25% 가량의 사망률이 1922년에는 2%로 감소되었

---

3   나병선교회(The Mission of Lepers in India and the East)–1894년 영국 더블린에서 창립된 선교단체
4   이상규, "한국 의료선교사 Ⅱ" 『의료와 선교』(서울: 한국기독교의료선교협회, 1993) 봄호 통권 7호, 58-59.
5   정춘숙 편저, 『맥켄지家의 딸들』, 62.

다.6 맥켄지 선교사의 주요사업은 나환자 진료와 완치된 환자의 정착사업 등이었다. 그리고 나환자들의 자녀들인 미감아들의 교육과 격리를 위한 고아원인 '시온원'이 설립되었다.7

　　맥켄지 선교사는 많은 사역들을 감당하면서 자기의 삶에 가장 힘들었던 순간은 나환자들을 충분히 돌보지 못함에서 오는 안타까움이었다. 이에 대해서 그는 다음과 같이 고백했다.

> "오늘 나는 두 명의 남성과 한 명의 여성 나환자의 수용을 거절해야 했다. 그 두 명의 남성은 모르는 사람의 등에 실려서 나의 집 문 앞까지 찾아왔다. (중략) 나는 기독교 선교사인데 나환자 수용소의 수용인원보다 더 많이 수용된 탓에 그들을 수용하지 못했다. 이 불쌍한 사람들을 수용해 주었다면 내 마음이 편했을 텐데. (중략) 그것은 하루 종일 내 마음을 아프게 했으며, 현재 편안한 내 침대로 들어가 자려는 순간에도, 그들이 어디 있는지, 그리고 이 영하의 날씨에 내일 아침이 되기 전까지 살아 있을 수 있을지 걱정이 되었다."8

■ 나환자들이 세운 교회: 상애교회

　　사랑하는 가족들에게조차 외면당하며 살아가는 나환자들은 맥켄지 선교사 부부의 헌신에 감동되어 복음을 받아들이게 되었고, 그 나환자들에 의해 '서로 서로 사랑하는 교회'인 '상애교회(相愛敎會)'가 세워졌다. 1926년에는 나환자들에 의해 새로운 교회 건물이 건립되었다.

6　같은 책, 62-63.
7　한영제, 『한국기독교 성장 100년』(서울: 기독교문사,1993), 102.
8　정춘숙 편저, 『맥켄지家의 딸들』, 68.

경상남도 함안군 칠원읍에서 태어나 평양신학교를 재학 중이던 손양원 전도사는 맥켄지 목사의 헌신에 감명을 받아, 기회가 있을 때마다 맥켄지 목사를 도와 나환자를 돌보는 일에 열심이었다. 손양원 전도사는 상애교회에서 1933년까지 봉사하며 여러 마을에 신자들의 모임을 만들었다.[9] 상애교회는 1924년부터 10년 동안 손양원 목사를 후원했다.[10] 이 후 손양원 목사의 소록도 애양원 사역은 맥켄지 선교사와의 상애원 사역으로부터 시작 되었던 것이다.

■ 한국 나병 환자의 친구

맥켄지 선교사는 1938년 2월, 73세의 나이로 한국 선교사 사역을 마쳤다. 30년 세월이었다. 한국 사역을 마치고, 호주로 돌아 간 뒤에 1940년 호주 빅토리아 장로회 교단 총회장으로 취임했고, 교회연합 운동과 인종차별 반대운동에 헌신하였다. 맥켄지 목사는 호주에서 여러 지병으로 병원 생활을 하던 중 1956년 7월2일, 92세로 소천하였다. 그는 생전에 자신을 돌아보며 다음과 같이 고백했다.

"나는 드릴만한 타고난 재능도, 돈도 없었기에, 64년 전 나 자신을 하나님께 바쳤다. 그리고 그분은 결코 나를 저버리지 않으셨다. 만약 내게 100번이라도 다시 생명이 주어진다면, 나는 매번 해외선교의 현장을 선택할 것이다."[11]

---

9 같은 책, 63.
10 양국주·제임스 리, 『선교학개론』(서울: Serving the People, 2012), 197.
11 정춘숙 편저, 『맥켄지家의 딸들』, 65-66.

지금도 호주 멜버른의 가족묘역에 잠들어 있는 그의 묘판에는 다음과 같은 글이 적혀 있다.

"한국 나병 환자의 친구, 노블 맥켄지 여기에 잠들다."

상애원 입원을 기다리는 나환자들

맥켄지 목사 기념비(1930년)

메리 제인 맥켄지(켈리)
(Mrs. Mary Jane McKenzie[Kelly], 1880–1964)
동역자들도 흠모한 믿음의 여인

■ 한국 선교사로 부름 받다

메리 켈리(Mary Jane Kelly) 선교사는 1880년 3월 3일, 호주 빅토리아주 북동부 보웨야(Boweya)에서 태어났다. 그녀는 12남매 중 셋째로 태어났다. 14살 때에 부흥사 존 맥닐(Rev. John McNeil)의 집회에서 큰 은혜를 받고 구원의 확신을 가지게 되었다. 그 후 그녀는 예수 그리스도를 위해 살기로 작정하고, 복음 전파에 대한 사명을 가지게 되었다. 1905년, 그녀는 신학 공부를 마치고 빅토리아 장로회 선교사가 되었다. 그녀는 원래 중국 선교사가 되기를 원했지만, 디크니스 선교사 훈련소에서 한국을 향한 부름을 받았다. 메리 켈리는 친구인 앨리스 니븐(Miss Alice Niven)과 함께 호주장로교 여선교회연합회 파송 선교사로 1905년 10월 26일 부산에 도착하였다. 부산에서 박신연 장로에게서 5개월 동안 한국어를 배웠다.

이 박신연 장로는 1891년 10월 12일, 호주장로교 여선교회연합회 소속의 벨 멘지스(Miss. Belle Menzies) 선교사가 부산지역으로 들어 와서 역경 가운데 분투하면서 선교사역을 지속할 당시 한국어 선생이었다. 그리고

1895년 멘지스 선교사가 서울 이남에 최초의 여학교인 일신여학교(日新女學校)를 개교하였을 때에, 그 학교의 이름을 주님 안에서 '날마다 새롭게(日新)' 되길 간절히 바라는 뜻으로서, 이 박신연 장로가 제안하여 지어 붙였던 것이다.[1]

메리 켈리 선교사는 1905년 부임한 첫 사역지인 부산에서 2년 동안 사역한 후에, 진주로 가서 여인들과 어린이들에게 복음을 전했다. 때로는 하동 지역까지 노새를 타고 가서 성경을 가르쳤다. 1908년 9월, 동료인 커렐 선교사가 휴가를 떠나자 솔즈 선교사와 함께 학교를 운영하였다. 1909년, 교육운영위원회는 켈리와 무어 선교사가 함께 경상남도 내의 다섯 개 학교를 공동책임으로 운영하게 하였다.

1910년 2월에 맥켄지 목사가 부산지역에 부임해 왔는데, 그해 6월 진주 지역 선교사들의 활동을 돌아보기 위해 진주를 방문하게 되었고, 메리 켈리 선교사를 만나게 되었다. 맥켄지 선교사는 켈리 선교사를 흠모하게 되어 7월에 청혼하였다. 이때 맥켄지 목사는 47세의 재혼이었고, 켈리 선교사는 32세의 초혼이었다. 여러 가지 많은 어려움이 있었음에도 불구하고, 1912년 2월10일, 그들은 홍콩에서 결혼식을 올렸다.

켈리 선교사는 결혼 후에 5명의 자녀를 두었음에도 더욱 활발히 선교 사역에 헌신하였다. 한국말 성경공부, 유아 복지 사역, 한국 사모들 교육, 나환자의 자녀를 위한 '건강한 아이들을 위한 집'을 운영하는 등, 그녀의 손길이 닿지 않는 곳이 없을 정도였다. 그녀와 함께 일했던 사람들은 그녀를 사랑했고, 흠모했다. 그녀는 이해심이 깊고, 현명했으며, 동정심이 많았다. 더욱이 겸손하고 온유했으며, 잘 참았고, 남을 성급히 판단하지 않

---

1 정춘숙 편저, 『맥켄지家의 딸들』, 145.

았다. 언제나 긍정적이었고, 진실과 정직과 순결과 사랑에는 담대하였다.2

■ 현모양처의 신실한 동역자

메리 맥켄지 선교사는 1938년 2월, 30여 년의 한국 사역을 마치고 남편 맥켄지 선교사와 함께 고국 호주로 돌아갔다. 그녀의 나이 58세였다. 호주에 돌아가서도 강연과 글로써 선교사역을 계속했고, 남편 맥켄지 목사가 교단 총회장으로 재임했을 때는 좋은 내조자였고, 가정에는 훌륭한 어머니였다. 메리 켈리 선교사는 1964년 1월 11일, 84세로 동료 선교사들의 애도와 칭송 가운데 호주에서 소천했다.

■ 2세들의 헌신 – 대를 이은 선교사들

맥켄지 선교사부부 슬하에 1남 4녀, 5명의 자녀들이 모두 부산에서 태어났다.

첫째 딸 의사 헬렌 맥켄지(Dr. Helen Pearl Mackenzie : 매혜란)와 둘째 딸 간호사 캐서린 맥켄지(Miss Catherine Magaret Mackenzie : 매혜영)는 부모님을 이어 한국에 선교사로 와서 한국 선교역사에 큰 역할을 감당했다.

셋째 딸 루시 레인(Mrs. Lucy Lane : Nee Mackenzie)도 평양외국인학교(고등부)를 졸업하고, 간호사, 조산사, 모자보건 공부를 위해 호주로 갔다. 호주에서 의사 존 레인과 결혼하여 멜버른을 중심으로 활동하였다.

넷째 딸 쉴라 크리스(Mrs. Shella Krysz ; Nee Mackenzie)도 평양외국인학교를 다니던 중 부모님이 정년퇴임하고 호주로 돌아가심에 따라 함께 호

---

2 같은 책, 75.

주 멜버른으로 귀국했다. 간호사와 조산사 훈련을 받고 아버지의 첫 사역 지였던 남태평양 뉴헤브라이즈에 간호선교사로 갔다. 그 후 1950년에 유럽의 난민수용소에서 간호선교사로 활동하면서 피에르 크리스를 만나 결혼하고, 난민사역을 열심히 했다.

외아들이었던 제임스 맥켄지는 1921년 3월, 부산에서 출생했으나, 2살이 되던 해에 디프테리아로 사망했다.

맥켄지 선교사 가족

헬렌 P. 맥켄지
(Dr. Helen P. McKenzie, 매혜란, 1913-2009)
한국 모자 보건의 어머니

■ 부산에서 태어난 MK1

헬렌 맥켄지(Dr. Helen P. McKenzie) 선교사는 1913년 10월 6일, 부산 좌천동에서 출생하였고, 부산진교회에서 사무엘 마펫 목사님 집례로 유아 세례를 받았다. 1931년에 평양외국인학교(고등부)를 졸업하고, 호주로 가서 멜버른 의과대학을 졸업하고, 퀸 빅토리아병원에서 수련을 받아 산부인과 의사가 되었다.

그녀는 태어나서 청소년기를 보냈고, 부모님이 일평생 사역했던 한국에 선교사로 오고 싶어 했다. 그러나 일제의 탄압으로 한국으로 들어오지 못하자, 그녀는 동생 캐서린과 함께 1946년부터 1950년까지 중국 운남성 키엔슈이(후에 '진슈이'로 개칭됨)에서 의료선교사로 활동했다. 그들은 중국인 의사들과 함께 병원과 간호학교를 설립했다. 이 병원은 오늘날까지 운영되고 있다.

■ 일신부인병원 – 여성을 위한 여성에 의한 병원

1940년대 후반기, 일제(日帝) 말기에는 한국 내의 외국인 선교활동이 전면 금지되었다. 따라서 호주선교회의 제2기 한국선교 활동도 한국이 일제(日帝)로부터 독립되고, 이어 한국전쟁을 치르게 됨으로써 재개되었다. 특히 주목할 것은 호주선교회의 제2기 한국선교는 맥켄지 자매를 비롯한 한국에서 태어난 선교사 2세들이 주역을 담당했다는 점이다.

한국에서 6·25 전쟁이 발발하자, 헬렌 맥켄지 선교사는 1952년 2월에 동생 캐서린과 함께 자신들이 태어났던 부산으로 들어와 의료선교에 헌신하게 되었다. 1952년 9월17일 부산 좌천동에 동생 캐서린과 함께 '일신부인병원'(일신기독병원의 전신)을 설립하였다. '날마다 새롭게'라는 뜻의 '일신(日新)'이란 이름은 멘지스 선교사에 의해 설립된 '일신여학교'에서 따온 것으로 이 이름이 부산 사람들 마음속에 자리 잡고 있었기 때문이었다. '부인병원'으로 이름 지은 것은 동생 캐서린과 같이 수련 받았던 병원처럼 '여성을 위한 여성에 의한 병원'을 만들기 위함이었다. 병원의 설립 목적을, '본 병원은 그리스도의 명령과 본을 따라 그 정신으로 운영하며, 불우한 여성들의 영혼을 구원하고, 육체적 고통을 덜어줌으로써 그리스도의 봉사와 박애정신을 구현한다.'라고 공포했다. 헬렌 선교사는 출혈이 심해 그 남편조차도 헌혈을 거부하는 산모에게 자신의 피를 헌혈하고 수술실로 들어가곤 했었다. 1962년 9월17일, 병원 개원 10주년 기념사에서 매혜란 원장은 병원 임원들과 직원들에게 이러한 말을 남겼다.

"1952년 설립 때 왜 병원 이름에 '기독(Christian)'이란 말을 쓰지 않았는지 의아해할 것입니다. 그것은 제가 주님의 제자로 예수님 앞에 결코 완벽한 증인이 될 수가 없다고 생각했기 때문입니다. 그러나 저는 제가 시험에 빠지게 될 때도 있겠지만 저와 직원들이 함께 나아갈 수 있으리라 믿었습니다. 제가 일신에 남기고 싶은 말은 기독교인인 여러분이 결코 잊어서는 안 될 예수님이 제자들에게 마지막으로 명령하신 말씀입니다. '너희는 땅 끝까지 이르러 내 증인이 되리라'(행1:8). 하나님께 영광을!"[1]

■ 전쟁 피난민과 고아들과 극빈자들의 어머니

헬렌은 전쟁 피난민과 고아들과 극빈자들을 돌보았으며, 특히 산부인과 의사로서 조산사인 동생 캐서린과 함께 조산교육과 조산사 양성에 온갖 힘을 쏟았고, 산부인과 의사 수련에도 정성을 쏟았다. 창립 20주년이 되는 1972년, 59세가 되자 병원장직을 한국인 김영선에게 이양하고, 1976년 호주로 귀국하였다. 귀국하기 전에 병원이 가난한 자들을 위해 무료진료를 계속할 수 있도록 하기 위해 일신병원을 소개하는 16mm 영상물인 'New Everyday'를 만들어 호주 전역에 모금운동을 벌이고, 기금을 모아 '맥켄지 기금(Mackenzie Foundation)'을 만들었다. 그녀는 귀국 길에 평생을 다 바친 병원에 대해 아무런 미련도 없이 가방 하나 들고 유유히 떠났던 것이다.

■ 사역을 마치고

헬렌 맥켄지 선교사는 호주로 귀국한 후에 새로운 분야의 공부를 하고 싶었다. 호주연합교회신학교에서 히브리어를 공부했고, 교회에서는 장로로, 성가대원으로 봉직했다. 그리고 일찍부터 마음에 품었던 아버지 맥

---

1 1982년 11월 10일 일신부인병원 명칭이 '일신기독병원'으로 개칭되었다.

켄지 목사 전기 『*Man of Mission*』을 출판하였다. 그녀에게 그동안의 모든 공로가 인정되어, 호주·뉴질랜드 산부인과 학회에서 주는 가장 영예로운 상(賞)인, 'Honorary Fellowship of the Royal Australian and New Zealand College Obstetricians and Gynaecologists'가 수여되었다.

2002년 교통사고로 뇌수술을 받고 요양원에서 지내다 2009년 9월 18일 큐(Kew)에 있는 카라나(Karana) 양로원에서 96세로 소천하였다.[2]

2012년 4월 6일 대한민국 정부는 그녀의 공적을 기리며 최고의 영예인 국민훈장 '무궁화장'을 추서했다.

진료하는 헬렌 맥켄지

초기 일신부인병원

2 정춘숙 편저, 『맥켄지家의 딸들』, 92-93.

캐서린 M. 맥켄지
(RN, Catherine M.McKenzie, 매혜영, 1915–2005)
한국 조산학의 대모

■ 부산에서 태어난 MK2

캐서린 맥켄지 선교사는 1915년, 부산에서 태어났다. 부산진교회에서 유아세례를 받았다. 1933년에 평양외국인학교(고등부) 2년을 마치고 호주로 가서 멜버른장로교 여자고등학교를 졸업했다. 1933년부터 1937년까지 로얄 멜버른간호학교를 졸업하고 간호사가 되었고, 1939년 호주 조산사 국시에 합격하였다. 1940년에 6개월간의 영아 보육과정(Infant Welfare Course) 교육을 받았다. 이후 1944년까지 퀸 빅토리아병원과 로얄 빅토리아병원에서 간호 교수과를 수료하고 간호학과 교수 자격을 얻었다.[1]

그녀는 한국 선교사로 가기를 갈망했다. 그러나 일제의 탄압으로 어렵게 되자, 1946년 1월 17일, 언니 헬렌과 함께 비행기로 히말라야 산맥을 넘어 중국 쿤밍으로 들어갔다. 1950년 9월까지 진슈이에서 의료선교사로

---

1   정춘숙 편저,『맥켄지家의 딸들』, 104.

활동하였다. 병원의 수간호사로서 환자들을 돌보는 일과, 간호사 및 간호학생들을 교육시켰다. 두 자매가 중국에 머무른 시간은 길지 않았지만, 그 공헌은 지대한 것이었다.

■ 일신부인병원의 나이팅게일

한국전쟁이 일어나자 1952년, 캐서린 맥켄지 선교사는 언니 헬렌과 함께 부산으로 들어와서 일신부인병원을 세우고, 조산사 양성에 크게 기여하였다. 6.25전쟁으로 피폐해질 대로 피폐해진 한국의 의료현장에서 모자보건 사업을 육성하기 위하여 혼신의 힘을 다해 노력했다. 캐서린 맥켄지 선교사는 조산사 교육을 엄격하게 했고, 산모에게도 산전 진찰의 중요성을 강조하며 계몽시켰다. 일신부인병원의 운영 방침은 다음과 같았다.

1. 산부인과 진료 2. 영아 및 소아 진료 3. 산부인과 의사 교육
4. 조산사 교육 5. 모자 건강 6. 그 외에 위와 관련한 업무

캐서린 맥켄지 선교사는 안식년에 언니 헬렌과 함께 호주 전역을 돌며 한국 의료선교에 필요한 자원을 모금하기 위해 맥켄지재단을 만들었다. 이 재단을 통해 조성된 '맥켄지 기금(Mackenzie Foundation)'은 전쟁으로 피폐해진 가난한 한국인들을 위한 무료진료에 큰 힘이 되었다. 1975년 외국인으로서는 최초로 그녀에게 '나이팅게일 기장'이 수상되었다.

■ 최초의 한국어 판 『간호조산학』 교과서 출간

1970년대까지도 한국에는 한국어로 된 『간호조산학』 교과서가 없었

다. 캐서린 맥켄지 선교사는 자신이 떠나고 나서도 후학들이 모자보건에 충실해 줄 것을 생각하여 오래 전부터 조산학 교과서를 준비해 왔었다. 1978년 출국 직전에 그녀는, 매혜영 저 제1판 『간호조산학』 한국어 본을 출간하였다. 이 교재는 실기 중심으로 만들어진 것으로 전국 조산교육 기관에 큰 도움을 주었다.[2]

캐서린 맥켄지 선교사는 자신에게 가장 좋았던 세 가지 복이 주어진 것에 감사했다. 첫째, 한국 부산에서 태어난 것. 둘째, 간호학과 조산학 같은 좋은 든든한 기초 교육을 받을 수 있었던 것. 셋째, 유아 복지 일을 할 수 있는 기회를 가졌던 일이다.

캐서린 맥켄지 선교사는 1978년 호주로 귀국하였고, 2005년 1월 말, 목욕탕에서 쓰러지셔서 엡 워스병원에 입원하여 치료를 받던 중 2005년 2월10일, 엡 워스병원에서 90세로 소천하였다.

■ 맥켄지 가문, 예수나라 사람들

매혜란·매혜영 자매 선교사는 한국이 가장 힘든 시기였던 6·25 전쟁 중에, 또한 당시 한국 정서상 대우를 받지 못했던 여성들과 아이들에게는 천사와 같은 분들이었다. 그 열악한 상황 속에서도 일신부인병원을 설립하여 수많은 임산부를 진료하였고, 이들을 통해 수많은 신생아들이 생명을 구했으며, 수많은 산부인과 의사들과 조산간호사들이 배출되었다.

그들은 30대 처녀의 몸으로 이 땅에 와서, 자신을 위해서는 아무것도 하지 않았다. 평생 독신으로 살면서, 오직 일신부인병원과 한국 모자보건 사업을 위해 일생을 드렸다. 예수 사랑을 가슴에 품고! 그들은 손수 근검

---

2 같은 책, 106.

절약하며, 불평불만하지 않으며, 작은 것에 행복을 느끼는 분들이셨다.

그러나 자신의 전문 분야에는 뛰어난 실력을 갖추었고, 자기 의견을 분명히 밝히는 분들이었다. 두 사람 간에 성격은 확연히 달랐어도, 서로를 존중하고 아끼고 사랑했다. 또한 남을 배려하고, 자신의 업적을 드러내려 하지 않았고, 자기 관리를 철저히 했다. 그들은 은퇴 후 자신들의 사역을 회고함에, 가장 인상적이었던 것은, 대부분 불신자인 환자들과, 대부분 신자인 직원들이 아침 회진하기 전에 병실에서 매일 함께 드리는 아침 예배였다고!

맥켄지 가문의 사람들! 부산 사투리를 쓰면서 한국 사람보다 한국을 더 사랑한 분들! 그들은 진정 예수나라 사람들이었다.

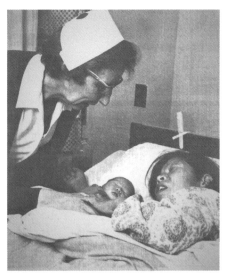

산모를 돌보는 캐서린 맥켄지

5

예수 사랑, 호남의 빛으로 오신 사람들

호남 초기 의료선교사 길라잡이

■ 호남선교의 중심 개척지 – 전주

1892년 11월에 미국 남장로회 선교사들인 '7인의 선발대'가 조선에 들어 왔다. 1893년 1월 28일, 장로교 미션공의회에서 예정협정(Comity Agreements)에 의해 호남지역인 충청도와 전라도는 미국 남장로회 선교지역으로 지정했다. 따라서 미국 남장로회 선교회는 앞으로 자신들이 선교할 '호남지역'에 깊은 관심으로 가지고 호남지역의 현지답사와 선교 중심지역 지정에 관해 숙의했다. 그 결과 미국 남장로회 선교회의 개척 핵심 멤버들인 '7인의 선발대'의 레이놀즈, 테이트, 전킨 목사들이 의논하고 답사한 결과 호남지역의 선교중심지역으로 전주로 정하고 이곳에 첫 교회를 세우기로 했다. 1893년 6월, 미국 남장로회 선교부 정책가이며, 리더 격인 레이놀즈(이눌서) 선교사는 자신의 어학선생이며, 선교부 일을 적극적으로 돕고 있던 정해원(鄭海元)을 선정하여 전주에 예배처소가 될 건물을 준비하도록 했다. 그해 9월, 테이트(Lewis Boyd Tate, 崔義德) 선교사가 초대 목사로 전주에 부임해 와서 예배가 시작되었다. 오늘날 '전주서문교회'

의 시작이다.[1]

■ 병원 설립과 초기 의료선교[2]

1) 군산 병원

의사 드루(Dr. Alessandro D. Drew, ?-1924)[3]는 1896년 전킨 목사와 더불어 군산 궁말에서 초가집 방 한편에 약방을 꾸미고 3년 동안 환자를 진료했다. 군산 연안 각지와 각 도서 지방을 순회하며 복음 전도에 진력했다. 과로로 건강이 악화되어 폐병에 걸려 미국에 돌아가서 다시 나오지 못하고 미국 샌프란시스코(San Francisco)에서 한국인을 상대로 의료선교를 펼쳤다. 의사 드루가 군산 궁말에서 시작했던 진료소는 그 후 '구암병원'으로 발전되었다. 1899년에 의사 알렉산더가 왔으나 두 달이 못 되어 본국의 부친 별세 소식을 받고 급히 귀국할 때, 청년학도 오긍선(吳兢善)을 데리고 들어가서 의학 공부를 하게 했다. 오긍선은 의사가 되어 미국 남장로회 의료선교사로 파송 받고 귀국해 목포 병원과 구암병원과 미션 기관의 병원에서 봉사하였다. 후에 세브란스 의학전문학교의 교수로 봉직하다가, 에비슨 박사의 뒤를 이어 교장이 되어 의학도를 양성하는 지도자가 되었다.

1904년에는 의사 다니엘(Thomas Henry Daniel, 丹義烈)이 구암병원에 와서 병원을 건축하고 시설을 확장하다가 1910년에 전주 병원으로 옮겨갔다. 그 후임으로 의사 패터슨(Jacob Bruce Patterson, 孫培焞)이 부임해 7년

---

1 전주서문교회 '서문100년사' 중.
2 전주서문교회 '서문100년사' 참조
3 미국 펜실베니아 대학 약학과와 버지니아 대학 의학부를 졸업하였다. 의사 오웬의 후원을 받고 1893년에 미국 남장로교회 선교사로 내한하여 8년간 사역하였다.

동안 병원을 확충하고 입원실을 온돌방으로 건·개축하였다. 그의 의술이 뛰어나 구암 병원은 국내 유명한 병원 중 하나가 되었다.

1924년에는 브랜드(Louis Christian Brand, 富蘭道) 의사가 내한해 구암 병원에서 농촌 순회 진료를 하는 등 복음 전파에 진력하다가 1930년에 전주 예수병원으로 옮겨 갔다.

2) 전주 병원

1897년, 윌리엄 해리슨(William Harrison, 1871-1928) 목사는 미국에서 의료 기술을 수련하고 내한했기에 전주 서문 밖 은송리 초가집에 약방을 차리고 진료하였다. 그는 1908년 마거릿 J. 에드먼즈 간호사와 결혼한 후, 의료사역보다는 목포와 군산 지역4에서 교회개척과 복음사역에 전념했다.

1897년 11월에 여의사 잉골드(Dr. Mattie Barbara Ingold)가 전주로 파송되어 윌리엄 해리슨 선교사가 진료하던 서문 밖 은송리 초가집 약방을 개조하여 진료소를 설치했다. 해리슨 목사는 정식 의사인 잉골드가 오자 환자 진료를 점차로 그녀에게 맡기고 자기는 복음전도 사역에 전념했다. 그 진료소는 점차 확장되어 오늘날의 전주 '예수병원'의 모체가 되었다. 1905년 9월, 닥터 잉골드는 테이트 목사와 결혼하고 남편과 함께 농촌 선교에 진력하는 한편 부녀자 성경 교육에 힘을 기울였다.

1904년, 전주 병원은 의사 포사이트(Dr. Wiley H. Forsythe, 保衛廉)가 와서 열성적으로 전도와 치료에 전념했다. 1905년 3월 어느날 밤, 포사이트는 응급 환자 치료를 하고 그 집에서 유숙하던 중 강도의 습격으로 여러

---

4 에드먼즈 간호사는 엘리자베스 쉐핑(서서평) 선교사가 1914년부터 1917년까지 군산 구암병원에 파견 나왔을 때 함께 지내면서 좋은 교제를 나누었다.

곳에 부상을 입었다. 날이 밝자 이 소식이 선교사들에게 알려지자 전주의 해리슨과 군산의 다니엘 의사가 달려와서 군산 구암병원으로 후송해 응급 조치를 했다. 포사이트는 상처가 잘 낫지 않아, 1906년에 미국으로 돌아가 치료를 받은 후 1907년에 다시 한국에 와서 목포 병원에 파송되어 의료와 전도 활동을 계속했다.

1907년부터는 독일인 의사 버드만(Dr. Ferdinand Henry Birdman)이 전주 병원에 와서 1909년까지 진료를 담당하다가 평안도에 있는 운산광산 부속병원으로 떠나자 군산에 있던 다니엘 의사가 1910년에 전주 병원으로 옮겨와 병원을 확장 건축하고 많은 환자를 치료했다. 다니엘 의사는 1916년 3월 서울 세브란스 의학교로 옮겨 교수로 일하다가 1년 후에는 미국으로 돌아갔다.

1916년에 의사 로버트슨(Moor Owen Robertson, 羅培孫, 羅彬孫)이 전주에 와서 1922년까지 병원 진료와 선교 활동을 계속했다.

1902년, 해리슨(W. B. Harrison, 하위럼) 선교사가 처음으로 서양식으로 전주 진료소를 건축했다. 그리고 1912년에 3대 원장 다니엘(Dr. Thomas H. Daniel, 단의열) 박사가 다가동 기슭에 30병상 규모의 아담한 병원을 건축했다. 이 건물은 1935년 화재로 소실되었으나, 전주 지역 교인들의 후원에 힘입어 5대 원장 박수로(Dr. Lloyd K. Boggs) 박사가 그해 12월에 예수병원을 재건했다. 당신 전주 사람들은 전주 장로교 병원을 한문 표기인 '야소병원'이라 불렀는데, 후에 한글 발음인 '예수병원'으로 명칭이 바뀌었다.[5]

5 전주 예수병원, 병원약사.

3) 목포 병원

1896년 의사 오웬(Dr. Clement Carrington Owen, 한국명 오기원)은 한국 의료선교사로 오기 전에 이미 목사 안수를 받았다. 그는 유진 벨 목사와 함께 목포선교부를 개설하고 진료소를 설립해 의료 활동을 전개했다. 1900년에 북장로회 의료선교사인 화이팅(Dr. Georgiana Whiting)과 결혼한 후에 농촌 의료선교를 열심히 하였다. 1904년 12월에 유진 벨 목사와 함께 광주선교부 설립을 위해 목포를 떠났다. 그는 복음전파 사역에 진력하던 중 결국 과로로 1909년 4월 3일에 별세했다.

오웬 선교사가 광주로 옮겨간 후 목포 병원에는 의사 놀란(Dr. Johseph Wynne Nolan)이 와서 진료를 담당하다가 1904년 광주 선교부로 옮겼고, 거기에서 1년 6개월 근무한 후 평안도 운산금광 진료소로 떠났다. 그 후 의사 버드만(Ferdinand Henry Birdman)이 1년 동안 진료하다 건강 악화로 귀국했다. 그 후임으로 의사 하딩(Harding, Maynard C. 하진)이 왔으나 1년을 근무하고 미국으로 돌아갔다. 이때 의사 포사이드가 건강을 회복해 1907년에 한국으로 다시 돌아와 목포병원의 진료를 담당했다. '선한 사마리아인'으로 칭송받던 그는 1905년에 받은 상처의 후유증으로 건강이 좋지 않아 1912년에는 아주 귀국해 1918년에 별세했다.

1912년 리딩햄(Roy Samuel Leadingham, 韓三悅) 의사가 오게 되자 그때까지 목포 병원을 맡고 있던 오긍선은 서울 세브란스의학교 교수로 가게 되었다.

1914년 목포 병원은 병원 조수의 실수로 알코올 통에 불이 붙어 병원이 전소되었다. 의사 리딩햄(한삼열)의 활약으로 미국의 프렌치와 성요셉교회 교인들이 의연금(1만원)을 보내와 2층 석조 건물로 병원을 다시 훌륭하게 신축하여 목포 지방의 의료선교 사업은 날로 발전되어 갔다.

4) 광주 병원

1904년 선교사 유진 벨 목사와 오웬 의사가 목포에서 광주로 이사 와서 광주선교부를 맡게 되었고, 목포에 있던 스트레퍼 여선교사도 광주로 옮겨왔다. 목포 병원에서 일하던 놀란 의사는 광주로 와서 1905년 11월 20일, 유진 벨 선교사의 집에서 진료소(광주제중원, 광주기독병원 전신)를 열고 진료를 시작하여 1년 반 동안 근무하다가 사임하고 평안도 운산 금광 진료소로 떠났다.

1908년부터는 의사 윌슨(Dr. Robert Manton Wilson, 禹一善, 禹越遜)이 와서 광주 병원을 운영하던 중 1911년에 미국에 있는 그레이엄(Graham) 장로가 자기의 죽은 딸을 기념하며 많은 금액을 기부하므로 그녀의 이름을 붙여 '엘렌 레빈 그레이엄 기념병원(Elen Ravine Graham Memorial Hospital)'을 크게 건축하였다. 1912년에는 나병원을 설립해 나환자를 치료했고, 또 치과를 개설하고, 폐결핵 환자요양소도 설치해 결핵 예방에도 공헌하였다. 순천 지방까지 순회 진료를 하며 전도 사업을 하였고, 여천군 율촌에 애양원을 설립했다.

5) 순천 병원

1912년에 전주 병원에서 근무하며 우리말 공부를 하고 있던 의사 티몬스(Dr. Henry Loyola Timmons, 金로라)는 1913년에 순천 진료소를 열고 진료를 시작했으나 환자가 많아지므로 1915년에 현대식 건물로 병원을 건축했다. 티몬스 원장이 건강 관계로 미국에 돌아갔을 때는 광주병원의 윌슨 원장이 겸무하였다. 의사 티몬스는 1922년에 한국에 다시 와서 전주 예수병원장으로 수고하다가 1926년에 아주 귀국했다.

1917년, 의사 로저스(James McLean Rogers, 魯宰世, 노재수)가 순천 병원에 부임하여, 건물도 4층으로 증축했다. 특히 극빈 환자들의 치료에 심혈을 기울여 그의 별명을 '노제세(魯濟世)'라고 불러 불신자들에게도 칭송을 들었다. 일제 말기 강제 출국 당할 때까지 순천에서 의료선교 사역과 전도 사업을 계속했다.

6) 나병원

1909년 광주의 오웬 선교사가 병이 위중하다는 소식을 듣고 포사이드 (보위렴) 의사가 그를 진찰하기 위해 목포에서 말을 타고 광주로 오는 도중 길에 누워 있는 여자 나환자를 보고 불쌍히 여겨 자기 말에 태우고 광주로 데려왔다. 그러나 수용할 곳이 없으므로 벽돌 굽는 가마에 그녀를 두고 정 성껏 돌보며 치료할 수밖에 없었다. 이 소문이 퍼지자 나환자들이 모여 들 었고 이에 선교사들은 45명 정도 수용할 수 있는 작은 나환자 병동을 건 축했다. 광주기독병원장 윌슨 박사가 이 병원장까지 겸했고 병원을 더 크 게 건축해 모여드는 나환자를 수용하고 치료함으로써 전국적으로 유명한 병원이 되었다.

한편 1921년 광주 병원을 거쳐 1927년에 순천 병원으로 옮긴 의사 엉 거(Dr. James Kelly Unger, 元佳理)가 순천에도 나병원을 설치해 줄 것을 선 교부에 청원하여, 1928년 광주 나병원과 합병해 순천 지방 한 곳에 큰 나 병원을 설립하게 되었다. 엉거(원가리) 의사와 광주의 윌슨(우일선) 원장의 정성을 다한 노력으로 여수 애양원과 소록도 요양원이 세워졌다.

7인의 선발대

마티 B. 잉골드
(Dr. Mattie Barbara Ingold, 1867-1962)
전주 예수병원 설립자

■ 의료선교사로 부름 받다

　　마티 B. 잉골드(Martha B. Ingold)는 1867년 5월 31일 미국 노스캐롤라이나 주 르노아(Lenoir)에서 출생하였다. 이사야 잉골드(Isaiah Ingold) 교수의 6남매 중 막내딸로 태어났다. 4살 때에 어머니가 세상을 떠났다. 잉골드는 로레이(Loray)에서 고등학교를 졸업하고, 힉커리(Hickory)에 있는 클레어몽(Claremont) 대학에 진학했다. 이 후 그녀는 1889년, 사우스 캐롤라이나 주 록힐(Rock Hill)에 사는 크로포드(Thomas A. Crawford) 박사 집안의 가정교사로 일하면서 윈트롭(Winthrop)대학에 다니게 되었다. 1892년 2월 17일, 잉골드는 록힐제일장로교회(Rock Hill 1st. Presbyterian Church)에 등록하게 되었다. 이때에 크로포드 박사와 교회 담임목사인 알렉산더 스프런트(Rev. Alexander Sprunt) 박사의 영향으로 의료선교사가 되기로 마음먹었다. 교회는 그녀를 의료선교사가 될 수 있도록, 의과대학에서 의학을 공부하는데 전적인 지원을 했다. 그 결과 1896년에 볼티모어 여자의과대학을 수석으로 졸업했다. 잉골드는 이미 의료선교사로 헌신하기로 작정하고 의과대학에 진학했기에, 학교를 다니는 동안 기도하며 자신이 사역할 선교지를 주님께 물었다. 1897년, 그녀가 30세가 되던 해에 파송지가 조선으로 확정되었다. 1892년, 미국 남장로회 '7인의 선발대'가 조선으로 들어갔는데, 이들과 함께 사역할 의료선교사가 필요했던 것이다. 잉골드도 조선이야말로 주님이 자신에게 주신 사역지라는 확신을 갖게 되었다. 1897년 7월 18일, 록힐제일장로교회에서 선교사 파송 예배가 있던 날, 잉골드는 이렇게 소감을 밝혔다.

"지난 5년 동안 오늘 저녁을 고대하며 기다려 왔습니다. 사랑하는 성도님들이 저의 준비 과정을 인내심을 가지고 기다려 주셨던 날입니다. 오늘 우리들의 작별은 달콤한 슬픔입니다. 왜냐하면 우리 모두가 수년 동안 소망하고 노력하고, 기다려 왔고, 기도해 온 바가 작별로 인해 이뤄질 수 있기 때문입니다. 이제 여러분은 해외선교 사업에 여러분의 대표를 가지게 되었고, 이 대표가 되는 특권을 나, 마티 잉골드가 가지게 되었습니다."[1]

잉골드는 송별사에서 "저는 이 땅에서 다시 여러분을 못 볼지도 모릅니다. 그러나 정의로운 다른 세상에서 여러분 모두를 만나기 원합니다."라고 말하면서 그녀의 선교에 임하는 각오를 단단히 표현했다.[2]

1897년 7월 23일, 잉골드는 록힐을 출발하여, 기차로 2주간 미국 대륙을 횡단하여 샌프란시스코에 도착했다. 그녀는 다시 태평양을 건너 일

---

1 1897년 7월 18일, 마티 잉골드의 송별사, 최금희, "전라도 지방 최초의 여성 의료선교사 마티 잉골드 연구"(전주: 전주대학교, 2007). 3.
2 같은 논문.

본 요코하마를 거쳐, 부산을 거쳐, 1897년 9월 15일, 드디어 제물포에 도착하였다. 록힐을 떠난 지 8주 만이었다. 그녀가 도착 했을 때, 반겨 맞아준 사람은 테이트(Rev. Lewis Boyd Tate) 선교사였다. 그 다음 날 그녀는 서울에 도착했다.

■ 전주에 진료소를 열다

1897년 11월 3일, 여의사 잉골드(Dr. Mattie B. Ingold)가 사역지인 전주에 도착했다. 그녀는 한국어를 빨리 익혀야 한다고 생각했다. 그녀가 특별히 언어에 대해서 많은 시간을 할애하고 관심을 가지는 데 대해서는 그녀 나름의 이유가 있었다.

"지금까지 하나님 앞에 이루어 드린 것이 없어서 죄송스럽다. 지금부터는 더 열심히 공부해서 이 사람들을 좀 더 이해하도록 해야겠다. 이 사람들은 정말 복음이 절실히 필요한 사람들이고 나는 이들을 가르칠 수 있고, 도울 수 있기를 갈망한다."[3]

닥터 마티 잉골드는 전주에 온지 1년이 지난 1898년 11월 3일에 정식으로 진료를 시작했다. 윌리엄 해리슨 선교사가 진료하던 서문 밖 은송리 초가집 약방을 개조하여 진료소(전주예수병원의 모체)를 설치했다. 진료를 시작한 첫 날에 동네 어린이와 여자들 6명을 치료했다. 첫 달에 100명 정도를 진료하였다. 그 당시에는 불결한 환경에서 오는 질병들이 많아서, 기초 위생과 청결유지만 잘 해 줘도 많은 질병이 치유되었다. 침자리에 생긴

---

3   1897년 12월 21일. 마티 잉골드의 일기.

농양이나, 결핵성 농양들을 뽑아내고, 비누를 만들어 깨끗이 물로 씻어 낫게 하였다. 수질 관리를 통해 설사 및 이질을 예방하고, 화상 치료, 소년의 서혜부 탈장 교정, 여성들의 분만을 돕고, 잔류태반을 제거함으로 산모의 생명을 구할 수 있었다.

닥터 잉골드는 여성 환자들을 주로 진료했는데, 어떤 부인은 발목에 독종이 나서 위태로웠는데 남편에게 업혀 와서 한 달 이상 치료하는 중 한글을 배우며, 예수를 믿게 되었다. 그 후 온 집안 식구를 교회로 인도하고, 병이 나은 후에는 여러 마을을 다니며 전도하였다. 이러한 치료는 선교 사역에 큰 성과를 가져왔다.

어느 날 독종이 나서 고생하는 무당 할머니가 왔는데 그 무당은 전라도에서 용하기로 소문이 났었다. 그녀가 아프다고 하니까 용하다는 무당들이 모여 큰 할머니 무당을 고치려고 몇 날밤을 지새우며 굿거리를 하였지만 아무 소용이 없었다. 그러자 닥터 잉골드에게 치료 받으러 온 것이다. 닥터 잉골드의 정성어린 치료로 독종이 낫게 되자, 그 할머니 무당은 닥터 잉골드를 집으로 초청하고 예배를 드리게 되었다. 그 후에 예수를 믿게 되어, 신당을 불태우고, 전도인이 되었다. 그 소문이 전주시내에 퍼졌고 많은 사람들이 교회(전주서문교회)로 나오게 되었다.**4** 1899년 4개월 동안에 닥터 잉골드는 400여 명의 환자를 치료했다.

"14명 정도의 여자들이 찾아 왔고, 그중 몇 명은 하루 종일 우리와 함께 머물렀다. 전 선생은 남성들과 여성들을 위해 각각 예배를 인도했었는데, 큰 목소리로 인도하였기에, 창호지를 바른 문을 통해서도 충분히 들을 수 있었다. 그후에 테이트 선교사와 이씨 부인이 여자들을 따로 가르쳤다. 한 여인이 자기는

---

4 차신정. 『한국 개신교 초기 그리스도를 나눈 의료선교사』, 152.

아무런 죄가 없다고 주장을 하였는데, 그렇지 않다는 것을 설명하는데 아주 힘이 들었다."[5]

닥터 잉골드는 여인들과 아이들을 주로 치료하였는데, 이것은 당시 강한 유교적인 영향으로 남녀유별이 엄격한 사회 분위기 때문에 남자들이 잘 오지 않았기 때문이었다. 그러나 한편 닥터 잉골드가 여성과 어린이들을 주로 진료하는 일은 기독교에 대한 편견과 오해를 없애는 데 큰 도움이 되었고, 복음 전파에 좋은 기회가 되었다.[6]

닥터 잉골드는 복음전도에 늘 애착을 가지고 있었다. 진료 중에 복음을 전하며, 기독교 소책자를 나누어 주고, 어린이들에게는 성구가 있는 그림사진을 주었다. 그리고 어린이를 위한 요리문답을 번역하여, "소아 요리문답" 책을 출판했는데, 이 책은 한국 어린이들이 암송하는 책이 되었고, 다른 선교사들도 많이 사용하였다.

1903년, 닥터 잉골드는 전킨 선교사의 건강이 나빠지자, 그를 치료하기 위해 군산에서 활동하기도 했으며, 닥터 잉골드의 안식년 휴가로 1904년 5월부터 전주의 의료선교 사업은 일시 중단되기도 했다.

■ 테이트 목사와 결혼 후 복음 전도에 주력하다

1905년 9월, 닥터 잉골드는 테이트 목사(Rev. Lewis B. Tate, 崔義德)와 결혼하게 되었다. 테이트 목사는 1897년 9월 15일, 닥터 잉골드가 제물

---

5 1899년 11월 12일 주일 일기, 양국주, 『선교학개론』, 165, 168.
6 차신정, 『한국 개신교 초기 그리스도를 나눈 의료선교사』(서울: 캄인, 2013), 151.

포 항에 도착했을 때, 그녀를 처음으로 따뜻하게 영접했던 선교사였다. 그 때부터 싹튼 사랑이 7년의 열애 끝에 드디어 결혼하게 된 것이다. 닥터 잉골드는 테이트 목사와 결혼한 후에는 의료 사역보다는, 목사의 아내로서 조력하며, 남편과 더불어 농촌선교에 진력하며, 부녀자 성경교육에 치중하였다.

"10월 17일에 집을 떠나, 나는 남편 '테이트' 목사와 함께 거의 4주간 동안 일정을 수행해 나가기 시작하였다. 우리는 테이트 목사의 여섯 군데 집회를 방문하게 돼 있었고, 그와 그의 조사들이 남자들을 가르치고 문답하고 하는 동안 나는 여자들을 가르치게 되어 있었다. (중략)

나는 이 여행이 매우 즐거웠다. 내가 가르치는 여인들은 모두 열성적으로 배워서 대단히 기뻤다. 나는 오후에는 주로 환자를 보거나 틈나는 대로 가르치기도 하였고, 또 오전 중에는 세례를 받으려는 사람들이나 교회에 참석한 사람들을 할 수 있는 데까지 열심히 가르쳤다.

테이트 목사는 나보다 일주일 후에 돌아왔으나 오늘 아침 세례문답을 해야 한다면서 다녀왔던 곳으로 다시 떠났다. 이번 여행에서 약 200명이 세례문답을 받았는데, 그중 150명이 세례를 받았다. 나는 돌아와서 병원에서 여성 환자들을 열심히 돌보았으며, 또 틈이 나는 대로 최근 시작한 여학교(주-전주 기전[紀全]여학교)에서 가르치는 일에 시간을 할애하였다."[7]

그녀는 전주에서 10년간 혼자 진료를 감당하면서 많이 지쳐 있었다. 선교지인 조선의 사회적 여건이 남성 위주의 유교적 분위기가 강한데, 특히 전주는 양반 고을이라는 명분 아래, 여성들의 활동을 경홀히 여겼다.

---

7 잉골드의 1905년 11월 17일, 일기.

여자 의사에게 남성 환자들이 진료 받으러 오는 것이 쉽지 않았다. 닥터 잉골드는 남자 직원으로 클라크 선교사를 앞세워서 사람들과 소통하였다. 그리고 남장로회 선교부의 정책, 의료선교에 대한 태도도 복음 전파를 위주로 하는 목사 선교사 위주로, 의료선교 자체를 복음 전도의 도구로 생각하는 경향이 많았다. 그중에서도 여자 의사의 역할을 과소평가하는 경향이 많았다. 즉, 선교지 상황이나, 선교본부 상황이 여의사인 잉골드로 하여금 의료사역에 매진하지 못하게 한 것이다.

그러므로 여성 의료인들이 목사 선교사와 결혼을 하게 된 경우, 특별한 경우가 아니면, 대체로 의료사역 보다는 복음전파 사역에 치중하게 되었다. 여의사 잉골드가 그랬고, 여의사 메리 피쉬 마펫이 그랬고, 여의사 애니 엘러스가 그랬고, 간호사 에드먼즈가 그랬다.

■ 새 생명을 가슴에 묻다

닥터 잉골드는 36세에 어렵게 첫 아기를 가졌다. 노산이라 많이 어려웠다. 1910년 9월 15일, 아기는 출생하자 당일 사망하여 전주 선교사묘지에 안장되었다. 그녀는 이를 일기에 적고 있다.

"나는 9월 15일, 여자 아이를 사산했다. 그것이 우리에게 마음 아프고 비통하며 실망스러운 일이었다. 우리는 그렇게 원했던 작은 생명을 잃어버렸다."

■ 사역을 마치고

닥터 잉골드 부부는 한국생활을 접고 다시 미국으로 돌아가게 되었다. 건강이 좋지 않았기 때문이었다. 그러나 건강이 회복 되면 다시 돌아오려고 했다.

"이 일기를 쓰기 시작한지도 벌써 15년이 되었다. 이 세월동안 우리 자신들뿐
만 아니라 이곳에 있는 많은 형편과 사람관계와 또 우리들의 일에 있어서도 많
은 변화가 있었다. 우리 부부는 둘 다 건강에 아주 심각한 지장이 있었다. 나
는 8년여 동안 설사로 고생했다. 테이트 선교사는 약 6년간 심장질환과 또 만
성감기로 인한 질환으로 고생했다. 이제는 우리가 해야 할 역할도 다 끝나는
것 같고, 우리의 자리와 우리의 역할을 좀 더 젊고 능력 있는 사람들에게 넘겨
주는 것이 좋을 것 같이 보인다. 그래서 오는 6월에는 정기 휴가차 귀국하도록
준비해야겠다. 그렇다고 아주 돌아가는 것은 아니고. 우리가 오랜 세월 함께
일해 왔던 이곳 사람들을 떠날 수는 없다. 그들은 우리가 애써 이루고자 한 일
을 매우 고맙게 생각하고 있는 처지다.
어제 오후 팥정리(荳亭里)교회 (주-금산교회)에서는 우리의 송별예배가 있었
다. 이 팥정리 교회는 '테이트' 목사의 활동의 한 중심이었다. 이 송별예배에
는 그 동안 잘 알고 지냈던 여섯 명의 조선인 목사가 참례했다. 이 예배는 이자
익(李自益) 목사가 인도했다. 아주 훌륭한 송별 예배였다. 우리는 그들이 말과
선물로 보여 주는 이 기독교인의 사랑과 선의를 매우 감사하게 생각한다. 이런
일들이 바로 우리를 그들에게 더 가까이 하며 우리로 하여금 그들을 떠나기 어
렵게 만든다."**8**

1925년, 닥터 잉골드는 58세의 나이로 남편 테이트 목사와 함께 귀
국하였다. 그녀는 자신과 남편의 건강이 좋아지면 다시 한국으로 돌아
오려 했으나, 1929년에 남편이 소천하자, 미국 플로리다에 정착하였다.

8 잉골드의 1925년 4월 11일, 일기.

1962년 10월 26일, 닥터 잉골드는 95세로 별세하여 프로스트프루프 (Frostproof) 실버 힐 묘지에 잠들어 있는 남편 곁에 안장되었다.

■ 닥터 잉골드를 기리며

2017년 10월 24일, 전주예수병원에서는 개원 120주년을 기념해서 예수병원 설립자 『마티 잉골드 일기』를 번역 출판했다. 이것은 120여 년 전에 미국 남장로회 선교부에서 전주로 파송한 여의사 마티 잉골드의 일기를 번역한 책으로, 의사 마티 잉골드의 일기, 진료기록, 주일학교 기록, 기고문, 사진 등 전체 8부, 400쪽 분량이다. 『마티 잉골드 일기』는 19세기말 당시, 지구촌 가장 가난한 나라 중의 하나인 한국 땅에 찾아와 28년 젊음을 바쳐 그리스도의 사랑과 복음을 함께 나눈 소중한 기록물이다. 아울러 이 기록들을 통하여 당시 호남, 전주 사람들의 소박하고 순진한 삶의 모습도 살펴 볼 수 있다.[9]

잉골드 선교사 왕진(1898년)

9   전주 예수병원 역사사료실

루이스 B. 테이트

(Rev. Lewis Boyd Tate, 최의덕[崔義德], 1862-1929)

전주 선교의 개척자

■ 미국 남장로회 7인의 선발대

　루이스 B. 테이트(Rev. Lewis Boyd Tate) 선교사는 1862년 9월 28일 미국 미주리 주에서 출생하였다. 폴던 웨스트민스터 대학에서 의학을 전공하다가 졸업을 1년 앞두고, 선교에 대한 열정으로 시카고의 맥코믹 신학교(McCormick Theological Seminary)로 옮겼다. 그는 신학교 졸업반 때에 언더우드 선교사의 강연에 도전을 받고, 목사가 된 후, 그의 여동생 마티 테이트(Miss. Mattie S. Tate, 최마태)와 함께, 1892년 11월 3일 미국 남장로회 7인 개척 선교사 중 1인으로 내한했다.

■ 전주서문교회를 개척하다

　1893년 1월 28일, 선교사공의회가 처음 조직되고, 남장로회는 호남지역을 담당하면서, 1893년 9월, 테이트 선교사가 초대 목사로 전주에 부임해 와서 예배가 시작되었다. 오늘날 '전주서문교회'의 초대 담임목사가 된 것이다.

1894년 3월 24일, 테이트 선교사는 서울에서 여동생 매티(Miss. Mattie S. Tate, 최마태)와 함께 전주에 도착하여 선교활동을 시작했다. 그러나 선교 개시 3개월 만에 동학혁명으로 서울로 돌아와 선교활동은 일시 중단되었다. 1895년 크리스마스 주간에 테이트 남매는 다시 전주에 돌아와 선교활동을 재개했다. 1897년 레이놀즈 선교사에게 전주서문교회 담임을 물려주고 순회 복음 전도 사역에 열심을 냈다.

■ 닥터 잉골드와 결혼하다

1905년, 테이트 선교사는 닥터 잉골드와 결혼한 후, 함께 농촌선교에 진력했다. 1908년 테이트는 선교본부에 선교보고서를 올렸다.

"나는 전도하거나 책을 팔 때 자전거를 타고 다니며, 어학선생과 성서공회 매서인을 동반하고, 두 명의 짐꾼이 따른다. 낮에는 마을을 돌며 사람들을 모아 설교하고 성서와 소책자를 판다. 저녁에는 예배하고 대화한다. 현재 세 곳에 정기 모임 장소가 있으며, 평균 150명이 모이고 30명의 세례교인이 있다."[1]

1909년에는 "한 해 동안 1,190명에게 문답하고, 316명에게 세례를 집례하였으며, 400명의 학습교인이 등록하고, 1,203명이 성찬에 참여했다"고 선교본부에 보고했다.

테이트 선교사는 교회법의 권위자로서 회무처리에 아주 능숙했고, 한

---

1 전주서문교회 '서문100년사' 참조.

국선교 33년간 전주서문교회와 김제 금산면에 있는 금산 'ㄱ'자 교회 등, 78개 교회를 설립했다는 기록이 있다. 선교사공의회장(1897)과 전라노회장(1913) 등을 역임하였다.

■ 사역을 마치다

1925년 테이트 선교사는 부인과 함께 귀국하였으며, 1929년 2월 9일, 플로리다에서 낚시 하다가 심장 마비로 67세로 소천하였다. 프로스트 프루프(Frostproof) 실버 힐 묘지에 안장되었다.

잉골드·테이트 부부

클레멘트 C. 오웬
(Dr. Clement Carrington Owen, 오기원[吳牧師], 1867~1909)
호남 의료선교의 아버지

■ 조선을 가슴에 품다

클레맨트 오웬(Clement Carrington Owen, 오기원)은 1867년 7월 19일, 미국 버지니아 주 블랙 월넛트 (Black Walnut)에서 출생하였다. 1886년 버지니아의 햄던-시드니대학(Hampden – Sydney College)을 졸업하고, 같은 해 유니언신학교에 입학하여 신학을 전공하였다. 그 후 스코틀랜드의 에든버러 대학교(University of Edinburg)로 유학하여 신학부에서 수학하였다. 1894년, 그는 미국 남장로회에서 목사 안수를 받았다. 당시 기독학생들은 해외선교에 대한 열정으로 가득 차 있었다. 그도 해외선교에 관심이 많아 앞서 나간 선배 선교사들을 통해 전해지는 해외선교 소식에 열심히 귀를 기울였다. 그 소식들을 통하여 깨달은 것은 선교지에서 효과적인 선교를 하기 위해서는 의술의 필요하다는 것이었다. 그는 다시 의학 공부를 하기로 결심했다. 1897년 5월, 그는 버지니아 의과대학을 졸업하고, 미국 남장로회 선교사로 임명을 받았다. 그는 의과대학교 재학 중에, 의사 드루

(Dr. Alessandro D. Drew, ?-1924)**1**가 의료선교사로 군산으로 파송되자 재정
지원을 담당하였다.

1898년 드디어 오웬은 조선을 향해 출발하게 되었다. 그의 기도가 이
루어진 것이다.

■ 미국 남장로회 지역선교부 설립과 선교 전략

미국 남장로회 선교부는 호남지역을 집중 선교지역으로 삼고, 지역 선
교부를 개설하고 선교원칙을 수립하였다. 특히 선교대상으로는 노동자,
하층민, 부녀자 그리고 아동에 대해 더욱 집중하며, 하층민 중심의 교회
를 설립할 것을 우선하도록 정했다. 본국 선교부의 지침은 선교지에 지역
선교부를 설립함에 있어서, 그 구성은 남자 목사로 하여금 복음사역자로
서 교회를 설립케 하고, 독신 여성선교사로 하여금 부녀자와 아동을 대상
으로 하는 교육사역을 담당케 하고, 의사, 간호사들로 하여금 의료사역 및
병원설립을 하도록 하여, "전하고(Preaching), 가르치고(Teaching), 고치는
(Healing) 사역"을 병행하도록 하는 것이었다.

■ 전라남도 목포선교부가 조직되다

1896년 8월, 조선 정부에 의해서 '전라도(全羅道)'가 '전라남도'와 '전
라북도'로 나뉘게 되고, 전라남도의 주도(州都)를 광주(光州)로 정하였다.
1897년 10월에는 목포항이 개항되었다. 이러한 상황 속에서 1896년 당

---

1 닥터 드루는 버지니아 의과대학을 졸업했다. 오웬의 재정지원을 받고 1893년 내한하여,
　　8년간 사역하였다. 군산지역을 중심으로 순회진료를 시행하였다.

초, 미국 남장로회 선교부는 선교사 연례회에서 전라남도의 선교 거점을 나주(羅州)로 선정하였다. 예로부터 '전라도(全羅道)'는 그 중심 도시가 '전주(全州)'와 '나주(羅州)'였다. 특히 호남 남쪽지역에 위치한 나주는 영산강 하구에 자리하여 수운(水運)을 통한 각종 토산물의 집하장이었다. 따라서 나주는 옛날부터 서남 해안 교통의 중심지로서 인근에 영산창(榮山倉)이 있어 이곳에서 세곡(稅穀)을 서울까지 운송하였던, 인구가 많고 자원이 풍성한 도시였다. 그러므로 미국 남장로회 선교부는 전라남도 지역의 중심 도시였던 나주 지역을 개척하도록 지시했다. 개척 책임자로 위임받은 유진 벨 선교사(Eugene Bell, 裵裕祉, 1895년 4월 내한)는 어학선생 변창연과 함께 1896년 11월 3일부터 6일까지 나주지역을 답사하였다. 그러나 그 지역 양반들의 텃세, 특히 지역 유림(儒林)들의 강한 반발에 부딪쳐 나주지부 설치를 위해 수개월 동안 분투하였으나 실패하게 되었다. 그러다 1897년 10월 1일, 목포항이 개설되면서 전남의 교통입지가 달라졌다. 목포가 해상과 육지를 연결하는 중요한 새 관문이 되었기 때문이다. 따라서 미국 남장로회 선교부는 전라남도 지역 선교부를 나주에서 목포로 전격적으로 변경하였다. 1898년 가을, 유진 벨 선교사가 서울에서 목포로 이주하고, 이어 오웬 선교사가 새로 부임함으로써 마침내 목포선교부가 조직된 것이다.

■ 전라남도 목포진료소가 개설되다

1898년 11월 6일, 오웬 선교사는 미국 남장로회 선교사로 내한하여 목포선교부에 부임하였다. 31세 총각의 몸이었다. 따라서 선교부 구성 원칙에 따라 목포 선교부 대표자 겸 복음 선교사로서 유진 벨, 의료선교사로서 오웬, 부녀자 및 아동들을 위한 교육선교사로서 스트레퍼 양이 함께 사역을 펼치게 된 것이다. 1899년, 오웬 선교사는 드디어 '목포진료소'를 개설하여 전남 최초의 서양의료선교센터를 운영하게 되었다. 의료 사역이 시작 되자 불과 몇 달 동안에 400여 명의 환자를 진료하게 되었다. 이듬해인 1900년 여름, 목포교회가 75명의 교인들로 늘어나게 된 배경에는 오웬 선교사의 의료사역이 있었기 때문이었다. 그리고 그는 호남지역 의료 및 복음전도 사역에 헌신하면서, 1900년 조선예수교장로회 제9회 선교사 공의회 회장으로 선임(언더우드 후임)되어 활동하기도 하였다.

■ 의료에 의료를 더하다
– 남장로회 선교사 오웬과 북장로회 선교사 화이팅의 결혼

1900년 12월 12일, 33살의 오웬 선교사는 예쁜 신부를 맞이하였다. 신부는 미국 북장로회 여성 의료선교사로 파송된, 31살의 조지아나 화이팅(Dr. Georgiana Whitting)이었다. 두 사람은 서울의 언더우드 선교사 사택에서 결혼식을 올림으로써 부부 의료선교사가 되었다. 이 결혼을 계기로 미국 남북 장로회 선교부는 더욱 활발히 교류하게 되었다.

오웬선교사는 유능한 의료선교사 화이팅을 아내로 맞이함으로써 더욱더 열정적이고 헌신적인 선교활동을 펼치게 되었다. 이에 대해서 동료 선교사인 니스벳(Anabel M. Nisbet) 선교사는 다음과 같이 회고하였다.

"그의 목포선교는 오웬이 미국 북장로회 의료선교사로 제일 경험이 많고 유능한 화이팅과 결혼함으로 인하여 더욱 힘을 얻게 되었다. 그는 의사이면서 목사로서 지칠 줄 모르는 순회 설교자였다. 그는 삶의 마지막 해에도 14개 군의 선교지역을 담당하여 순회 전도하면서, 한 달 이상을 집을 떠나 전도여행을 계속했다. 그는 200명 이상에게 세례를 베풀었고, 430명의 학습교인을 세웠다.

그가 별세하기 며칠 전 그의 어린 딸은 아빠는 왜? 우리 집에 계시지 않느냐고 물을 정도였다."

■ 복음전파 사역, 생명의 빛으로 영적 어둠을 밝혀라

1884년부터 1984년까지 100년 동안, 한국을 찾아 선교활동을 펼친 내한선교사들 중에 의사이면서 목사로 활동했던 분들은 대략 9명으로 파악 된다.[2] 이들 중에는 목사로서 의사가 되어 선교사로 온 사람들도 있고, 의사로서 의료선교사로 활동하다가 후에 목사가 된 사람들도 있다. 오웬 선교사는 목사로서, 선교지 현지에 보다 효과적인 사역을 하기 위해 의료 선교가 필요하다고 생각하여 의사가 되었던 것이다. 그러므로 그의 마음 속 깊은 곳에서는 늘 목사로서 복음전파 사역을 마음껏 하고픈 열망이 자리하고 있었으리라!

1899년 가을에 오웬 선교사가 쓴 편지에는 다음과 같은 글이 있다.

"우리 빛의 나라(미국)가 이 어둠의 나라(한국)를 비추고 있다. 밤이 밀려 들 때 밤 그림자를 통해 아래 마을을 내려다보면 불빛들이 별들처럼 어둠을 비추고 있다. 이 불빛의 출처는 우리의 모국이다. 왜냐하면 등불을 밝히고 있는 것은 미국산 석유이기 때문이다. 이제 우리나라가 한국의 어둠을 밝히는 것처럼, 생명(복음)의 빛으로 영적인 어둠을 파고 들어가야 한다."

오웬 선교사는 선교 초기에는 의사와 목사로서 의료사업과 전도 사업

---

2 손영규, 『한국 의료선교의 어제와 오늘』,(서울, CMP, 1998), 70.

을 병행하였다. 그러나 의료선교사인 화이팅 선교사와 결혼을 한 후로부터는 진료소 의료사역은 부인인 화이팅 선교사에게 주로 맡기고, 그는 순회 진료와 복음전도 사역에 치중하였다. 특히 그의 복음전도 사역에 대한 열망은 대단하였다. 유달산을 바라보면서 기도하곤 했다. "저 산에 교회의 종소리가 언제나 울려 퍼질까!"

1901년 4월, 유진 벨 선교사는 서울에서 새 자동차를 마련하여, 광주로 운전하고 가던 중 교통사고로 아내 로티 벨(Charlotte I. Witherspoon Bell)을 잃었다. 사랑하는 아내가 불의의 사고로 소천하자 유진 벨 선교사는 안식년 차 미국으로 일시 귀국하였다.

오웬 선교사는 목포진료소뿐만 아니라, 유진 벨 선교사와 함께 섬기던 목포교회의 복음전도 사역도 맡게 되었다. 그들은 이 목포교회 세례교인들을 내륙 지역, 특히 광주, 해남 등지로 현지인 선교사로 파송했다. 그 결과 광주 인근 지역에 복음전도 활동이 활발히 펼쳐졌다. 1901년 4월, 유진 벨 선교사가 안식년을 맞아 미국으로 귀국하고, 1902년 12월에 다시 목포선교부로 돌아오기까지, 오웬 선교사는 본격적으로 전남 남부 지역을 순회하며 복음전도 사역을 펼쳤다. 그리고 아내와 함께 목포진료소 의료 사역도 열심히 감당했다. 그러나 그는 의료 사역과 복음전도 사역 두 분야에 열정적으로 일하다 보니 과로하게 되었고, 낯선 기후와 풍토에 적응하기가 어렵게 되었다. 몸이 쇠약해진 오웬 선교사 부부는 일시 미국으로 귀국하여 치료를 받고 돌아왔다.

■ 광주선교부 개설, 호남 선교의 산실이 되다.

1904년 2월, 미국 남장로회 선교부는 전라남도의 주도(州都)인 광주

(光州)에 광주지역 선교부를 개설하기로 결정하였다. 1904년 12월 19일, 오웬 선교사 부부는, 그해 봄에 재혼한 유진 벨 선교사 부부와 변창연, 김윤수, 서명석 등 교우들과 함께 광주로 이사하였다. 그해 12월 25일, 크리스마스 날에 양림동에 세워진 유진 벨 선교사의 임시 사택에 시민 200여 명이 모여들었고, 40여 명이 방안에 모여 광주 최초의 공동예배를 드리게 되었다.3 '광주선교부'와 '광주교회(현, 광주제일교회, 양림교회의 모체)'가 시작된 것이다.

한편 1904년, 미국 남장로회 선교본부는 호남지역 선교사역이 확대된 까닭에 한국선교부의 요청에 따라 의사 선교사를 모집하고 파송하였다. 그해 9월에 포사이트(Dr. W. H. Forsythe), 놀란(Dr. J. W. Nolan)과 다니엘(Dr. T. H. Daniel) 선교사들이 내한하였다. 광주선교부가 세워짐으로써 광주지역 일대는 더욱 활기를 띠게 되었다. 더욱이 새로 여러 명의 의사 선교사들이 들어오게 되자 목포진료소를 폐쇄하고, 1905년 11월 20일, 유진 벨과 오웬 선교사의 노력으로 유진 벨 선교사 사택에서 '광주진료소(광주기독병원의 전신)'가 문을 열었다. 초대 원장으로는 의사 놀란(Dr. J. W. Nolan)을 임명하였다.4 따라서 오웬 선교사는 순회진료와 복음전도 사역

---

3 『조선예수교장로회사기 상권』, 121
4 의사 조셉 W. 놀란은 1년 6개월 동안 광주진료소에서 일하면서 많은 환자를 치료하였다. 오전에는 수술하고 오후에는 외래환자를 진찰했는데, 어린이와 부녀자를 우선 치료한 다음 남자환자를 치료했다. 그러나 의사 놀란이 1907년 의료선교사직을 사임하고 평안도 지방의 운산금광 광산의사로 감에 따라 광주진료소의 의료사업은 일시 중단되었다. 1908년 1월, 우월순(Dr. R. M. Wilson) 선교사가 제2대 원장에 부임해 오면서 진료는 재개되었다. 1909년에는 환자들이 급증하여 기존의 시설로는 감당할 수 없을 정도였다. 1910년 한 해에 9,900의 환자를 진료했고 175건을 수술하였다. 1909년부터는 병원설립을 추진하여 1912년에 현대식 병원이 완성되었다. 의사 오웬이 순직한 이후인 1910년부터 오웬 부인인 화이팅 의료선교사가 의사 월슨을 도와 사역하였다.

에 더욱 집중하게 되었다.

■ 확산되는 복음전도에 교회들이 세워지다

오웬 선교사는 복음전도 사역에 혼신의 힘을 다하였다. 앞서 목포에 있을 때인 1904년 10월 16일, 완도 관산(冠山)교회(현, 약산제일교회)를 설립하였고, 광주로 이사해 온 그해 12월 25일, 유진 벨을 도와 광주교회(현, 광주제일교회, 양림교회)를 설립하였다. 1905년에 나주 방산(芳山)교회, 보성 무만(武萬), 신천(新泉)교회를 설립하였으며, 1906년에 고흥 옥하(玉下)교회를 설립했다. 또한 전남 각 지역을 순회하면서 프레스톤(John. F. Preston, 邊約翰), 맥컬리(H. D. McCallie, 孟顯理), 코잇(R. T. Coit, 高羅福) 선교사 등과 나주 광암(廣岩), 장흥 진목(眞木), 순천 평촌(平村)교회에서 서로 협력목회를 하였다. 1907년에 화순읍(和順邑)교회 설립을 비롯하여 보성 운림(雲林)교회를 설립하였고, 1908년에 광양읍(光陽邑)교회, 보성 양동(陽洞)교회와, 나주 내산(內山)교회를 설립하였다. 또한 전남 지역의 여러 교회를 순회하며 광주 중흥(中興)교회에서 유진 벨 선교사와, 장흥 삭금(朔金)교회에서 니스벳(Nisbet, 柳西伯) 선교사와, 나주 서문(西門)교회에서 탈마지(Talmage, J. V., 打馬子) 선교사와, 나주 상재(上材)교회에서 뉴랜드(Newland, L. T., 南大理) 선교사 등과 서로 협력하며 시무하였다. 이처럼 오웬 선교사는 전남 일대 14개 군을 지칠 줄 모르게 순회하며, 14개 이상의 교회를 담당하며 전력을 다했다.

수피아여고 뒷동산에 위치한 오웬 선교사의 집 주변에는 당시 양림천의 거지들과 문둥병 환자들이 장사진을 치고 있었는데 이는 그가 "가난한 자들의 이웃이 되라"는 예수님의 말씀을 삶으로 실천했기 때문이었다. 또한 그는 그의 사역들을 다른 동료 선교사들에게 크게 드러내지 않았다. 그렇게 겸손한 사람이었다. 그의 한국선교 업적은 의사로서 뿐만 아니라, 목사로서 더 많은 열매를 맺었다.

■ 아름다운 하나님의 사람, 오 목사

오웬 선교사가 섬기는 교회는 20여 개로 늘어났고, 세례교인과 학습교인도 급격히 증가하였다. 1909년 3월, 다른 선교사들보다도 세 배나 넓은 사역지를 돌아보며 과로하던 오웬 선교사는 광주를 출발하여 화순, 남평을 지나 장흥 어느 시골에서 열흘 동안 순회 전도하던 중이었다. 그는 이 마지막 전도여행을 떠날 때에 몹시 지쳐 있었고, 건강 상태도 좋지 않았다. 더욱이 날씨도 차고 일기는 불순하였다. 그가 이런 악천후 속에서도 기어이 전도여행에 나선 것은 이미 약속한 지방의 성경공부가 누적된 업무로 말미암아 중지될까 염려하였기 때문이었다.

3월 28일 주일 아침, 오웬 선교사는 갑자기 몰아닥친 한파로 병을 얻어 아무도 돌보는 사람 없이 하루 종일 그리고 한밤을 고열과 격렬한 오한에 시달려야 했다. 이튿날 점심 때에야 몇 명의 신자들이 알고 달려와 가마에 태워 산등성을 세 개나 넘어 육칠십 리 길인 장흥읍까지 왔다. 그곳 여관방에서 뜬 눈으로 또 한 밤을 지새우고, 이른 새벽에 광주로 떠나려했으나 가마꾼을 구하기가 아주 힘들었다. 겨우 가마꾼을 구해서 늦은 아침에 출발하여 온종일 부지런히 갔지만 오웬 선교사의 기력은 급히 떨어졌다. 다시 새 가마꾼을 사서 밤길 70리를 재촉하여 이튿날 수요일 새벽 2시에 겨우 광주에 도착하였다. 여러 사람들의 정성 어린 간호와 기도로 목요일, 금요일에는 병세가 좀 좋아지더니 토요일 아침에 상태가 악화되었다.

그때의 상황을 한 한국인 동료가 이렇게 기록했다.

"아무런 약도 못 먹고, 영양공급도 제대로 되지 않은 상태에서 비좁은 가마에 쪼그리고 앉아 차가운 북풍에 시달렸으니 그동안의 여행이 얼마나 끔찍했으리요. 온몸을 고문하듯이 저려오는 고통을 누군들 알기나 하리요. … 4일 후에 끝은 오고 말았다. 마지막 그가 남긴 말 가운데 하나는 '누가 나를 쉬게 해 줬으면' 하는 것이었다."[5]

광주진료소 윌슨 원장(Dr. R. M. Wilson, 우월순)은 당황하여, 임상경험이 많은 목포진료소의 의사 포사이트(Dr. W. H. Forsythe)를 불러 협진하기로 하고 급히 전보를 쳤다. 그러나 의사 포사이트가 도착하기도 전에, 오웬 선교사는 1909년 4월 3일 토요일 저녁, 급성폐렴으로 순직하고 말았다. 그의 나이 42세, 아름다운 나이였다.

오웬 선교사의 장례는 4월 8일 목요일에 프레스톤 목사(Rev. Preston, 邊約翰)의 집례로 거행되었다. 장례식에는 그를 따랐던 광주 북문안교회 교인들과, 80리 심지어 120리 밖에서까지 걸어서 문상 온 지방 교회의 교인들, 동료 선교사들, 그리고 광주 숭일학교와 수피아여학교 학생들이 참여하였다. 그의 유해는 그가 그렇게 사랑했던 광주 북문안교회와 두 남녀학교, 광주진료소 등 여러 정든 곳과, 그가 살던 집이 내려다보이는 양림동산 위에 선교사 최초로 안장되었다. 당시 그와 함께한 사람들은 오웬 선교사를 '오목사(吳牧師)'라 불렀고, 그의 묘비에도 그냥 '吳牧師'라고만 새겨져있다. 그는 31세 총각의 몸으로 조선에 와서, 병들고 상처 받은 몸과 영

---

5 마서 헌트리, 『한국 개신교 초기의 선교와 교회성장』, 222-223.

혼을 가진 이 땅 백성들을 섬기며, 예수의 좋은 군사로서 활동하다가 42세, 아름다운 나이로 생을 마감했다. 그는 진정 아름답고, 근면하고, 성실한 삶을 살다 간 것이다.

■ 오웬 기념각, 오늘도 살아 숨 쉬는 호남선교의 산실

광주 양림동에 있는 기독간호대학교 안에는 '오웬기념각'이 세워져 있다. 오웬 선교사는 생전에 그의 할아버지를 기념하는 병원을 건립하고자 했다. 그러나 선교 활동이 우선 급하다고 생각한 그는, 기념병원 대신 기념각을 지으려고 계획을 바꾸었다. 그러나 그 계획도 추진하기 전에 그는 순직한 것이다. 그의 소천 5주년이 되는 1914년, 오웬 선교사와 그의 할아버지 윌리엄(William L. Owen)을 기념하기 위하여 미국의 친지들이 보내준 비용으로 '오웬기념각'이 지금의 자리에 건립되었다.

기념각 현판에는 "IN MEMORY OF WILLIAM L. AND CLEMENT C. OWEN. 吳基冕及其祖圭廉之紀念閣" 영문과 한문으로 씌어 있다.

오웬기념각이 건립된 이후로 이 건물은 호남선교의 산실이자 요람이 되어 왔다. 쉐핑(서서평) 선교사가 이 건물에서 조선 최초의 여자신학교인 이일성경학교를 시작하였고, 간호인을 양성하는 간호전문학교를 설립하는 산실이 되었다. 일제 강점기에는 양림교회 등이 탄압을 받고 폐쇄를 당할 때, 이곳은 또 하나의 예배당이 되었다. 아울러 병들고 상처 받은 사람들이 이곳에서 치유함을 받고 새 소망을 가지게 되는 전인치유의 복된 요람이기도 하다. 그리고 이 귀한 건물은 기독간호대학교 강당으로, 또한 각종 공연장으로 사용되어 왔다. 근래에는 광주유형문화재 제26호로 음악회, 연극, 무용 공연 등 다양한 작품이 공연되는 문화의 전당으로 광주 시민들에게 색다른 즐거움을 선사해 오고 있다.

2017년, 광주 남구 관광청 공모사업을 통해 선정된 '오웬기념각 상설 공연-어메이징 씨어터(Amazing Theater)'가 매달 한 차례씩 관객들을 찾았다. 작품을 제작한 '쥬빌리 앙상블'은 음악을 중심으로 연극과 미술이 결합된 음악극 "스텔라"를 무대에 올렸다. 공연 작품은 5월 20일(오후 7시) 첫 무대를 시작으로 12월까지 매월 셋째 주 토요일에 공연되었다. '스텔라'는 1800년대 후반부터 1900년대 초까지 동시대를 살았던, 일제 강점기의 성악가이자 가수였던 윤심덕,[6] 의사이자 목사로서 조선을 위해 헌신했던 선교사 오웬, 서양미술 역사상 가장 위대한 화가 중 한 사람으로 여겨지는 화가 빈센트 반 고흐, 이 세 사람의 삶에 관한 이야기를 음악, 연극, 미술로 풀어낸 작품이다. 오웬 선교사는 이렇듯이 오늘날에도 우리와 함께 살아가고 있다!

■ 오 목사(吳牧師)를 기리며

목사가 의사가 되든, 의사가 목사가 되든, 누구든지 '목사'가 되었다는 것에 대한 부담감은 늘 지니게 마련이다. 더욱이 목사로서 의료선교사가 되었든지, 의사로서 복음선교사가 되었든지 간에 선교사로서 '복음전파'에 대한 부담감 내지 갈증은 '선교사'라면 누구나 가질 수밖에 없을 것이다. 의사이자 목사인 필자도, 비록 의료선교사로 파송되었고, 또한 선교지 현지의 의료기관에 '의사'로 근무하더라도, 복음전파와 목회사역에 대한 갈망과 부담감은 늘 함께 했다. 그래서인지 필자도 전기 선교사역은 병원

---

6 닥터 로제타 홀의 여성의학강습소 학생 출신.

중심의 의료선교사로서 활동했지만, 후기 사역은 목사로서 교회에서 목회 사역을 하게 되었던 것이라고 본다. 오늘날에도 목사로서 의료선교 사역에 활동하고 있는 분들의 대부분의 심중에는, 복음전파와 목회사역에 대한 갈망이 마음 깊은 곳에 자리하고 있을 것이라고 생각된다. 의사이자 목사였던 오웬 선교사처럼!

오웬과 유진 벨 묘역

조지아나 화이팅
(Dr. Georgiana Whitting, 1869–1952)
오웬 호남선교의 프리마돈나

조지아나 화이팅(Georgiana Whitting)은 1869년 9월 12일, 미국 메사추세츠 주에서 태어났다. 그녀는 노스필드대학(Northfield Sem. Mass)과 필라델피아 여자의과대학(Womens' Medical College, Philadelphia)을 졸업하였고, 사범교육도 받은 유능한 의료선교사였다. 그녀는 미국 북장로회 선교사로 1895년 4월 7일에 내한하여 제중원 부녀부에 근무하게 되었다.

■ 화이팅 선교사의 조선어 선생 – 이승만(李承晚)

여의사 화이팅에게 조선어 교사로 소개된 사람은 청년 이승만(李承晚)[1]이었다. 이승만은 신세계를 알기 위해서는 반드시 영어를 알아야 한다고 생각했다. 따라서 그는 영어를 배우려는 야심 때문에 기독교학교인 배재학당에 들어갔고, 노블 목사(Rev. W. A. Noble)의 지도로 영어를 열심히 공부했다. 영특하고 총명했던 그는 학생들 사이에서 이내 두각을 나타내어

---

1 이승만(李承晚)은 대한민국 초대 대통령이 되었다.

서양인 선교사들에게도 알려지게 되었다. 이를 계기로 그는 제중원에 부임해 온 닥터 화이팅에게 조선어를 가르치고, 또 그녀로부터 영어를 배우는 기회를 가졌다. 이승만은 닥터 화이팅에게 조선어를 한 달 가르치고 사례비로 은화 20달러를 받았다. 그 돈은 그 당시에 쌀 열다섯 말(斗)을 넘게 살 수 있는 돈이었다. 조선어 수업이 계속 되어 이승만에게는 이 돈이 가족을 부양하고 사회 활동을 하는 데 큰 힘이 되었다. 이런 계기로 두 사람은 친하게 되었다. 닥터 화이팅의 조선말과 함께 이승만의 영어도 빠르게 발전하여 배재학당 벙커 목사의 요청으로 배재학당의 신입생반을 맡아 영어를 가르치게 되었다. 영어공부를 시작한 지 6개월만의 일이었다.

■ 의료에 의료를 더하다 – 오웬 선교사와의 결혼

1900년 12월 12일, 닥터 화이팅은 의사이자 목사인 클레멘트 C. 오웬 선교사와 결혼했다. 오웬 선교사가 미남장로회 목사인지라 그녀는 남편 사역지인 전라남도 지역으로 사역지를 옮겨 갔다. 의학교육과 사범교육을 받은 화이팅 선교사를 부인으로 맞이함에 따라 오웬 선교사는 그의 모든 사역에 새로운 활력을 얻게 되었고, 목포진료소도 더욱 활발해졌다. 그 결과 다른 동료 선교사들의 복음전도 사역과 아동교육 사역들도 놀랍게 발전하였다.

1901년 10월 3일, 닥터 화이팅은 첫딸 메리(Mary Virginia)을 낳았고, 1903년에 둘째 딸, 1905년에는 셋째 딸을 낳았고, 오웬 목사가 순직한 다음 달인 1909년 5월 13일에 마지막 유복자로 넷째 딸을 낳았다.

그녀는 남편의 순직 후에도 1923년까지 광주에 남아서 의료선교사로 활동하였다. 그녀는 네 딸들과 함께 광주를 중심으로 봉사하다가 은퇴하

고 1923년에 미국으로 귀국하였다. 한국에서 28년간 헌신하였다. 1952
년 1월 24일, 미국 콜로라도 주 덴버에서 83세로 소천했다.

초기 교회 모습

윌리엄 헤밀톤 포사이트
(Dr. Wylie Hamilton Forsythe, 1873–1918)
다시 우리 가운데 임하신 예수

전라남도 여수시 율촌면 신풍리 18번지, 애양원이 자리하고 있다. 이곳 '여수애양병원' 뜰에 '광주 나병원'에서 건립한 특이한 비석이 서 있다. 광주에 있어야할 비석이 왜 이곳 여수 애양병원에 서 있을까? '故포싸읻醫師紀念碑'라고 새겨진 이 비석은 무겁기가 그 지없는 것인데! 광주시 효천면 봉선리 나환자촌 진료소에 세워졌던 이 비석은 나환자촌이 여수 율촌면 신풍리로 이전함에 따라 이 비석도 함께 이전되어 온 것이다. 광주에서 여수 애양원까지 325리 길! 이 길을 일주일에 걸쳐 나환자들이 이 비석을 상여처럼 어깨에 걸머지고 운반해 온 것이다.[1] "우리네 인생살이가 돌덩이처럼 무겁구나!" 노래하며! 자신들의 몸도 돌덩이처럼 무거웠을 텐데!

포사이트 기념비

---

1 양국주, 『선교학개론』(서울: Serving the People, 2012), 203.

■ 의료선교사로 준비되다

1873년 12월 25일 크리스마스 날, 윌리엄 H. 포사이트(Wylie Hamilton Forsythe)는 미국 캔터키(Kentucky) 주 머서(Mercer)에서 태어났다. 어렸을 적에 아버지가 세상을 떠났기에 어머니 손에 자라났다. 1891년, 어머니와 여동생과 함께 미조리(Missouri) 주, 풀톤(Fulton)으로 옮겼고, 그곳 웨스트민스터 대학(Westerminster College)을 졸업했다.2 1895년, 캔터키 주 루이빌(Louisville)로 이주한 포사이트는 'Hospital College of Medicine'에서 의학을 공부하였다. 1898년, 포사이트는 육군 군의관으로 쿠바(Cuba)에 파견되어 미국과 스페인 전쟁에 참전했다. 그는 어머니와 여동생을 쿠바로 오게 하여 함께 선교사업을 펼쳤다. 이때 그곳에 미국 남장로회 소속 홀(J.T. Hall) 목사 부부가 교단 파송 선교사로 부임하여 활동하였는데, 이 기간에 '나환자 사역'에 동참한 것으로 보인다.3 그 후에 그는 '뉴욕여자병원(New York Women's Hospital)'에서 수련하면서 틈나는 대로 뉴욕 빈민가에서 의료봉사활동을 열심히 하였다. 수련과정을 마치고 캔터키 주 랙싱턴(Lexington)에서 개업하였는데, 그러면서도 선교에의 열정을 더욱 불태워 갔다.4

---

2 차종순, "호남 기독교 영성의 원류를 찾아서,1: 포사이트의 생애를 중심으로" 『신학리해 제23집』(광주: 호남신학대학교, 2002), 181.(참고: 풀톤 시는 선교의 열의가 뜨거운 도시였다. 이 곳 출신의 많은 남장로교 소속 선교사들이 일본과 한국의 전라도 지역으로 파송되었다. 7인의 선발대에 속한 테이트 남매(Mr. Lewis B. Tate, Miss Samuel M. Tate)도 풀톤의 웨스트민스터 대학에서 공부하였다.)
3 같은 책. 182.
4 같은 책. 183.

■ 호남 의료선교의 태동

1904년은 호남선교에 있어서 매우 중요한 해였다. 1904년 2월, 목포에서 미국 남장로회 선교부 주최 대사경회가 열렸다. 대사경회가 끝날 무렵 선교부는 회의를 소집하여, 1897년 개항 항구로 지정되어 대도시로 성장한 목포에 세워진 목포선교부 이외에 다른 한 곳을 호남선교의 전략적 기지로 개설하기 위한 논의를 계속했다. 진지한 의견을 교환 한 끝에, 그 후보지를 전남의 중앙에 위치한 광주로 결정하였다.[5] 이 결정에는 1895년에 내한한 호남선교의 개척자인 유진 벨(Rev. Eugene Bell, 배유지) 선교사가 앞장섰는데, 그는 광주가 전라남도 선교의 전략적 중심지가 될 것을 예상했던 것이다. 따라서 1898년에 내한하여 호남 일대에서 활동하던 오웬(Dr. Clement. C. Owen, 오기원) 선교사가 유진 벨 목사와 함께 1904년 12월에 광주 선교부를 세우고, 광주, 순천, 목포 등지에 순회전도 진료를 펼쳤다. 한편 같은 해에 호남 지역에 미국 남장로회 선교부 파송으로 의사 선교사 포사이트(Dr. W. H. Forsythe), 놀란(Dr. J. W. Nolan) 그리고 다니엘(Dr. Thomas H. Daniel) 등이 내한하였다. 그리하여 목포는 놀란을 중심으로, 군산은 다니엘을 중심으로 진료활동을 펼치게 되었다.[6]

1905년 가을, 의사 놀란이 목포에서 광주로 옮겨 옴에 따라, 1905년 11월 20일에 광주진료소(광주기독병원 전신)가 설립되어 1년 6개월 동안 많은 환자를 치료하였다. 1907년 의사 놀란이 의사 선교사직을 사임하고 평안도 운산에 있는 금광의 관리의사로 감으로써 의료사업은 일시 중단되었다. 1908년 의사 윌슨(Dr. R. M. Wilson)이 2대 원장으로 부임해 옴에 따

5   정혜원, "한국 의료선교사(1884-1940)"(서울: 아세아연합신학연구원, 1986), 63.
6   손영규, 『한국 의료선교의 어제와 오늘』(서울: CMP, 1998), 48.

라 광주진료소 사역이 재개되었다.7

■ 호남에 온 의료선교사, 윌리엄 H. 포사이트

1904년 미국 남장로교 선교본부는 한국선교회의 요청에 따라 의사 선
교사를 모집하게 되었다. 이에 포사이트는 그해 7월에 의사 선교사로 지
원하였고, 9월 29일 마침내 전주에 도착하였다. 그의 나이 31세였다. 이
때 그와 함께 온 의사선교사는 놀란(Dr. J. W. Nolan)과 다니엘(Dr. T. H.
Daniel)이었다.8 전주에 도착한 포사이트는 3개월 동안 한국어를 배우
는 데 전념하였다. 그리고 1904년 5월부터 여의사 잉골드(Dr. Mattie B.
Ingold)가 안식년으로 귀국함으로써, 비워 있던 전주병원(전주예수병원 전
신)에 의사 포사이트가 1904년 10월에 부임하여 진료사역을 시작했다.
그리고 군산 선교회에서 전주 선교회로 이동해 온 선배 목사 전킨(William
M. Junkin: 전위렴) 선교사와 함께 사비(私費)를 털어서 전주 시내에 흩어진
고아들을 모아서 돌보는 사역을 시작했다.

■ 강도들의 습격을 당하다. 고난당한 윌리엄 H. 포사이트

1905년 3월 11일 토요일 정오경, 어떤 사람으로부터 응급환자를 위한
왕진 요청을 받고 포사이트 선교사는 전주에서 군산 방향으로 24.14킬로
미터쯤 떨어진 곳으로 갔다. 12일 주일날, 가까운 송지동 교회에서 예배

---

7 이만열, 『한국기독교의료사』(서울: 아카넷, 2003), 210.
8 차종순, "호남 기독교 영성의 원류를 찾아서, 1: 포사이트의 생애를 중심으로" 『신학리해
   제23집』, 185.

를 드리고 응급환자가 있는 만골로 돌아왔다. 13일 새벽 4시경, 7명의 남자들이 들이닥치면서 '군인'을 내어 놓으라면서 포사이트 선교사를 잡아 공격했다. 당시 군복 색깔과 같은 검은색 양복을 입은 포사이트 선교사를 자신들을 잡으러 온 군인으로 착각하고 저지른 일이었다.**9** 포사이트 선교사는 심한 타박상과 특히 귀 부위의 큰 상처로 인한 과다출혈로 의식을 거의 잃은 중태에 빠졌다. 이 사건은 서울 주재 미국 공사관에 알려졌고 범인 체포에 대한 현상금이 700냥(당시 경찰관 10년 분 봉급의 액수)으로 걸렸다.**10** 그러나 포사이트 선교사는 자신을 공격한 강도들을 용서해 줄 것을 간절히 요청하였다. 그리고 그는 기도했다.

"제가 강도 만난 어려움을 굳이 말씀 드리지 않아도 될 줄 압니다. 하나님께서 분명 제 생명을 아끼시고 제게 베푸신 놀라운 사랑의 보살핌으로 인해 아버지께 대한 깊은 감사를 기록하고 싶습니다. '주는 나의 피난처시오, 적을 막는 견고한 요새시라.' 또 저의 회복을 위해 기도와 봉사로 자신들의 시간을 포기한 좋은 친구들에게도 감사하여 아버지께서 그들 각자 모두에게 풍성히 갚아 주시기를 빕니다. 만약 악이 선을 위하여 또 하나님 나라 확장을 위하여 지배를 받게 되면 이 또한 기뻐하고 감사해야 할 것이 아닙니까? 우리가 아직 죄인되었을 때에 주께서 수치와 고통을 당하시고 십자가에서 죽으심을 기억할 때에 우리의 사소한 시험거리와 괴로움은 아무것도 아니라고 여겼습니다."**11**

1905년, 을사보호조약이 체결되면서 국내외 상황은 매우 어수선하였

9 차종순, "호남 기독교 영성의 원류를 찾아서, 1: 포사이트의 생애를 중심으로"『신학리해 제23집』, 188-189.
10 같은 책, 189.
11 양국주, 206.

다. 러·일 전쟁 결과 일본이 한국을 통치하는 것으로 인하여 나라 자체도 어렵고, 사람들의 마음도 심란하고 편치 않았다. 그러나 이러한 때에 복음 전도는 더욱 활기를 띠게 된 것이다.[12]

포사이트는 서울 세브란스병원에 입원하여 치료를 받고, 1905년 8월에 다시 전주로 내려 왔다. 그리고 전주 부흥집회를 전킨 목사와 함께 주도하고, 또한 길거리 전도도 열심히 하였다. 한국의 정치적, 선교적 상황에서 성경책 및 기독교 서적을 판매하고 또한 전도지를 배포하는 데 가장 열렬하였던 사람 가운데 한 사람이 포사이트 선교사였던 것이다.[13]

그러나 1906년 봄, 그의 건강은 악화 일로에 있었고 결국 미국으로 강제로 송환되었다.

■ 미국 내에서 한국선교를 위한 활동에 열심하다
  – 사명에 불타는 윌리엄 H. 포사이트

1906년 4월, 미국으로 돌아 온 포사이트는 병을 치료하는 한편, 미국 남부 전역을 다니면서 한국에 대한 강연회를 개최하고, 후원금을 모금하고, 선교지망자를 모집하였다. 곳곳에서 많은 열매들이 맺어졌다. 그는 기도의 열정을 가진 사람이었다. 윌리엄 T. 엘리스 목사의 증언이 이를 입증한다.

"이 사람은 아름다운 기도의 천재이다. 기도는 그의 열정이며 최우선적인 추구사항이다. 활동적인 봉사를 접어두고 그는 정기적으로 기도한다. 정치가의

---

12 차종순, 192.
13 같은 책, 201-202.

웅대한 계획일지라도 약간은 빛이 바랠 것이며, 부드러운 언변을 가진 이 청년, 의사 선교사로서 치료차 안식년을 받아 귀국한 이 사람의 웅대한 계획과 목적 앞에서는 아무 것도 아니다. 이 사람의 불타는 열정은 전 세계적인 아픔에 대한 개선과 지구상의 의료적 요구와 질병예방을 과학적으로 탐구하려는데 있다. 이 주제를 놓고 그는 높고 낮은 사람에게 많은 편지를 보냈으며 끊이지 않고 기도한다."[14]

■ 선한 사마리아인, 의료선교사 윌리엄 H. 포사이트

1909년 3월 초, 포사이트 선교사는 드디어 한국으로 다시 돌아왔다. 전주로 돌아오니 수많은 사람들이 그를 반겼다. 그리고 3월 말 경 의사가 없어 비워 있던 목포진료소로 부임하게 되었다. 1909년 4월, 오웬 선교사가 순회선교 도중에 급성 폐렴에 감염되었다. 이로 인하여 당시 광주선교부에는 비상이 걸렸다. 선교부의 대들보인 선교사 오웬이 쓰러진 것이다. 오웬의 건강 상태가 더욱 심각해지자, 의사 윌슨은 목포에 있는 의사 포사이트에게 급히 광주로 와 달라고 전보를 쳤다. 포사이트 선교사는 1909년 3월 말경 미국에서 목포로 와서, 아직 짐정리도 채 끝나지 않은 상태인데, 4월 3일 광주진료소 원장인 윌슨(Dr. R. M. Wilson)으로부터 오웬 선교사가 위독하니 급히 광주로 와 달라는 전보를 받게 된 것이다. 그는 겨우 조랑말을 구하여 타고 급히 광주로 출발하였다.[15]

1909년 4월 4일, 포사이트 선교사는 동료 오웬 선교사의 병을 치료하

---

14 차종순, 195-196
15 차종순, "호남 기독교 영성의 원류를 찾아서, 1:포사이트의 생애를 중심으로"『신학리해 제23집』(광주: 호남신학대학교,2002), 198.

기 위해 목포에서 광주로 향해 오던 중, 나주 남평 부근에서 길가에 쓰러져 있는 여자 나병환자를 발견하였다.**16** 그녀는 손과 발이 짓물렀고, 온몸은 상처투성이였다. 걸친 누더기 옷은 피와 고름으로 얼룩져 있었다. 포사이트 선교사는 가던 길을 멈추고 말에서 내려 그녀를 감싸 안아 말안장에 태우고, 자신의 외투를 벗어 입히고, 자신은 걸어서 광주로 들어갔다. 그가 도착했을 때 오웬 선교사는 이미 운명한 다음이었다.**17**

이 사건에 대하여 오웬 선교사 부인인 닥터 화이팅 선교사는 '나환자와 선한 사마리아인(The Leper and the Good Samaritan)'이라는 제목으로 선교보고를 하였다.

"의사 오웬(Dr. Owen)의 치명적인 질병을 상의하기 위하여 광주로 오라는 전보를 받고 광주로 오던 의사 포사이트(Dr. Forsythe)는 광주로부터 13마일 떨어진 곳에 길가에 누운 나병 환자 여인을 보았다. 자신에 대한 위험도 생각하지도 않고, 주님께서 행하신 일을 하기 바라는 마음에서, 그는 그 여인을 자신의 말 위에 들어 올렸으며 자신은 광주까지 길을 걸어서 왔다. 진료소에서 이틀 밤을 지낸 다음에 의사 윌슨(Dr. Wilson)은 옛 벽돌 가마에 그녀를 위한 임시 거처를 마련하였다. 다시 길거리로 나갈 것을 염려하였으나 설득으로 인하여 진료소에서 나가지 않게 하였다. 의사 포사이트(Dr. Forsythe)가 벽돌 가마에서 절뚝거리는 여인의 손을 잡고 나오는 것을 보기 위하여 많은 사람들이 몰려들곤 했다. 이 여인의 머리는 수년 동안 감지 않았으며, 옷은 걸레이며, 더럽고, 발과 손은 부어올랐으며, 참을 수 없는 냄새를 풍긴다. 발은 짚신을 한 짝에, 다른 짝은 두꺼운 종이판을 두르고 있다. 10년 동안 이 여인은 문둥이였

---

16 양국주, 203-205.
17 차종순, 198.

다. 4년 전에 남편이 죽고, 친척도 없다. 그때부터 문전걸식하며, 어떤 대접을 받았으며, 어디에서 쉬며, 육체적 고통은 어떠하였겠는가? 상상에 맡길 뿐이다. 의사 포사이트(Dr. Forsythe)와의 만남이 그 여인에게는 어떠한 의미를 지니겠는가? 한국인 교인들과 선교사들은 그녀에게 예수님에 대하여 말하였다. 이곳에 온 2주 후에 그녀는 자유를 얻었다(죽었다)."[18]

■ 한국 최초의 나병원이 세워지다 – 광주나병원 건립

이 일로 인하여 여러 일들이 일어나게 되었다. '나비효과(Butterfly Effect)'가 일어난 것이다. 먼저 포사이트 의료선교사의 행동에 의사인 윌슨(Dr. Robert M. Wilson: 우월순) 선교사가 큰 감명을 받았다. 그는 나환자를 위한 의료시설이 절실히 필요한 것을 알고 나병원 건립을 추진하게 되었다. 이 일은 많은 어려움이 있었다. 광주 시민들은 광주 중심 지역에 나병원을 설립하는 것에 극심히 반대했다. 1912년, 광주 외곽 지역인 효천면 봉선리에 '광주나병원'이 세워진 것이다. 이 병원에 첫 나환자를 뉘었던 침상은 순직한 오웬 선교사가 생전에 사용하던 침대였다. 나병 환자들이 하나 둘 이곳으로 몰려왔다. 세월이 지나 포사이트 선교사가 소천한 후에 나환자들은 돈을 모아 광주나병원 뜰에 그를 기리는 기념비를 세운 것이다.

광주나병원이 세워진 이후로 수많은 나환자들이 전국에서 몰려들었다. 이들을 모두 수용하는 데 어려움이 생기자, 1926년 조선총독부의 퇴

---

18 Mrs. C. C. Owen, "The Leper and the Good Samaritan", The Missionary, 8(1909): 408-409. 차종순, "호남 기독교 영성의 원류를 찾아서, 1:포사이트의 생애를 중심으로", 198-199.에서 재인용.

거 명령에 따라 이 병원은 현재의 위치인 여수시 율촌면 신풍리로 이전하게 되었다. 따라서 '故포싸잍醫師紀念碑'도 함께 나환자들이 어깨에 메고 옮겨 갔다.[19]

■ 예수 사랑의 진미를 맛 본 최흥종 집사, 목사 임직 받다.

또 다른 '나비효과(Butterfly Effect)'가 일어났다. 포사이트 선교사의 선행을 목격하고 큰 감동을 받은 사람은 윌슨 원장의 조수이자 어학선생이었던 최흥종[20] 집사였다. 그는 자신이 그래도 예수를 잘 믿는 집사라고 생각하며 지내온 사람이었다. 그러나 포사이트 선교사의 선행을 보고 큰 감명을 받고 '예수 사랑의 진미'를 깨달았던 것이다. 이 사건 이후로 그는 자신의 일생을 나환자를 위하여 바치게 되었다.[21] 그는 자신의 재산을 나환자를 치료할 수 있는 병원부지를 위해 내놓는 등, 완전히 거듭난 삶을 살게 되었다. 그는 1914년에 평양신학교에 입학하였고, 1921년 목사임직을 받았다. 최흥종 목사는 한 평생 포사이트 선교사를 신앙의 전형으로 삼았다.[22]

---

19 양국주, 『선교학개론』(서울: Serving the People, 2012), 203.
20 오방(伍放) 최흥종 목사는 1880년 5월 2일, 전라남도 광주에서 출생하였다. 1908년 미국 남장로회 의료선교사 윌슨(Robert M. Wilson)의 어학선생 겸 광주선교진료소(광주제중원의 전신) 직원으로 활동하였다. 1912년 북문안교회 장로가 되었고, 광주제중원에 재직하면서 평양장로교신학교에서 공부하고, 1921년 목사임직을 받았다. 일제강점기 동안 조선노동공제회 광주지회장, 신간회 광주지회장 등을 역임한 독립운동가, 사회운동가, 목사이다. 1990년 건국훈장 애국장이 추서되었다.
21 차종순, 199.
22 같은 책, 200.

■ 성령의 사람, '의료와 선교' 활동을 활발히 전개하다

1909년 1월에 평양 장대현교회로부터 불기 시작한 성령 대부흥 운동은 백만구령 운동으로 전국적으로 확산 되었다. 목포에서도 백만구령 운동이 뜨겁게 진행되었다. 목포 부흥사경회 주강사는 제주도의 이기풍 목사였다. 포사이트 선교사도 열정적으로 백만구령 운동에 앞장섰다. 그리고 나환자 진료에 적극적으로 헌신하였다. 1910년 8월, 사랑하는 여동생이 아동과 여성담당 선교사로 목포선교부에 합류하였다. 포사이트는 여동생과 함께 선교에의 열정을 더욱 불태웠다. 그는 목포진료소를 신축하고 환자 진료와 더불어 전도에 매진했다. 그의 진료소는 병원인지 교회인지 구별이 안 될 정도였다.23

1911년 초, 포사이트 선교사는 프레스톤 목사와 그의 병원에서 조수로 근무하는 사람들과 함께 제주도 단기선교를 펼쳤다. 그는 이기풍 목사가 시무하는 성내교회를 중심으로 열심히 진료하고, 전도하고, 기도하였다. 성내교회 연혁 속에 포사이트 선교사가 복음서 3천권을 들고 와서 전도하고 다녔다는 기록이 있다.24

■ 풍토병 '스프루(Sprue)'로 쓰러지다 – 고난 중에도 비전을 품은 선교사

1911년 봄, 출석하던 목포 양동교회가 신축공사를 마치기도 전, 포사이트 선교사는 장(腸) 흡수부전증이라는 만성풍토병–스프루(Sprue)에 감

---

23 차종순. 206.
24 양국주, 212.

염되어 사역을 할 수 없게 되자, 미국으로 다시 떠나야 했다.[25]

　1911년 5월 24일, 고향 루이빌에 도착했을 때에 어머니가 아들을 알아보지 못할 정도로 병세가 위급하였다.[26] 포사이트는 가족들의 정성어린 돌봄 가운데 건강이 좀 회복되자, 미국 남부 지방을 순회하며 한국에서 일할 선교사를 모집하는 일에 매달렸다. 그는 한국이 장차 아시아 선교의 중심이 될 것을 예견했다. 버지니아 장로교회에서 그는 이렇게 연설했다.

> "한국은 인구 4천만의 일본과 인구 4억 2,700만의 중국 사이에 놓였으며, 현재 한국 내에서 활동하는 선교사를 총망라할지라도 인구 26,000명 당 선교사 1명꼴이다. 한국에는 지금 당장 미국에서 1,000명의 선교사가 가야 한다."[27]

　그는 병을 앓고 있으면서도 귀국 후 7년 동안 미국 각지를 순회하며, 한국선교에 대한 강연을 하면서 한국 나환자들을 위한 모금 운동을 펼쳤다. 그러나 그의 건강은 질병의 후유증과 누적된 과로로 인하여 심히 악화되었다. 1918년 5월 9일, 포사이트 선교사는 하나님 품에 안겼다. 그의 나이 45세였다.

■ 다시 한번 우리 가운데 오신 예수(Jesus again among us)

　포사이트 선교사의 소천 소식을 접한 미국 남장로회 한국선교부는 포사이트 선교사를 추모하는 결의문을 채택했다.

25　차종순, 208.
26　같은 책. 같은 쪽.
27　같은 책.

"미국 남장로회 한국선교부는 순천에서 회집 중 신문과 고국에서 온 편지를 통하여 사랑하는 의사이며 선교사였던 포사이트의 죽음을 알았다. (중략) 그는 강한 개성을 지닌 사람으로서, 그리고 의지가 강한 사람으로서, 그는 이것들을 기독교인의 기사로 삼았으며, 그의 모든 생각은 연약하고 절망에 빠진 사람들에게만 있었다. 병들고, 연약하고, 오갈 데 없는 아이들, 버림받은 자들, 나환자에게 그의 마음은 끊임없이 끌렸으며, 그 보다도 더욱 더 그리스도를 모르는 사람에게로 향하였다. 그는 문자 그대로 하나님을 위해서 자신을 불태웠다. 지칠 줄 모르고, 그칠 줄 모르고, 언제나 기도에 전념하면서, 그는 전 세계의 죄와 슬픔을 자신의 마음으로 견딤으로써 그를 알고 있는 한국인들은 오늘까지도 그를 가리켜서 '다시 한 번 우리 가운데 오신 예수님(Jesus again among us)'이라고 한다."[28]

포사이트 선교사의 죽음을 접한 전북노회는 1918년 9월 15일 주일, 전주서문밖교회에서 추도식을 올렸다. 그를 사랑한 나병 환우들은 모금을 하여 그를 기리는 기념비-'故포싸일醫師紀念碑'를 광주나병원 마당에 건립하였다.

포사이트 선교사는 한국에서 비록 짧은 기간(1904년 9월-1906년 4월/1909년 3월-1911년 4월) 동안 사역하였지만, 신앙과 삶이 일치된 신행일치(信行一致)의 모범을 보여 줌으로써 한국인들과 동료 선교사들에게 큰 감동과 영향력을 주었다.[29]

---

28 Minutes of Twenty-Seventh Annual Meeting of the Southern Presbyterian Mission in Korea, "Resolutions Adopted by the Korea Mission upon Learning of the Death of Dr. W. H.Forsythe", June 20th to 28th, 1918. 차종순, 210-211. 재인용.

29 차종순, 212-213.

■ 주님의 사람, 윌리엄 H. 포사이트 선교사를 기리며

광주광역시 남구 양림동에는 나지막한 양림산이 자리하고 있다. 이곳은 조선시대에는 관청에 화살대를 납품하는 '관죽전'이 있었고, 돌림병에 걸린 어린 아이들을 내다 버리는 '풍장터'이기도 했다. 이 황무하고 버림받은 산에, 1904년 광주로 들어 온 선교사 유진 벨은 이 산에 나무를 심고 산자락에 교회와 학교와 병원을 세웠다. 이 산이 '생명의 산'으로 바뀐 것이다.**30** 이 산에 오르자면 호남신학대학교 뒤편 언덕에 호남에서 생을 마감한 선교사와 가족의 묘비 22개가 세워진 '선교사 묘역'이 있다. 이곳에 오려면 '고난의 길'을 지나오게 된다. 여기에 묻힌 선교사들과 호남에서 활동한 선교사들의 이름들이 65개의 디딤돌에 각각 새겨져 있다. 그리고 양림산 샛길에는 포사이트길, 유진벨길, 오웬길, 윌슨길 등 우리에게 낯익은 선교사들의 이름을 딴 길들이 있다.

포사이트길! 주님께로 향한 그 '자애의 길!', 그 '생명의 길!'

그 길을 애양원 언덕에서 손양원 목사가 나병 환우들을 정성껏 돌보며, 수많은 이들과 함께 그 길을 걸어갔다. 지금도 김인권 박사가 절름발이, 앉은뱅이들을 일으켜 세우기 위해 30여 년을 한결같이 여수애양병원 수술방을 지키며 그 길을 가고 있다.

중국 내륙 깊은 곳에 작은 산골 한센병원의 시골의사를 자처하며, 한

---

30 광주광역시, 양림산 종합안내도.

센병 환우들을 돌보고 있는 김상현31 박사 부부가 이 길을 가고 있다. 카톡 방에 소식 전하길, "손 박, 잘 지내슈? 여기 일손이 부족해서 힘들어요. 의사, 간호사 열렬 환영!"

오늘, 우리들은 그 길 가운데 있는가? 그 길을 가고 있는가? 우리 주님 가신 그 길을!

"내가 어디로 가는지 그 길을 너희가 아느니라(요 14:4)."

포사이트길

---

31 김상현 박사는 서울대학교 의과대학을 졸업하고, 전주예수병원에서 일반외과를 수련했다. 중국 연변대학복지병원을 설립했다. 중국의 여러 한센병원(나환자진료소)에서 부부가 거주하며 의료선교 활동을 펼쳤다.

여수 애양병원

6

코리아의 나이팅게일

안나 P. 제이콥슨
(RN, Anna P. Jacobson, 1867-1897)
한국의 첫 정규 간호사

■ **간호선교사를 꿈꾸며**

우리나라에 최초로 정규 간호사로 들어온 사람은 안나 P. 제이콥슨 선교사이다. 제이콥슨은 1867년 노르웨이의 루터교 가정에서 태어났다. 그녀는 12세가 되던 때에 특별한 영적 체험을 하게 되었는데 이를 계기로 선교사가 되기로 결심하고 장로교로 옮겼다. 그녀는 15세가 되었을 때에 집에서 쫓겨나게 되었다. 그녀가 부모의 허락 없이 장로교인이 된 것과, 부모가 정해준 결혼 상대자가 기독교인이 아니라고 결혼을 거부한 것 등이 그 이유였다. 그녀는 스스로 독립하여 어렵게 생활하는 중, 1889년 미국 메인 주 포틀랜드로 건너가서 간호학을 공부하게 되었다. 1892년 9월, 그녀는 포틀랜드종합병원 간호사양성학교에 입학했다. 그녀는 날마다 12시간씩 병동 근무를 하면서, 어렵고 힘든 간호학의 전 과정을 열심히 공부했다. 그 가운데서도 그녀는 의료선교사에 대한 꿈을 키워나갔다. 1894년 5월, 그녀는 출석하던 포틀랜드장로교회 담임목사의 추천을 받아 뉴욕 북장로회 해외선교부에 선교사 지원을 하게 되었다. 그 당시 제이콥슨은 중국으로 파송 받기를 원했었다. 한편 조선에는 제중원이 세워져 정규 간호사가 절실히 필요했다. 에비슨 박사는 정규 간호사를 보내줄 것을 본국 해외선교부에 강력히 요청했다. 이러한 상황에서 미국 북장로회 해외선교본부는 제이콥슨을 조선으로 파송했다.1

■ 한국의 첫 정규 간호사 선교사

1895년 4월 6일, 안나 P. 제이콥슨은 정규 간호사로서는 미국으로부터 첫 번째로 조선선교사로 파송 받아 내한한 것이다. 28세 미혼의 몸이었다. 그때 여의사 조지아나 화이팅(Georgiana E. Whiting M.D. 이후 오웬 선교사와 결혼)과 함께 내한하였다. 그녀는 제중원에서 병원 간호업무를 수행하면서, 동시에 제중원의학원에서 간호학, 청결법, 살균소독법, 붕대사용법 등을 가르치며 한국인 조수들을 보조간호사로 훈련시켰다. 아울러 복음전파, 전도사역에도 열정적으로 활동했다.

그 당시 조선의 위생 환경은 너무나도 열악했다. 이러한 극도의 열악한 환경에서도 그녀는 질병과 싸우며 사명을 감당했다. 그녀가 부임한 해인 1895년은 콜레라가 극성을 부렸다. 그녀는 가정에서 쉽게 할 수 있는 정화·소독법과 응급조치법을 가르쳐 주며, 콜레라 퇴치 운동에 자신의 몸을 돌보지 않고 온 힘을 다 쏟았다.2

1896년 8월, 제이콥슨은 과로 중에 심한 이질에 걸렸다. 그러다 죽을

1   오경환 편집, 『세브란스병원 간호의 역사 1885-2018』(서울: 세브란스병원 간호국, 2018),
    27.
2   올리버 R. 에비슨, 『올리버 R. 에비슨이 지켜본 근대 한국 42년(1893-1935) 상권』, 353.

고비를 겨우 넘기고, 9월말 병원 일을 다시 하게 되었다. 그런데 10월말 건강이 갑자기 악화되었고, 이듬해인 1897년 1월에 간농양으로 진단 받았다. 여러 의사들의 논의한 끝에 1월 11일 수술을 시행하였다.[3] 그러다 건강이 더욱 악화 되어 부임한 지 2년이 된 해인 1897년 1월 20일 새벽에 제이콥슨 선교사는 동료 선교사들이 지켜보는 가운데 소천하게 되었다.[4] 그녀의 나이 30세였다. 1월 22일 장례식을 마치고 양화진 외국인선교사묘원에 안장되었다.

■ 한국을 감동시킨 헌신적 봉사의 삶

자신의 몸을 돌보지 않고 병들고 상처받은 사람들을 돌보는 간호선교사 제이콥슨의 헌신적인 삶은 당시 조선인들에게 큰 감동을 주었다. 언더우드 박사의 집에서 치러진 제이콥슨 선교사의 발인예배에는 많은 한국 체류 외국인들과 선교사들뿐만 아니라 수많은 한국인들까지 모여들었다. 영혼구원과 질병치료에 온갖 정성을 다해 헌신했던 제이콥슨 간호선교사는 양화진 외국인선교사묘원에 묻혔다.

■ 안나 P. 제이콥슨 정규 간호사를 기리며

1897년 1월 28일 자, 『독립신문』 영문판은 제이콥슨 선교사의 헌신적인 삶을 추모한 기사를 다음과 같이 실었다.

---

3 같은 책, 같은 쪽.
4 오경환 편집, 『세브란스병원 간호의 역사 1885-2018』, 27.

"지난주에 우리는 자신의 생애를 기쁘게 한국을 위해서 바치고, 마지막 안식처를 행복하게 한국 땅에서 찾은 한 사람을 장사했다. 안나 P. 제이콥슨 양은 1866년 4월 18일 노르웨이 수스버그 마을 근처 노테로 섬에서 태어났다. (중략) 한국에 도착했을 때 그녀는 메인종합병원과 한국의 정부병원이 너무 대조적으로 다르고, 살균법과 소독법이 없고, 장비가 부족한 것을 발견하고는 놀라움을 금치 못했다. 그녀의 특징인 지칠 줄 모르는 활력을 가지고 그녀는 병원에 청결과 체계를 도입하는 어려운 일을 시작해서 끝까지 계속했다. 어떤 성공을 거두었는가? 2년 동안 사역의 결과, 잘 훈련된 몇 명의 조수들, 많이 증가된 몇 명의 조수들, 많이 증가된 장비들, 체계가 잡힌 병동 사역 등을 남겼다.

1896년 8월에 시작된 병은 1897년 1월 20일, 마침내 그녀를 죽음에 이르게 했다. 병원에서 그녀의 빈자리는 채워지기 어려울 것이며, 그녀의 상실을 전 공동체가 느낄 것이다. 언더우드 박사 집에서 매우 인상적인 예배를 드렸는데 수많은 외국인들과 선교사, 한국인들이 운집했다. 교인들이 5마일 떨어진 공동묘지에 그녀를 장사했다. 왕실을 위해서 사람을 고용해도 할 수 없는 그런 광경이었다."

에스더 L. 쉴즈
(RN, Esther Lucas Shields, 1868 – 1940)
한국 간호교육의 어머니

에스더 L. 쉴즈(Esther Lucas Shields)는 미국 북장로회 간호선교사로서 제이콥슨의 후임으로 내한했다. 그녀는 한국 간호 수준을 질적으로 발전시킨, '한국의 나이팅게일', '세브란스의 천사'라고도 불리는 하나님의 사람이었다.

■ 조선을 품다

에스더 L. 쉴즈는 1868년 12월 26일, 미국 펜실베니아 주의 농촌 켈리타운쉽에서 태어났다. 그녀의 부모는 해외선교와 인디언선교에 많은 관심을 가지고 지원하는 경건한 기독교인이었다. 쉴즈는 이러한 부모님 밑에서 어릴 때부터 선교에 대한 관심이 많았다.

1891년, 쉴즈는 필라델피아종합병원 간호사양성학교를 수석으로 졸업했다. 그 후 어느 날, 그녀는 선교에 대한 설교 말씀에 도전을 받아 동양에 선교사로 나가기로 결심하고 뉴욕의 북장로회 해외선교본부에 지원서를 보냈다. 마침 간호사 제이콥슨이 순직하고 후임이 필요한 때라, 쉴즈 선교사는 제이콥슨 선교사의 후임으로 임명되었다.

1897년 10월, 쉴즈 선교사는 내한하여 의사 필드와 함께 제중원에서 업무를 시작했다. 그러나 열악한 환경에서 지내다 보니 몸이 허약해진 쉴즈 선교사는 1902년 목포에서 잠시 휴가를 보내고, 1903년 평안도 선천 지부로 사역지를 옮겨 1905년 7월까지 그곳에서 전도사역에 전념했다. 이어 미국에서 첫 안식년을 보내며 건강을 회복한 쉴즈 선교사는 새롭게 개원한 세브란스병원으로 돌아와 1906년 9월부터 다시 활동을 시작했다.

■ 세브란스의 천사, 한국 간호교육의 어머니

쉴즈 선교사가 가장 역점을 둔 분야는 간호사 교육이었다. 스스로 공부하는 간호사가 많아지는 것을 가장 큰 기쁨으로 여겼던 쉴즈 선교사는 간호사 양성을 위한 교육기관의 필요성을 부임 초기부터 강력히 주장해 왔다. 1906년 9월. 드디어 간호사 전문 교육기관인 세브란스병원 간호부 양성소(Severance Hospital Training for Nurses)가 문을 열었다. 간호선교사 쉴즈는 의사 에비슨과 허스트, 그리고 미국 선교부 연합재단과의 협의를 통해 학교가 아닌 세브란스병원에서 직접 간호사 교육을 하기로 결정하고 이 교육기관을 설립한 것이다. 교육기간은 6년 과정으로 하고 처음 2명의 학생을 받았다. 교수로는 간호사 쉴즈, 모리슨(Morrison), 카메론, 버피, 의사 에비슨, 허스트, 빈튼, 스크랜튼, 폴웰, 언스버거, 엘러스(벙커 부인) 등이 전공 관련 의학 및 간호학 교육을, 전공 이외의 강의는, 게일, 존스, 진페리, 질레트(후에 블레어 부인이 됨), 레이먼즈 부인, 레페트 부인 그리고 테일러 부인 등이 담당하였다.[1] 기관의 교육 목표는 '한국인 기독교인 여

---

1 이만열, 『한국기독교의료사』(서울: 아카넷, 2003), 188-189.

자를 간호사의 의무에 적합하도록 교육'하는 것이었다.**2** 따라서 이 학교가 설립됨으로 말미암아 이후 한국인 간호사들을 양성하기 위한 전문 간호 교육이 본격적으로 시행되었다. 쉴즈 선교사는 세계 간호학계의 최신 논문과 저서를 연구하며, 한국 상황에 적용할 수 있는 내용을 찾아 소개하고 교육했다. 또한 국제적인 연대를 강조하며 한국의 상황을 세계에 알리는 소통자로서의 역할에도 충실했다.**3**

세브란스병원 초대 간호원장 겸 간호부 양성소 소장으로 취임한 쉴즈 선교사는 북감리회 소속 여성의료기관인 보구녀관의 간호원장 에드먼즈 선교사와 협력하여 한국간호교육 발전에 많이 힘썼다. 간호사들이 많은 교수들에게 지도를 받으며 더욱 폭넓은 경험을 쌓을 수 있도록 장로회와 감리회가 연합해서 간호학교를 설립할 것을 제안했다. 결국 이러한 학교는 세워지지 않았지만, 1907년 보구녀관의 에드먼즈 선교사와 함께 세브란스병원과 감리회의 부인병원에서 두 사람을 선발해 간호학을 가르치게 했다. 또한 수술을 맡아 일할 수 있도록 5명을 선발해 간호사 제복을 착용시키고 전문적인 간호교육을 시행했다. 이후에도 세브란스병원과 보구녀관은 한국인 전문간호사 양성이라는 공동목표를 실현하기 위해 강의와 실습을 교환하는 등 긴밀한 협력 관계를 유지했다.**4**

세브란스병원 간호부양성소는 1908년 처음으로 간호사 모자를 쓰는 예식인 '간호사 가관식'이 있었다. 1910년 6월 10일, 드디어 제1회 졸업

---

2 오경환 편집, 『세브란스병원 간호의 역사 1885-2018』(서울: 세브란스병원 간호국, 2018), 32.

3 같은 책, 31.

4 오경환 편집, 『세브란스병원 간호의 역사 1885-2018』, 34.: 이만열, 『한국기독교의료사』(서울: 아카넷, 2003), 189.

생 김배세[5] 간호사가 배출되었다. 김배세 간호사는 세브란스병원 간호과 부과장으로 근무를 시작하였다.[6] 쉴즈 선교사는 1913년까지 세브란스병원에서 일하다가 건강상의 문제로 미국으로 돌아갔다가 1915년 12월에 세브란스병원으로 다시 돌아왔다.[7]

에스더 L. 쉴즈 선교사는 1938년 12월까지 세브란스병원에서 봉사하며 30년 이상 세브란스병원 간호부를 지켜 왔다. 그리고 한국의 간호학을 든든히 세웠고, 산부인과 발전에 지대한 공헌을 했다. 그녀는 늘 스스로 질문했다. 많은 후배들이 질병 등으로 한국을 떠났지만, "나는 왜 이 땅에 오래 있는가?" 그녀는 40여 년 동안 한국에 머물면서 자신이 한국 사람들에게 도움을 줄 수 있는 일이 있다면 남아서 자리를 지키겠다는 자세로 끝까지 독신으로 헌신했던 것이다.

"일하라, 일하라!"
이것이 그녀의 표어요, 구호였다. 하나님과 한국인을 위해서 쓰임 받는 삶, 이것이 그녀의 목적이었다.

에스더 L. 쉴즈 선교사는 은퇴 후 1939년 2월, 고향 미국 펜실베이니아로 돌아갔으며, 1940년 11월 8일, 루이스버그에서 72세로 소천했다. 그녀는 진정 '한국 간호계의 어머니(代母)'셨다.

---

5 김배세는 한국 최초의 미국 여의사 김점동(박에스더)의 여동생이다.
6 이만열, 『한국기독교의료사』, 189-190.
7 올리버 R. 에비슨, 『올리버 R. 에비슨이 지켜본 근대 한국 42년(1893-1935) 상권』, 356.

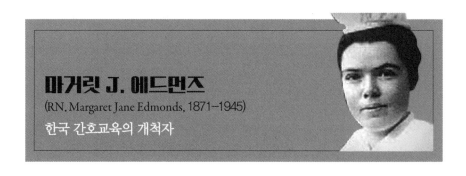

마거릿 J. 에드먼즈

(RN, Margaret Jane Edmonds, 1871-1945)

한국 간호교육의 개척자

한국에 정규 간호사로서 가장 먼저 들어 온 사람은 제중원의 간호부(看護部)로 1895년에 내한한 안나 P. 제이콥슨 간호사이다. 그 후임으로 1897년에 간호선교사 에스더 L. 쉴즈 선교사가 들어왔다. 그런데 한국에서 간호교육을 체계적으로 가장 먼저 진행한 사람은 미국 북감리회 해외여성선교회의 파송을 받고 내한한 간호선교사 마거릿 J. 에드먼즈이다.[1]

■ 한국 간호교육의 개척자

마거릿 J. 에드먼즈(Margaret Jane Edmonds)는 캐나다 온타리오에서 태어났다. 우리나라 근대 간호교육의 역사를 시작한 인물이다. 그녀는 미국 미시간대 간호학교를 졸업하고 미국 북감리회 여성해외선교부에서 한국 간호교육 선교사로 임명받아 1903년 3월 내한하였다. 에드먼즈 선교사는 간호교육이야말로 한국 여성들에게 가부장적 사회의 구습을 떨치고 전문

---

1 이만열, 『한국기독교의료사』(서울: 아카넷, 2003), 187-188.

직업을 가질 기회를 줄 수 있다고 생각했다. 그리하여 에드먼즈 선교사는 1903년 12월, 국내 최초의 간호사 교육 기관인 보구녀관 간호원양성학교 (현 이화여대 간호학부)를 설립했다.

보구녀관 간호원양성학교는 1906년에 설립 된 세브란스병원 간호부 양성소와 한국인 전문 간호사 양성이라는 공동목표를 실현하기 위해 강의 와 실습을 교환하는 등 교단의 장벽을 넘어 서로 연합하는 협력 관계를 유 지했다.2

19세기 말, 조선에서 간호사 양성 환경이 척박했던 시절, 여성 간호사 를 길러내는 일이야 말로 매우 어려운 것이었다. 남녀유별이 심했던 당시 에, 외간 남자의 피고름까지 닦아 주어야만 하는 간호사의 일은 사회적· 문화적 정서로 도저히 용납되지 않던 일이었기 때문이다. 미북감리회 여 성해외선교부 자료를 보면, "에드먼즈는 조용하고, 강하고, 유능하고, 숙 녀답고, 사교적이고, 일을 피하는 법이 없다"라는 평가가 있다. 그녀의 이 러한 성품이 많은 어려움을 잘 극복하게 하였던 것이리라.

■ 한국 최초의 한국인 정규 간호사 배출

1903년 12월에 시작된 보구녀관 간호사 양성학교는 1906년 1월 25 일에 한국 최초로 간호사 모자를 씌워 주는 '간호사 가관식'을 거행했다.3 당시 사회 관습으로써 머리에 모자를 쓰는 것은 남성의 상징이자 특권이 었다는 점을 고려할 때, 이 가관식 행사는 간호학과 학생들을 근대 교육을

---

2 오경환 편집, 『세브란스병원 간호의 역사 1885-2018』(서울: 세브란스병원 간호국, 2018), 34.; 이만열, 『한국기독교의료사』(서울: 아카넷, 2003), 189.
3 이만열, 『한국기독교의료사』, 188.

받는 귀한 존재로 부각시킨 상징적 의미도 컸다. 에드먼즈 선교사는 가관식에서 간호업무에 종사하는 여성인, 영어 표기 'Nurse'를 한국어 명칭으로 '간호원'이라고 이름 붙였다.**4** 에드먼즈 선교사는 한글 본 간호교과서를 처음으로 번역해 발간했다. 간호사들이 착용하는 의상인 간호복도 그녀가 처음으로 디자인했다.

1908년 2월, 첫 번째 졸업생을 2명 배출했다. 김마르다와 이그레이스(이은혜)가 처음으로 졸업한 것이다.**5** 이로써 한국 최초의 한국인 정규 간호사가 배출된 것이다.

■ 복음 전도자로 나서다. 쉐핑(서서평) 선교사를 만나다

에드먼즈 선교사는 1908년 보구녀관 간호원양성학교에서 2명의 간호사를 배출하고, 같은 해에 전라도 목포와 군산 지역에서 선교사역을 하는 윌리엄 해리슨(William Harrison, 1871-1928) 선교사와 결혼하게 되면서 목포로 내려가게 되었다. 그리고 이 후 20년간을 해리슨 선교사와 함께 목포와 군산 지역에서 교회개척과 복음사역에 전념했다.

남편 해리슨 목사는 미국에서 의료 기술을 수련하고 내한하였기에, 처음에는 전라도 전주 은송리에 약국을 열고 의료사역을 하고 있었다. 에드먼즈와 결혼한 이후부터는 의료사역보다는 복음 전도하는 일에 더욱 전념했다. 엘리자베스 쉐핑(서서평) 선교사가 1914년부터 1917년까지 군산 구암병원에 파견 나와 있을 때 함께 지내면서 좋은 교제를 나누었다. 이 만남으로 인해, 이 후에 1908년에 발족된 친목 단체 성격의 재선(在鮮) 서

---

4 같은 책, 같은 쪽.
5 같은 책, 같은 쪽.

양인간호부회를 해체하고 조선간호부회로 합병을 추진하는 서서평 선교사에게 많은 힘을 실어 주게 되었다.

■ 사역을 마치고

1928년 7월, 에드먼즈 선교사는 25년간의 한국 선교사역을 마치고 남편과 함께 미국으로 돌아갔다. 그리고 두 달 뒤인 9월 22일, 남편이 61세를 일기로 소천했다. 그 후 에드먼즈 선교사는 자신의 고향인 캐나다로 돌아가지 않고, 남편의 고향이나 다름없는 미국 켄터키 주에서 1945년까지 살다가 74세를 일기로 소천했다. 미국 중서부 켄터키 주의 레바논(Lebanon)이라는 작은 도시에 라이더 공원묘지가 있다. 이곳에 윌리엄 해리슨(1866-1928) 선교사와 부인 마거릿 제인 에드먼즈 선교사가 합장되어 있다.

에드먼즈 선교사의 아들 찰스 해리슨도 미군 헌병대 장교로 한국전쟁에 참전했다. 그의 가족과 한국과의 인연은 이렇듯 깊다.

에드먼즈 간호선교사는 보구녀관(保救女館: 이화여대부속병원의 전신) 간호원양성학교에서 첫 졸업생 2명을 배출했기에, 그녀는 최초의 한국인 간호사를 양성한 인물로 기념되고 있다.

■ 마거릿 J. 에드먼즈 간호선교사를 기리며 – 국민훈장 동백장이 수여되다

우리나라 최초의 간호사 교육기관인 '보구녀관 간호원양성학교'를 설립한 마거릿 제인 에드먼즈 선교사에게 대한민국 정부는 그녀의 사후 70년 만인 2015년 4월 7일 '보건의 날'에 대한민국 국민훈장 동백장을 수여했다. 훈장은 6월19일, '2015 서울 세계간호사대회'를 맞아 대한간호사협회가 미국에 있는 에드먼즈 선교사의 가족을 초청해서 수여하였다.

2016년 4월에는 에드먼즈 간호선교사가 만든 한국어 본『간호교과서』상·하권이 대한민국 등록 문화재 제658호로 지정되었다.

보구녀관, 에드먼즈

엘리자베스 J. 쉐핑
(RN. Elizabeth Johanna Shepping, 서서평[徐舒平], 1880-1934)
영원한 한국의 어머니

2017년 봄, 극장가에 잔잔한 감동이 전해지는 영화가 상영되었다. "서서평, 천천히 평온하게"라는 영화였다. 엘리자베스 J. 쉐핑이라는 미국 간호사가 1912년 3월에 32세 처녀의 몸으로 한국에 와서 '서서평'이라는 한국 이름으로 살아갔던 이야기였다. 일제 강점기인 한국 땅, 전라도 광주 지역에 들어와서 '한국 사람처럼'이 아니라, '한국 사람으로' 살았던 그녀! 거친 보리밥에 된장국 한 그릇, 낡은 무명 치마저고리에, 남정네 검정 고무신을 신고, 고아와 과부들과 거지들의 어머니로 22년간을 살다간, 눈이 파란 한 여인의 휴먼 드라마였다. 그녀는 정녕 누구시길레, 미국 뉴욕에서 간호사로 살기를 마다하고, 이 가난하고 어두운 한국 땅으로 찾아 들어 왔을까?

■ 어려운 환경에서 태어나 자라다

엘리자베스 J. 쉐핑(Elizabeth Johanna Shepping)은 1880년 9월 26일, 독일 비스바덴(Wiesbaden)에서 출생했다. 그녀의 어머니 안나 쉐핑(Anna

Schepping)은 비스바덴의 한 부잣집의 가정부였는데, 그녀는 비스바덴 프랑켄 거리(Frankenstrase) 정원 막사(Gartenhause)에서 혼외아(婚外兒)로 태어났다. 그러기에 '쉐핑'이란 그녀의 성(姓)은 어머니의 성(姓)을 따랐던 것이다. 그녀가 3살 되었을 때에, 그녀의 어머니는 그녀를 외조부모[1]에게 맡겨 두고, 미국 뉴욕으로 이민 가서 새로운 가정을 꾸렸다. 그녀가 9살이 되었을 때에 외할머니가 돌아가시게 되자, 그녀는 어머니 주소가 적힌 종이쪽지 한 장을 들고 어머니를 찾아 미국으로 떠났다. 가톨릭 신자였던 어머니의 도움으로, 그녀는 가톨릭계 미션 스쿨에서 중고등학교 과정을 마치고, 가톨릭계 성마가병원 간호전문학교로 진학했다. 뉴욕시립병원 실습 도중에 동료 간호사를 따라 장로교회 예배에 참석하고 개신교로 개종하였다. 그녀는 교회에서 하나님을 만나 놀라운 성령의 체험을 하게 되었고, 계속되는 성경공부, 그리고 기도와 은혜로 채워지는 영성을 통해 예수를 알고 그분을 구원자로 받아들이고, 놀라운 평강과 기쁨을 누리게 되었다.[2] 그러나 그녀는 개신교로 개종했다는 이유로, 주님보다 로마가톨릭교회를 절대 신봉하는 어머니로부터 쫓겨나게 되었다. 어머니로부터 두 번째로 버림 받게 된 것이다.

엘리자베스 J. 쉐핑은 간호전문학교를 졸업한 후, 뉴욕의 브루클린 주이시병원(Jewish Hospital)에서 근무하면서 유대인 요양소, 이탈리아 이민자 수용소, 뉴욕 성서교사훈련학교 등에서 봉사활동을 하였다. 1911년, 동료 선교사로부터 한국에는 너무나 열악한 의료 환경 가운데, 환자가 제대로 치료를 받지도 못하고 길에 버려질 정도라서, 의료선교사가 절실히

---

1 외할아버지 안드레아스 쉐핑(Andreas Schepping), 외할머니 엘리자베스 F. 쉐핑(Elisabeth Faber Schepping)
2 양국주·제임스 리, 『선교학 개론, 평양에서 전주까지』(서울: Serving the People, 2012), 229.

요청된다는 말을 듣고, 한국 선교를 지원하게 되었다.

■ 한국 선교사로 와서 한국 사람으로 살다

1912년, 엘리자베스 J. 쉐핑은 미국 남장로회 해외선교부로부터 한국 의료선교사로 파송받고, 그해 3월에 한국으로 들어왔다. 당시 미국 남장로회 선교부가 주로 활동하던 지역이 전라도 지역인지라, 광주선교부 제중원(병원장 우월순)의 간호사로서 병원과 주일학교를 돕는 업무를 담당했다. 당시 전라도 광주 지역은 미국 간호사 출신인 쉐핑 선교사가 살아가기엔 너무나 열악한 환경이었다. 선교사들에게 4년마다 돌아오는 안식년이지만 한국에 들어 온지 20년 가까운 세월 동안 한 번도 가지지 못했던 안식년! 쉐핑은 점차 자신의 건강이 악화되자 안식년을 맞아, 캐나다 몬트리올에서 열리는 국제간호협의회 총회도 참석하고, 미국에 계신 그리운 어머니도 만날 겸, 안식년 휴가에 들어갔다. 1929년, 18년 만에 가지는 안식년, 개신교로 개종했다고 어머니께로 쫓겨난지 30년, 50줄에 든 딸이 70을 넘긴 어머니를 다시 찾아간 것이었다. 그러나 그녀의 어머니는 거지같이 보이는 그녀의 모습을 보고 창피하다며 다시 나타나지 말라며 딸을 거절하였다.[3] 세 번째로 어머니께 버림받은 것이다.

한국으로 다시 돌아오면서 그녀는 결심했다. 내가 살아갈 곳은 오직 이 한국 땅이라는 것을! 나를 받아준 이 땅이 내 조국이요, 이곳의 어머니가 내 어머니요, 이곳의 아이들이 내 아이들이라고 마음을 다잡아 먹은 것이다. 선교사로서 처음 가진 안식년 미국 방문을 마치고 돌아오면서 쉐핑은 기도를 드렸다.

---

[3] 같은 책, 230.

"저는 하나님께서 제게 부르신 방법대로 조선으로 돌아가서 조선의 짐을 기꺼이 덜어주려고 합니다. 비록 지난 4년 동안 조선이 연속 흉년을 맞았고, 우리는 아직도 궁핍하지만 공부를 하고자 하는 학생들은 교회에서 사역하려고 나름 준비하고, 결코 실망하지 않고 아직도 방도를 찾아 기도하고 있습니다. 제가 미국에 머무르고 있는 동안 이일성경학교를 위한 후원금을 확보하기를 원했지만 결코 성공하지 못했습니다."[4]

병들고 초라한 모습의 그녀를 그 어머니도 반기지 않았고, 세상 사람들도, 교회도 그다지 눈여겨보지 않았으며, 일부 동료 선교사들도 밑바닥 인생들과 어울린다며 그녀를 외면했다.

그녀는 한국어로 말하고, 옥양목 저고리와 검정 통치마를 입었으며, 남자 검정 고무신을 신고, 된장국을 좋아했다. 그녀는 온전한 한국인이 되고자 했고, 평생 독신으로 살며, 미국으로 다시는 돌아갈 생각을 하지 않았다. 그리고 '서서평'이라는 한국인이 되었다.

■ 서서평 선교사의 기간별 사역들

엘리자베스 J. 쉐핑(서서평) 선교사는, 32세 1912년부터 1934년 54세로 소천하기까지, 22년 동안 한국에서 간호선교사로 살아갔다. 그녀의 사역은 대략 4기(期)로 나눠 볼 수 있다.

제1기는 1912년부터 1914년까지로 광주 제중원 나환자진료소에서 근무했다.

---

4 같은 책, 232.

제2기는 1914년부터 1917년까지 군산지부에서 근무했다. 군산 구암 병원에서 근무하던 패터슨 의사가 안식년으로 자리를 비우게 되어, 서서평 선교사가 그 자리로 파견된 것이다. 이때에 1908년부터 군산, 목포지역에 와서 사역하던 에드먼즈 선교사 부부를 만나게 된 것이다. 특히 보구녀관 간호원 양성학교를 설립한 에드먼즈 간호선교사로부터 강한 도전을 받고, 서서평 선교사는 군산에도 간호학교를 설립할 수 있도록 선교부에 청원서를 내고 재정지원도 요청했다. 당시 장로교는 세브란스의학교와 연희전문학교, 평양신학교, 숭실대학교 등을 독자로 운영하는 것이 아닌, 장로교 각 교단이 연합하여 운영하도록 하고 있었다. 따라서 이미 세브란스병원 내에 간호부양성소가 장로교단 연합으로 운영되고 있는 만큼 남장로회 독자적으로 군산에 간호학교를 별도로 설립하는 것을 허가하지 않았다. 대신 군산 병원에서 필요한 범위 내에서 소규모로 간호사를 양성해도 좋다는 허락을 받았다. 이리하여 서서평 선교사는 2명의 학생을 간호사로 교육하기 시작했다. 에드먼즈 간호선교사는 서서평 선교사의 헌신과 뛰어난 리더십을 보고, 이 기간 동안 함께 하면서 많은 도움을 주게 되었다.

제3기 사역은 1917년부터 1919년까지 세브란스병원에 파견 나간 기간이다. 서서평 선교사는 에비슨 박사로부터 부름을 받고 세브란스병원으로 갈 때에, 그동안 군산 병원에서 양육해 온 제자 2명, 이효경(李孝敬)[5]과 이금전(李金田)[6]을 데리고 올라갔다. 세브란스병원에 온 간호사 서서평은 간호사 에스더 쉴즈와 함께 세브란스병원 간호부 양성소를 이끌어 갔다. 서서평 선교사가 세브란스병원에서 근무하는 해에, 3·1 독립운동이 일어

---

5 이효경(李孝敬)은 엘리자베스 쉐핑이 조선간호부회 회장 재임 10년 동안 부회장을 맡았고, 이후 만주동포위문단을 이끌었다.
6 이금전(李金田)은 토론토에서 예방 간호 과정을 연구했고, 6·25 전쟁 이후 연세대 간호대학장과 대한간호협회장을 지냈다.

났고, 이후 세브란스병원 간호부 양성소는 독립운동가들의 연락 장소로 활용되었다. 독립운동을 하다 다친 사람들을 치료하고 간호하는 역할뿐만 아니라, 독립지사들에게 정보를 전달하는 정보연락처 역할도 감당하였다. 조선독립운동과 독립지사들을 돕는 일에 적극적이었던 서서평 선교사를 일본 당국은 아주 못 마땅하게 여겼다. 결국 일본 당국의 압력으로 그녀는 세브란스병원을 떠나 광주 제중원으로 돌아오게 되었다.

　제4기 사역은 1919년부터 1934년까지 광주 제중원에서의 사역 기간 이다. 광주 제중원에 돌아온 서서평 선교사는 1923년에 기존에 친목 단체 처럼 있던 '재선(在鮮) 서양인 간호부회'를 해체하고, 그동안 배출한 한국 인 간호사들을 함께 섞어 '조선간호부회'(대한간호협회의 전신)를 새로이 발 족시키고 초대 회장에 취임했다. 이 기관은 기미독립운동 이후 날로 심해 져 가는 일본의 탄압에 간호사회가 독립적으로 조직을 유지하고, 기독 신 앙을 유지해 갈 수 있도록 하기 위해서였다. 이 기관이 발족되기까지는 서 서평 선교사의 사심이 없는 헌신과 강력한 리더십에 대해, 에스더 쉴즈 선 교사와 에드먼즈 선교사를 비롯한 재선 간호사들이 서서평을 전적으로 신 뢰하고 지지했기 때문에 가능했다. 서서평 선교사는 소천하기 한 해 전인 1933년까지 10년 동안 회장 직을 맡으면서 조선간호부회의 초석을 든든 히 다져 놓았다. 조선간호부회를 선교 관련 양성소뿐만 아니라, 관립 간호 사양성소 등도 함께 아우르게 지경을 넓혔던 것이다. 그녀는 회장으로 있 으면서 조선간호부회의 회의록을 한국어로 기록하게 하였고, 스튜어트가 지은 『간호역사개요』를 한국어로 번역, 출판하였다. 또한 서서평 선교사 는 조선간호부회를 세계간호협회에 정회원으로 가입시키려고 많은 노력 을 기울였다. 일제 치하에서 조선간호부회를 단독으로 국제기구에 가입시 켜 조선인의 위상을 찾고자 한 것이다. 1929년 7월, 캐나다 몬트리올에서 열린 국제간호협의회(ICN : International Council of Nurses) 총회에서 엘리자베스 J. 쉐핑은 수많은 대의원 앞에서 조선간호부회를 정회원으로 가입시키기 위한 연설을 했다. 그러나 일본의 방해로 좌절되었다(1949년 대한간호협회는 그녀의 제자들에 의해 국제간호협의회 정회원으로 가입됐다.).

■ 영원한 한국의 어머니

1919년, 서울 세브란스병원 파견을 마치고, 광주 제중원으로 돌아온 서서평 선교사는 병들고 상처 받은 사람들 옆에서 그들과 함께 살아가기를 원했다. 급여의 대부분도 이들을 위해 사용했다. 그녀는 1년에 100일 정도는 나귀를 타고 전라도 전역과, 제주도와 추자도까지 전도 활동을 펼쳤다. 특히 미혼모, 과부, 고아, 걸인, 나환자 등 가난하고 병들고 버림받은 이들을 보살폈다. 나환자의 아이를 양아들로 삼은 것을 비롯해서, 그녀가 입양하여 키운 고아가 14명, 오갈 곳 없는 과부를 가족처럼 품고 함께 살아온 사람이 38명이었다. 사람들은 그녀를 '한국의 어머니'라고 불렀다.

서서평 선교사는 특히 어렵고 힘든 여성들을 위해 헌신했다. 그녀의 일기 가운데 남긴 글을 보면, "한 달간 500여 명의 여성을 만났는데, 한 사람도 성한 사람이 없이 굶주리거나, 병들어 앓고 있거나, 소박맞아 쫓겨났거나, 다른 고통을 안고 있었다."라고 기록하고 있다. 아울러 여성들의 인권과 교육을 위해서도 열정을 쏟아, 당시 이름 없이, 그저 '큰년이', '작은년이', '말년이', '개똥어멈' 등으로 불리던 이름 없는 여성들에게, 일일이 이름을 지어 불러 주면서 자존감을 가지게 했다. 광주 양림동에 뽕나무를 심고 양잠업을 지도함으로써 여성들의 자립을 위해 노력했다. 그리고 여성 교육을 위해서 '이일양성학교'를 세워서 여학생들을 배출했고, 이들과 함께 농촌 여성 계몽운동에 앞장섰다.

■ 성공이 아니라 섬김입니다(Not Success, but Service)

서서평 선교사는 자신을 온전히 주님께 드리는 삶을 살아갔다. '하나님 사랑, 이웃 사랑'을 몸소 보여 주었다. 그녀는 자신을 하나님 나라를 위해, 헐벗고, 굶주리며, 버림받은 자들을 위해, '산 제물'로 드려지길 원했다. 그녀는 부르짖었다.

"내일 나 먹기 위해 오늘 굶는 사람을 그대로 못 본 척 할 수 없으며, 옷장에 옷을 넣어 놓고서 당장 추위에 떠는 사람을 모른 척할 수 없다."

서서평 선교사의 삶은 한 자루 촛불같이 작은 불꽃을 밝히며 쇠잔해 갔다. 자신을 돌보지 않고 '이웃 사랑'을 위해 온전한 헌신의 삶을 살다간 선교사 서서평! 그녀는 당시 시대적 고난 중에, 병들고 상처받은 사람들 가운데 처한, 한 사람의 한국 여인으로서, 그렇게 22년 동안 함께 살아갔던 것이다. 그녀의 나이 54세가 되던 해인 1934년, 장(腸) 흡수부전증이라는 만성풍토병(Sprue)으로 인한 영양실조로 그녀는 쓰러지고 말았다. 그때 그녀가 가진 것이라고는, 다리 밑 거지에게 절반을 주고 남은 담요 반장, 동전 7전, 강냉이 가루 2홉뿐이었다. 그녀의 시신도 유언에 따라 의학 해부실습용으로 기증되었다. 이 땅에 모든 것을 아낌없이 주고 주님 품에 안긴 것이다.

일제 강점기였지만, 그녀의 장례는 광주시 최초로 시민사회장으로 치러졌다. 그녀를 천국으로 보내는 장례식에는 자신이 키운 이일양성학교의 여학생들이 운구했고, 그 뒤로 수많은 여성들이 소복을 입고 뒤따랐고, 수많은 나환자들과 걸인들이 상여를 따라 "어머니! 어머니!" 부르짖으며 애도했다.

그녀가 거처했던 작은 방 침대 밑에는 그녀가 일상적으로 자신을 지켜 왔던 좌우명이 걸려 있었다.

"성공이 아니라 섬김입니다(NOT SUCCESS, BUT SERVICE)."

■ 서서평 선교사를 기리며, 천천히 평온하게!

'서서평, 천천히 평온하게!' 암울했던 그 시대적 상황 속에서, 그녀는 어떻게 그렇게 천천히 평온하게 살아갈 수 있었을까? 아마도 그녀는 세상의 욕심들을 모두 벗어 버렸기에 그렇게 살 수 있지 않았을까 싶다. 그러기까지 그녀는 육신의 부모로부터 철저히 버림을 받았고, 세상 재물도, 명예도, 즐거움도, 자랑도, 모두 버렸기 때문일 것이다. 주 예수로만 만족하고, 부름 받은 곳인 한국 땅을 땅 끝으로 알고, 자신을 어머니라고 부르는 사람들 속에서, 천천히 그리고 평온하게 살아갔던 것이리라! 성공을 위해서가 아니라 섬김을 위해서!

제자의 삶이란 무엇일까? 이러한 삶이 아닐까 싶다. 그런데 오늘 우리네 삶의 모습은 어떨까?! 왠지 부끄러워진다.

서서평

"인자가 온 것은 섬김을 받으려 함이 아니라 도리어 섬기려 하고 자기 목숨을 많은 사람들의 대속물로 주려 함이니라(마 20:28)!"

닫는 글

오늘도 한국의 심장부 수도 서울을 가로질러 도도히 흐르고 있는 한 강! 그 한강 한 자락 언덕에 한국의 근대사를 오롯이 담은 묘원(墓園)이 자리하고 있다. 마포구 양화진길 46. 양화진 외국인선교사묘원이다.

양화진! 100여 년의 풍우 속에 비석에 새겨진 비문들도 더러는 흐려져 있다. 이곳이야말로 이 땅의 백성들이 '목자 없는 양같이 고생하며, 유리할 때(마 9:36)', 그 모습을 안타까이 여겨, 오직 예수 그리스도의 명령을 따라, 예수의 사랑으로, 오직 '예수' 그 이름만을 가슴에 품고, 땅 끝을 향해 달려온 자들이 안식하고 있는 곳이다. 어디 이 양화진뿐이랴! 전국 방방곡곡에 이 땅에 복음을 들고 찾아 왔던 이들이 안식하고 있지 않은가!

우리 주님께서는, 자기 피로써 백성을 거룩하게 하려고, 성문 밖에서 고난을 받으셨다(히 13:12). 그러므로 히브리서 기자는 "그런즉 우리도 그의 치욕을 짊어지고 영문 밖으로 그에게 나아가자(히 13:12)!"라고 도전하셨다. 그 안정과 안락의 자리인 예루살렘 도성 안에 우리 주님께서 계시지 않기 때문이다. 안정과 안락의 보장이 없는, 아픔과 슬픔과 어둠이 가득한, '성문 밖'에 주님의 십자가와 부활이 있기 때문이다.

의사 알렌(1858년생), 스크랜턴(1856), 헤론(1856), 엘러스(1860), 릴

리어스 언더우드(1851), 에비슨(1860), 하디(1865), 윌리엄 홀(1860), 로제타 홀(1865), 오웬(1867) 등. 그리고 목사 호러스 언더우드(1859년생), 마펫(1864), 맥켄지(1865) 등,[1] 많은 선교사들이 이 도전에 뜨겁게 반응하여, '성문 밖' 한국 땅으로 달려 왔다. 현재의 고난은 장차 우리에게 나타날 영광과 족히 비교할 수 없기에(롬 8:18), 주님과 함께 영광 받기 위하여 고난도 함께 받기를(롬 8:17) 자원함으로써, 그 안정과 안락의 자리를 박차고 이 한국 땅으로 찾아왔던 것이다. 그리고 이 땅의 백성들과 함께 동고동락하며, 저들은 살리고 자신들은 죽어 갔다. 이 땅에 젊음을 바치고 목숨을 바쳐 복음의 씨앗을 뿌렸다. 그들이 뿌린 복음의 씨앗은 자라고 자라, 오늘날 세계 최대의 교회들을 이루었고, 최대의 신학교와 대학교를 이루었으며, 유수한 기독병원들과 의과대학들을 성장시켰다.

이 땅에 복음이 이렇게 뿌리내리고, 싹트고, 줄기가 뻗고, 꽃을 피우고, 열매를 맺기까지, 하나님의 크고 놀라우신 사랑과, 주님의 측량할 길 없는 은혜와, 성령의 온전한 인도하심으로 말미암아 이루어진 일인 것이다. 19세기 말엽까지 세계 속에 감춰지고 숨겨졌던 나라가, 불과 1세기 만에 세계가 괄목할 만한 나라가 된 것이다. 20세기 말부터는 세계선교를 이끌어 갈 만큼, 한국 개신교는 성장 발전하였다. 이 이면에는 하나님의 섭리가 있었던 것이다.

전주 예수병원에 의료선교사로 부임하여 제12대 병원장을 맡아 36년

---

1 의사, 목사, 등 대부분의 선교사들이 내한할 당시, 20대 후반내지 30대 초반의 나이였고, 또한 미혼자들이 대부분이었다. 따라서 이들은 혈기왕성했고, 또한 때로는 좌충우돌하기도 했다. 이들을 성숙한 주님의 일꾼으로 이끌어 가신 분은 성령님이셨다(참고. 1884년 갑신정변 당시, 알렌 26세, 민영익[1860년생] 24세였다.).

간 사역한 설대위 박사(Dr. David J. Seel)는 이처럼 하나님의 섭리 가운데 한국 개신교 선교가 눈부시게 발전하게 된 배경에는 4개의 중요한 역사적 사건이 있었다고 지적했다.[2]

첫째, 1866년 대동강 강변에서의 토마스 목사의 순교, 둘째, 1873년 에서 1887년까지 만주에서 사역한 존 로스 목사가 신약성경을 한국어로 번역한 것, 셋째, 1882년 한국과 미국 사이에 외교관계가 수립된 것, 넷째, 갑신정변(1884년) 때에 부상 당한 민영익을 의사 알렌이 살려냄으로써 한국 왕실의 신임을 받아 복음전도의 문이 열리게 된 것이다.

이 땅에, 사도 바울의 죽음 같이, 토마스 목사의 순교의 피가 뿌려졌고, 말씀의 씨가 뿌려졌다. 이때 미국 상선(商船) 제너널 셔먼호가 불에 탄 것이다. 이 배가 불태워진 것은 도무지 열려고 하지 않았던 조선의 쇄국의 문을 여는 빌미가 되어, 1882년 '한미수호통상조약'을 맺게 된 계기가 되었다. 한국과 미국 사이에 공식적인 외교관계가 열린 것이며, 이로 인해 한국의 역사 속에서 이웃 국가들인 중국과 일본이 아닌 나라로서, 구미열강 중에서 미국이 가장 먼저 수교한 것이다. 그러므로 미국인들이 그 어느 나라보다도 쉽게 한국에 올 수 있었다. 통계(부록 참조)를 보면, 1884년부터 1984년까지, 100년 동안 한국에 들어 온 선교사들의 국가가 전체 선교사일 경우 미국이 약 70%, 의료선교사일 경우 84%에 이른다. 그리고 세계 선교 역사에서도 그 유례를 찾아보기 힘든 경우로, 한국 땅에 공식적인 선교사들이 도래하기도 전에, 복음이 선교지 자국어(自國語)로 먼저 번역되었고, 자국민이 먼저 교회(소래교회, 1883)를 세워 놓고 있었던 것이다.

---

2 David J. Seel, *For Whom No Labor of Love Is Ever Lost : The History of Presbyterian Medical Center Chonju, Korea 1899–1998*(Franklin, Tennessee : Providence House Publishers, 2003),ix, 최금희, "전라도 지방 최초의 여성 의료선교사 마티 잉골드 연구"(전주: 전주대학교, 2007), 1. 재인용.

이미 하나님께서 모든 것을 준비해 놓으셨고, 내한하는 선교사들을 통해 물 주는 일만 남아 있었던 것이다. 그런데 마지막 결정적인 사건은 의료선교사 알렌의 역할이었다. 갑신정변(1884년 12월 4일)은 한국 역사에 여러 가지 의미를 담고 있다. 그 사건을 주도적으로 계획한 인물은 김옥균이었다. 그러나 사건이 터진 후 중심인물은 죽음에서 살아난 민영익이었다. 그리고 이 사건의 최대 수혜자는 일본이 되었다. 그런데 교회역사의 관점에서 볼 때, 이 사건의 주인공은 '알렌'인 것이다. 그것도 '의료'를 통하여 마침표를 찍게 한 것이다.

기독교인이라면 모조리 잡아 죽이는 여러 박해(신유, 기해, 병오, 병인박해)가 바로 고종 때에 일어난 일이다. 물론 흥선대원군이 주도한 일이긴 하지만, 그때 최고 통치자는 국왕인 고종이었다. 그런데 이 갑신정변을 계기로 국왕과 왕비가 기독교 선교사들인 것을 뻔히 알고도, 의료선교사들을 그들의 생명을 의탁하는 왕과 왕비의 주치의사인 시의(侍醫)로 삼은 것이다. 알렌, 헤론, 에비슨이 고종의 시의(侍醫)가 되었고, 엘러스, 릴리어스 언더우드가 왕후의 시의(侍醫)가 되었다. 이것은 이 땅에 복음이 전파되는 데 획기적이고 놀라운 사건이었다.

그런데 아쉽게도 한국 교회 역사에는 '토마스 목사의 순교'와 '로스 목사의 성경번역 및 소래교회 건립'은 뜨겁게 강조해도, '한미수호통상조약'과 '갑신정변 사건'은 소홀히 여겨 온 것으로 느껴진다. 이런 맥락에서 한국 교회 역사를 언급함에 목사들의 사역들은 크게 부각되었어도, 의료선교에 대해서는 부수적 관점에서 바라보며, 소홀히 한 면이 없지 않다고 느껴지는 것이다. 물론 목사들과 교육가들에 의한 복음 전파와 교회 설립, 그리고 기독교 교육기관 설립 등의 의미를 축소하거나 평가절하하려는 것은 절대 아니다. 다만 주님께서 하신 지상 사역이, "전하고(Preaching), 가르치고(Teaching), 고치는(Healing) 사역이었음을 명심해 볼 때, 의료사역이 가지는 의의는 재평가 되어져야 할 것이라는 생각이다. '의료'는 '복음전파'를 위한 '도구나 미끼'가 아닌 것이다. 그런 점에서 한국 초기 의료선교에 대한 의의를 다시 살펴 보는 것은 내일을 향한 한국선교에도 많은 도움이 되리라 본다.

그러므로 내한 의료선교사들의 활동 현황을 살펴볼 때, 다음과 같이 의료선교 사역에 대한 의의를 정리해 볼 수 있겠다.

첫째, 초기 의료선교가 기독교에 대한 조선 쇄국정책의 문을 여는데 결정적인 역할을 했다. 한국 초기 선교에 있어서 갑신정변 때에 의료선교사 알렌의 역할은 외국 사상과 종교의 전파를 철저히 금지하던 쇄국의 문 빗장을 활짝 여는 데 결정적인 역할을 담당했다. 이로 인하여 국왕과 왕후와 정부의 고관대작들이 '기독교 선교사'인 의사들에게 그들의 건강과 생명을 의탁하는 역사가 일어났다. 복음 전파의 문이 의료선교사들로 인해 활짝 열리게 된 것이다.

둘째, 초기 의료선교가 한국 개신교 선교의 정착을 위한 견고한 교두보를 구축하였다. 한국 초기 선교에 있어서 의료기관인 제중원이 세워진 것은 이를 잘 증명하고 있다. 왕실병원인 제중원에 제중원의학원과 제중원교회가 세워짐으로써 많은 선교사들이 이곳을 통하여 각자의 사역을 준비할 수 있었다. 이 후 개신교회의 선교사업을 전국으로 확산시킴에 있어서 각 지역에 병원, 진료소 등 의료기관의 설립은 복음전도 및 교육 선교 사역을 위한 교두보 역할을 잘 감당하였다.

셋째, 초기 의료선교가 한국 개신교의 복음 및 교육선교의 발전에 견인차 역할을 잘 감당했다. 한국 초기 선교에 있어서 의료선교가 복음 및 교육선교를 앞에서 끌고, 뒤에서 밀어 주는 견인차 역할을 잘 감당했다. 특히 초기 선교 사역에 있어서, 당시 풍조상, 사람들을 만나고 모으는 일이 쉽지 않았다. 특히 여성과 사대부 계급에 속한 사람들과의 접촉은 매우 어려웠다. 의료선교는 총체적 선교의 장(場)을 펼치는 역할을 함으로써 선교 전반의 발전을 위한 높은 시너지 효과를 가져 오게 했다. 따라서 교회가 세워지고, 기독교 학교가 세워지고 발전하는 데 큰 역할을 담당했다.

넷째, 내한 의료선교사들은 투철한 신앙인이었으며, 전문영역에서도 잘 훈련받은 이들로, 많은 수가 참여했다. 특히 여의사들의 많은 참여는 매우 귀한 것이었다. 내한 의료선교사들은 전반적으로 투철한 신앙훈련을 받은 이들이며, 각 전문 분야에서도 잘 준비된 이들이었다.[3] 또한 그 전문적 특수성을 고려할 때, 의사 선교사들의 참여 비율이 높은 것은 아주 감사한 일이요, 하나님의 특별하신 배려였다. 특히 선교 초기, 남성 위주, 남성 우월주의가 가득한 시대에, 또한 유교적 문화, 관습 등으로 외국 여성들에게 많은 제약이 있던 시대에, 여의사들이 이 땅에 와서, 한국 여성들과 어린이들을 존엄한 인격체로 대하여, 그들을 고치고, 가르치고, 복음을 받아들이게 인도함으로써 이 나라의 가정을 믿음의 가정으로 세우는 데크게 기여하였다.

다섯째, 국민보건증진 및 의학교육 발전과 선진학문 소개 및 인재 양성에도 크게 기여했다.

의료를 통해 미신과 질병을 퇴치하고, 선진 학문(의학, 자연과학 등)을 소개하고 계몽했다. 특히 신식 병원 개설과 특수사업(지역사회보건, 의료사회사업, 무의촌 진료, 전염병 퇴치, 암환자 및 만성병 치료 등) 등으로 개신교의 신뢰성을 구축하는 데 결정적인 역할을 담당했다.[4] 또한 의사, 간호사를 비롯한 많은 기독의료인들을 양성하였고, 의료계, 교육계 및 사회 지도급

---

3 마서 헌트리,『한국 개신교 초기의 선교와 교회성장』, 426-431.
4 한국기독교사연구회,『한국기독교의 역사』(서울: 기독교문사, 1989), 194.

인물들도 많이 배출했다.

여섯째, 의료선교사들이 보여 준 그리스도의 사랑과 헌신적 봉사는 '복음의 진수'를 나타내는 본보기가 되었다. 환자들과 보호자들을 그리스도의 사랑으로 형제로 여기고, 동정 어린 관심으로 인격적으로 진료하고 복음을 전파함으로써, 기독교에 대한 편견을 제거했다. 특히 나환자 및 장애자들에 대한 의료선교는 '복음의 진수'를 나타내는 본보기가 되었다. 또한 일제 강점기 하에 있던 백성들에게 의료선교는 큰 위로가 되었고, 새로운 민족정신 함양에도 깊은 영향력을 끼치게 되었다.

일곱째, 여러 교파 및 교단 간의 연합 사업에 기여함으로써 교회 연합에 많은 기여를 했다. 장로교와 감리교의 연합신학교는 없지만, 장로교와 감리교의 연합병원(세브란스연합병원, 평양연합기독병원)은 곳곳에 세워졌고, 연합 교육(장로교와 감리교 연합 간호교육 등) 또한 실시되었다. 북장로회와 남장로회의 연합기독교학교는 많지 않아도, 연합병원 및 연합의학 교육은 많았다. 또한 선교지 분할은 각 교파 선교부 간의 과도한 경쟁과 마찰을 막도록 한 긍정적인 측면 못지않게, 한국기독교에 고질적인 병폐로 남게 된 지역적 교파감정을 성립시킨 부정적인 측면도 없지 않았다.[5] 이에 대해 의료의 영역은 이러한 경계적 병폐를 완화하는 역할들을 잘 감당했다.[6]

내한 의료선교사들이 이렇듯 놀라운 업적을 이루어 놓은 것은 그들의 헌신을 열납하신 하나님의 은혜였고, 그 선교사들의 뜨거운 열정으로 이

---

5 한영제, 『한국기독교 성장 100년』, 47-48.
6 서울 세브란스병원의 의사들과 전주예수병원, 광주제중원(광주기독병원), 대구제중원(동산병원), 평양 기홀병원의 의사들, 그리고 다른 지역에 설립된 병원의 의사들이 상호 교류하고, 교차 파견 근무도 시행했다.

어져온 그들의 삶은 바로 하나님의 지극하신 사랑이었다. 그 결과 하나님께서는 그 은혜와 사랑으로 오늘의 한국 교회를 이렇게 또한 일구어 놓으셨고, 오늘의 한국 의료계를 이렇듯 키워 주신 것이다. 이제 오늘 우리들은 이분들이 쌓아 놓은 업적을 계승하고 발전시켜, 그분들이 그렇게 오셨듯이, 우리 또한 내일을 향해 그렇게 나아가야 할 것이다.

> "이 복음을 위하여 그의 능력이 역사하시는 대로 내게 주신 하나님의 은혜의 선물을 따라 내가 일꾼이 되었노라 모든 성도 중에 지극히 작은 자보다 더 작은 나에게 이 은혜를 주신 것은 측량할 수 없는 그리스도의 풍성함을 이방인에게 전하게 하시고 영원부터 만물을 창조하신 하나님 속에 감추어졌던 비밀의 경륜이 어떠한 것을 드러내게 하려 하심이라(엡 3:7-9)."

에필로그

신라 천년의 수도였던 고도(古都) 경주에서 태어난 탓인지 어려서부터 역사에 대하여 관심이 많았습니다. 그러나 역사에 대하여 깊은 인식을 가지게 된 직접적인 계기는 고교(高校) 시절, 한국역사를 배우는 수업시간에 일어난 사건 때문이라 생각됩니다. 조선사(朝鮮史)를 배워 가던 중, 조선조 16대 왕, 인조 시대를 공부하게 되었습니다. 선생님은 그 시대 상황을 열심히 강의하셨습니다.

"조선조 16대 왕 인조(1595-1649)는 인조반정을 통해 광해군을 폐위하고 왕위에 오른 혼란 속에서, 정묘호란(1627)과 병자호란(1636)을 겪게 되었다. 결국 청나라의 황제에게 '삼전도의 굴욕'을 당했다. 그 결과 소현세자는 청나라와의 관계를 개선하려고 인질로 자원하여 청(淸)나라의 수도 심양(瀋陽, 奉天)으로 잡혀 갔다. 이후 청(淸)나라는 명(明)나라의 수도 북경(北京)을 빼앗아 그곳으로 천도하게 되었다. 소현세자는 시대적 변화에 민감하지 못해 몰락하는 명(明)의 멸망을 지켜보며 함께 북경으로 옮겨졌다. 그곳에서 그는 청(淸)의 신임을 받고 있던 독일인 신부 아담샬(Adam Schall, 湯若望)을 알게 되어 매우 가깝게 지내게 되었다. 소현세자는 아담샬 신부를 통해서 천주교 교리도 배우고, 당시 조선에서는 상상할 수도 없었던 발달된 서양의 문물을 접하고 새로운 학문을 익혔다. 새로운 세계에 대한 눈을 뜨게 된 것이다.

1644년, 소현세자가 8년 동안의 볼모 생활을 끝내고 귀국 길에 오르자, 아담 샬 신부는 석별의 정을 나누며 자신이 지은 천문(天文)·산학(算學)·성교정도(聖敎正道) 등의 서적과 천주상(天主像)을 선물했다. 1645년 2월 18일, 소현세자는 한양에 도착했다. 그런데 아버지 인조는 삼전도의 굴욕을 곱씹으며, 실현 가능성도 없는 북벌정책을 표방하고 있었다. 그런 입장에서 인조는 친청정책(親淸政策)을 주장하는 듯한 모습의 소현세자가 심히도 못마땅했다. 조선으로 돌아온 소현세자는 아버지 인조의 냉대 속에, 4월 23일 병석에 눕게 되었고, 사흘 후에 갑자기 죽게 되었다. 『인조실록(仁祖實錄)』[1]에는 시신은 7혈(穴)에서 출혈하고 있었으며, 진한 흑색으로 변해 있었다고 하여 은연 중 독살되었음을 시사하고 있다. 일본보다 100년이나 개화시기를 앞당길 수 있었던 절대 절호의 기회가 사라지게 된 것이다. 차기 왕이 되어 조선의 개화를 이끌어 갈 소현세자의 그 비운의 죽음 배후에는 아버지 인조의 검은 그림자가 드리워져 있었다."

수업을 하다 말고 선생님이 얼굴을 칠판에 묻고 소리 없이 흐느끼고 있었습니다. 그리고 우리들도 함께 흐느끼고 울었습니다. 그 후 인생을 살아가며 고교 그 수업 시간, 선생님의 그 눈물은 결코 잊을 수가 없었습니다. "역사를 잊은 민족에게는 미래는 없다."라는 격언이 있습니다. 역사를 좋아하기는 했어도, 고교 시절에 있었던 그 역사 수업은 역사를 더욱 사랑하게 만든 동기가 되었습니다. 필자의 한국 의료선교 역사에 대한 관심도 이런 배경이 있었기 때문이라 여겨집니다.

한국 초기 의료선교 역사를 살펴 볼 때, 1884년에서부터 1914년까지,

---

1 인조실록 인조 46권, 23년, 소현세자의 졸곡제를 행하다.

첫 30년 기간에 성령의 바람이 많이 불었던 것을 알게 되었습니다(부록1 참조). 그 바람 속에, 그 귀한 분들이, 이 땅에 들어와서 주님의 말씀에 인생을 걸고, 주님 말씀 좇아 살다가 이 땅에 묻혔습니다.

20년 전, 내한 의료선교사들에 대한 관심을 가지고 글을 쓸 때에는 참고자료들이 그다지 많지 않았습니다. 그런데 이제는 이런 저런 자료들이 제법 나와 있습니다. 책을 다시 쓰기 위해 새로 나온 이 자료들을 검토해 볼 때, 정말 귀한 분들이 많이 오셨더군요. 그런 의미에서 '한국 초기 의료선교사 열전'을 이런 각도에서도 쓴다는 것은, '밭에 감추인 보화들'을 캐내는 것 같은 마음입니다. 그동안 잘 몰랐던 이분들의 얘기들이, 일기 속에, 편지글 속에 구구절절이 담겨져 있어, 그 글들을 읽으면서, "아! 이랬구나! 이래서 그렇게 마음 아파하셨구나!", "아! 이런 오해 속에서, 그런 갈등들이 생겼구나!" 하는 것들 말입니다.

오늘날에도 병원 하나 세우는 일이 결코 쉬운 일이 아닙니다. 그런데 100여 년 전, 이 나라의 관리들이나, 백성들이, 서양의학적 이해도 도무지 없는 상태에서, 이들을 상대해서, 들은 적도, 본 적도 없는 건물을 짓고, 그 안에 병원 시설을 갖추어, '현대식 서양병원'을 건립한다는 것이 얼마나 힘들고 어려웠을까! 미친개에 물렸는데, 그 개는 광견병으로 미쳐 날뛰고 있는데, 물린 아이에게 예방주사를 놓아야 하는데, 주사를 본 적이 없기에, 그런 대침(大針)으로 아이에게 찌르면 도리어 죽는다고, 미친개 피부를 떼어, 그걸 태운 재를 상처에 발라야 낫는다고, 빡빡 우겨대는 그 부모를 설득시키는 일이 정말 얼마나 힘든 것인지를! 지금 우리들은 그냥 웃으면서 그 장면을 상상할지 모르지만, 그 당시 의료선교사들은 그 아이의 생사를 건 일에 얼마나 발을 굴리며 난감해 했는지를, 그분들의 기록이 없다면 우리는 결코 모를 것입니다.

세계문화유산 역사유적지구가 많은 경주에서 살아가다 보니, 새 집을 지으려면 집 지을 곳에 먼저 문화재 발굴 작업을 해야 합니다. 이 작업을 통해 문화재들이 나오면 이들을 수거하고 나서, 다시 새 건물을 지을 수도 있는 것이지요. 이처럼 귀한 문화재 같고, 숨은 보화 같은, 앞서 간 선교사들의 이 같은 기록들이 아직도 곳곳에 숨겨져 있습니다. 이것들을 더욱 넓고, 깊이 발굴하여, 바로 그 터 위에 내일을 위한 새 역사를 세워가야 할 것입니다.

이번에 출간되는 '한국 초기 의료선교사 열전'은 또 하나의 숨은 보화를 찾는 작업인 것 같습니다. 그래서 그 위에 오늘 우리들의 선교 얘기로 꾸며지는 아름다운 새 집들이 세워지길 바라는 마음 간절합니다.

이 땅의 역사 가운데 감추인 이 보화들을 찾아 가슴에 담고, 오늘을 살아가는 저의 선교 이야기도 그렇게 시작되었지요!

"떠나라, 낯선 곳으로! 그대 하루하루의 낡은 반복으로부터!"

2001년 여름 어느 날, 서울 광화문 네거리에 있는 교보빌딩에 대형 현수막이 걸려 있었습니다. 선교지를 향해 들어가려고 마지막 준비 중에 있던 저에게, 이 글귀는 저의 가슴에 진군 나팔소리와 함께 높이 솟아 바람에 펄럭이는 깃발처럼 나부끼고 있었습니다. 낯선 곳을 향해 떠나가야 할 시간을 알리는 신호와도 같았습니다. 그 바람을 타고 선교지에 들어갔습니다.

그 어느 날, 앞서 간 선교사님들이 많은 보화들을 묻어 놓은 '그 땅'을 바라보며, 아직은 건널 수 없는 강가에 서 있었습니다. 그 어느 날인가 감추인 보화가 가득한 그 땅을 다시 기경할 그날을 기다리며! 그 아름다운 임들이 묻어 두었던 '그 복된 이야기들'을 우리 함께 얘기하고, 그리고 '우리들의 이야기'를 함께 나눌 그날을 기다리면서!

두만강 가에서

어릴 제
만화책을 무척이나 좋아하였지요
정의의 사자 '라이파이'가 악당들을 물리칠 때마다
나도 얼마나 하늘을 날아 보고 싶었는지요

만화 속에 담겨지는 이야기들 속에
더더욱 나의 마음을 사로잡는 것은
독립군 이야기였지요
내가 만일 '라이파이'라면
독립군이 되어 조국 독립을 위해
날고뛰었을 것인데 하는
부푼 마음으로 말입니다

언젠가 조용히
어머니께 물어 보았지요
친척들 중에 누가 독립군이었냐고요
어머니는 대답은 아니 하시고
그냥 빙그레
웃으시기만 하셨지요

어린 마음에
우리 가문에 이렇다 할 독립군이 없었다는 것이
왜 그리도 소리 없는 안타까움으로 다가왔든지

세월은 흘러
이제
우리 아이들이 하늘을 나는
'배트맨'을 봅니다
그리고
분단된 조국 하늘을 바라봅니다

그들은 또 묻지요
오늘 누가 조국 통일을 위해
애쓰며 수고하고 있느냐고요

시간이 멈춰버린
강 너머 마을들을 바라보며
반세기
피눈물로 얼룩진
아픈 역사의 단절을
새로이 잇기 위해
우리의 땀방울이 모이고 모여
강물되어
흘러야 할 것입니다

그날
우리의 작은 바램이
하늘 향한 기도가 되고
우리의 작은 몸짓이
이 강산을 치유하는
땀방울 되어 떨어질 때
우리가 기필코 맞이할
통일 조국의 하늘 아래
우리의 이름들이
자랑스레
피어오를 것입니다

그날을
기다리며
오늘
나는
이 강가에
서 있습니다

- 惠民 -

내한 의료선교사 현황

1884년부터 1984년까지, 100년간의 활동 자료 및 분석을 중심으로

본 현황 보고는 1994년 한국기독교역사연구소에서 발간한 자료총서 『내한선교사총람』(제18집)을 중심으로 자료 분석한 것을 바탕으로 한다.

여기에 1996년 발간된 최제창의 『한미의학사』에 수록된 의료선교사 명단과, 1995년 발간된 마서 헌트리의 『한국 개신교 초기의 선교와 교회의 성장』에서 수록하고 있는 주한 선교사 일람표와, 2021년 동산의료선교복지회의 『한 알의 밀알이 되어』에 수록되어 있는 의료선교사 명단을 참조하여 내한 외국인 의료선교사 총람을 작성하였다.

따라서 이를 바탕으로 하여 1884년 첫 의료선교사인 의사 알렌의 내한 이후, 1984년까지 100년 동안 한국에서 활동한 외국인 의료선교사들의 상황을 살펴보고자 한다.

1. 내한 활동 선교사 분포

1884년부터 1984년까지 한국으로 파송된 선교사들과 선교사역에 직

접 참여한 가족들 명단을 보면, 그 총수가 3,001명에 이르고 있다.[1]

그런데 그중에서도 이름만을 남기고 있는 자들을 제외한, 그 활동이 구체적인 기록으로 밝혀진 선교사들, 즉 비교적 활동이 활발했던 선교사들의 총 수는 1,103명에 해당했다.

그 가운데서 직능이 중복되는 인원이 33명(목사 겸 의사 9명, 목사 겸 교사 24명)있어 이를 포함하면 1,136명으로 집계되었다. 이 중에서 의료선교사는 305명(의사 144명, 의사 겸 목사 9명, 치과의사 7명, 간호사 97명, 기타 48명)이었고, 목사선교사는 302명(목사 269명, 목사 겸 의사 9명, 목사 겸 교사 24명)이었고, 교육선교사는 305명(교사 281명, 교사 겸 목사 24명)이었으며, 기타 일반선교사는 224명에 해당했다.

따라서 의료선교사는 비교적 활동이 많았던 1,136명의 선교사들 중에서 26.8%를 차지하였고, 목사선교사는 26.6%와 교육선교사는 26.8%를 차지하여, 의료-목사-교사 선교사가 거의 비슷한 수로서 한국 국내선교의 핵심을 이루었던 것이다.

---

1 김승태·박혜진, 『내한 선교사 총람』(자료총서 제18집)에서 수록하고 있는 내한 선교사 2,956명과 최제창, 『한미의학사』, 56에서 수록한 의료선교사 총 명단 30명 중에서 『내한 선교사 총람』에 포함되어 있지 않은 의료선교사 3명을 추가한 수와 동산의료선교복지회, 『한 알의 밀알이 되어』에 수록된 수 42명(앞서 언급한 서적들의 명단 중 중복된 사람을 제외하고 추가된 의료선교사)을 포함한 총 선교사 수.

■ 내한 활동 선교사 통계

순위	직능	선교사 수	비율	비고
1	의료 선교사	305	26.8 %	의사 144명, 의사 겸 목사 9명, 치과의사 7명, 간호사 97명, 기타 48명
1	교육 선교사	305	26.8 %	교사 281명, 교사 겸 목사 24명
3	복음(목사) 선교사	302	26.6 %	목사 269명, 목사 겸 의사 9명, 목사 겸 교사 24명
4	기타 일반선교사	224	19.7 %	
	합계	1,136 (중복 포함)	100 %	참고: 중복 제외 인원수 1,103명

2. 내한 의료선교사 직능별 분포

1884년부터 1984년까지, 100년 동안 내한한 의료선교사들의 활동 현황에서 그 직능별 분포를 살펴보면, 다음과 같다.

총 의료선교사 305명 중에서 의사선교사가 153명(의사 겸 목사 9명 포함)으로 약 50.2%를 차지했으며, 그 다음은 간호사선교사가 97명으로 31.8%를 차지했고, 치과의사선교사가 7명으로 약 2.3%, 기타 의료선교사로서 다양한 직능의 의료선교사들과 의료선교에 참여한 기록은 있으나 명확한 직능을 알 수 없는 그룹도 상당수가 있어, 이들이 약 15.7%를 차지했다.

■ 내한 활동 선교사 통계

순위	직능	선교사 수	비율	비고
1	의사 선교사	153	50.2 %	의사/목사: 9명 포함
4	치과의사 선교사	7	2.3 %	
2	간호사 선교사	97	31.8 %	
3	기타 의료선교사	48	15.7 %	
	합계	305	100 %	

3. 내한 의료선교사 성별 분포

내한 의료선교사들의 성별을 살펴보면, 의사선교사는 남녀 비가 의사 겸 목사를 포함하여, 117명 대 36명으로서 남자가 월등히 많았다. 그럼에도 불구하고 여의사의 대부분이 내한 당시 미혼인 점을 고려하고, 또 그당시 시대 상황을 고려할 때 실로 적지 않은 수의 여의사가 참여했음을 알수 있다. 그리고 내한 당시 미혼 여의사 중 상당수가 복음 선교사(목사)와 선교지에서 결혼한 것으로 나타났다. 그리고 간호사의 참여는 남녀의 비가 1 대 96명으로서 여성이 거의 전부였다. 간호사들도 대개 20대의 미혼 여성들이었다. 그리고 전체 의료선교사의 성비(性比)는 남성 140명 대 여성 165명으로 여성이 다소 많이 참여했음을 알 수 있었다. 이러한 점에서 많은 여성 교육선교사들과 더불어 여성 의료선교사들은 그들의 활동을 통하여 한국 여성들의 질병 퇴치 및 건강 증진과 여성 교육에 지대한 공헌을 담당했던 것이다. 한편 치과의사의 수는 100년간, 7명에 불과했다. 그러므로 한국 내에 선교사가 세운 치과 교육기관(치과대학 등)은 하나도 없는 것으로 나타났다.

■ 내한 의료선교사 직능별 및 성별 통계

순위	직능	선교사 수	비율	남자	여자	비고
1	의사	144	47.2 %	109	35	높은 여의사 참여
3	의사 /목사	9	3.0 %	8	1	
2	간호사	97	31.8 %	1	96	높은 20대 미혼 여성률
4	치과 의사	7	2.3 %	6	1	
5	행정가	6	2.0 %	3	3	
6	물리치료사	5	1.6 %	0	5	
7	임상병리사	4	1.3 %	2	2	
8	공중위생사	3	1.0 %	0	3	
9	수의사	1	0.3 %	1	0	
9	약사	1	0.3 %	1	0	
9	언어치료사	1	0.3 %	1	0	
9	사회복지사	1	0.3 %	0	1	
	기타	26	8.5 %	8	18	
	계	305	100 %	140	165	

4. 내한 의료선교사 국적별 분포

내한 의료선교사들의 국적을 살펴보면, 미국이 84.3%(257명)로 압도적 다수를 이루고 있었다. 그리고 영국 및 캐나다가 각각 5.2%(16명), 호주가 4.3%(13명)로서 이들 나라가 전체의 99.0%를 이루고 있었다.

내한 선교사 전체를 살펴보면, 미국이 70.0%, 영국 13.0%, 캐나다 6.3% 그리고 호주가 5.0%인 것[2]으로 의료선교사들과 거의 같은 나라들로 구성되어 있음을 알 수 있었고, 특이한 것은 의료선교사의 경우 전체 선교사에 비해 미국이 차지하는 비중이 월등했다는 것을 알 수 있었다.

그러므로 일본이 우리나라를 지배하면서 독일의학을 집중적으로 소개했음에도 불구하고, 미국 의학이 일제와 해방 후 오늘날까지 한국 의학에 막대한 영향력을 끼치고 있는 근원적 배경을 짐작할 수 있었다.

■ 내한 의료선교사 소속 국적별 통계

순위	국적	선교사 수	비율	비교
1	미국	257	84.3 %	전체 선교사: 70.0%
2	영국	16	5.2 %	13.0%
2	캐나다	16	5.2 %	6.3%
4	호주	13	4.3 %	5.0%
5	독일	2	0.7 %	
6	스위스	1	0.3 %	
합계		305	100 %	

2 김승태·박혜진, 『내한 선교사 총람』, 2.

5. 내한 의료선교사 소속 단체별 분포

내한 의료선교사들의 소속 단체별 분포를 살펴보면, 미국 북장로회 소속이 31.5%, 미국 북감리회 소속이 21.6%, 미국 남장로회가 11.8%, 미국 남감리회가 8.9%로 나타났다. 미국 남·북 장로회와 남·북 감리회가 73.8%로 주류를 이루었다. 이것은 전체 내한 선교사의 소속 단체 분류[3] 와 비교하여 볼 때, 주요 단체는 마찬가지이나 의료선교사의 경우 미국 북장로회와 미국 북감리회의 비중이 더욱 큰 것으로 나타났다.

■ 내한 의료선교사 소속 단체별 통계

순 위	소속 단체명	선교사 수	비율
1	미국 북장로회	96	31.5 %
2	미국 북감리회	66	21.6 %
3	미국 남장로회	36	11.8 %
4	미국 남감리회	27	8.9 %
5	호주 장로회	14	4.6 %
6	캐나다 장로회	9	3.0 %
6	미국 연합장로회	9	3.0 %
8	구세군	8	2.6 %
8	미국 남침례회	8	2.6 %
10	영국 성공회	7	2.3 %
11	캐나다 연합교회	5	1.6 %

3 김승태·박혜진, 『내한 선교사 총람』.

11	무소속 독립	5	1.6 %
13	선명회	3	1.0 %
14	해외 선교회	2	0.7 %
14	미국 평화봉사단	2	0.7 %
14	미국 메노나이트선교회	2	0.7 %
17	미국 컴패션	1	0.3 %
17	영국 구라선교회	1	0.3 %
17	극동사도선교회	1	0.3 %
17	동양선교회	1	0.3 %
17	정통 장로회	1	0.3 %
17	안식교	1	0.3 %
	합계	305	100%

6. 내한 의료선교사 활동 지역별 분포

내한 의료선교사들의 활동 지역을 살펴보면, 서울·경기도 지역이 29.3%로 단연 많았다. 그 다음은 경상도 지역으로 22.5%였으며, 그 다음이 전라도 지역으로 14.5%였고, 평안도가 11.3%로 그 다음 순위였다. 그러나 대체로 전국에 걸쳐 고루 분포되어 활동했음을 볼 수 있었다. 심지어 만주와 간도, 그리고 울릉도까지 사역지로 삼았던 것이다.

이것은 그 당시 여건으로서는 의료선교 활동이 매우 어려운 상황에서도 의료선교사들은 복음 선교사(목사선교사)들과 충분한 협력 하에서, 선교부에서 정한 여러 가지 원칙에 절대 순종함에서 오는 신실한 사역이었음을 증명하는 것으로 나타났다. 따라서 우리나라는 전국에 걸쳐 서양의학이 전래되었고, 전국 각지에 의료선교 병원이 설립되었다. 질병과 미신에 절어 있었던 우리 국민들로서는 매우 감사한 일이 아닐 수 없다.

■ 내한 의료선교사 활동 지역별 통계(중복 포함)

순위	활동지역	선교사 수	비율	비고
1	서울·경기도	141	29.3 %	각 교단 중복
2	경상도	108	22.5 %	미국 북장로회
3	전라도	70	14.5 %	미국 남장로회
4	평안도	54	11.3 %	미국 북장로회 미국 북감리회
5	충청도	25	5.2 %	미국 북감리회
6	황해도	24	5.0 %	중복
7	강원도	23	4.8 %	미국 남감리회
8	함경도	22	4.6 %	캐나다 장로회
9	만주·간도	6	1.3 %	캐나다 장로회
10	울릉도	1	0.2 %	
	기타	6	1.3 %	
	합계	480	100%	

7. 내한 의료선교사 활동 기간별 분류

내한 의료선교사들의 활동기간을 살펴보면, 2년에서 5년 사이가 제일 많았고(23.3%), 그 다음이 6년에서 10년 사이였으며(16.7%), 그 다음이

11년에서 15년 사이(13.3%) 순이었다. 15년을 기준으로 하여, 그 이하가 55%, 그 이상은 45%를 나타내었다.

즉, 평균 15년 이상을 사역하신 분이 절반가량이었다는 것은 의료선교사 각 개인으로는 대단한 헌신이었고, 우리나라 국민과 특히 의료계의 입장에서는 너무도 감사한 일이 아닐 수 없었다.

■ 내한 의료선교사 활동 기간별 통계

순 위	활동 기간	선교사 수	비율	누적 비율
10	1년 이하	10	3.3 %	3.3 %
1	2년 – 5년	71	23.3 %	26.6 %
2	6 – 10	51	16.7 %	43.3 %
3	11 – 15	36	11.8 %	55.1 %
5	16 – 20	28	9.2 %	64.3 %
4	21 – 25	34	11.1 %	75.4 %
6	26 – 30	20	6.6 %	82.0 %
7	31 – 35	17	5.6 %	87.5 %
9	36 – 40	12	3.9 %	91.4 %
8	41 – 50	14	4.6 %	96.0 %
11	51년 이상	3	1.0 %	97.0 %
	미상	9	3.0 %	100.0%
	합계	305	100 %	

8. 내한 의료선교사 내한 시기에 따른 분류

내한 의료선교사들이 지난 100년 동안(1884-1984) 한국(조선)으로 첫 입국한 시기에 따라 30년 단위로 하여 4기로 분류하였다. 그 결과 1기 (1884-1914년)에 해당하는 선교사 수는 115명(37.8%)이었고, 2기(1915-1944년)는 91명(30%)이었으며, 3기(1945-1974)는 87명(28.6%)이었으며, 4기(1975-1984)는 11명(3.6%)으로 나타났다.

'초기 선교'를 첫 내한 선교사의 입국으로부터 30년으로 볼 때, 역시 초기-1기(1884-1914) 기간에 내한한 선교사의 수가 전체의 37.8%로 가장 많았고, 2기, 3기, 4기 순으로 점차 줄어들었다. 이로써 미국, 캐나다, 호주 등의 해외선교에 대한 열정도, 19세기 후반부터 20세기 중반까지 가장 활발했음을 알 수 있었다. 아이러니컬한 것은 이 기간(1884-1944)에 1, 2차 세계대전이 있었다는 사실이다.

기간	내한 연도	선교사 수	비율	비고
1기	1884-1914	115	37.8 %	30년 단위
2기	1915-1944	91	30.0 %	30년
3기	1945-1974	87	28.6 %	30년
4기	1975-1984	11	3.6 %	10년
합계		304	100%	선교기간 미상 1명

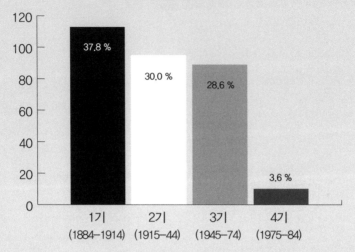

■ 기수별 선교사 수

내한 의료선교사 총람

1. 내한 의료선교사 명단(1884~1984년)[1]

번호	이름	한국명	성별	국적	직능	소속 단체	선교 기간	선교 지역
1	Abery, Olwyn		F	미국	간호사	미국 구세군	1982– 현재	서울
2	Adams, Susan, C.	안수산	F	미국	간호사	미국 북장로회	1921– 1942	대구 재령
3	Alexander, A. J. A		M	미국	의사	미국 남장로회	1902– 1903	군산
4	Allen, HoraceN.	안련	M	미국	의사 (박사)	미국 북장로회	1884– 1905	서울

1 김승태·박혜진, 9–61(제1부 내한선교사 명부: 1884-1984년), 마서 헌트리, 『한국 개신교 초 기의 선교와 교회성장』, 426–431(주한선교사 일람표: 1884-1984년), 최제창, 56(표 1-1, 선 교의사 연대·사업처·교파: 1884-1940년), 손영규, 『한국 의료선교의 어제와 오늘』(서울: 한 국누가회출판부, 1999), 121-130, 동산의료선교복지회, 『한 알의 밀알이 되어』(대구: (사) 동산의료선교복지회, 2021)를 참조하여 작성.

번호	이름	한국명	성별	국적	직능	소속단체	선교기간	선교지역
5	Allen, Katherine		M	영국	의사	영국 성공회	1893– 미상	서울
6	Alt, Grace Elizabeth	오을태	F	미국	간호사	미국 남감리회	1937– 1941	원산
7	Anderson, Albin G	안도전	M	미국	의사	미국 북감리회	1911– 1940	서울, 원주 평양
8	Anderson, Earl Willis	안열	M	미국	의사/ 목사	미국 남감리회	1914– 1941	춘천, 원산 철원, 서울
9	Anderson, Elisie		F	미국	행정	미 연합 장로회	1963– 1964/ 1970– 1971	대구
10	Anderson, Golda H.		F	미국	위생사	미 연합 장로회	1969– 1975	대구
11	Anderson, Naomi A.	안도선 2	F	미국	간호사	미국 북감리회	1910– 1928	서울 평양
12	Arbuckle, Victorie		F	미국	간호사 교사	미국 북장로회	1891– 1896	서울
13	Armstrong, A.Lenora	안선도	F	캐나다	의료 선교사	캐나다 장로회	1925– 1941	간도 (용정)
14	Avison, Douglas B.		M	캐나다	의사	미국 북장로회	1920– 1939	선천 서울
15	Avison, Ella Sharrocks	사은라	F	미국	간호사	미국 북장로회	1925– 1952	대구, 안동 서울
16	Avison, Oliver R.	어비신	M	캐나다	의사 (박사)	미국 북장로회	1892– 1935	서울
17	Bacon, Betty		F	미국	병리 기사	미국 선명회	1967– 1970	대구
18	Baldack, M.D.		M	영국	의사	영국 성공회	1893– 미상	서울

번호	이름	한국명	성별	국적	직능	소속 단체	선교 기간	선교 지역
19	Banning, Elsie N.	파영	F	미국	의사	미국 남감리회	1929– 1938	개성 원주
20	Baugh, Harold T	부화일	M	미국	의료 선교사	미국 북장로회	1931– 1947	안동
21	Befus, Katherine		F	미국	간호사	미국 선명회	1962– 1964	대구
22	Bekins, Elizabeth B	배견인	F	미국	의료 선교사	미국 북장로회	1915– 1919	대구
23	Bennett, Grace V.	배은혜	F	영국	간호사	영국구라 선교회	1956– 1981	대구, 선산 청도
24	Bercovitz, N.(Mary M)		F	미국	간호사	미국 북장로회	1950– 1950	서울
25	Bercovitz, Zacharias	복거위	M	미국	의료 선교사	미국 북장로회	1924– 1934	안동 평양
26	Bigger, John Dinsmore	백이거	M	미국	의사	미국 북장로회	1911– 1950	강계, 평양 서울, 부산
27	Bigger, Norma Blunt		F	미국	간호사	미국 북장로회	1912– 1950	강계, 평양 서울, 안동
28	Birdman, Ferdinand H.		M	미국	의료 선교사	미국 남장로회	1907– 1912	목포, 전주 원산
29	Black, Donald M.	육장안	M	캐나다	의사 (박사)	캐나다 연합교회	1919– 1940	대전, 서울
30	Block, Berneta	부우락	F	미국	의사	미국 북감리회	1927– 1940	서울, 평양
31	Blom, Mary A.		F	미국	간호사	미국 컴패션	1969– 1970	대구
32	Boehning, H. H.	박인응	M	미국	의사	미국 남감리회	1928– 1940	개성
33	Boggs, Lloyd Kennedy	박수로	M	미국	의사	미국 남장로회	1924– 1949	전주

번호	이름	한국명	성별	국적	직능	소속 단체	선교 기간	선교 지역
34	Boots, John L.	부소	M	미국	치과 의사	미국 북장로회	1921– 1939	서울
35	Bording, Maren P.	보아진	F	미국	의료 선교사	미국 북감리회	1922– 1938	공주 대전
36	Borrow, M. D.		M	영국	의사	영국 성공회	1913– 미상	인천 수원
37	Bourns., Beulah V.	전은수	F	캐나다	간호사	캐나다 연합교회	1932– 1974	회령, 함흥 부산, 서울
38	Bowman, N. H.		M	미국	의사	미국 남감리회	1911– 1913	서울 춘천
39	Brand, Louis Christian	부란도	M	미국	의사	미국 남장로회	1924– 1938	군산 광주
40	Brown, Arther Judson		M	미국	의사	미국 북장로회	1901– 1909	서울 부산
41	Brown, Hugh		M	캐나다	의사 (박사)	미국 북장로회	1891– 1895	부산
42	Brown, Mary E.		F	미국	간호사	미국 북장로회	1903– 1906	서울
43	Bruen, Clara Hedburg	하복음	F	미국	간호사	미국 북장로회	1923– 1941	대구
44	Bruff, W. C.		M	미국	의사	미국 남감리회	1921– 1921	서울
45	Bryan, Nelson A.		M	미국	의사 (박사)	미국 남침례회	1951– 1956	부산
46	Bull, Willian Ford	부위렴	M	미국	의사 (박사)/ 목사	미국 남장로회	1899– 1941	군산
47	Bunker, Annie Ellers	방거 부인	F	미국	의사	미국 북장로 감리회	1886– 1937	서울

번호	이름	한국명	성별	국적	직능	소속 단체	선교 기간	선교 지역
48	Busteed, John Bernard		M	미국	의사	미국 북감리회	1893– 1897	서울
49	Buskirk, Jame Van		F	미국	의사	미국 북감리회	1937– 1938	공주
50	Butman, Burton B	부두만	F	미국	의사	미국 남장로회	1975– 1981	전주
51	Butts, Alice M	부애을	F	미국	간호사	미국 북장로회	1907– 1941	평양
52	Butts, Ethel H	배익수	F	미국	간호사	미국 북감리회	1921– 1941	평양
53	Byram, Bertha S.		F	미국	의사	미국 북장로회	1921– 1941	강계 만주
54	Byram, Roy M	배의남	M	미국	의사	미국 북장로회	1921– 1941	강계 만주
55	Cage, Agness	케이지	F	영국	간호사	영국 구세군	1947– 1949	영동
56	Callahan, Elizabeth		F	미국	작업 치료사	미국 북장로회	1967– 1977	대구
57	Cameron, Christine		F	미국	간호사	미국 북장로회	1905– 1909	대구
58	Campbell, Jolynne		F	미국	간호사	미국 북감리회	1969– 1972	서울
59	Campbell, Josephine P	강모인	F	미국	간호사 교사	미국 남감리회	1897– 1920	서울
60	Carey, Joan	김미혜	F	미국	간호사	미국 북감리회	1960– 1965	원주 서울
61	Cate, W. R.		F	미국	의료 선교사	미국 남감리회	1921– 1926	서울
62	Cherry, Althea V.		F	미국	행정	미국 북장로회	1956– 1973	대구

번호	이름	한국명	성별	국적	직능	소속 단체	선교 기간	선교 지역
63	Chapman, Barbara		F	미국	간호사	미국 남침례회	1977- 현재	서울 대전
64	Chisholm, William H.	최의손	M	미국	의사	미 북, 정통 장로회	1923- 1940	선천 부산
65	Clawson, Dorothy L.		F	미국	간호사	미국 북장로회	1953- 1956	대구
66	Clerke, Francis L	가불 란서	F	호주	간호사	호주 장로회	1910- 1936	진주 거창
67	Cleve, William V.		M	미국	전기 기계 기사	미국 북장로회	1963- 1975	대구
68	Cleve, Rebecca V.		F	미국	간호사	미국 북장로회	1963- 1969	대구
69	Colburn, Dwight P.		M	미국	행정 (회계사)	미 연합 장로회	1969- 1970	대구
70	Compton, Dorothy		F	미국	간호사	미국 선명회	1969- 1970	대구
71	Cook, Edwin		M	미국	의사	미국 남침례회	1981- 미상	부산
72	Cope, Martha H.	고르 마다	F	미국	의료 선교사	미국 남장로회	1978- 1984	전주
73	Cowan, Katherine		F	영국	간호사	영국 선명회	1953- 1962	대구
74	Crane, Paul Shields	구바울	M	미국	의사	미국 남장로회	1947- 1971	순천 전주
75	Crain, Lucy		F	미국	의사	독립	1969- 1970	대구
76	Crouse, Elizabeth S.	서해순	F	미국	간호사	동양 선교회- 성결교회	1959- 현재	서울

번호	이름	한국명	성별	국적	직능	소속 단체	선교 기간	선교 지역
77	Currell, Hugh	거열(휴)	M	호주	의사/ 목사	호주 장로회	1902– 1915	부산 진주
78	Cutler, Mary M.	거달리	F	미국	의사 (박사)/ 목사	미국 북감리회	1892– 1939	서울 평양
79	Daniel, Thomas Henry	단의열	M	미국	의사	미국 남장로회	1904– 1917	군산, 전주 서울
80	Davies, Elice Jean	대지안	F	호주	의사	호주 장로회	1918– 1941	진주
81	Davies, M. S.	대마 가례	F	호주	간호사	호주 장로회	1910– 1940	부산, 진주 동래
82	Dawson, John H.		M	미국	의사	미국 북장로회	1963– 1966	대구
83	Dawson, Mary A.		F	미국	간호사	미국 북장로회	1963– 1966	대구
84	Demaree, E. W.	대모리	M	미국	의사	미국 남감리회	1929– 1940	원산
85	Drew, A. Damer		M	미국	의사 (박사)	미국 남장로회	1893– 1904	서울 군산
86	Edgar, Elsie T.	엽덕애	F	호주	간호사	호주 장로회	1931– 1941	통영 진주
87	Edmunds, Margaret J.		F	마국	간호사	미국 북감리회	1902– 미상	서울 평양
88	Ellers, J. Annie		F	미국	의사	미국 북장로회	1886– 1936	서울
89	Ernsberger, Emma F.		F	미국	의사	미국 북감리회	1899– 1920	서울
90	Esteb, Kathlyn M.	예사탑	F	미국	의사	미국 북장로회	1915– 1940	서울 청주

번호	이름	한국명	성별	국적	직능	소속 단체	선교 기간	선교 지역
91	Field, Eva		F	미국	치과 의사	미국 북장로회	1898– 1932	서울, 재령 선천
92	Firl, Barbara		F	미국	임상병 리사	미국 북감리회	1961– 1962	원주
93	Fletcher, Archibald G.	별이추	M	캐나다	의사	미국 북장로회	1909– 1952	원주, 안동 대구, 서울
94	Follwell, E. Douglas	보월	M	미국	의사	미국 북감리회	1895– 1927	평양 부산
95	Folta, Ruth. O.	보유덕	F	미국	간호사	미국 남장로회	1978– 현재	광주 전주
96	Forsyth, Helen		F	미국	간호사	미국 북장로회	1911– 1915	서울
97	Forsythe, Wiley H.	보위렴	M	미국	의사 (박사)	미국 남장로회	1904– 1912	전주 목포
98	Found, Norman	방은두	M	캐나다	의사	미국 북감리회	1921– 1935	공주 서울
99	Furry, Alice	표어리	F	미국	간호사	미국 남감리회	1921– 1927	춘천
100	Gabrielson, Theodore H.	계부선	M	미국	의사	미국 구세군	1963– 1967	영동
101	Genso, Barbara		F	미국	의사	미국 북장로회	1937– 1938	서울
102	Gilmer, William P.	길마	M	미국	의사	미국 남장로회	1922– 1927	목포 광주
103	Gledhill, Vivian E.	구영희	F	미국	간호사	미국 북감리회	1955– 1960	서울 강릉
104	Grierson, Robert G.	구례선	M	캐나다	의사/ 목사	캐나다 장로회	1898– 1935	원산 성진
105	Grubb, Louise Skarin	서수복	F	미국	물리 치료사	미국 남침례회	1952– 현재	서울 대구

번호	이름	한국명	성별	국적	직능	소속 단체	선교 기간	선교 지역
106	Hachsler, Anna	하길란	F	스위스	의사	스위스 구세군	1926– 1950	서울 해주
107	Hale, Lyman H.	하일만	M	미국	의사	미국 북감리회	1958– 1986	서울
108	Hale, Neva	하은복	F	미국	간호사	미국 북감리회	1958– 1986	서울
109	Hall, Marian Bottomley		F	미국	의사	미국 북감리회	1926– 1941	해주 평양
110	Hall, Rosetta S.	허을	F	미국	의사 (박사)	미국 북감리회	1890– 1935	서울 평양
111	Hall, Sherwood	하락	M	미국	의사	미국 북감리회	1926– 1941	해주 평양
112	Hall, William James	하락(홀)	M	미국	의사 (박사)	미국 북감리회	1891– 1894	평양
113	Hallman, Sarah B.	허공양	F	미국	간호사	미국 북감리회	1907– 1919	평양
114	Hardie, Robert A.	하리영	M	캐나다	의사/ 목사	미국 남감리회	1890– 1935	부산, 서울 원산
115	Harris, Gilberta		F	미국	간호사	미국 남감리회	1910– 1916	개성
116	Harris, Lillian A.		F	미국	의사	미국 북감리회	1897– 1902	서울 평양
117	Harrison, William Butler	하위렴	M	미국	의료	미국 남장로회	1894– 1928	전주, 군산 목포
118	Haysmer, C. A.	허시모	F	미국	의사	미국 안식교	1925– 1926	순안
119	Helstrom, Hilda L.	허회다	F	미국	간호사	미국 북장로회	1909– 1927	선천 강계

번호	이름	한국명	성별	국적	직능	소속 단체	선교 기간	선교 지역
120	Heron, John W.	헤론	M	미국	의사 (박사)	미국 북장로회	1885–1890	서울
121	Hewson, Georgiana F.	허우선	F	미국	간호사	미국 남장로회	1917–1940	광주, 목포 순천
122	Hidy, Klore W.		M	미국	의사	미국 북감리회	1922–1924	해주
123	Hiler, Julianne F.		F	미국	간호사	미국 북감리회	1963–1965	서울 원주
124	Hirst, Jesse Watson	허시태	M	미국	의사 (박사)	미국 북장로회	1904–1934	서울
125	Hollister, William	하리산	M	미국	의사	미국 남장로회	1928–1936	목포 군산
126	Hopkirk, C. C.		M	미국	의사	미국 북장로회	1921–1924	서울
146	Horton, Lillias S.	(언더 우드 부인)	F	미국	의사	미국 북장로회	1888–1921	서울
128	Houser, E. Blanche	후서	F	미국	간호사	미국 남감리회	1923–1938	원산 서울
129	Howard, Meta		F	미국	의사 (박사)	미국 북감리회	1887–1889	서울
130	Hoyt, Nell Henderson		F	미국	의사	미국 북장로회	1922–1927	대구
131	Hoyt, Spencer Henderson	허익두	M	미국	의사	미국 북장로회	1922–1927	대구
132	Ingerson, Vera F.	인거선	F	미국	간호사	미국 북장로회	1916–1955	선천
133	Ingold, Mattie B.		F	미국	의사 (박사)	미국 남장로회	1897–1925	전주

번호	이름	한국명	성별	국적	직능	소속 단체	선교 기간	선교 지역
134	Irvin, Charles H.	어을빈	M	미국	의사 (박사)	미국 북장로회	1893–1933	부산
135	Jacobson, Anna P.	아각선	F	미국	간호사	미국 북장로회	1895–1897	서울
136	Johnson, Susan B.		F	미국	간호사	미국 북감리회	1967–1970	서울
137	Johnson, Woodbridge O.	장인거	M	미국	의사 (박사)	미국 북장로회	1897–1913	대구
138	Johnston, Lela R.	조순탄	F	미국	물리 치료사	미국 북감리회	1961–1970	서울
139	Kalterfleiter, Walter M.		M	독일	의사	독립	1929–1932	대구
140	Keller, Frank G.		M	미국	의사	미국 남장로회	1955–1967	전주
141	Kent, E. M.		M	미국	의사	미국 북감리회	1909–1910	해주
142	Kersting, Carol	강경미	F	미국	간호사	미 평화 봉사단	1971–1974	대구
143	Kersting, Frank	강민철	M	미국	언어 치료사	미 평화 봉사단	1971–1974	대구
144	Kingsley, Marian E.	왕매련	F	미국	간호사	미국 북감리회	1954–1975	강릉, 인천 서울
145	Kippax, Ruth	기평순	F	미국	간호사	미국 구세군	1966–1967	영동
146	Kison, M. D.		M	미국	의사	미국 북장로회	1914–1989	인천
147	Klippenstein, Elizabeth		F	미국	간호사	미국 메노 나이트	1955–1958	대구

번호	이름	한국명	성별	국적	직능	소속 단체	선교 기간	선교 지역
148	Kostrup, B. Alfrida	고수도	F	미국	의사	미국 북감리회	1922– 1940	인천
149	Lambuth, Walter Russel		M	미국	의사/ 목사	미국 남감리회	1899– 1920	서울
150	Landis, E. B.		M	미국	의사	영국 성공회	1890– 1898	인천
151	Lane, Harold W.	나예인	F	호주	간호사	호주 장로회	1935– 1942	통영, 부산 동래
152	Lawrence, Edna M.	노연사	F	미국	간호사	미국 북장로회	1920– 1953	대구 서울
153	Laws, Arthur Fairbank		F	미국	의사	영국 성공회	1887– 1929	여주 진천
154	Leadbeater, S. Evelyn	노파도	F	미국	의료 선교사	미국 북감리회	1928– 1936	평양
155	Leadingham, Roy Samuel	한삼렬	M	미국	의사	미국 남장로회	1912– 1923	목포 서울
156	Letkemann, Tina		F	미국	간호사	미국 메노 나이트	1957– 1961	대구
157	Levie, James Kellum	레계남	M	미국	치과 의사	미국 북장로회	1922– 1959	광주, 군산 순천
158	Lewis, Ella A.	유의선	F	미국	간호사	미국 북감리회	1891– 1929	서울
159	Lorenzen, Bonnie		F	미국	간호사	미국 북감리회	1964– 1969	원주
160	Lowder, Rosa May	라우도	F	미국	간호사	미국 남감리회	1916– 1929	개성
161	Lowe, Dewitt S.	노두의	M	미국	의사	미국 남감리회	1929– 1956	청주

번호	이름	한국명	성별	국적	직능	소속 단체	선교 기간	선교 지역
162	Ludlow, Alfred Irving	나도로	M	미국	의사 (박사)	미국 북장로회	1912– 1938	서울
163	Mackzie, Mary		F	미국	의료 선교사	미국 북장로회	1909– 1910	대구
164	Malcolmson, Oliver.K.		M	미국	의사	미국 북장로회	1921– 1925	서울, 청주 평양
165	Mansfield, Tomas D.	만수필	M	캐나다	의사	캐나다 장로회	1912– 1929	회령 서울
166	Martin, S. H.		M	캐나다	의사	캐나다 장로회	1915– 1940	간도 서울
167	Mattson, Donald S.	마도선	M	미국	의사	미국 북감리회	1958– 1966	원주
168	Mauv, F. L.		M	캐나다	의료 선교사	캐나다 장로회	1927– 1928	함흥
169	Maw, Thelma B.	모우숙	F	미국	물리 요법사	미국 북감리회	1949– 1982	서울, 원주 인천
170	Mayers, W. C.		M	미국	의사	미국 남감리회	1908– 1910	춘천 원산
171	McAnlis, J. Albrt	목부리	M	미국	치과 의사	미국 북장로회	1921– 1941	서울
172	McColl, William		M	미국	의사	미 연합 장로회	1963– 1964	대구
173	McCubbins, Eleanor		F	미국	간호사	미국 남감리회	1917– 1929	원산
174	McGee, Ethel		F	미국	간호사	미국 북장로회	1911– 1914	대구
175	McGill, William B.	맥우원	M	미국	의사 (박사)	미국 북감리회	1889– 1905	서울, 원산 공주

번호	이름	한국명	성별	국적	직능	소속 단체	선교 기간	선교 지역
176	McInnes, John V.		M	미국	치과 의사	미국 북장로회	1955– 1957	서울
177	McKenzie, James Noble	매견시	M	호주	의료/ 목사	호주 장로회	1910– 1938	부산
178	McKenzie, Mary		F	호주	의사	호주 장로회	1952– 1976	부산
179	McKenzie, Mary		F	캐나다	간호사	미국 북장로회	1909– 1910	대구
180	McLaren, Charles I.	마최수	M	호주	의사	호주 장로회	1911– 1942	진주, 서울 안동
181	McMacon, David		M	미국	병리사	독립	1958– 1959	대구
182	McManis, S. E.	맹만수	M	미국	의사	미국 북감리회	1924– 1929	원주
183	McMillan, Kate	맹미란	F	캐나다	의료 선교사	캐나다 장로회	1901– 1929	함흥 성진
184	McMurphy, Ada M.	명애다	F	미국	간호사	미국 남장로회	1912– 1958	목포
185	Miller, I. M.	밀라	M	미국	의사	미국 북감리회	1910– 1915	영변 공주
186	Miller, Lisette	민리제	F	미국	의사	미국 북장로회	1920– 1926	강계
187	Miller, R. E.(Loida)		F	미국	의사	미국 북감리회	1968– 1971	서울 수원
188	Mills, Ralph Garfield	마일서	M	미국	의사	미국 북장로회	1908– 1918	강계 서울
189	Moffett, Alice Fish		M	미국	의사	미국 북장로회	1897– 1912	평양
190	Moffett, Howard F.	마포 하열	M	미국	의사	미국 북장로회	1948– 1983	대구

번호	이름	한국명	성별	국적	직능	소속 단체	선교 기간	선교 지역
191	Monroe Clarence W.		M	미국	의사	미 연합 장로회	1963–1964	대구
192	Morrison, A. J.		F	미국	의료 선교사	미국 북장로회	1912–미상	서울
193	Moss, Barbara L.	모보배	F	미국	의사	미국 북감리회	1953–1961	인천
194	Murray, Florence J.	모례리	F	캐나다	의사	캐나다 장로회	1923–1961	함흥 서울
195	Myers, Edith G.	매의덕	F	미국	간호사	미국 북장로회	1932–1954	평양 서울
196	Nelson, Maude	라일선	F	미국	간호사	미국 남감리회	1928–1940	서울, 개성 춘천
197	Newman, Patricia	유병완	F	미국	간호사	미국 북감리회	1966–1969	원주
198	Nicholson, Elizabeth M	이미선	F	호주	의사	호주 장로회	1975–1980	부산
199	Nieusma, Dick H.Jr.	유수만	M	미국	치과 의사	미국 남장로회	1961–현재	서울 광주
200	Nolan, Joseph Wynne		M	미국	의사	미국 남장로회	1904–1908	목포 광주
201	Norton, Arthur Holmes	로돈	M	미국	의사	미국 북감리회	1907–1928	해주 서울
202	Null, Marion Michael	노	M	미국	의사	미국 북장로회	1903–1907	대구 청주
203	Null, Nell Johnson		F	미국	의사	미국 북장로회	1903–1907	대구 청주
204	Owen, Clement C.	오기원	M	미국	의사/ 목사	미국 남장로회	1898–1909	목포 광주

번호	이름	한국명	성별	국적	직능	소속 단체	선교 기간	선교 지역
205	Page, Bonnelyn	배보경	F	미국	간호사	미국 북감리회	1964– 1969	원주
206	Pak., Rene		F	미국	의사	미국 북감리회	1987– 1988	서울
207	Park, Paul H.	박희양	M	미국	병리사	독립	1958– 1962/ 1992– 1997	대구 포항
208	Patterson, Jacob B	손배돈	M	미국	의사	미국 남장로회	1909– 1929	군산 목포
209	Pattison, Peter R. M.	배도선	M	영국	의사	해외 선교회	1966– 현재	마산
210	Piper, Willis J		M	미국	간호사	미국 북감리회	1955– 1957	서울
211	Pitts, Laura May		F	미국	간호사	미국 남감리회	1910– 1911	전주
212	Poe, Turza. Joanne		F	미국	물리 치료사	미 연합 장로회	1962– 1992	대구
213	Power, Charles		M	미국	의사	미국 남장로회	1888– 1889	서울
214	Pritchard, Margaret F	변마지	F	미국	간호사	미국 남장로회	1929– 1970	광주 전주
232	Provost, Mariella T.		F	미국	간호사	미국 북장로회	1948– 1963	전주 대구
216	Purviance, Walter C.	부반서	M	미국	의사	미국 북장로회	1908– 1913	선천 청주
217	Pye, Gay Elizabeth	백경희	F	영국	간호사	영국 해외 선교회	1977– 현재	서울

번호	이름	한국명	성별	국적	직능	소속 단체	선교 기간	선교 지역
218	Rehrer, Jennie M	리우로	F	미국	간호사	미국 북장로회	1917–1928	강계
219	Reid, Wightman T.	이위만	M	미국	의사	미국 남감리회	1907–1950	개성
220	Reiner, Ella M.		F	미국	간호사	미국 북장로회	1916–1923	대구, 서울 평양, 청주
221	Reist, Anna L.		F	미국	의료 선교사	미국 북장로회	1926–1940	평양 재령
222	Reynolds, Ruth E.	이미애	F	미국	간호사	미국 북감리회	1961–1964	인천
223	Rice, Roberta G.	노옥자	F	미국	의사	미국 북감리회	1956–1975	서울
224	Richardson, C. W.	이치선	M	미국	의사	미국 구세군	1940–1950	영동
225	Riggs, Robert G.	이라복	M	미국	병원 행정	미국 북감리회	1956–1968	서울
226	Rogerts, Elizabeth S.	우라 부시	F	미국	간호사	미국 북감리회	1917–1949	서울
227	Rogertson, M. Owen	나배손	M	미국	의사	미국 남장로회	1915–1922	전주
228	Robinson, Lenna Belle	노연복	F	미국	간호사	미국 북감리회	1963–1974	서울 인천
229	Rogers, James McLean	노재수	M	미국	의사	미국 남장로회	1917–1941	순천
230	Rogers, Mayme Marie		F	미국	간호사	미국 북감리회	1921–1936	서울
231	Rosenberger, Elma T.	노선복	F	미국	간호사	미국 북감리회	1921–1940	서울

번호	이름	한국명	성별	국적	직능	소속 단체	선교 기간	선교 지역
232	Ross, Joel Baker	라요엘	M	미국	의사	미국 남감리회	1901– 1929	원산 춘천
233	Ross, Susan Shank		F	미국	의사	미국 북장로회	1897– 1937	부산, 대구 선천
234	Rosser, Mary Helen	나혜란	F	미국	간호사	미국 남감리회	1924– 1960	개성, 계성 부산
235	Roth, Robert F.		M	미국	의사	미국 북감리회	1961– 1972	원주
236	Rowland, M. E.	로란도	F	미국	간호사	미국 남감리회	1931– 1940	원산
237	Sandell, Ada	산두일	F	영국	간호사	캐나다 연합교회	1927– 1962	함흥, 서울 거제
238	Sanders, Elizabeth		F	미국	간호사	미국 북장로회	1913– 1933	선천
239	Sawdon, J. E.		M	미국	의사	미국 남감리회	1903– 1903	개성
240	Sawtell, Chase C.	사우대	M	미국	의사	미국 북장로회	1907– 1909	대구
241	Scheifley, William J.	사부리	M	미국	치과 의사	미국 북장로회	1915– 1920	서울
242	Scofield, Frank W.	석호필	M	영국	수의사	캐나다 연합교회	1916– 1970	서울
243	Scott, Anna B.		F	미국	간호사	미국 북장로회	1953– 1963	대구 서울
244	Scott, Kenneth M.	사미화	M	미국	의사	미국 북장로회	1953– 1963	대구 서울
245	Scranton, William B.	시란돈	M	미국	의사 (박사)/ 목사	미국 북감리회	1885– 1907	서울 의주

번호	이름	한국명	성별	국적	직능	소속단체	선교기간	선교지역
246	Seel, David John	설대위	M	미국	의사 (박사)	미국 남장로회	1952– 현재	전주
247	Sharp, Catherine May	신애숙	F	미국	간호사	미국 극동사도 선교회	1976– 1980	대구
248	Sharrocks, Alfred M.	사락수	M	미국	의사 (박사)	미국 북장로회	1899– 1919	서울, 평양 선천
249	Sharrocks, Ella J.	사은라	F	미국	간호사	미국 북장로회	1926– 1952	안동, 서울 대구
250	Sharrocks, H. F.		F	미국	의료선교,간호	미국 북장로회	1925– 1926	서울
251	Shaw, Juanita R.	서화순	F	미국	의료 선교사	미국 북감리회	1956– 1968	서울
252	Shaw, Marion B.	서매련	F	미국	공중 위생 사업	미국 북감리회	1954– 1964	서울 부산
253	Shepping, Elisabeth J	서서평	F	독일	간호사	미국 남장로회	1912– 1934	서울, 군산 광주
254	Sherman, Harry C.		M	미국	의사	미국 북감리회	1898– 1900	서울
255	Sherwood, R.		F	미국	의사	미국 북감리회	1890– 미상	서울
256	Shields, Esther Lucas	수일사	F	미국	간호사	미국 북장로회	1897– 1938	서울 선천
257	Sibley, John R.	손요한	M	미국	의사	미국 북장로회	1960– 1977	대구, 재령 평양, 거제
258	Sibley, Jean B.	손진희	F	미국	사회 복지사	미국 북장로회	1960– 1977	대구, 재령 평양, 거제
259	Smith, Jean A	서미순	F	미국	간호사	미국 구세군	1964– 1969	영동

번호	이름	한국명	성별	국적	직능	소속 단체	선교 기간	선교 지역
260	Smith, Lura Mclane		F	미국	간호사	미국 북장로회	1911– 1950	안동 대구
261	Smith, Roy Kenneth	심의도	M	미국	의사	미국 북장로회	1911– 1950	안동, 대구 재령, 평양
262	Smith, Walter Everett	심익순	M	미국	의료/ 목사	미국 북장로회	1902– 1919	부산 평양
263	Stewart, Mary S.	서투원	F	미국	의사	미국 북감리회	1911– 1935	서울
264	Stewart, Ruth G.	서여수	F	미국	공중 위생 사업	미국 북감리회	1955– 1989	서울 강릉
265	Stites, Frank M.		M	미국	의사 (박사)	미국 남감리회	1917– 1923	서울
266	Stone, S	스톤	F	영국	간호사	영국 구세군	1950– 1950	영동
267	Strallen, Parmela R.		F	미국	간호사	미 연합 장로회	1961– 1969	마산 대구
268	Struthers, Ernest B.		M	영국	의사	캐나다 연합 교회	1953– 1963	서울
269	Sturr, Florence		F	미국	의료 선교사	미국 북장로회	1912– 미상	서울
270	Sturtvant Hawood N.		M	미국	의사	독립	1980– 1980	대구
271	Swier, Effie		F	미국	간호사	미국 북장로회	1921– 1925	평양
272	Talmage, Janet Crane	타자애	F	미국	간호사	미국 남장로회	1947– 1976	전주 목포
273	Tate, Lewis Boyd	최의덕	M	미국	의료/ 목사	미국 남장로회	1892– 1925	서울 전주

번호	이름	한국명	성별	국적	직능	소속 단체	선교 기간	선교 지역
274	Taylor, J. E. Rex		M	미국	약사	미국 북장로회	1922–1925	서울
275	Taylor, William	위대인	M	호주	의사	호주 장로회	1913–1938	통영 진주
276	Thomson, J. Claude		M	미국	의사	미 연합 장로회	1957–1959	서울
277	Thumm, Thelma Barbara		F	미국	간호사	미국 남장로회	1928–1931	순천
278	Timmons, Henry Loyola	김로라	M	미국	의사	미국 남장로회	1912–1926	순천 전주
279	Timmons, John R.		M	미국	의사	미국 남장로회	미상	전주
280	Tipton, Samuel Powel	지돈	M	미국	의사	미국 북장로회	1914–1924	청주, 선천 연변
281	Trudinger, M.		F	호주	간호사	호주 장로회	1922–1941	마산, 진주 부산, 통영
282	Trudinger, Martin	추마전	M	호주	의료/ 목사	호주 장로회	1922–1941	마산, 진주 부산, 통영
283	Turner, Carrie	단아	F	미국	간호사	미국 남감리회	1919–1924	개성
284	Unger, James Kelly	원가리	M	미국	의사	미국 남장로회	1921–1952	순천 광주
285	Van Buskirk, James D.	반복기	M	미국	의사	미국 북감리회	1908–1931	공주 서울
286	Venable, William A.	우의사	M	미국	의사	미국 남장로회	1908–1917	목포 군산
287	Vinton, C. C.	빈돈	M	미국	의사	미국 북장로회	1891–1908	서울

번호	이름	한국명	성별	국적	직능	소속 단체	선교 기간	선교 지역
288	Voll, Obert F.		F	미국	의료 선교사	미국 북감리회	1961– 1962	인천
289	Weir, Hugh H.	의의사	M	영국	의사	영국 성공회	1907– 1914	인천 서울
290	Weiss, Ernest W.	위은남	M	미국	의사	미국 북감리회	1954– 1975	서울
291	Weiss, Hilda		F	미국	간호사	미국 북감리회	1954– 1975	서울
292	Wells, James Hunter	우월시	M	미국	의사 (박사)	미국 북장로회	1895– 1915	평양
293	Whitaker, Faith	위신잔	F	미국	의료 선교사	미국 북감리회	1954– 1959	서울
294	Whitelaw, J. G. D.	하일라	F	캐나다	의료 선교사	캐나다 장로회	1919– 1933	간도 회령
295	Whiting, Elizabeth F.		F	미국	의사	미국 북장로회	1903– 1918	평양 재령
296	Whiting, Georgiana	오부인	F	미국	의료 선교사	미국 북장로회	1895– 1923	서울, 목포 광주
297	Whiting, Harry C.	황호리	M	미국	의사	미국 북장로회	1903– 1921	평양 재령
298	Wiggs, Bonnie J.	권선희	F	미국	사무 요원	미국 남침례회	1960– 현재	서울 부산
299	Wiggs, Charles W.	우기수	M	미국	병원 관리	미국 남침례회	1960– 현재	서울 부산
300	Wiles, Julius		M	영국	의사 (박사)	영국 성공회	1890– 1893	서울
301	Wilson, Robert Manton	우월손	M	미국	의사 (박사)	미국 남장로회	1905– 1948	광주 순천

번호	이름	한국명	성별	국적	직능	소속 단체	선교 기간	선교 지역
302	Wooders, Marie A.		F	미국	간호사	미 연합 장로회	1963– 1964	대구
303	Wright, Lucy		F	미국	간호사	미국 남침례회	1953– 1964	부산
304	Yocum, Alfred W.		M	미국	의사	미국 남침례회	1953– 1960	부산 울릉도
305	Young, Mabel Barbara		F	미국	간호사	캐나다 장로회	1919– 1935	원산 서울

참고문헌

〈국내 도서〉

고덕상.『한국 교회사』. 서울: 기독교 문서선교회, 1990.

길원필.『내 사랑 코리아』. 서울: 탁사, 2003.

김명배.『세계 교회사 전통에 비추어 본 한국 기독교사』. 서울: 북코리아, 2010.

김승곤.『사무엘 H. 마펫의 선교 발자취』. 서울: 미션아카데미, 2018.

김승태·박혜진.『내한선교사 총람』(자료총서 제18집). 서울: 한국기독교역사연구소, 1994.

김영재.『한국 교회사』. 서울: 한국개혁주의신행협회, 1992.

김영호.『하워드 마펫의 선교와 사상』. 서울: 미션아카데미. 2016.

김의환.『기독교회사』. 서울: 성광문화사, 1988.

김진복.『한국 장로교회사』. 서울: 쿰란출판사, 1995.

김진형.『사진으로 보는 한국 초기 선교 90장면(감리교 편)』. 서울: 진흥, 2006.

김해연.『한국 교회사』. 서울: 성광문화사, 1993.

대한의사협회.『보건통계자료집』. 서울: 대한의사협회, 1998.

동산의료선교복지회.『한 알의 밀알이 되어』. 대구: (사)동산의료선교복지회, 2021.

민경배.『한국기독교회사(개정판)』. 서울: 대한기독교서회, 1982.

박상은.『박용묵 목사의 10만 명 전도의 꿈』. 서울: 국민일보, 2011.

박정희.『로제타 셔우드 홀』. 서울: 키아츠, 2018.

박형우.『한국근대 서양의학 교육사』. 서울: 청년의사, 2008.

박형우 편역.『올리버 R. 에비슨 자료집 II』. 서울: 도서출판 선인, 2019.

박형우·김신권 편역.『미국 북감리회의 첫 한국 (의료) 선교사 윌리엄 B. 스크랜
      턴 자료집 I』. 서울: 공옥출판사, 2018.

배본철.『한국 교회사』. 서울: 성지원, 1997.

손영규.『한국 의료선교의 어제와 오늘』. 서울: 한국누가회출판부, 1999.

_____.『치유신학적 관점에서 바라본 하나님의 치유』. 서울: 예영커뮤니케이
      션, 2018.

_____.『황제내경과 성경』. 서울: 예영커뮤니케이션, 2014.

숭의마펫기념교회,『숭의마펫기념교회』. 서울: 숭의학원출판부, 2015.

양국주·제임스 리,『선교학 개론, 평양에서 전주까지』. 서울: Serving the People,
      2012.

이만열.『한국기독교의료사』. 서울: 아카넷, 2003.

이원순.『한국 교회사의 산책』. 서울: 한국 교회사연구소, 1988.

이찬영.『한국 기독교사 연대표』. 서울: 창미서관, 1989.

_____.『한국기독교회사총람』. 서울: 소망사, 1994.

전택부.『한국 교회 발전사』. 서울: 대한기독교출판사 ,1987.

정미현.『릴리어스 호튼 언드우드』. 서울: 연세대학교 대학출판문화원, 2015.

정연희.『길따라 믿음따라』. 서울: 두란노서원, 1990.

정춘숙 편저,『맥켄지家의 딸들』. 부산: 일신기독병원 총동문회, 2012.

차신정.『한국 개신교 초기 그리스도를 나눈 의료선교사』. 서울: 캄인, 2013.

채기은.『한국 교회사』. 서울: 기독교 문서선교회, 1983.

최 훈.『한국재건교회사』. 서울: 성광문화사, 1979.

최제창.『한미의학사』. 서울: 영림카디널, 1996.

한영제.『한국기독교 성장 100년』. 서울: 기독교문사, 1993.

〈번역 도서〉

도날드 R. 플레처. 이용원 역.『십자가와 수술칼』. 대구: (사)동산의료선교복지
　　　회, 2021.

릴리어스 호튼 언더우드.『언더우드』. 이만열 역, 서울: IVP, 2015.

마서 헌트리. 차종순 역.『한국 개신교 초기의 선교와 교회성장』. 서울: 목양사,
　　　1985.

마포삼열. 옥성득 편역,『마포삼열 서한집 제1권』. 서울: 두란노아카데미,
　　　2011.

마포삼열 박사 전기편찬위원회편.『마포삼열 박사 전기』. 서울: 대한예수교장
　　　로회총회교육부, 1973.

민보은(Barbara H. Martin).『인생 여정의 발걸음』. 부산: 일신기독병원 산부인과
　　　동문회, 2015.

셔우드 홀,『닥터 홀의 조선 회상』. 김동열 역. 서울: 좋은 씨앗, 2003.

올리버 R. 에비슨. 박형우 편저.『올리버 R. 에비슨이 지켜본 근대 한국 42년
　　　(1893-1935) 상권』서울: 청년의사, 2010.

　　　　　　　　　　　　　　　.『올리버 R. 에비슨이 지켜본 근대 한국 42년
　　　(1893-1935) 하권』, 서울: 청년의사, 2010.

이명수. 박행렬 역.『치유선교론』, 서울: 도서출판나임, 1993.

하워드 마펫. 김영호 역.『하워드 마펫이 쓴 동산기독병원의 초기역사와 선교보
　　　고』. 서울: 미션아카데미, 2016.

호러스N. 알렌. 김원모 역. 『알렌의 일기』, 서울: 단국대학교출판부, 2017.

〈논문, 잡지 및 신문〉

김대영. "1992년 예수병원 연보" 전주: 동명정판사, 1993.

문상철. "파발마"(제22호) 서울: 한국선교정보연구센터, 1996.

의협신보. "신의학 뿌리 내린 한국 최초의 의사 7人을 아십니까?" 서울: 대한의
　　　　사협회, 1998.4.20.

_____. "우리나라의 초기 의학교육" 서울: 대한의사협회, 1998.4.9.

이상규. "한국 의료선교사H", 『의료와 선교』. 서울: 한국기독교의료선교협
　　　　회,1992년 겨울호 통권 6호.

_____. "한국 의료선교사II", 『의료와 선교』, 서울: 한국기독교의료선교협회,
　　　　1993년 봄호 통권 7호 차종순, "호남 기독교 영성의 원류를 찾아서,
　　　　1: 포사이트의 생애를 중심으로", 『신학리해』 제23집. 광주: 호남신
　　　　학대학교, 2002.

채영애. "한국 의료선교 역사의 평가와 제안 2", 『의료와 선교』. 서울: 한국기독
　　　　교의료선교협회, 1997년 가을호 통권 22호

최금희. "전라도 지방 최초의 여성 의료선교사 마티 잉골드 연구". 전주: 전주
　　　　대학교, 2007.

Seel, J. David. "기독병원의 세속화", 『의료와 선교』. 서울: 한국기독교의료선교
　　　　협회, 1993년 가을호 통권 22호.